OEUVRES

DE

FONTENELLE.

TOME QUATRIÈME.

IMPRIMERIE ET FONDERIE DE J. PINARD,
RUE D'ANJOU-DAUPHINE, N° 8.

OEUVRES
DE
FONTENELLE,

PRÉCÉDÉES

D'UNE NOTICE SUR SA VIE ET SES OUVRAGES.

MÉLANGES.

PARIS.

SALMON, LIBRAIRE-ÉDITEUR,
QUAI DES AUGUSTINS, N° 19.

PEYTIEUX, LIBRAIRE,
GALERIE DELORME, N°S 11 ET 13.

1825.

DIALOGUES DES MORTS ANCIENS.

DIALOGUE PREMIER.

HÉROSTRATE, DÉMÉTRIUS DE PHALÈRE.

HÉROSTRATE.

Trois cent soixante statues élevées dans Athènes à votre honneur ! c'est beaucoup.

DÉMÉTRIUS.

Je m'étais saisi du gouvernement; et après cela, il était aisé d'obtenir du peuple des statues.

HÉROSTRATE.

Vous étiez bien content de vous être ainsi multiplié vous-même trois cent soixante fois, et de ne rencontrer que vous dans toute une ville?

DÉMÉTRIUS.

Je l'avoue; mais, hélas ! cette joie ne fut pas d'assez longue durée. La face des affaires changea. Du jour au lendemain, il ne resta pas une seule de mes statues : on les abattit, on les brisa.

HÉROSTRATE.

Voilà un terrible revers ! et qui fut celui qui fit cette belle expédition?

DÉMÉTRIUS.

Ce fut Démétrius Poliorcète, fils d'Antigonus.

HÉROSTRATE.

Démétrius Poliorcète! J'aurais bien voulu être en sa place. Il y avait beaucoup de plaisir à abattre un si grand nombre de statues faites pour un même homme.

DÉMÉTRIUS.

Un pareil souhait n'est digne que de celui qui a brûlé le temple d'Éphèse. Vous conservez encore votre ancien caractère.

HÉROSTRATE.

On m'a bien reproché cet embrâsement du temple d'Éphèse; toute la Grèce en a fait beaucoup de bruit : mais en vérité cela est pitoyable ; on ne juge guère sainement des choses.

DÉMÉTRIUS.

Je suis d'avis que vous vous plaigniez de l'injustice qu'on vous a faite de détester une si belle action, et de la loi par laquelle les Ephésiens défendirent que l'on prononçât jamais le nom d'Hérostrate.

HÉROSTRATE.

Je n'ai pas du moins sujet de me plaindre de l'effet de cette loi ; car les Éphésiens furent de bonnes gens, qui ne s'aperçurent pas que défendre de prononcer un nom, c'était l'immortaliser. Mais leur loi même, sur quoi était-elle fondée ? J'avais une envie démesurée de faire parler de moi, et je brûlai leur temple. Ne devaient-ils pas se tenir bien heureux que mon ambition ne leur coûtât pas davantage? On ne les en pouvait quitter à meilleur marché. Un autre aurait peut-être ruiné toute la ville et tout leur état.

DÉMÉTRIUS.

On dirait, à vous entendre, que vous étiez en droit

de ne rien épargner pour faire parler de vous, et que l'on doit compter pour des grâces tous les maux que vous n'avez pas faits.

HÉROSTRATE.

Il est facile de vous prouver le droit que j'avais de brûler le temple d'Éphèse. Pourquoi l'avait-on bâti avec tant d'art et de magnificence? Le dessein de l'architecte n'était-il pas de faire vivre son nom?

DÉMÉTRIUS.

Apparemment.

HÉROSTRATE.

Hé bien, ce fut pour faire vivre aussi mon nom, que je brûlai ce temple.

DÉMÉTRIUS.

Le beau raisonnement! vous est-il permis de ruiner pour votre gloire les ouvrages d'un autre?

HÉROSTRATE.

Oui; la vanité qui avait élevé ce temple par les mains d'un autre, l'a pu ruiner par les miennes : elle a un droit légitime sur tous les ouvrages des hommes; elle les a faits, et elle les peut détruire. Les plus grands états mêmes n'ont pas sujet de se plaindre qu'elle les renverse, quand elle y trouve son compte; ils ne pourraient pas prouver une origine indépendante d'elle. Un roi qui, pour honorer les funérailles d'un cheval, ferait raser la ville de Bucéphalie, lui ferait-il une injustice? Je ne le crois pas : car on ne s'avisa de bâtir cette ville que pour assurer la mémoire de Bucéphale, et par conséquent, elle est affectée à l'honneur des chevaux.

DÉMÉTRIUS.

Selon vous, rien ne serait en sûreté. Je ne sais si les hommes mêmes y seraient.

HÉROSTRATE.

La vanité se joue de leurs vies, ainsi que de tout le reste. Un père laisse le plus d'enfans qu'il peut, afin de perpétuer son nom. Un conquérant, afin de perpétuer le sien, extermine le plus d'hommes qu'il lui est possible.

DÉMÉTRIUS.

Je ne m'étonne pas que vous employez toutes sortes de raisons pour soutenir le parti des destructeurs : mais enfin, si c'est un moyen d'établir sa gloire, que d'abattre les monumens de la gloire d'autrui, du moins il n'y a pas de moyen moins noble que celui-là.

HÉROSTRATE.

Je ne sais s'il est moins noble que les autres; mais je sais qu'il est nécessaire qu'il se trouve des gens qui le prennent.

DÉMÉTRIUS.

Nécessaire !

HÉROSTRATE.

Assurément. La terre ressemble à de grandes tablettes où chacun veut écrire son nom. Quand ces tablettes sont pleines, il faut bien effacer les noms qui y sont déjà écrits, pour y en mettre de nouveaux. Que serait-ce, si tous les monumens des anciens subsistaient? les modernes n'auraient pas où placer les leurs. Pouviez-vous espérer que trois cent soixante statues fussent long-temps sur pied ? Ne voyez-vous pas bien que votre gloire tenait trop de place ?

DÉMÉTRIUS.

Ce fut une plaisante vengeance que celle que Démétrius Poliorcete exerça sur mes statues. Puisqu'elles étaient une fois élevées dans toute la ville d'Athènes, ne valait-il pas autant les y laisser ?

HÉROSTRATE.

Oui ; mais avant qu'elles fussent élevées, ne valait-il pas autant ne les point élever ? Ce sont les passions qui font et qui défont tout. Si la raison dominait sur la terre, il ne s'y passerait rien. On dit que les pilotes craignent au dernier point ces mers pacifiques où l'on ne peut naviguer, et qu'ils veulent du vent, au hasard d'avoir des tempêtes. Les passions sont chez les hommes des vents qui sont nécessaires pour mettre tout en mouvement, quoiqu'ils causent souvent des orages.

DIALOGUE II.

CALLIRHÉE, PAULINE.

PAULINE.

Pour moi, je tiens qu'une femme est en péril dès qu'elle est aimée avec ardeur. De quoi un amant passionné ne s'avise-t-il pas pour arriver à ses fins? J'avais long temps résisté à Mundus, qui était un jeune romain fort bien fait; mais enfin, il remporta la victoire par un stratagême. J'étais fort dévote au dieu Anubis. Un jour une prêtresse de ce dieu me vint dire de sa part qu'il était amoureux de moi, et qu'il me demandait un rendez-vous dans son temple. Maîtresse d'Anubis! figurez-vous quel honneur. Je ne manquai pas au rendez-vous ; j'y fus reçue avec beaucoup de marques de tendresse; mais à vous dire la vérité, cet Anubis, c'était Mundus. Voyez si je pouvais m'en défendre. On dit bien que des femmes se sont rendues à des dieux déguisés en hommes, et quelquefois en bêtes; à plus forte raison devra-t-on se rendre à des hommes déguisés en dieu.

CALLIRHÉE.

En vérité, les hommes sont bien remplis d'avarice. J'en parle par expérience, et il m'est arrivé presque la même aventure qu'à vous. J'étais une fille de la Troade, et sur le point de me marier; j'allais, selon la coutume du pays, accompagnée d'un grand nombre de personnes, et fort parée, offrir ma virginité au fleuve Scamandre. Après que je lui eus fait mon compliment, voici Scamandre qui sort d'entre ses roseaux, et qui me prend au mot. Je me crus fort honorée, et peut-être n'y eut-il pas jusqu'à mon fiancé qui ne le crût aussi. Tout le monde se tint dans un silence respectueux. Mes compagnes enviaient secrètement ma félicité, et Scamandre se retira dans ses roseaux quand il voulut. Mais combien fus-je étonnée un jour que je rencontrai ce Scamandre qui se promenait dans une petite ville de la Troade, et que j'appris que c'était un capitaine athénien qui avait sa flotte sur cette côte-là!

PAULINE.

Quoi! vous l'aviez donc pris pour le vrai Scamandre!

CALLIRHÉE.

Sans doute.

PAULINE.

Et était-ce la mode en votre pays que le fleuve acceptât les offres que les filles à marier venaient lui faire?

CALLIRHÉE.

Non; et peut-être s'il eût eu coutume de les accepter, on ne les lui eût pas faites. Il se contentait des honnêtetés qu'on avait pour lui, et n'en abusait pas.

PAULINE.

Vous deviez donc bien avoir le Scamandre pour suspect?

CALLIRHÉE.

Pourquoi? Une jeune fille ne pouvait-elle pas croire que toutes les autres n'avaient pas eu assez de beauté pour plaire au dieu, ou qu'elles ne lui avaient fait que de fausses offres, auxquelles il n'avait pas daigné répondre? Les femmes se flattent si aisément! Mais vous, qui ne voulez pas que j'aie été la dupe du Scamandre, vous l'avez bien été d'Anubis.

PAULINE.

Non, pas tout-à-fait. Je me doutais un peu qu'Anubis pouvait être un simple mortel.

CALLIRHÉE.

Et vous l'allâtes trouver? cela n'est pas excusable.

PAULINE.

Que voulez-vous? J'entendais dire à tous les sages, que si l'on n'aidait soi-même à se tromper, on ne goûterait guère de plaisirs.

CALLIRHÉE.

Bon, aider à se tromper! Ils ne l'entendaient pas apparemment dans ce sens-là. Ils voulaient dire que les choses du monde les plus agréables sont dans le fond si minces, qu'elles ne toucheraient pas beaucoup, si l'on y faisait une réflexion un peu sérieuse. Les plaisirs ne sont pas faits pour être examinés à la rigueur, et on est tous les jours réduit à leur passer bien des choses sur lesquelles il ne serait pas à propos de se rendre difficile. C'est là ce que vos sages......

PAULINE.

C'est aussi ce que je veux dire. Si je me fusse rendue difficile avec Anubis, j'eusse bien trouvé que ce n'était pas un dieu; mais je lui passai sa divinité, sans vouloir l'examiner trop curieusement. Et où est l'amant dont on souffrirait la tendresse, s'il fallait qu'il essuyât un examen de notre raison?

CALLIRHÉE.

La mienne n'était pas si rigoureuse. Il se pouvait trouver tel amant qu'elle eût consenti que j'aimasse; et enfin il est plus aisé de se croire aimée d'un homme sincère et fidèle que d'un dieu.

PAULINE.

De bonne foi, c'est presque la même chose. J'eusse été aussitôt persuadée de la fidélité et de la constance de Mundus que de sa divinité.

CALLIRHÉE.

Ah! il n'y a rien de plus outré que ce que vous dites. Si l'on croit que des dieux aient aimé, du moins on ne peut pas croire que cela soit arrivé souvent; mais on a vu souvent des amans fidèles qui n'ont point partagé leur cœur, et qui ont sacrifié tout à leurs maîtresses.

PAULINE.

Si vous prenez pour de vraies marques de fidélité les soins, les empressemens, des sacrifices, une préférence entière, j'avoue qu'il se trouvera sssez d'amans fidèles; mais ce n'est pas ainsi que je compte. J'ôte du nombre de ces amans tous ceux dont la passion n'a pu être assez longue pour avoir le loisir de s'éteindre d'elle-même, ou assez heureuse pour en avoir sujet. Il ne me reste que ceux qui ont tenu bon contre le temps et contre les faveurs, et ils sont à peu près en même quantité que les dieux qui ont aimé des mortels.

CALLIRHÉE.

Encore faut-il qu'il se trouve de la fidélité, même selon cette idée. Car, qu'on aille dire à une femme qu'on est un dieu épris de son mérite, elle n'en croira rien; qu'on lui jure d'être fidèle, elle le croira. Pourquoi cette différence? C'est qu'il y a des exemples de l'un, et qu'il n'y en a pas de l'autre.

PAULINE.

Pour les exemples, je tiens la chose égale; mais ce qui fait qu'on ne donne pas dans l'erreur de prendre un homme pour un dieu, c'est que cette erreur là n'est pas soutenue par le cœur. On ne croit pas qu'un amant soit une divinité, parce qu'on ne le souhaite pas; mais on souhaite qu'il soit fidèle, et on croit qu'il l'est.

CALLIRHÉE.

Vous vous moquez. Quoi! toutes les femmes prendraient leurs amans pour des dieux, si elles souhaitaient qu'ils le fussent?

PAULINE.

Je n'en doute presque pas. Si cette erreur était nécessaire pour l'amour, la nature aurait disposé notre cœur à nous l'inspirer. Le cœur est la source de toutes les erreurs dont nous avons besoin; il ne nous refuse rien dans cette matière là.

DIALOGUE III.

CANDAULE, GIGÈS.

CANDAULE.

Plus j'y pense, et plus je trouve qu'il n'était point nécessaire que vous me fissiez mourir?

GIGÈS.

Que pouvais-je faire? Le lendemain que vous m'eûtes fait voir les beautés cachées de la reine, elle m'envoya quérir, me dit qu'elle s'était aperçue que vous m'aviez fait entrer le soir dans sa chambre, et me fit, sur l'offense qu'avait reçue sa pudeur, un très beau discours, dont la conclusion était qu'il fallait me résoudre à mourir, ou à vous tuer, et à l'épouser en même temps; car, à ce qu'elle prétendait, il était de son honneur, ou que je possédasse ce que j'avais vu, ou que je ne pusse jamais me vanter de l'avoir vu. J'entendis bien ce que tout cela voulait dire. L'outrage n'était pas si grand, que la reine n'eût bien pu le dissimuler; et son honneur pouvait vous laisser vivre, si elle eût voulu: mais franchement elle était dégoûtée de vous, et elle fut ravie d'avoir un prétexte de gloire pour se défaire de son mari. Vous jugez bien que dans l'alternative qu'elle me proposait, je n'avais qu'un parti à prendre.

CANDAULE.

Je crains fort que vous n'eussiez pris plus de goût pour elle, qu'elle n'avait de dégoût pour moi. Ah! que j'eus tort de ne pas prévoir l'effet que sa beauté ferait sur vous, et de vous prendre pour un trop honnête homme.

GIGÈS.

Reprochez-vous plutôt d'avoir été si sensible au plaisir d'être le mari d'une femme bien faite, que vous ne pûtes vous en taire.

CANDAULE.

Je me reprocherais la chose du monde la plus naturelle. On ne saurait cacher sa joie dans un extrême bonheur.

GIGÈS.

Cela serait pardonnable, si c'était un bonheur d'amant; mais le vôtre était un bonheur de mari. On peut être indiscret pour une maîtresse; mais pour une femme! Et que croirait-on du mariage, si l'on en jugeait par ce que vous fîtes? On s'imaginerait qu'il n'y a rien de plus délicieux.

CANDAULE.

Mais sérieusement, pensez-vous qu'on puisse être content d'un bonheur qu'on possède sans témoins? Les plus braves veulent être regardés pour être braves, et les gens heureux veulent être aussi regardés pour être parfaitement heureux. Que sais-je même, s'ils ne se résoudraient pas à l'être moins, pour le paraître davantage? Il est toujours sûr qu'on ne fait point de montre de sa félicité, sans faire aux autres une espèce d'insulte dont on se sent satisfait.

GIGÈS.

Il serait fort aisé, selon vous, de se venger de cette insulte. Il ne faudrait que fermer les yeux, et refuser aux gens ces regards, ou, si vous voulez, ces sentimens de jalousie qui font partie de leur bonheur.

CANDAULE.

J'en conviens. J'entendais l'autre jour conter à un mort, qui avait été roi de Perse, qu'on le menait captif et chargé de chaînes dans la ville capitale d'un grand empire. L'empereur victorieux, environné de toute sa cour, était assis sur un trône magnifique et fort élevé ; tout le peuple remplissait une grande place qu'on avait ornée avec beaucoup de soin. Jamais spectacle ne fut plus pompeux. Quand ce roi parut, après une longue marche de prisonniers et de dépouilles, il s'arrêta vis-à-vis de l'empereur, et s'écria d'un air gai : *Sottise, sottise, et toutes choses sottise*. Il disait que ces seuls mots avaient gâté à l'empereur tout son triomphe ; et je le conçois si bien, que je crois que je n'eusse pas voulu triompher à ce prix là du plus cruel et du plus redoutable de mes ennemis.

GIGÈS.

Vous n'eussiez donc plus aimé la reine, si je ne l'eusse pas trouvée belle, et si, en la voyant, je me fusse écrié : *Sottise, sottise*.

CANDAULE.

J'avoue que ma vanité de mari en eût été blessée. Jugez sur ce pied là combien l'amour d'une femme aimable doit flatter sensiblement, et combien la discrétion doit être une vertu difficile.

GIGÈS.

Ecoutez : tout mort que je suis, je ne veux dire cela à un mort qu'à l'oreille ; il n'y a pas tant de vanité à tirer de l'amour d'une maîtresse. La nature a si bien établi le commerce de l'amour, qu'elle n'a pas laissé beaucoup de choses à faire au mérite. Il n'y a point de cœur à qui elle n'ait destiné quelqu'autre cœur, elle n'a pas pris soin d'assortir toujours ensemble toutes les personnes dignes d'estime : cela est fort mêlé, et l'expérience ne fait que trop voir que le choix d'une femme aimable ne prouve rien, ou presque rien, en faveur de celui sur qui il tombe. Il me semble que ces raisons là devraient faire des amans discrets.

CANDAULE.

Je vous déclare que les femmes ne voudraient point d'une discrétion de cette espèce, qui ne serait fondée que sur ce qu'on ne se ferait pas un grand honneur de leur amour.

GICÈS.

Ne suffit-il pas de s'en faire un plaisir extrême? La tendresse profitera de ce que j'ôterai à la vanité.

CANDAULE.

Non, elles n'accepteraient pas ce parti.

GICÈS.

Mais songez que l'honneur gâte tout cet amour, dès qu'il y entre. D'abord, c'est l'honneur des femmes qui est contraire aux intérêts des amans; et puis, du débris de cet honneur-là, les amans s'en composent un autre, qui est fort contraire aux intérêts des femmes. Voilà ce que c'est que d'avoir mis l'honneur d'une partie dont il ne devait point être.

DIALOGUE IV.

HÉLÈNE, FULVIE,

HÉLÈNE.

Il faut que je sache de vous, Fulvie, une chose qu'Auguste m'a dite depuis peu. Est-il vrai que vous conçûtes pour lui quelque inclination; mais que comme il n'y répondit pas, vous excitâtes votre mari Marc-Antoine à lui faire la guerre?

FULVIE.

Rien n'est plus vrai, ma chère Hélène ; car parmi nous autres mortes, cet aveu ne tire pas à conséquence. Marc-Antoine était fou de la comédienne Cithéride, et j'eusse bien voulu me venger de lui, en me faisant aimer d'Auguste ; mais Auguste était difficile en maîtresse : il ne me trouva ni assez jeune, ni assez belle ; et quoique je lui fisse entendre qu'il s'embarquait dans la guerre civile, faute d'avoir quelques soins pour moi, il me fut impossible d'en tirer aucune complaisance. Je vous dirai même si vous voulez, des vers qu'il fit sur ce sujet, et qui ne sont pas trop en mon honneur; les voici :

Parce qu'Antoine est charmé de Glaphire,

(c'est ainsi qu'il appelle Cithéride.)

Fulvie à ses beaux yeux me veut assujétir.
Antoine est infidèle. Hé bien donc, est-ce à dire
Que des fautes d'Antoine on me fera pâtir ?
   Qui, moi, que je serve Fulvie ?
   Suffit-il qu'elle en ait envie ?
A ce compte, on verrait se retirer vers moi
   Mille épouses mal satisfaites.
Aime-moi, me dit-elle, ou combattons ; mais quoi ?
Elle est bien laide ! Allons, sonnez, trompettes.

HÉLÈNE.

Nous avons donc causé, vous et moi, les deux plus grandes guerres qui aient peut-être jamais été : vous celle d'Antoine et d'Auguste, et moi celle de Troie ?

FULVIE.

Mais il y a cette différence, que vous avez causé la

guerre de Troie par votre beauté, et moi celle d'Auguste et d'Antoine par ma laideur.

HÉLÈNE.

En récompense, vous avez un autre avantage sur moi ; c'est que votre guerre est beaucoup plus plaisante que la mienne. Mon mari se venge de l'affront qu'on lui a fait en m'aimant, ce qui est assez naturel ; et le vôtre vous venge de l'affront qu'on vous a fait en ne vous aimant pas ; ce qui n'est pas trop ordinaire aux maris.

FULVIE.

Oui ; mais Antoine ne savait pas qu'il faisait la guerre pour moi, et Ménélas savait bien que c'était pour vous qu'il la faisait. C'est là un point qu'on ne saurait lui pardonner ; car au lieu que Ménélas, suivi de toute la Grèce, assiégeât Troie pendant dix ans, pour vous retirer d'entre les bras de Pâris, n'est-il pas vrai que si Pâris eût voulu absolument vous rendre, Ménélas eût dû soutenir dans Sparte un siége de dix ans pour ne pas vous recevoir ? De bonne foi, je trouve qu'ils avaient tous perdu l'esprit, tant Grecs que Troyens. Les uns étaient fous de vous redemander, et les autres l'étaient encore plus de vous retenir. D'où vient que tant d'honnêtes gens se sacrifiaient aux plaisirs d'un jeune homme, qui ne savait ce qu'il faisait ? Je ne pouvais m'empêcher de rire, en lisant cet endroit d'Homère, où, après neuf ans de guerre, et un combat dans lequel on vient tout fraîchement de perdre beaucoup de monde, il s'assemble un conseil devant le palais de Priam. Là, Antenor est d'avis que l'on vous rende, et il n'y avait pas, ce me semble, à balancer : on devait seulement se repentir de s'être avisé un peu tard de cet expédient. Cependant Pâris témoigne que la proposition lui déplaît ; et Priam, qui, à ce que dit Homère, est égal aux dieux en sagesses, embarrassé de voir son conseil qui se partage sur une affaire si difficile, et ne sachant quel parti prendre, ordonne que tout le monde aille souper.

HÉLÈNE.

Du moins, la guerre de Troie avait cela de bon, qu'on en découvrait aisément tout le ridicule ; mais la guerre civile d'Auguste et d'Antoine ne paraissait pas ce qu'elle était. Lorsqu'on voyait tant d'aigles romaines en campagne, on n'avait garde de s'imaginer que ce qui les animait si cruellement les unes contre les autres, c'était le refus qu'Auguste vous avait fait de ses bonnes grâces.

FULVIE.

Ainsi vont les choses parmi les hommes : on y voit de grands mouvemens, mais les ressorts en sont d'ordinaire assez ridicules. Il est important, pour l'honneur des événemens les plus considérables, que les causes en soient cachées.

DIALOGUE V.

PARMENISQUE, THÉOCRITE DE CHIO.

THÉOCRITE.

Tout de bon, ne pouviez-vous plus rire après que vous eûtes descendu dans l'antre de Trophonius?

PARMENISQUE.

Non, j'étais d'un sérieux extraordinaire.

THÉOCRITE.

Si j'eusse su que l'antre de Trophonius avait cette vertu, j'eusse bien dû y faire un petit voyage. Je n'ai que trop ri pendant ma vie, et même elle eût été plus longue, si j'eusse moins ri. Une mauvaise raillerie m'a amené dans le lieu où nous sommes. Le roi Antigonus était borgne. Je l'avais cruellement offensé ; cependant il avait promis de n'en avoir aucun ressentiment, pourvu que j'allasse me présenter devant lui. On m'y conduisait presque par force, et mes amis me disaient pour m'encourager : « Allez, ne craignez rien ; votre » vie est en sûreté, dès que aurez paru aux yeux du » roi. Ah ! leur répondis-je, si je ne puis obtenir ma » grâce, sans paraître à ses yeux, je suis perdu. » Antigonus, qui était disposé à me pardonner un crime, ne me put pardonner cette plaisanterie, et il m'en coûta la tête pour avoir raillé hors de propos.

PARMENISQUE.

Je ne sais si je n'eusse point voulu avoir votre talent de railler, même à ce prix là.

THÉOCRITE.

Et moi, combien voudrais-je présentement avoir acheté votre sérieux !

PARMENISQUE.

Ah ! vous n'y songez pas. Je pensai mourir du sérieux que vous souhaitez si fort : rien ne me divertissait plus; je faisais des efforts pour rire, et je n'en pouvais venir à bout. Je ne jouissais plus de tout ce qu'il y a de ridicule dans le monde ; ce ridicule était devenu triste pour moi. Enfin, désespéré d'être si sage, j'allai à Delphes, et je priai instamment le dieu de m'enseigner un moyen de rire. Il me renvoya en termes ambigus au pouvoir maternel. Je crus qu'il entendait ma patrie : j'y retourne ; mais ma patrie ne put vaincre mon sérieux. Je commençais à prendre mon parti, comme dans une maladie incurable, lorsque je fis par hasard un voyage à Délos : là, je contemplai avec surprise la magnificence des temples d'Apollon, et la beauté de ses statues. Il était partout en marbre ou en or, et de la main des meilleurs ouvriers de la Grèce: mais quand je vins à une Latone de bois, qui était très mal faite, et qui avait tout l'air d'une vieille, je m'éclatai de rire, par la comparaison des statues du fils à celle de la mère. Je ne puis vous exprimer assez combien je fus étonné, content, charmé d'avoir ri. J'entendis alors le vrai sens de l'oracle. Je ne présentai point d'offrandes à tous ces Apollons d'or ou de marbre; la Latone de bois eut tous mes dons et tous mes vœux. Je lui fis je ne sais combien de sacrifices, je l'enfumai toute d'encens, et j'eusse élevé un temple *à Latone qui fait rire*, si j'eusse été en état d'en faire la dépense.

THÉOCRITE.

Il me semble qu'Apollon pouvait vous rendre la faculté de rire, sans que ce fût aux dépens de sa mère : vous n'auriez vu que trop d'objets qui étaient propres à faire le même effet que Latone.

PARMENISQUE.

Quand on est de mauvaise humeur, on trouve que les hommes ne valent pas la peine qu'on en rie ; ils sont faits pour être ridicules, et ils le sont, cela n'est pas étonnant : mais une déesse, qui se met à l'être, l'est bien davantage. D'ailleurs, Apollon voulait apparemment me faire voir que mon sérieux était un mal qui ne pouvait être guéri par tous les remèdes humains, et que j'étais réduit dans un état où j'avais besoin du secours même des dieux.

THÉOCRITE.

Cette joie et cette gaieté que vous enviez, est encore

un bien plus grand mal. Tout un peuple en a autrefois été atteint, et en a extrêmement souffert.

PARMENISQUE.

Quoi! il s'est trouvé tout un peuple trop disposé à la gaieté et à la joie?

THÉOCRITE.

Oui, c'étaient les Tirinthiens.

PARMENISQUE.

Les heureuses gens!

THÉOCRITE.

Point du tout. Comme ils ne pouvaient plus prendre leur sérieux sur rien, tout allait en désordre parmi eux. S'ils s'assemblaient sur la place, tous leurs entretiens roulaient sur des folies, au lieu de rouler sur les affaires publiques; s'ils recevaient des ambassadeurs, ils les tournaient en ridicule; s'ils tenaient le conseil de ville, les avis des plus graves sénateurs n'étaient que des bouffonneries; et en toutes sortes d'occasions, une parole ou une action raisonnable eût été un prodige chez les Tirinthiens. Ils se sentirent enfin incommodés de cet esprit de plaisanterie, du moins autant que vous l'aviez été de votre tristesse, et ils allèrent consulter l'oracle de Delphes, aussi bien que vous, mais pour une fin bien différente; c'est-à-dire pour lui demander les moyens de recouvrer un peu de sérieux. L'oracle répondit que s'ils voulaient sacrifier un taureau à Neptune, sans rire, il serait désormais en leur pouvoir d'être plus sages. Un sacrifice n'est pas une action si plaisante d'elle-même; cependant, pour la faire sérieusement, ils y apportèrent bien des préparatifs : ils résolurent de n'y recevoir point de jeunes gens, mais seulement des vieillards, et non pas encore toutes sortes de vieillards, mais seulement ceux qui avaient ou des maladies, ou beaucoup de dettes, ou des femmes bien incommodes. Quand toutes ces personnes choisies furent sur le bord de la mer, pour immoler la victime, il fut besoin, malgré les femmes, les dettes, les maladies et l'âge, qu'ils composassent leur air, baissassent les yeux à terre, et se mordissent les lèvres : mais par malheur, il se trouva là un enfant qui s'y était coulé : on voulut le chasser, selon l'ordre, et il cria : *Quoi ! avez-vous peur que je n'avale votre taureau ?* Cette sottise déconcerta toutes ces gravités contrefaites : on éclata de rire ; le sacrifice fut troublé, et la raison ne revint point aux Tirinthiens. Ils eurent grand tort, après que le taureau leur eut manqué, de ne pas songer à cet antre de Trophonius, qui avait la vertu de rendre les gens si sérieux, et qui fit un effet si remarquable sur vous.

PARMENISQUE.

A la vérité, je descendis dans l'antre de Trophonius; mais l'antre de Trophonius, qui m'attrista si fort, n'est pas ce qu'on pense.

THÉOCRITE.

Et qu'est-ce donc ?

PARMENISQUE.

Ce sont les réflexions : j'en avais fait, et je ne riais plus. Si l'oracle eût ordonné aux Tirinthiens d'en faire, ils étaient guéris de leur enjouement.

THÉOCRITE.

J'avoue que je ne sais pas trop ce que c'est que les réflexions ; mais je ne puis concevoir pourquoi elles seraient si chagrines. Ne saurait-on avoir des vues saines, qui ne soient en même temps tristes ? N'y a-t-il que l'erreur qui soit gaie, et la raison n'est-elle faite que pour nous tuer?

PARMENISQUE.

Apparemment, l'intention de la nature n'a pas été qu'on pensât avec beaucoup de raffinement; car elle vend ces sortes de pensées là bien cher. Vous voulez faire des réflexions, nous dit-elle; prenez-y garde; je m'en vengerai, par la tristesse qu'elles vous causeront.

THÉOCRITE.

Mais vous ne me dites point pourquoi la nature ne veut pas qu'on pousse les réflexions jusqu'où elles peuvent aller?

PARMEMISQUE.

Elle a mis les hommes au monde pour y vivre ; et vivre, c'est ne savoir ce que l'on fait la plupart du temps. Quand nous découvrons le peu d'importance de ce qui nous occupe et de ce qui nous touche, nous arrachons à la nature son secret : on devient trop sage, et on ne veut plus agir; voilà ce que la nature ne trouve pas bon.

THÉOCRITE.

Mais la raison qui vous fait penser mieux que les autres, ne laisse pas de vous condamner à agir comme eux.

PARMENISQUE.

Vous dites vrai. Il y a une raison qui nous met au-dessus de tout par les pensées ; il doit y en avoir ensuite une autre, qui nous ramène à tout par les actions : mais à ce compte là même, ne vaut-il pas presque autant n'avoir point pensé?

DIALOGUE VI.

BRUTUS, FAUSTINE.

BRUTUS.

Quoi! se peut-il que vous ayez pris plaisir à faire mille infidélités à l'empereur Marc-Aurèle, à un mari qui avait toutes les complaisances imaginables pour vous, et qui était sans contredit le meilleur homme de tout l'empire romain?

FAUSTINE.

Et se peut-il que vous ayez assassiné Jules César, qui était un empereur si doux et si modéré?

BRUTUS.

Je voulais épouvanter tous les usurpateurs par l'exemple de César, que sa douceur et sa modération n'avaient pu mettre en sûreté.

FAUSTINE.

Et si je vous disais que je voulais effrayer tellement tous les maris, que personne n'osât songer à l'être après l'exemple de Marc-Aurèle, dont la bonté avait été si mal payée?

BRUTUS.

C'était là un beau dessein! Il faut qu'il y ait des maris; car qui gouvernerait les femmes? mais Rome n'avait point besoin d'être gouvernée par César.

FAUSTINE.

Qui vous l'a dit? Rome commençait à avoir des fantaisies aussi déréglées, et des humeurs aussi étranges que celles qu'on attribue à la plupart des femmes; elle ne pouvait plus se passer de maître, mais elle ne se plaisait pourtant pas à en avoir un. Les femmes sont justement du même caractère : on doit convenir aussi que les hommes sont trop jaloux de leur domination ; ils l'exercent dans le mariage ; c'est déjà un grand article; mais ils voudraient même l'exercer en amour. Quand ils demandent qu'une maîtresse leur soit fidèle, fidèle veut dire soumise. L'empire devrait être également partagé entre l'amant et la maîtresse ; cependant il passe toujours de l'un ou de l'autre côté, et presque toujours du côté de l'amant.

BRUTUS.

Vous voilà étrangement révoltée contre tous les hommes !

FAUSTINE.

Je suis Romaine, et j'ai des sentimens romains sur la liberté.

BRUTUS.

Je vous assure qu'à ce compte là tout l'univers est plein de Romaines : mais avouez que les Romains tels que moi sont un peu plus rares.

FAUSTINE.

Tant mieux qu'ils soient si rares. Je ne crois pas qu'un honnête homme voulût faire ce que vous avez fait, et assassiner son bienfaiteur.

BRUTUS.

Je ne crois pas non plus qu'il y eût d'honnêtes femmes qui voulussent imiter votre conduite : pour la mienne, vous ne sauriez disconvenir qu'elle n'ait été assez ferme. Il a fallu bien du courage pour n'être pas touché par l'amitié que César avait pour moi.

FAUSTINE.

Croyez-vous qu'il ait fallu moins de courage pour

tenir bon contre la douceur et la patience de Marc-Aurèle? Il regardait avec indifférence toutes les infidélités que je lui faisais : il ne me voulait pas faire l'honneur d'être jaloux; il m'ôtait le plaisir de le tromper. J'en étais en si grande colère, qu'il me prenait quelquefois envie d'être femme de bien. Cependant, je me sauvai toujours de cette faiblesse; et, après ma mort même, Marc-Aurèle ne m'a-t-il pas fait le déplaisir de me bâtir des temples, de me donner des prêtres, d'instituer en mon honneur des fêtes Faustiniennes? Cela n'est-il pas capable de faire enrager? M'avoir fait une apothéose magnifique? m'avoir érigée en déesse?

BRUTUS.

J'avoue que je ne connais plus les femmes : voilà les plaintes du monde les plus bizarres.

FAUSTINE.

N'eussiez-vous pas mieux aimé être obligé de conjurer contre Sylla que contre César? Sylla eût excité votre indignation et votre haine par son extrême cruauté. J'eusse bien mieux aimé aussi avoir à tromper un homme jaloux, ce même César, par exemple, de qui nous parlons. Il avait une vanité insupportable; il voulait avoir l'empire de la terre tout entier, et sa femme tout entière; et parce qu'il vit que Clodius partageait l'une avec lui, et Pompée l'autre, il ne put souffrir ni Pompée, ni Clodius. Que j'eusse été heureuse avec César!

BRUTUS.

Il n'y a qu'un moment que vous vouliez exterminer tous les maris, et à cette heure vous aimez mieux les plus méchans.

FAUSTINE.

Je voudrais qu'il n'y en eut point, afin que les femmes fussent toujours libres; mais s'il faut qu'il y en ait, les plus méchans sont ceux qui me plaisent davantage, par le plaisir que l'on a de reprendre sa liberté.

BRUTUS.

Je crois que pour les femmes de votre humeur, le meilleur est qu'il y ait des maris. Plus le sentiment de la liberté est vif, plus il y entre de malignité.

DIALOGUES DES MORTS ANCIENS AVEC DES MODERNES.

DIALOGUE PREMIER.

SÉNÈQUE, SCARRON.

SÉNÈQUE.

Vous me comblez de joie en m'apprenant que les stoïciens subsistent encore, et que dans ces derniers temps, vous avez fait profession de cette secte.

SCARRON.

J'ai été, sans vanité, plus stoïcien que vous, plus que Chrysippe, et plus que Zénon votre fondateur. Vous étiez tous en état de philosopher à votre aise; vous, en votre particulier, vous aviez des richesses immenses. Pour les autres, ou ils ne manquaient pas de bien, ou ils jouissaient d'une assez bonne santé, ou enfin ils avaient tous leurs membres : ils allaient, ils venaient à la manière ordinaire des hommes. Mais moi, j'étais dans une très mauvaise fortune, tout contrefait, presque sans figure humaine, immobile, attaché à un lieu comme un tronc d'arbre, souffrant continuellement; et j'ai fait voir que tous ces maux s'arrêtaient au corps, et ne pouvaient passer jusqu'à l'âme du sage; le chagrin a toujours eu la honte de ne pouvoir entrer chez moi par tous les chemins qu'il s'était faits.

SÉNÈQUE.

Je suis ravi de vous entendre parler ainsi. A votre langage seul, je vous reconnaîtrais pour un grand stoïcien. Et n'étiez-vous pas l'admiration de votre siècle?

SCARRON.

Oui, je l'étais. Je ne me contentais pas de souffrir mes maux avec patience, je leur insultais par les railleries. La fermeté eût fait honneur à un autre, mais j'allais jusqu'à la gaieté.

SÉNÈQUE.

O sagesse stoïcienne! tu n'es donc pas une chimère, comme on se le persuade! Tu te trouves parmi les hommes, et voici un sage que tu n'avais pas rendu moins heureux que Jupiter même. Venez, que je vous présente à Zénon et à nos autres stoïciens; je veux qu'ils voient le fruit des admirables leçons qu'ils ont données au monde.

SCARRON.

Vous m'obligerez beaucoup, de me faire connaître à des morts si illustres.

SÉNÈQUE.

Comment vous nommerai-je à eux?

SCARRON.

Scarron.

SÉNÈQUE.

Scarron? Je connais ce nom là. N'ai-je pas ouï parler de vous à plusieurs modernes qui sont ici?

SCARRON.

Cela se peut.

SÉNÈQUE.

N'avez-vous pas fait quantité de vers plaisans, comiques?

SCARRON.

Oui : j'ai même été l'inventeur d'un genre de poésie qu'on appelle le *burlesque*. C'est tout ce qu'il y a de plus outré en fait de plaisanteries.

SÉNÈQUE.

Mais vous n'étiez donc pas un philosophe?

SCARRON.

Pourquoi non?

SÉNÈQUE

Ce n'est pas l'occupation d'un stoïcien, que de faire des ouvrages de plaisanterie, et de songer à faire rire.

SCARRON.

Oh! je vois bien que vous n'avez pas compris les perfections de la plaisanterie. Toute sagesse y est renfermée. On peut tirer du ridicule de tout; j'en tirerais de vos ouvrages mêmes, si je voulais, et fort aisément : mais tout ne produit pas du sérieux, et je vous défie de tourner jamais mes ouvrages de manière qu'ils en produisent. Cela ne veut-il pas dire que le ridicule domine partout, et que les choses du monde ne sont pas faites pour être traitées sérieusement? J'ai mis en vers burlesques la divine Énéide de votre Virgile, et l'on ne saurait mieux faire voir que le magnifique et le ridicule sont si voisins, qu'ils se touchent. Tout ressemble à ces ouvrages de perspective, où des figures dispersées çà et là vous forment, par exemple, un empereur, si vous le regardez d'un certain point; changez ce point de vue, ces mêmes figures vous représentent un gueux.

SÉNÈQUE.

Je vous plains de ce qu'on n'a pas compris que vos vers badins fussent faits pour mener les gens à des réflexions si profondes. On vous eût respecté plus qu'on n'a fait, si l'on eût su combien vous étiez grand philosophe ; mais il n'était pas facile de le deviner, par les pièces qu'on dit que vous avez données au public.

SCARRON.

Si j'avais fait de gros volumes pour prouver que la pauvreté, les maladies ne doivent donner aucune atteinte à la gaieté du sage, n'eussent-ils pas été dignes d'un stoïcien ?

SÉNÈQUE.

Cela est sans difficulté

SCARRON.

Et j'ai fait je ne sais combien d'ouvrages, qui prouvent que malgré la pauvreté, malgré les maladies, j'avais cette gaieté : cela ne vaut-il pas mieux ? Vos traités de morale ne sont que des spéculations sur la sagesse ; mais mes vers en étaient une pratique continuelle.

SÉNÈQUE.

Je suis certain que votre prétendu sagesse n'était pas un effet de votre raison, mais de votre tempérament.

SCARRON.

Et c'est là la meilleure espèce de sagesse qui soit au monde.

SÉNÈQUE.

Bon ! ce sont de plaisans sages, que ceux qui le sont par tempérament. S'ils ne sont pas fous, doit-on leur en tenir compte? Le bonheur d'être vertueux peut quelquefois venir de la nature; mais le mérite de l'être ne peut jamais venir que de la raison.

SCARRON.

On ne fait ordinairement guère de cas de ce que vous appelez un mérite ; car si un homme a quelque vertu, et qu'on puisse démêler qu'elle ne lui soit pas naturelle, on ne la compte presque pour rien. Il semblerait pourtant que parce qu'elle est acquise à force de soins, elle en devrait être plus estimée : n'importe ; c'est un pur effet de la raison, on ne s'y fie pas.

SÉNÈQUE.

On doit encore moins se fier à l'inégalité du tempérament de vos sages : ils ne sont sages que selon qu'il plaît à leur sang. Il faudrait savoir comment les parties intérieures de leur corps sont disposées, pour savoir jusqu'où ira leur vertu. Ne vaut-il pas mieux incomparablement ne se laisser conduire qu'à la raison, et se rendre si indépendant de la nature, qu'on soit en état de n'en craindre plus de surprises?

SCARRON.

Ce serait le meilleur, si cela était possible : mais par malheur, la nature garde toujours ses droits ; elle a ses premiers mouvemens qu'on ne lui peut jamais ôter ; ils ont souvent bien fait du chemin, avant que la raison en soit avertie ; et quand elle s'est mise enfin en devoir d'agir, elle trouve déjà bien du désordre : encore est-ce une grande question que de savoir si elle pourra le réparer. En vérité, je ne m'étonne pas si l'on voit tant de gens qui ne se fient pas tout-à-fait à la raison.

SÉNÈQUE.

Il n'appartient pourtant qu'à elle de gouverner les hommes, et de régler tout dans l'univers.

SCARRON.

Cependant elle n'est guère en état de faire valoir

son autorité. J'ai ouï dire que quelque cent ans après votre mort, un philosophe platonicien demanda à l'empereur qui régnait alors, une petite ville de Calabre toute ruinée, pour la rebâtir, la policer selon les lois de la république de Platon, et l'appeler Platonopolis; mais l'empereur la refusa au philosophe, et ne se fia pas assez à la raison du divin Platon, pour lui donner le gouvernement d'une bicoque. Jugez par là combien la raison a perdu de son crédit. Si elle était estimable le moins du monde, il n'y aurait que les hommes qui la pussent estimer, et les hommes ne l'estiment pas.

DIALOGUE II.

ARTÉMISE, RAIMOND LULLE.

ARTÉMISE.

Cela m'est tout-à-fait nouveau. Vous dites qu'il y a un secret pour changer les métaux en or, et que ce secret s'appelle la pierre philosophale, ou le grand œuvre?

RAIMOND LULLE.

Oui, et je l'ai cherché long-temps.

ARTÉMISE.

L'avez-vous trouvé?

RAIMOND LULLE.

Non; mais tout le monde l'a cru, et on le croit encore. La vérité est que ce secret là n'est qu'une chimère.

ARTÉMISE.

Pourquoi donc le cherchiez-vous?

RAIMOND LULLE.

Je n'en ai été désabusé qu'ici-bas.

ARTÉMISE.

C'est, ce me semble, avoir attendu un peu tard.

RAIMOND LULLE.

Je vois bien que vous avez envie de me railler. Nous nous ressemblons pourtant plus que vous ne croyez.

ARTÉMISE.

Moi, je vous ressemblerais! moi qui fus un modèle de fidélité conjugale, qui bus les cendres de mon mari, qui lui élevai un superbe monument, admiré de tout l'univers! Comment pourrais-je ressembler à un homme qui a passé sa vie à chercher le secret de changer les métaux en or?

RAIMOND LULLE.

Oui, oui, je sais bien ce que je dis. Après toutes les belles choses dont vous venez de vous vanter, vous devîntes folle d'un jeune homme qui ne vous aimait pas : vous lui sacrifiâtes ce bâtiment magnifique, dont vous eussiez pu tirer tant de gloire; et les cendres de Mausole que vous aviez avalées, ne furent pas un assez bon remède contre une nouvelle passion.

ARTÉMISE.

Je ne vous croyais pas si bien instruit de mes affaires. Cet endroit de ma vie était assez inconnu, et je ne m'imaginais pas qu'il y eût bien des gens qui le sussent.

RAIMOND LULLE.

Vous avouerez donc que nos destinées ont du rapport, en ce qu'on nous fait à tous deux un honneur que nous ne méritons pas; à vous, de croire que vous aviez été toujours fidèle aux mânes de votre mari, et à moi, de croire que j'étais venu à bout du grand œuvre?

ARTÉMISE.

Je l'avouerai très volontiers. Le public est fait pour être la dupe de beaucoup de choses; il faut profiter des dispositions où il est.

RAIMOND LULLE.

Mais n'y aurait-il plus rien qui nous fût commun à tous deux?

ARTÉMISE.

Jusqu'à présent, je me trouve fort bien de vous ressembler. Dites.

RAIMOND LULLE.

N'avons-nous point tous deux cherché une chose qui ne se peut trouver; vous, le secret d'être fidèle à votre mari, et moi, celui de changer les métaux en or? Je crois qu'il en est de la fidélité conjugale comme du grand œuvre.

ARTÉMISE.

Il y a des gens qui ont si mauvaise opinion des femmes, qu'ils diront peut-être que le grand œuvre n'est pas assez impossible pour entrer dans cette comparaison.

RAIMOND LULLE.

Oh! je vous le garantis aussi impossible qu'il faut.

ARTÉMISE.

Mais d'où vient qu'on le cherche, et que vous-même, qui paraissez avoir été homme de bon sens, vous avez donné dans cette rêverie?

RAIMOND LULLE.

Il est vrai qu'on ne peut trouver la pierre philosophale, mais il est bon qu'on la cherche : en la cherchant, on trouve de fort beaux secrets qu'on ne cherchait pas.

ARTÉMISE.

Ne vaudrait-il pas mieux chercher ces secrets qu'on peut trouver, que de songer à ceux qu'on ne trouvera jamais?

RAIMOND LULLE.

Toutes les sciences ont leur chimère, après laquelle elles courent, sans la pouvoir attraper; mais elles attrapent en chemin d'autres connaissances fort utiles. Si la chimie a sa pierre philosophale, la géométrie a sa quadrature du cercle, l'astronomie ses longitudes, les mécaniques leur mouvement perpétuel; il est impossible de trouver tout cela, mais fort utile de le chercher. Je vous parle une langue que vous n'entendez peut-être pas bien : mais vous entendrez bien du moins que la morale a aussi sa chimère; c'est le désintéressement, la parfaite amitié. On n'y parviendra jamais, mais il est bon que l'on prétende y parvenir : du moins en le prétendant, on parvient à beaucoup d'autres vertus, ou à des actions dignes de louange et d'estime.

ARTÉMISE.

Encore une fois, je serais d'avis qu'on laissât là toutes les chimères, et qu'on ne s'attachât qu'à la recherche de ce qui est réel.

RAIMOND LULLE.

Pourrez-vous le croire? Il faut qu'en toutes choses les hommes se proposent un point de perfection au-delà même de leur portée. Ils ne se mettraient jamais en chemin, s'ils croyaient n'arriver qu'où ils arriveront effectivement; il faut qu'ils aient devant les yeux un terme imaginaire qui les anime. Qui m'eût dit que la chimie n'eût pas dû m'apprendre à faire de l'or, je l'eusse négligée. Qui vous eût dit que l'extrême fidélité dont vous vous piquiez à l'égard de votre mari, n'était point naturelle, vous n'eussiez pas pris la peine d'honorer la mémoire de Mausole par un tombeau magnifique. On perdrait courage, si on n'était pas soutenu par des idées fausses.

ARTÉMISE.

Il n'est donc pas inutile que les hommes soient trompés?

RAIMOND LULLE.

Comment, inutile? Si par malheur la vérité se montrait telle qu'elle est, tout serait perdu ; mais il paraît bien qu'elle sait de quelle importance il est qu'elle se tienne toujours assez bien cachée.

DIALOGUE III.

APICIUS, GALILÉE.

APICIUS.

Ah! que je suis fâché de n'être pas né dans votre siècle!

GALILÉE.

Il me semble que de l'humeur dont vous étiez, vous deviez vous accommoder assez bien du siècle où vous vécûtes. Vous ne vouliez que manger délicieusement, et vous vous trouvâtes au monde et dans Rome, justement lorsque Rome était maîtresse paisible de l'univers, qu'on y voyait arriver de tous côtés les oiseaux et les poissons les plus rares, et qu'enfin toute la terre semblait n'avoir été subjuguée par les Romains que pour contribuer à leur bonne chère.

APICIUS.

Mais mon siècle était ignorant; et s'il y eût eu un homme comme vous, j'eusse été le chercher au bout du monde. Les voyages ne me coûtaient rien. Savez-vous celui que je fis pour une certaine sorte de poisson dont je mangeais à Minturne dans la Campanie? On me dit que ce poisson là était bien plus gros en Afrique; aussitôt j'équipe un vaisseau, et fais voile en Afrique. La navigation fut difficile et dangereuse. Quand nous approchâmes des côtes d'Afrique, je ne sais combien de barques de pêcheurs vinrent au-devant de moi; car ils étaient déjà avertis de mon voyage, et m'apportèrent de ces poissons qui en étaient le sujet. Je ne les trouvai pas plus gros que ceux de Minturne; et dans le même moment, sans être touché de la curiosité de voir un pays que je n'avais jamais vu, sans avoir égard aux prières de l'équipage, qui voulait se rafraîchir à terre, j'ordonnai aux pilotes que l'on retournât en Italie. Vous pouvez croire que j'eusse essuyé bien plus volontiers cette fatigue là pour vous.

GALILÉE.

Je ne puis deviner quel eût été votre dessein. J'étais un pauvre savant, accoutumé à une vie frugale, toujours attaché aux étoiles, et fort peu habile en ragoûts.

APICIUS.

Mais vous avez inventé les lunettes de longue vue; après vous, on a fait pour les oreilles ce que vous aviez fait pour les yeux, et j'entends dire qu'on a inventé des trompettes qui redoublent et grossissent la voix. Enfin, vous avez perfectionné et vous avez appris aux autres à perfectionner les sens. Je vous eusse prié de travailler pour le sens du goût, et d'imaginer quelque instrument qui augmentât le plaisir de manger.

GALILÉE.

Fort bien, comme si le goût n'avait pas naturellement toute sa perfection.

APICIUS.

Pourquoi l'a-t-il plutôt que la vue?

GALILÉE.

La vue est aussi très parfaite. Les hommes ont de fort bons yeux.

APICIUS.

Et qui sont donc les mauvais yeux auxquels vos lunettes peuvent servir?

GALILÉE.

Ce sont les yeux des philosophes. Ces gens là, à qui il importe de savoir si le soleil a des taches, si les planètes tournent sur leur centre, si la voie de lait est composée de petites étoiles, n'ont pas les yeux assez bons pour découvrir ces objets aussi clairement et aussi distinctement qu'il faudrait; mais les autres hommes, à qui tout cela est indifférent, ont la vue admirable. Si vous ne voulez que jouir des choses, rien ne vous manque pour en jouir; mais tout vous manque pour les connaître. Les hommes n'ont besoin de rien, et les philosophes ont besoin de tout. L'art n'a point de nouveaux instrumens à donner aux uns, et jamais il n'en donnera assez aux autres.

APICIUS.

Je consens que l'art ne donne pas au commun des hommes de nouveaux instrumens pour mieux manger; mais je voudrais qu'il en donnât aux philosophes, comme il leur donne des lunettes pour mieux voir ; et alors je les tiendrais bien payés des soins que la philosophie leur coûte : car enfin, à quoi sert-elle, si elle ne fait des découvertes ? et qu'a-t-on affaire de découvertes, si ce n'est sur les plaisirs ?

GALILÉE.

Il y a long-temps que l'on a fait cette plainte.

APICIUS.

Mais puisque la raison fait quelquefois des acquisitions nouvelles, pourquoi les sens n'en feront-ils pas aussi ? Il serait bien plus important qu'ils en fissent.

GALILÉE.

Ils en vaudraient beaucoup moins. Ils sont si parfaits, qu'ils ont trouvé d'abord tous les plaisirs qui les pouvaient flatter. Si la raison trouve de nouvelles connaissances, il faut l'en plaindre ; c'est qu'elle était naturellement très imparfaite.

APICIUS.

Et les rois de Perse, qui proposaient de grandes récompenses à ceux qui inventeraient de nouveaux plaisirs, étaient-ils fous ?

GALILÉE.

Oui ; je suis assuré qu'ils ne se sont pas ruinés à ces sortes de récompenses. Inventer de nouveaux plaisirs ! Il eût fallu auparavant faire naitre dans les hommes de nouveaux besoins.

APICIUS.

Quoi ! chaque plaisir serait fondé sur un besoin ? J'aimerais autant abandonner l'un pour l'autre. La nature ne nous aurait donc rien donné gratuitement ?

GALILÉE.

Ce n'est pas ma faute. Mais vous qui condamnez mon

avis, vous avez plus d'intérêt qu'un autre qu'il soit vrai. S'il se trouvait des plaisirs nouveaux, vous consoleriez-vous jamais de n'avoir pas été réservé pour vivre dans les derniers temps où vous eussiez profité des découvertes de tous les siècles? Pour les connaissances nouvelles, je sais que vous ne les envierez pas à ceux qui les auront.

APICIUS.

J'entre dans votre sentiment, il favorise mes inclinations plus que je ne croyais. Je vois que ce n'est pas un grand avantage que les connaissances, puisqu'elles sont abandonnées à ceux qui veulent s'en saisir, et que la nature n'a pas pris la peine d'égaler sur cela les hommes de tous les siècles; mais les plaisirs sont de plus grand prix. Il y aurait eu trop d'injustice à souffrir qu'un siècle en pût avoir plus qu'un autre, et par cette raison, le partage en a été égal.

DIALOGUE IV.

PLATON, MARGUERITE D'ÉCOSSE.

MARGUERITE D'ÉCOSSE.

Venez à mon secours, divin Platon; venez prendre mon parti, je vous en conjure.

PLATON.

De quoi s'agit-il?

MARGUERITE D'ÉCOSSE.

Il s'agit d'un baiser que je donnai avec assez d'ardeur à un savant homme[1] fort laid. J'ai beau dire encore à présent pour ma justification ce que je dis alors,

---

[1] Alain Chartier.

que j'avais voulu baiser cette bouche d'où étaient sorties tant de belles paroles ; il y a là je ne sais combien d'ombres qui se moquent de moi, et qui me soutiennent que de telles faveurs ne sont que pour les bouches qui sont belles, et non pour celles qui parlent bien, et que la science ne doit point être payée en même monnaie que la beauté. Venez apprendre à ces ombres, que ce qui est véritablement digne de causer des passions échappe à la vue, et qu'on peut être charmé du beau, même au travers de l'enveloppe d'un corps très laid dont il sera revêtu.

PLATON.

Pourquoi voulez-vous que j'aille débiter ces choses là ? elles ne sont pas vraies.

MARGUERITE D'ÉCOSSE.

Vous les avez déjà débitées mille et mille fois.

PLATON.

Oui, mais c'était pendant ma vie. J'étais philosophe, et je voulais parler d'amour ; il n'eût pas été de la bienséance de mon caractère que j'en eusse parlé comme les auteurs des fables milésiennes[1] : je couvrais ces matières là d'un galimatias philosophique, comme d'un nuage, qui empêchait que les yeux de tout le monde ne les reconnussent pour ce qu'elles étaient.

MARGUERITE D'ÉCOSSE.

Je ne crois pas que vous songiez à ce que vous me dites. Il faut bien que vous ayez parlé d'un autre amour que de l'amour ordinaire, quand vous avez décrit si pompeusement ces voyages que les âmes ailées font dans des chariots sur la dernière voûte des cieux,

[1] Romans de ce temps-là.

où elles contemplent le beau dans son essence; leurs chutes malheureuses d'un lieu si élevé jusques sur la terre, par la faute d'un de leurs chevaux qui est très malaisé à mener; le froissement de leurs ailes; leur séjour dans le corps; ce qui leur arrive à la rencontre d'un beau visage qu'elles reconnaissent pour une copie de ce beau qu'elles ont vu dans le ciel; leurs ailes qui se réchauffent, qui recommencent à pousser, et dont elles tâchent de se servir pour s'envoler vers ce qu'elles aiment; enfin, cette crainte, cette horreur, cette épouvante dont elles sont frappées à la vue de la beauté qu'elles savent qui est divine, cette sainte fureur qui les transporte, et cette envie qu'elles sentent de faire des sacrifices à l'objet de leur amour, comme on en fait aux dieux.

PLATON.

Je vous assure que tout cela, bien entendu et fidèlement traduit, veut seulement dire que les belles personnes sont propres à inspirer bien des transports.

MARGUERITE D'ÉCOSSE.

Mais, selon vous, on ne s'arrête point à la beauté corporelle, qui ne fait que rappeler le souvenir d'une beauté infiniment plus charmante. Serait-il possible que tous ces mouvemens si vifs, que vous aviez dépeints, ne fussent causés que par de grands yeux, une petite bouche et un teint frais? Ah! donnez-leur pour objet la beauté de l'âme, si vous voulez les justifier, et vous justifier vous-même de les avoir dépeints.

PLATON.

Voulez-vous que je vous dise la vérité? La beauté de l'esprit donne de l'admiration, celle de l'âme donne de l'estime, et celle du corps de l'amour. L'estime et l'admiration sont assez tranquilles ; il n'y a que l'amour qui soit impétueux.

MARGUERITE D'ÉCOSSE.

Vous êtes devenu libertin depuis votre mort ; car non-seulement pendant votre vie vous parliez un autre langage sur l'amour, mais vous mettiez en pratique les idées sublimes que vous en aviez conçues. N'avez-vous pas été amoureux d'Arquéanasse de Colophon, lorsqu'elle était vieille? Ne fîtes-vous pas ces vers pour elle ?

> L'aimable Arquéanasse a mérité ma foi.
>   Elle a des rides ; mais je voi
> Une troupe d'amours se jouer dans ses rides.
> Vous qui pûtes la voir avant que ses appas
> Eussent du cours des ans reçu ces petits vides,
>   Ah ! que ne souffrîtes-vous pas ?

Assurément cette troupe d'amours, qui se jouaient dans les rides d'Arquéanasse, c'étaient les agrémens de son esprit que l'âge avait perfectionnés. Vous plaigniez ceux qui l'avaient vue jeune, parce que sa beauté avait fait des impressions trop sensibles sur eux, et vous aimiez en elle le mérite qui ne pouvait être détruit par les années.

PLATON.

Je vous suis trop obligé de ce que vous voulez bien interpréter si favorablement une petite satire que je fis contre Arquéanasse, qui croyait me donner de l'amour à l'âge qu'elle avait. Mes passions n'étaient point si métaphysiques que vous pensez, et je puis vous le prouver par d'autres vers que j'ai faits. Si j'étais encore vivant, je ferais la même cérémonie que je fais faire à mon Socrate, lorsqu'il va parler d'amour; je me couvrirais le visage, et vous ne m'entendriez qu'au travers d'un voile : mais ici ces façons-là ne sont pas nécessaires. Voici mes vers :

> Lorsqu'Agathis, par un baiser de flamme,
> Consent à me payer des maux que j'ai sentis,
> Sur mes lèvres soudain je sens venir mon âme,
> Qui veut passer sur celles d'Agathis.

MARGUERITE D'ÉCOSSE.

Est-ce Platon que j'entends?

PLATON.

Lui-même.

MARGUERITE D'ÉCOSSE.

Quoi! Platon, avec ses épaules carrées, sa figure sérieuse, et toute la philosophie qu'il avait dans la tête, Platon a connu cette espèce de baiser?

PLATON.

Oui.

MARGUERITE D'ÉCOSSE.

Mais songez-vous bien que le baiser que je donnai à mon savant, fut tout-à-fait philosophique, et que celui que vous donnâtes à votre maîtresse ne le fut point du tout; que je fis votre personnage, et que vous fîtes le mien?

PLATON.

J'en tombe d'accord; les philosophes sont galans, tandis que ceux qui seraient nés pour être galans, s'amusent à être philosophes. Nous laissons courir après les chimères de la philosophie les gens qui ne les connaissent pas, et nous nous rabattons sur ce qu'il y a de réel.

MARGUERITE D'ÉCOSSE.

Je vois que je m'étais très mal adressée à l'amant d'Agathis, pour la défense de mon baiser. Si j'avais eu de l'amour pour ce savant si laid, je trouverais encore bien moins mon compte avec vous. Cependant l'esprit peut causer des passions par lui-même, et bien en prend aux femmes : elles se sauvent de ce côté là, si elles ne sont pas belles.

PLATON.

Je ne sais si l'esprit cause des passions ; mais je sais bien qu'il met le corps en état d'en faire naître sans le secours de la beauté, et lui donne l'agrément qui lui manquait : et ce qui en est une preuve, c'est qu'il faut que le corps soit de la partie, et fournisse toujours quelque chose du sien, c'est-à-dire, tout au moins de la jeunesse ; car s'il ne s'aide point du tout, l'esprit lui est absolument inutile.

MARGUERITE D'ÉCOSSE.

Toujours de la matière dans l'amour !

PLATON.

Telle est sa nature. Donnez-lui, si vous voulez, l'esprit seul pour objet, vous n'y gagnerez rien ; vous serez étonnée qu'il rentrera aussitôt dans la matière. Si vous n'aimiez que l'esprit de votre savant, pourquoi le baisâtes-vous ? C'est que le corps est destiné à recueillir le profit des passions que l'esprit même aurait inspirées.

DIALOGUE V.

STRATON, RAPHAEL D'URBIN.

STRATON.

Je ne m'attendais pas que le conseil que je donnai à

mon esclave dût produire des effets si heureux. Il me valut là-haut la vie et la royauté tout ensemble ; et ici, il m'attire l'admiration de tous les sages.

RAPHAEL D'URBIN.

Et quel est ce conseil ?

STRATON.

J'étais à Tyr. Tous les esclaves de cette ville se révoltèrent, et égorgèrent leurs maîtres ; mais un esclave que j'avais, eut assez d'humanité pour épargner ma vie, et pour me dérober à la fureur de tous les autres. Ils convinrent de choisir pour roi celui d'entre eux, qui, à un certain jour, apercevrait le premier le lever du soleil. Ils s'assemblèrent dans une campagne. Toute cette multitude avait les yeux attachés sur la partie orientale du ciel, d'où le soleil devait sortir : mon esclave seul, que j'avais instruit de ce qu'il avait à faire, regardait vers l'occident. Vous ne doutez pas que les autres ne le traitassent de fou. Cependant, en leur tournant le dos, il vit les premiers rayons du soleil qui paraissaient sur le haut d'une tour fort élevée, et ses compagnons en étaient encore à chercher vers l'orient le corps même du soleil. On admira la subtilité d'esprit qu'il avait eue ; mais il avoua qu'il me la devait, et que je vivais encore, et aussitôt je fus élu roi comme un homme divin.

RAPHAEL D'URBIN.

Je vois bien que le conseil que vous donnâtes à votre esclave vous fut fort utile ; mais je ne vois pas ce qu'il avait d'admirable.

STRATON.

Ah ! tous les philosophes qui sont ici vous répondront pour moi, que j'appris à mon esclave ce que tous les sages doivent pratiquer ; que pour trouver la vérité, il faut tourner le dos à la multitude, et que les opinions communes sont la règle des opinions saines, pourvu qu'on les prenne à contre-sens.

RAPHAEL D'URBIN.

Ces philosophes là parlent bien en philosophes. C'est leur métier de médire des opinions communes et des préjugés; cependant il n'y a rien de plus commode, ni de plus utile.

STRATON.

A la manière dont vous en parlez, on devine bien que vous ne vous êtes pas mal trouvé de les suivre.

RAPHAEL D'URBIN.

Je vous assure que si je me déclare pour les préjugés, c'est sans intérêt ; car, au contraire, ils me donnèrent dans le monde un assez grand ridicule. On travaillait à Rome dans les ruines pour en retirer des statues, et comme j'étais bon sculpteur et bon peintre, on m'avait choisi pour juger si elles étaient antiques. Michel-Ange, qui était mon concurrent, fit secrètement une statue de Bacchus parfaitement belle. Il lui rompit un doigt après l'avoir faite, et l'enfouit dans un lieu où il savait qu'on devait creuser. Dès qu'on l'eut trouvée, je déclarai qu'elle était antique. Michel-Ange soutint que c'était une figure moderne. Je me fondais principalement sur la beauté de la statue, qui, dans les principes de l'art, méritait de venir d'une main grecque; et à force d'être contredit, je poussai le Bacchus jusqu'au temps de Polyclète ou de Phidias. A la fin, Michel-Ange montra le doigt rompu, ce qui était un raisonnement sans réplique. On se moqua de ma préoccupation; mais sans cette préoccupation, qu'eussé-je fait? J'étais juge, et cette qualité veut qu'on décide.

STRATON.

Vous eussiez décidé selon la raison.

RAPHAEL D'URBIN.

Et la raison décide-t-elle? Je n'eusse jamais su, en la consultant, si la statue était antique ou non ; j'eusse seulement su qu'elle était très belle : mais le préjugé vient au secours, qui me dit qu'une belle statue doit être antique : voilà une décision et je juge.

STRATON.

Il se pourrait bien faire que la raison ne fournirait pas des principes incontestables sur des matières aussi peu importantes que celles-là; mais sur tout ce qui regarde la conduite des hommes, elle a des décisions très sûres ; le malheur est qu'on ne la consulte pas.

RAPHAEL D'URBIN.

Consultons là sur quelque point, pour voir ce qu'elle établira. Demandons-lui s'il faut qu'on pleure ou qu'on rie à la mort de ses amis et de ses parens. D'un côté, vous dira-t-elle, ils sont perdus pour vous; pleurez. D'un autre côté, ils sont délivrés des misères de la vie; riez. Voilà des réponses de la raison ; mais la coutume du pays nous détermine. Nous pleurons, si elle nous l'ordonne : et nous pleurons si bien, que nous ne concevons pas qu'on puisse rire sur ce sujet-là : ou nous en rions, et nous en rions si bien, que nous ne concevons pas qu'on puisse pleurer.

STRATON.

La raison n'est pas toujours si irrésolue. Elle laisse à faire au préjugé ce qui ne mérite pas qu'elle le fasse elle-même ; mais sur combien de choses très considérables a-t-elle des idées nettes, d'où elle tire des conséquences qui ne le sont pas moins?

RAPHAEL D'URBIN.

Je suis fort trompé si elles ne sont en petit nombre, ces idées nettes.

STRATON.

Il n'importe; on ne doit ajouter qu'à elles une foi entière.

RAPHAEL D'URBIN.

Cela ne se peut, parce que la raison nous propose un trop petit nombre de maximes certaines, et que notre esprit est fait pour en croire davantage. Ainsi, le surplus de son inclination à croire va au profit des préjugés, et les fausses opinions achèvent de la remplir.

STRATON.

Et quel besoin de se jeter dans l'erreur? Ne peut-on pas dans les choses douteuses suspendre son jugement? La raison s'arrête, quand elle ne sait quel chemin prendre.

RAPHAEL D'URBIN.

Vous dites vrai; elle n'a point alors d'autres secrets, pour ne point s'écarter, que de ne pas faire un seul pas; mais cette situation est un état violent pour l'esprit humain; il est en mouvement, il faut qu'il aille. Tout le monde ne sait pas douter: on a besoin de lumières pour y parvenir, et de force pour s'en tenir là. D'ailleurs, le doute est sans action, et il faut de l'action parmi les hommes.

STRATON.

Aussi doit-on conserver les préjugés de la coutume pour agir comme un autre homme; mais on doit se défaire des préjugés de l'esprit, pour penser en homme sage.

RAPHAEL D'URBIN.

Il vaut mieux les conserver tous. Vous ignorez apparemment les deux réponses de ce vieillard Samnite, à qui ceux de sa nation envoyèrent demander ce qu'ils avaient à faire, quand ils eurent enfermé dans le pas des Fourches Caudines toute l'armée des Romains, leurs ennemis mortels, et qu'ils furent en pouvoir d'ordonner souverainement de leur destinée. Le vieillard répondit que l'on passât au fil de l'épée tous les Romains. Son avis parut trop dur et trop cruel, et les Samnites renvoyèrent vers lui pour lui en représenter les inconvéniens. Il répondit que l'on donnât la vie à tous les Romains sans condition. On ne suivit ni l'un ni l'autre conseil, et on s'en trouva mal. Il en va de même des préjugés ; il faut les conserver tous, ou les exterminer tous absolument. Autrement, ceux dont vous vous êtes défait vous font entrer en défiance de toutes les opinions qui vous restent. Le malheur d'être trompé sur bien des choses, n'est pas récompensé par le plaisir de l'être sans le savoir ; et vous n'avez ni les lumières de la vérité, ni l'agrément de l'erreur.

STRATON.

S'il n'y a pas de moyen d'éviter l'alternative que vous proposez, on ne doit pas balancer à prendre son parti. Il faut se défaire de tous ses préjugés.

RAPHAEL D'URBIN.

Mais la raison chassera de notre esprit toutes ces anciennes opinions, et n'en mettra pas d'autres en la place. Elle y causera une espèce de vide. Et qui peut le soutenir ? Non, non, avec aussi peu de raison qu'en ont tous les hommes, il leur faut autant de préjugés qu'ils ont accoutumé d'en avoir. Les préjugés sont le supplément de la raison. Tout ce qui manque d'un côté on le trouve de l'autre.

DIALOGUE VI.

LUCRÈCE, BARBE PLOMBERGE.

BARBE PLOMBERGE.

Vous ne voulez pas me croire; cependant il n'y a rien de plus vrai. L'empereur Charles V eut avec la princesse que je vous ai nommée, une intrigue à laquelle je servis de prétexte; mais la chose alla plus loin. La princesse me pria de vouloir bien aussi être la mère d'un petit prince qui vint au jour, et j'y consentis pour lui faire plaisir. Vous voilà bien étonnée? N'avez-vous pas ouï dire que quelque mérite qu'ait une personne, il faut qu'elle se mette encore au-dessus de ce mérite par le peu d'estime qu'elle en doit faire; que les gens d'esprit, par exemple, doivent être en cette manière au-dessus de leur esprit même? Pour moi, j'étais au-dessus de ma vertu; j'en avais plus que je ne me souciais d'en avoir.

LUCRÈCE.

Bon! Vous badinez; on ne peut jamais en avoir trop.

BARBE PLOMBERGE.

Sérieusement, qui voudrait me renvoyer au monde, à condition que je serais une personne accomplie, je ne crois pas que j'acceptasse le parti : je sais qu'étant si parfaite, je donnerais du chagrin à trop de gens; je demanderais toujours à avoir quelque défaut ou quelque faiblesse pour la consolation de ceux avec qui j'aurais à vivre.

LUCRÈCE.

C'est-à-dire, qu'en faveur des femmes qui n'avaient pas tant de vertu, vous aviez un peu adouci la vôtre?

BARBE PLOMBERGE.

J'en avais adouci les apparences, de peur qu'elles ne me regardassent comme leur accusatrice auprès du public, si elles m'eussent crue beaucoup plus sévère qu'elles.

LUCRÈCE.

Elles vous étaient en vérité fort obligées, et surtout la princesse, qui était assez heureuse d'avoir trouvé une mère pour ses enfans. Et ne vous en donna-t-elle qu'un?

BARBE PLOMBERGE.

Non.

LUCRÈCE.

Je m'en étonne ; elle devait profiter davantage de la commodité qu'elle avait, car vous ne vous embarrassiez point du tout de la réputation.

BARBE PLOMBERGE.

Je vais vous surprendre. Sachez que l'indifférence que j'ai eue pour la réputation m'a réussi. La vérité s'est fait connaître, malgré tous mes soins, et on a démêlé à la fin que le prince qui passait pour mon fils ne l'était point. On m'a rendu plus de justice que je n'en demandais; et il me semble qu'on m'ait voulu récompenser par là de ce que je n'avais point fait parade de ma vertu, et de ce que j'avais généreusement dispensé le public de l'estime qu'il me devait.

LUCRÈCE.

Voilà une belle espèce de générosité! Il ne faut point là-dessus faire de grâce au public.

BARBE PLOMBERGE.

Vous le croyez? Il est bien bizarre; il tâche quelquefois à se révolter contre ceux qui prétendent lui imposer, d'une manière trop impérieuse, la nécessité de les estimer. Vous devriez savoir cela mieux que personne. Il y a eu des gens qui ont été en quelque sorte blessés de votre trop d'ardeur pour la gloire; ils ont fait ce qu'ils ont pu pour ne vous pas tenir autant de compte de votre mort qu'elle le méritait.

LUCRÈCE.

Et quel moyen ont-ils trouvé d'attaquer une action si héroïque?

BARBE PLOMBERGE.

Que sais-je? ils ont dit que vous vous étiez tuée un peu tard; que votre mort en eût valu mille fois davantage, si vous n'eussiez pas attendu les derniers efforts de Tarquin; mais qu'apparemment vous n'aviez pas voulu vous tuer à la légère, et sans bien savoir pourquoi. Enfin, il paraît qu'on ne vous a rendu justice qu'à regret, et à moi on me l'a rendue avec plaisir. Peut-être a-ce été parce que vous couriez trop après la gloire, et que moi je la laissai venir, sans souhaiter même qu'elle vînt.

LUCRÈCE.

Ajoutez que vous faisiez tout ce qui vous était possible pour l'empêcher de venir.

BARBE PLOMBERGE.

Mais n'est-ce rien que d'être modeste? Je l'étais assez pour vouloir bien que ma vertu fût inconnue. Vous, au contraire, vous mîtes toute la vôtre en étalage et en pompe. Vous ne voulûtes même vous tuer que dans une assemblée de parens. La vertu n'est-elle pas contente du témoignage qu'elle se rend à elle-même? N'est-il pas d'une grande âme de mépriser cette chimère de gloire?

LUCRÈCE.

Il s'en faut bien garder. Ce serait une sagesse trop dangereuse. Cette chimère là est ce qu'il y a de plus puissant au monde ; elle est l'âme de tout : on la préfère à tout; et voyez comme elle peuple les Champs Élisées. La gloire nous amène ici plus de gens que la fièvre. Je suis du nombre de ceux qu'elle y a amenés ; j'en puis parler.

BARBE PLOMBERGE.

Vous êtes donc bien prise pour dupe, aussi bien qu'eux, vous qui êtes morte de cette maladie là? Car du moment qu'on est ici bas, toute la gloire imaginable ne fait acun bien.

LUCRÈCE.

C'est là un des secrets du lieu où nous sommes; il ne faut pas que les vivans le sachent.

BARBE PLOMBERGE.

Quel mal y aurait-il qu'ils se défissent d'une idée qui les trompe?

LUCRÈCE.

On ne ferait plus d'actions héroïques.

BARBE PLOMBERGE.

Pourquoi? On les ferait par la vue de son devoir. C'est une vue bien plus noble; elle n'est fondée que sur la raison.

LUCRÈCE.

Et c'est justement ce qui la rend trop faible. La

gloire n'est fondée que sur l'imagination, et elle est bien plus forte. La raison elle-même n'approuverait pas que les hommes ne se conduisissent que par elle ; elle sait trop que le secours de l'imagination lui est nécessaire. Lorsque Curtius était sur le point de se sacrifier pour sa patrie, et de sauter tout armé et à cheval dans ce gouffre qui s'était ouvert au milieu de Rome ; si on lui eût dit : « Il est de votre devoir de vous jeter » dans cet abîme ; mais soyez sûr que personne ne par- » lera jamais de votre action. » De bonne foi, je crains bien que Curtius n'eût fait retourner son cheval en arrière. Pour moi, je ne réponds point que je me fusse tuée, si je n'eusse envisagé que mon devoir. Pourquoi me tuer? J'eusse cru que mon devoir n'était point blessé par la violence qu'on m'avait faite ; tout au plus j'eusse cru le satisfaire par des larmes : mais pour se faire un nom, il fallait se percer le sein, et je me le perçai.

BARBE PLOMBERGE.

Vous dirai-je ce que j'en pense? J'aimerais autant qu'on ne fît point de grandes actions, que de les faire par un principe aussi faux que celui de la gloire.

LUCRÈCE.

Vous allez un peu trop vite. Au fond, tous les devoirs se trouvent remplis, quoiqu'on ne les remplisse pas par la vue du devoir ; toutes les grandes actions qui doivent être faites par les hommes se trouvent faites : enfin, l'ordre que la nature a voulu établir dans l'univers va toujours son train ; ce qu'il y a à dire, c'est que ce que la nature n'aurait pas obtenu de notre raison, elle l'obtient de notre folie.

DIALOGUES

DES

MORTS MODERNES.

DIALOGUE PREMIER.

SOLIMAN, JULIETTE DE GONZAGUE.

SOLIMAN.

Ah! pourquoi est-ce ici la première fois que je vous vois? Pourquoi ai-je perdu toute la peine que je pris pendant ma vie à vous faire chercher? J'eusse eu dans mon sérail la plus belle personne de l'Italie, et à présent, je ne vois qu'une ombre qui n'a point de traits, et qui ressemble à toutes les autres.

JULIETTE DE GONZAGUE.

Je ne puis trop vous remercier de l'amour que vous eûtes pour moi, sur la réputation que j'avais d'être belle. Cela même redoubla beaucoup cette réputation; et je vous dois les plus agréables momens que j'aie passés. Surtout je me souviendrai toujours avec plaisir de la nuit où le pirate Barberousse, à qui vous aviez donné ordre de m'enlever, pensa me surprendre dans Caïette et m'obligea de sortir de la ville dans un désordre et avec une précipitation extrême.

SOLIMAN.

Par quelle raison preniez-vous la fuite, si vous étiez bien aise qu'on vous cherchât de ma part?

JULIETTE DE GONZAGUE.

J'étais ravie qu'on me cherchât, et plus encore qu'on ne pût m'attraper. Rien ne me flattait plus que de penser que je manquais au bonheur de l'heureux Soliman, et qu'on me trouvait à dire, dans le sérail, dans un lieu si rempli de belles personnes ; mais je n'en voulais pas davantage. Le sérail n'est agréable que pour celles qui y sont souhaitées, et non pour celles qu'on y enferme.

SOLIMAN.

Je vois bien ce qui vous faisait peur ; ce grand nombre de rivales ne vous eût point accommodée. Peut-être aussi craigniez-vous que parmi tant de femmes aimables, il n'y en eût beaucoup qui ne fissent que servir d'ornement au sérail ?

JULIETTE DE GONZAGUE.

Vous me donnez là de jolis sentimens.

SOLIMAN.

Qu'est-ce que le sérail avait donc de si terrible ?

JULIETTE DE GONZAGUE.

J'y eusse été blessée au dernier point de la vanité de vous autres sultans, qui, pour faire montre de votre grandeur, y enfermez je ne sais combien de belles personnes, dont la plupart vous sont inutiles, et ne laissent pas d'être perdues pour le reste de la terre ; d'ailleurs, croyez-vous que l'on s'accommode d'un amant, dont les déclarations d'amour sont des ordres indispensables, et qui ne soupire que sur le ton d'une autorité absolue ? Non, je n'étais point propre pour le sérail : il n'était point besoin que vous me fissiez chercher ; je n'eusse jamais fait votre bonheur.

SOLIMAN.

Comment en êtes-vous si sûre?

JULIETTE DE GONZAGUE.

C'est que je sais que vous n'eussiez pas fait le mien.

SOLIMAN.

Je n'entends pas bien la conséquence. Qu'importe que j'eusse fait votre bonheur ou non?

JULIETTE DE GONZAGUE.

Quoi! vous concevez qu'on puisse être heureux en amour par une personne que l'on ne rend pas heureuse? Qu'il y ait, pour ainsi dire, des plaisirs solitaires qui n'aient pas besoin de se communiquer, et qu'on en jouisse quand on ne les donne pas? Ah! ces sentimens font horreur à des cœurs bien faits.

SOLIMAN.

Je suis Turc; il me serait pardonnable de n'avoir pas toute la délicatesse possible. Cependant, il me semble que je n'ai pas tant de tort. Ne venez-vous pas de condamner bien fortement la vanité?

JULIETTE DE GONZAGUE.

Oui.

SOLIMAN.

Et n'est-ce pas un mouvement de vanité, que de vouloir faire le bonheur des autres? N'est-ce pas une fierté insupportable de ne consentir que vous me rendiez heureux, qu'à condition que je vous rendrai heureuse aussi? Un sultan est plus modeste; il reçoit du plaisir de beaucoup de femmes très aimables, à qui il ne se pique point d'en donner. Ne riez point de ce raisonnement; il est plus solide qu'il ne vous paraît. Songez-y; étudiez le cœur humain, et vous trouverez que cette délicatesse que vous estimez tant, n'est qu'une espèce de rétribution orgueilleuse : on ne veut rien devoir.

JULIETTE DE GONZAGUE.

Hé bien donc, je conviens que la vanité est nécessaire.

SOLIMAN.

Vous la blâmiez tant tout-à-l'heure ?

JULIETTE DE GONZAGUE.

Oui, celle dont je parlais; mais j'approuve fort celle-ci. Avez-vous de la peine à concevoir que les bonnes qualités d'un homme tiennent à d'autres qui sont mauvaises, et qu'il serait dangereux de le guérir de ses défauts ?

SOLIMAN.

Mais on ne sait à quoi s'en tenir. Que faut-il donc penser de la vanité ?

JULIETTE DE GONZAGUE.

A un certain point, c'est vice ; un peu en deçà, c'est vertu.

DIALOGUE II.

PARACELSE, MOLIÈRE.

MOLIÈRE.

N'y eût-il que votre nom, je serais charmé de vous, Paracelse! On croirait que vous seriez quelque Grec ou quelque Latin, et on ne s'aviserait jamais de penser que Paracelse était un philosophe suisse.

PARACELSE.

J'ai rendu ce nom aussi illustre qu'il est beau. Mes ouvrages sont d'un grand secours à tous ceux qui veulent entrer dans les secrets de la nature, et surtout à ceux qui s'élèvent jusqu'à la connaissance des génies et des habitans élémentaires.

MOLIÈRE.

Je conçois aisément que ce sont là les vraies sciences. Connaître les hommes que l'on voit tous les jours, ce n'est rien; mais connaître les génies que l'on ne voit point, c'est toute autre chose.

PARACELSE.

Sans doute. J'ai enseigné fort exactement quelle est leur nature; quels sont leurs emplois, leurs inclinations, leurs différens ordres; quel pouvoir ils ont dans l'univers.

MOLIÈRE.

Que vous étiez heureux d'avoir toutes ces lumières! Car à plus forte raison vous saviez parfaitement tout ce qui regarde l'homme; et cependant beaucoup de personnes n'ont pu seulement aller jusques là.

PARACELSE.

Oh! il n'y a si petit philosophe qui n'y soit parvenu.

MOLIÈRE.

Je le crois. Vous n'aviez donc plus rien qui vous embarrassât sur la nature de l'âme humaine, sur ses fonctions, sur son union avec le corps?

PARACELSE.

Franchement, il ne se peut pas qu'il ne reste toujours quelques difficultés sur ces matières; mais enfin on en sait autant que la philosophie en peut apprendre.

MOLIÈRE.

Et vous n'en saviez pas davantage?

PARACELSE.

Non. N'est-ce pas bien assez?

MOLIÈRE.

Assez? Ce n'est rien du tout. Et vous sautiez ainsi par-dessus les hommes que vous ne connaissiez pas, pour aller aux génies?

PARACELSE.

Les génies ont quelque chose qui pique bien plus la curiosité naturelle.

MOLIÈRE.

Oui ; mais il n'est pardonnable de songer à eux qu'après qu'on n'a plus rien à connaître dans les hommes. On dirait que l'esprit humain a tout épuisé, quand on voit qu'il se forme des objets de sciences qui n'ont peut-être aucune réalité, et dont il s'embarrasse à plaisir. Cependant il est sûr que des objets très réels lui donneraient, s'il voulait, assez d'occupation.

PARACELSE.

L'esprit néglige naturellement les sciences trop simples, et court après celles qui sont mystérieuses. Il n'y a que celles-là sur lesquelles il puisse exercer toute son activité.

MOLIÈRE.

Tant pis pour l'esprit ; ce que vous dites est tout-à-fait à sa honte. La vérité se présente à lui ; mais parce qu'elle est simple, il ne la reconnaît point, et il prend des mystères ridicules pour elle, seulement parce que ce sont des mystères. Je suis persuadé que si la plupart des gens voyaient l'ordre de l'univers tel qu'il est, comme ils n'y remarqueraient ni vertus des nombres, ni propriétés des planètes, ni fatalités attachées à de certains temps ou à de certaines révolutions, ils ne pourraient pas s'empêcher de dire sur cet ordre admirable : *Quoi ! n'est-ce que cela ?*

PARACELSE.

Vous traitez de ridicules des mystères où vous n'avez su pénétrer, et qui en effet sont réservés aux grands hommes.

MOLIÈRE.

J'estime bien plus ceux qui ne comprennent point ces mystères-là, que ceux qui les comprennent; mais malheureusement, la nature n'a pas fait tout le monde capable de n'y rien entendre

PARACELSE.

Mais vous qui décidez avec tant d'autorité, quel métier avez-vous donc fait pendant votre vie?

MOLIÈRE.

Un métier bien différent du vôtre. Vous avez étudié les vertus des génies, et moi, j'ai étudié les sottises des hommes.

PARACELSE.

Voilà une belle étude! Ne sait-on pas bien que les hommes sont sujets à faire assez de sottises?

MOLIÈRE.

On le sait en gros et confusément; mais il en faut venir aux détails, et alors on est surpris de l'étendue de cette science.

PARACELSE.

Et à la fin, quel usage en faisiez-vous?

MOLIÈRE.

J'assemblais dans un certain lieu le plus grand nombre de gens que je pouvais, et là je leur faisais voir qu'ils étaient tous des sots.

PARACELSE.

Il fallait de terribles discours pour leur persuader une pareille vérité.

MOLIÈRE.

Rien n'est plus facile. On leur prouve leurs sottises, sans employer de grands tours d'éloquence, ni des raisonnemens bien médités. Ce qu'ils font est si ridicule, qu'il ne faut qu'en faire autant devant eux, et vous les voyez aussitôt crever de rire.

PARACELSE.

Je vous entends; vous étiez comédien. Pour moi, je ne conçois pas le plaisir qu'on prend à la comédie : on y va rire des mœurs qu'elle représente; et que ne rit-on des mœurs mêmes?

MOLIÈRE.

Pour rire des choses du monde, il faut en quelque façon en être dehors, et la comédie vous en tire : elle vous donne tout en spectacle, comme si vous n'y aviez point de part.

PARACELSE.

Mais on rentre aussitôt dans ce tout dont on s'était moqué, et on recommence à en faire partie?

MOLIÈRE.

N'en doutez pas; l'autre jour, en me divertissant, je fis ici une fable sur ce sujet. Un jeune oison volait avec la mauvaise grâce qu'ont tous ceux de son espèce, quand ils volent; et pendant ce vol d'un moment, qui ne l'élevait qu'à un pied de terre, il insultait au reste de la basse-cour. « Malheureux animaux, disait-il, je » vous vois au-dessous de moi, et vous ne savez pas » fendre ainsi les airs. » La moquerie fut courte, l'oison retomba dans le même temps.

PARACELSE.

A quoi donc servent les réflexions que la comédie fait faire, puisqu'elles ressemblent au vol de cet oison, et qu'au même instant on retombe dans les sottises communes?

MOLIÈRE.

C'est beaucoup que de s'être moqué de soi; la nature nous y a donné une merveilleuse facilité pour nous empêcher d'être la dupe de nous-mêmes. Combien de fois arrive-t-il que dans le temps qu'une partie de nous fait quelque chose avec ardeur et avec empressement, une autre partie s'en moque? Et s'il en était besoin même, on trouverait encore une troisième partie qui se moquerait des deux premières ensemble. Ne dirait-on pas que l'homme soit fait de pièces rapportées?

PARACELSE.

Je ne vois pas qu'il y ait matière sur tout cela d'exercer beaucoup son esprit. Quelques légères réflexions, quelques plaisanteries souvent mal fondées ne méritent pas une grande estime : mais quels efforts de méditation ne faudrait-il pas faire pour traiter des sujets plus relevés?

MOLIÈRE.

Vous revenez à vos génies, et moi, je ne reconnais que mes sots. Cependant, quoique je n'aie jamais travaillé que sur ces sujets si exposés aux yeux de tout le monde, je puis vous prédire que mes comédies vivront plus que vos sublimes ouvrages. Tout est sujet aux changemens de la mode; les productions de l'esprit ne sont pas au-dessus de la destinée des habits. J'ai vu je ne sais combien de livres et de genres d'écrire enterrés avec leurs auteurs, ainsi que chez de certains peuples on enterre avec les morts les choses qui leur ont été les plus précieuses pendant leur vie. Je connais parfaitement quelles peuvent être les révolutions de l'empire des lettres; et avec tout cela, je garantis la durée de mes pièces. J'en sais bien la raison. Qui veut peindre pour l'immortalité doit peindre des sots.

DIALOGUE III.

MARIE STUART, DAVID RICCIO.

DAVID RICCIO.

Non, je ne me consolerai jamais de ma mort.

MARIE STUART.

Il me semble cependant qu'elle fut assez belle pour un musicien. Il fallut que les principaux seigneurs de la cour d'Écosse, et le roi mon mari lui-même conspirassent contre toi; et l'on n'a jamais pris plus de mesures, ni fait plus de façon pour faire mourir aucun prince.

DAVID RICCIO.

Une mort si magnifique n'était point faite pour un misérable joueur de luth, que la pauvreté avait envoyé d'Italie en Écosse. Il eût mieux valu que vous m'eussiez laissé passer doucement mes jours à votre musique, que de m'élever dans un rang de ministre d'état, qui a sans doute abrégé ma vie.

MARIE STUART.

Je n'eusse jamais cru te trouver si peu sensible aux grâces que je t'ai faites. Etait-ce une légère distinction, que de te recevoir tous les jours seul à ma table? Crois-moi, Riccio, une faveur de cette nature ne faisait point de tort à ta réputation.

DAVID RICCIO.

Elle ne me fit point d'autre tort, sinon qu'il fallut mourir pour l'avoir reçue trop souvent. Hélas! je dinais tête à tête avec vous, comme à l'ordinaire, lorsque je vis entrer le roi, accompagné de celui qui avait été choisi pour être un de mes meurtriers, parce que c'était le plus affreux Ecossais qui ait jamais été, et qu'une longue fièvre quarte dont il relevait, l'avait encore rendu plus effroyable. Je ne sais s'il me donna quelques coups; mais autant qu'il m'en souvient, je mourus de la seule frayeur que sa vue me fit.

MARIE STUART.

J'ai rendu tant d'honneur à ta mémoire, que je t'ai fait mettre dans le tombeau des rois d'Ecosse.

DAVID RICCIO.

Je suis dans le tombeau des rois d'Ecosse!

MARIE STUART.

Il n'est rien de plus vrai.

DAVID RICCIO.

J'ai si peu senti le bien que cela m'a fait, que vous m'en apprenez la première nouvelle. O mon luth! faut-il que je t'aie quitté pour m'amuser à gouverner un royaume!

MARIE STUART.

Tu te plains? Songe que ma mort a été mille fois plus malheureuse que la tienne.

DAVID RICCIO.

Oh! vous étiez née dans une condition sujette à de grands revers; mais moi, j'étais né pour mourir dans mon lit. La nature m'avait mis dans la meilleure situation du monde pour cela : point de bien, beaucoup d'obscurité, un peu de voix seulement, et de génie pour jouer du luth.

MARIE STUART.

Ton luth te tient toujours au cœur. Hé bien, tu as

eu un méchant moment; mais combien as-tu eu auparavant de journées agréables? Qu'eusses-tu fait, si tu n'eusses jamais été que musicien? Tu te serais bien ennuyé dans une fortune si médiocre.

DAVID RICCIO.

J'eusse cherché mon bonheur dans moi-même.

MARIE STUART.

Va, tu es un fou. Tu t'es gâté depuis ta mort par des réflexions oisives, ou par le commerce que tu as eu avec les philosophes qui sont ici. C'est bien aux hommes à avoir leur bonheur dans eux-mêmes!

DAVID RICCIO.

Il ne leur manque que d'en être persuadés. Un poète de mon pays a décrit un château enchanté, où des amans et des amantes se cherchent sans cesse avec beaucoup d'empressement et d'inquiétude, se rencontrent à chaque moment, et ne se reconnaissent jamais. Il y a un charme de la même nature sur le bonheur des hommes : il est dans leur propre pensée, mais ils n'en savent rien ; il se présente mille fois à eux, et ils le vont chercher bien loin.

MARIE STUART.

Laisse là le jargon et les chimères des philosophes. Lorsque rien ne contribue à nous rendre heureux, sommes-nous d'humeur à prendre la peine de l'être par notre raison?

DAVID RICCIO.

Le bonheur mériterait pourtant bien qu'on prît cette peine là.

MARIE STUART.

On la prendrait inutilement : il ne saurait s'accorder avec elle : on cesse d'être heureux, sitôt que l'on sent l'effort que l'on fait pour l'être. Si quelqu'un sentait les parties de son corps travailler pour s'entretenir dans une bonne disposition, croiriez-vous qu'il se portât bien? Moi, je tiendrais qu'il serait malade. Le bonheur est comme la santé : il faut qu'il soit dans les hommes, sans qu'ils l'y mettent ; et s'il y a un bonheur que la raison produise, il ressemble à ces santés qui ne se soutiennent qu'à force de remèdes, et qui sont toujours très faibles et très incertaines.

DIALOGUE IV.

LE TROISIÈME FAUX DÉMÉTRIUS, DESCARTES.

DESCARTES.

Je dois connaître les pays du nord presque aussi bien que vous. J'ai passé une bonne partie de ma vie à philosopher en Hollande ; et enfin, j'ai été mourir en Suède, philosophe plus que jamais.

LE FAUX DÉMÉTRIUS.

Je vois, par le plan que vous me faites de votre vie, qu'elle a été bien douce ; elle n'a été occupée que par la philosophie ; il s'en faut bien que je n'aie vécu si tranquillement.

DESCARTES.

Ç'a été votre faute. De quoi vous avisiez-vous de vouloir vous faire grand-duc de Moscovie, et de vous servir dans ce dessein des moyens dont vous vous servîtes? Vous entreprîtes de vous faire passer pour le prince Démétrius, à qui le trône appartenait, et vous aviez déjà devant les yeux l'exemple de deux faux Démétrius, qui, ayant pris ce nom l'un après l'autre, avaient été reconnus pour ce qu'ils étaient, et avaient péri malheureusement. Vous deviez bien vous donner la peine d'imaginer quelque tromperie plus nouvelle; il n'y avait plus d'apparence que celle-là, qui était déjà usée, dût réussir.

LE FAUX DÉMÉTRIUS.

Entre nous, les Moscovites ne sont pas des peuples bien raffinés. C'est leur folie que de prétendre ressembler aux anciens Grecs; mais Dieu sait sur quoi cela est fondé.

DESCARTES.

Encore n'étaient-ils pas si sots, qu'ils pussent se laisser duper par trois faux Démétrius de suite. Je suis assuré que quand vous commençâtes à vouloir passer pour prince, ils disaient presque tous d'un air de dédain : *Quoi ! est-il encore question de voir des Démétrius?*

LE FAUX DÉMÉTRIUS.

Je ne laissai pourtant pas de me faire un parti considérable. Le nom de Démétrius était aimé : on courait toujours après ce nom. Vous savez ce que c'est que le peuple.

DESCARTES.

Et le mauvais succès qu'avaient eu les deux autres Démétrius ne vous faisait-il point de peur?

LE FAUX DÉMÉTRIUS.

Au contraire, il m'encourageait. Ne devait-on pas croire qu'il fallait être le vrai Démétrius, pour oser paraître après ce qui était arrivé aux deux autres? C'était encore assez de hardiesse, quelque vrai Démétrius qu'on fût.

DESCARTES.

Mais quand vous eussiez été le premier qui eussiez

pris ce nom, comment aviez-vous le front de le prendre, sans être assuré de le pouvoir soutenir par des preuves très vraisemblables?

LE FAUX DÉMÉTRIUS.

Mais vous qui me faites tant de questions, et qui êtes si difficile à contenter, comment osiez-vous vous ériger en chef d'une philosophie nouvelle, où toutes les vérités inconnues jusqu'alors devaient être renfermées?

DESCARTES.

J'avais trouvé beaucoup de choses assez apparentes pour me pouvoir flatter qu'elles étaient vraies, et assez nouvelles pour pouvoir faire une secte à part.

LE FAUX DÉMÉTRIUS.

Et n'étiez-vous point effrayé par l'exemple de tant de philosophes, qui, avec des opinions aussi bien fondées que les vôtres, n'avaient pas laissé d'être reconnus à la fin pour de mauvais philosophes? On vous en nommerait un nombre prodigieux, et vous ne me sauriez nommer que deux faux Démétrius qui avaient été avant moi. Je n'étais que le troisième dans mon espèce qui eût entrepris de tromper les Moscovites; mais vous n'étiez pas le millième dans la vôtre, qui eussiez entrepris d'en faire accroire à tous les hommes.

DESCARTES.

Vous saviez bien que vous n'étiez pas le prince Démétrius; mais moi je n'ai publié que ce que j'ai cru vrai, et je ne l'ai pas cru sans apparence. Je ne suis revenu de ma philosophie que depuis que je suis ici.

LE FAUX DÉMÉTRIUS.

Il n'importe; votre bonne foi n'empêchait pas que vous n'eussiez besoin de hardiesse, pour assurer hautement que vous aviez enfin découvert la vérité. On a déjà été trompé par tant d'autres qui l'assuraient aussi, que quand il se présente de nouveaux philosophes, je m'étonne que tout le monde ne dise d'une voix : « Quoi ! est-il encore question de philosophes et de philosophie ? »

DESCARTES.

On a quelque raison d'être toujours trompé par les promesses des philosophes. Il se découvre de temps en temps quelques petites vérités peu importantes, mais qui amusent. Pour ce qui regarde le fond de la philosophie, j'avoue que cela n'avance guère. Je crois aussi que l'on trouve quelquefois la vérité sur des articles considérables : mais le malheur est qu'on ne sait pas qu'on l'ait trouvée ; car la philosophie (je crois qu'un mort peut dire tout ce qu'il veut) ressemble à un certain jeu à quoi jouent les enfans, où l'un d'entre eux, qui a les yeux bandés, court après les autres. S'il en attrape quelqu'un, il est obligé de le nommer ; s'il ne le nomme pas, il faut qu'il lâche prise et recommence à courir. Il en va de même de la vérité. Il n'est pas que nous autres philosophes, quoique nous ayons les yeux bandés, nous ne l'attrapions quelquefois ; mais quoi ! nous ne lui pouvons pas soutenir que c'est elle que nous avons attrapée, et dès ce moment là elle nous échappe.

LE FAUX DÉMÉTRIUS.

Il n'est que trop visible qu'elle n'est point faite pour nous. Aussi vous verrez qu'à la fin on ne songera plus à la trouver ; on perdra courage, et on fera bien.

DESCARTES.

Je vous garantis que votre prédiction n'est pas bonne.

Les hommes ont un courage incroyable pour les choses dont ils sont une fois entêtés. Chacun croit que ce qui a été refusé à tous les autres lui est réservé. Dans vingt-quatre mille ans, il viendra des philosophes qui se vanteront de détruire toutes les erreurs qui auront régné pendant trente mille, et il y aura des gens qui croiront qu'en effet on ne fera alors que commencer à ouvrir les yeux.

LE FAUX DÉMÉTRIUS.

Quoi! c'était hasarder infiniment que de vouloir tromper les Moscovites pour la troisième fois; et à vouloir tromper tous les hommes pour la trente millième, il n'y aura rien à hasarder? Ils sont donc encore plus dupes que les Moscovites.

DESCARTES.

Oui, sur le chapitre de la vérité. Ils en sont plus amoureux que les Moscovites ne l'étaient du nom de Démétrius.

LE FAUX DÉMÉTRIUS.

Si j'avais à recommencer, je ne voudrais point être faux Démétrius, je me ferais philosophe : mais si on venait à se dégoûter de la philosophie et à désespérer de pouvoir découvrir la vérité.... car je craindrais toujours cela.

DESCARTES.

Vous aviez bien plus sujet de craindre quand vous étiez prince. Croyez que les hommes ne se décourageront point; cela ne leur arrivera jamais. Puisque les modernes ne découvrent pas la vérité plus que les anciens, il est bien juste qu'ils aient au moins autant d'espérance de la découvrir. Cette espérance est toujours agréable, quoique vaine. Si la vérité n'est due ni aux uns, ni aux autres, du moins le plaisir de la même erreur leur est dû.

DIALOGUE V.

LA DUCHESSE DE VALENTINOIS, ANNE DE BOULEN.

ANNE DE BOULEN.

J'admire votre bonheur. Il semble que Saint-Vallier, votre père, ne commette un crime que pour faire votre fortune. Il est condamné à perdre la tête; vous allez demander sa grâce au roi. Être jolie, et demander des grâces à un jeune prince, c'est s'engager à en faire, et aussitôt vous voilà maîtresse de François Ier.

LA DUCHESSE DE VALENTINOIS.

Le plus grand bonheur que j'aie eu en cela, est d'avoir été amenée à la galanterie par l'obligation où est une fille de sauver la vie à son père. Le penchant que j'y avais, pouvait aisément être caché sous un prétexte si honnête et si favorable.

ANNE DE BOULEN.

Mais votre goût se déclara bientôt par les suites; car vos galanteries durèrent plus long-temps que le péril de votre père.

LA DUCHESSE DE VALENTINOIS.

Il n'importe. En fait d'amour, toute l'importance est dans les commencemens. Le monde sait bien que qui fait un pas, en fera davantage; il ne s'agit que de bien faire ce premier pas. Je me flatte que ma conduite n'a pas mal répondu à l'occasion que la fortune m'offrit, et que je ne passerai pas dans l'histoire pour n'avoir été que médiocrement habile. On admirait que le connétable de Montmorency eût été le ministre et le favori de trois rois; mais j'ai été la maîtresse de deux, et je prétends que c'est davantage.

ANNE DE BOULEN.

Je n'ai garde de disconvenir de votre habileté; mais je crois que la mienne l'a surpassée. Vous vous êtes fait aimer long-temps, mais je me suis fait épouser. Un roi vous rend des soins : tant qu'il a le cœur touché, cela ne lui coûte rien. S'il vous fait reine, ce n'est qu'à l'extrémité, et quand il n'a plus d'espérance.

LA DUCHESSE DE VALENTINOIS.

Vous faire épouser n'était pas une grande affaire; mais me faire toujours aimer, en était une. Il est aisé d'irriter l'amour, quand on ne le satisfait pas, et fort malaisé de ne pas l'éteindre, quand on le satisfait. Enfin, vous n'aviez qu'à refuser toujours avec la même sévérité, et il fallait que j'accordasse toujours avec de nouveaux agrémens.

ANNE DE BOULEN.

Puisque vous me pressez si fort par vos raisons, il faut que j'ajoute à ce que j'ai dit, que si je me suis fait épouser, ce n'est pas pour avoir eu beaucoup de vertu.

LA DUCHESSE DE VALENTINOIS.

Et moi, si je me suis fait aimer très constamment, ce n'est pas pour avoir eu beaucoup de fidélité.

ANNE DE BOULEN.

Je vous dirai donc encore, que je n'avais ni vertu, ni réputation de vertu.

LA DUCHESSE DE VALENTINOIS.

Je l'avais compris ainsi, car j'eusse compté la réputation pour la vertu même.

ANNE DE BOULEN.

Il me semble que vous ne devez pas mettre au nombre de vos avantages, des infidélités que vous fîtes à votre amant, et qui, selon toutes les apparences, furent secrètes; elles ne peuvent servir à relever votre gloire. Mais quand je commençai à être aimée du roi d'Angleterre, le public qui était instruit de mes aventures, ne me garda point le secret, et cependant je triomphai de la renommée.

LA DUCHESSE DE VALENTINOIS.

Je vous prouverais peut-être, si je voulais, que j'ai été infidèle à Henri II, avec assez peu de mystère pour m'en pouvoir faire honneur; mais je ne veux point m'arrêter sur ce point là. Le manque de fidélité se peut ou cacher, ou réparer : mais comment cacher, comment réparer le manque de jeunesse? J'en suis pourtant venue à bout. J'étais coquette, et je me faisais adorer : ce n'est rien; mais j'étais âgée. Vous, vous étiez jeune, et vous vous laissâtes couper la tête. Toute grand'mère que j'étais, je suis assurée que j'aurais eu assez d'adresse pour empêcher qu'on ne me la coupât.

ANNE DE BOULEN.

J'avoue que c'est là la tache de ma vie ; n'en parlons point. Je ne puis me rendre sur votre âge même, qui était votre fort : il était assurément moins difficile à déguiser que la conduite que j'avais eue. Je devais avoir bien troublé la raison de celui qui se résolvait à me prendre pour sa femme; mais il suffisait que vous eussiez prévenu en votre faveur, et accoutumé peu à peu aux changemens de votre beauté, les yeux de celui qui vous trouvait toujours belle.

LA DUCHESSE DE VALENTINOIS.

Vous ne connaissez pas bien les hommes. Quand on paraît aimable à leurs yeux, on paraît à leur esprit tout ce qu'on veut, vertueuse même, quoiqu'on ne soit rien moins; la difficulté n'est que de paraître aimable à leurs yeux aussi long-temps qu'on voudrait.

ANNE DE BOULEN.

Vous m'avez convaincue; je vous cède : mais du moins que je sache de vous par quel secret vous réparâtes votre âge. Je suis morte, et vous pouvez me l'apprendre, sans craindre que j'en profite.

LA DUCHESSE DE VALENTINOIS.

De bonne foi, je ne le sais pas moi-même. On fait presque toujours les grandes choses sans savoir comment on les fait, et on est tout surpris qu'on les a faites. Demandez à César comment il se rendit le maître du monde : peut-être ne vous répondra-t-il pas aisément.

ANNE DE BOULEN.

La comparaison est glorieuse.

LA DUCHESSE DE VALENTINOIS.

Elle est juste. Pour être aimée à mon âge, j'ai eu besoin d'une fortune pareille à celle de César. Ce qu'il y a de plus heureux, c'est qu'aux gens qui ont exécuté d'aussi grandes choses que lui et moi, on ne manque point de leur attribuer après coup des desseins et des secrets infaillibles, et de leur faire beaucoup plus d'honneur qu'ils ne méritaient.

DIALOGUE VI.

FERNAND CORTEZ, MONTÉZUME.

FERNAND CORTEZ.

Avouez la vérité. Vous étiez bien grossiers, vous autres Américains, quand vous preniez les Espagnols pour des hommes descendus de la sphère du feu, parce qu'ils avaient du canon, et quand leurs navires vous paraissaient de grands oiseaux qui volaient sur la mer.

MONTÉZUME.

J'en tombe d'accord. Mais je veux vous demander si c'était un peuple poli que les Athéniens.

FERNAND CORTEZ.

Comment! ce sont eux qui ont enseigné la politesse au reste des hommes.

MONTÉZUME.

Et que dites-vous de la manière dont se servit le tyran Pisistrate pour rentrer dans la citadelle d'Athènes, d'où il avait été chassé? N'habilla-t-il pas une femme en Minerve (car on dit que Minerve était la déesse qui protégeait Athènes)? Ne monta-t-il pas sur un chariot avec cette déesse de sa façon, qui traversa toute la ville avec lui, en le tenant par la main, et en criant aux Athéniens : « Voici Pisistrate que je vous amène, et » que je vous ordonne de recevoir? » Et ce peuple, si habile et si spirituel, ne se soumit-il pas à ce tyran, pour plaire à Minerve, qui s'en était expliquée de sa propre bouche?

FERNAND CORTEZ.

Qui vous en a tant appris sur le chapitre des Athéniens ?

MONTÉZUME.

Depuis que je suis ici, je me suis mis à étudier l'histoire par les conversations que j'ai eues avec différens morts. Mais enfin, vous conviendrez que les Athéniens étaient un peu plus dupes que nous. Nous n'avions jamais vu de navires ni de canons : mais ils avaient vu des femmes ; et quand Pisistrate entreprit de les réduire sous son obéissance par le moyen de sa déesse, il leur marqua assurément moins d'estime, que vous ne nous en marquâtes en nous subjuguant avec votre artillerie.

FERNAND CORTEZ.

Il n'y a point de peuple qui ne puisse donner une fois dans un panneau grossier. On est surpris ; la multitude entraîne les gens de bon sens. Que vous dirai-je ? Il se joint encore à cela des circonstances qu'on ne peut pas deviner, et qu'on ne remarquerait peut-être pas, quand on les verrait.

MONTÉZUME.

Mais a-ce été par surprise que les Grecs ont cru dans tous les temps, que la science de l'avenir était contenue dans un trou souterrain, d'où elle sortait en exhalaisons ? Et par quel artifice leur avait-on persuadé, que quand la lune était éclipsée, ils pouvaient la faire revenir de son évanouissement par un bruit effroyable ? Et pourquoi n'y avait-il qu'un petit nombre de gens qui osassent se dire à l'oreille, qu'elle était obscurcie par l'ombre de la terre ? Je ne dis rien des Romains, et de ces dieux qu'ils priaient à manger dans leurs jours de réjouissances, et de ces poulets sacrés, dont l'appétit décidait de tout dans la capitale du monde. Enfin, vous ne sauriez me reprocher une sottise de nos peuples d'Amérique, que je ne vous en fournisse une plus grande de vos contrées; et même je m'engage à ne vous mettre en ligne de compte que des sottises grecques ou romaines.

FERNAND CORTEZ.

Avec ces sottises là cependant, les Grecs et les Romains ont inventé tous les arts et toutes les sciences, dont vous n'aviez pas la moindre idée.

MONTÉZUME.

Nous étions bien heureux d'ignorer qu'il y eût des sciences au monde; nous n'eussions peut-être pas eu assez de raison pour nous empêcher d'être savans. On n'est pas toujours capable de suivre l'exemple de ceux d'entre les Grecs, qui apportèrent tant de soins à se préserver de la contagion des sciences de leurs voisins. Pour les arts, l'Amérique avait trouvé des moyens de s'en passer, plus admirables peut-être que les arts mêmes de l'Europe. Il est aisé de faire des histoires, quand on sait écrire; mais nous ne savions point écrire, et nous faisions des histoires. On peut faire des ponts, quand on sait bâtir dans l'eau; mais la difficulté est de n'y savoir point bâtir, et de faire des ponts. Vous devez vous souvenir que les Espagnols ont trouvé dans nos terres des énigmes où ils n'ont rien entendu; je veux dire, par exemple, des pierres prodigieuses, qu'ils ne concevaient pas qu'on eût pu élever sans machines aussi haut qu'elles étaient élevées. Que dites-vous à tout cela? Il me semble que jusqu'à présent, vous ne m'avez pas trop bien prouvé les avantages de l'Europe sur l'Amérique.

FERNAND CORTEZ.

Ils sont assez prouvés par tout ce qui peut distinguer les peuples polis d'avec les peuples barbares. La civilité règne parmi nous; la force et la violence n'y ont point de lieu; toutes les puissances y sont modérées par la justice; toutes les guerres y sont fondées sur des causes légitimes; et même, voyez à quel point nous sommes scrupuleux, nous n'allâmes porter la guerre dans votre pays, qu'après que nous eûmes examiné fort rigoureusement s'il nous appartenait, et décidé cette question pour nous.

MONTÉZUME.

Sans doute, c'était traiter des barbares avec plus d'égards qu'ils ne méritaient; mais je crois que vous êtes civils et justes les uns avec les autres, comme vous étiez scrupuleux avec nous. Qui ôterait à l'Europe ses formalités, la rendrait bien semblable à l'Amérique. La civilité mesure tous vos pas, dicte toutes vos paroles, embarrasse tous vos discours, et gêne toutes vos actions; mais elle ne va point jusqu'à vos sentimens; et toute la justice qui devrait se trouver dans vos desseins, ne se trouve que dans vos prétextes.

FERNAND CORTEZ.

Je ne vous garantis point les cœurs : on ne voit les hommes que par dehors. Un héritier qui perd un parent, et gagne beaucoup de bien, prend un habit noir. Est-il bien affligé? Non, apparemment. Cependant, s'il ne le prenait pas, il blesserait la raison.

MONTÉZUME.

J'entends ce que vous voulez dire. Ce n'est pas la

raison qui gouverne parmi vous, mais du moins elle fait sa protestation que les choses devraient aller autrement qu'elles ne vont; que les héritiers, par exemple, devraient regretter leurs parens : ils reçoivent cette protestation; et pour lui en donner acte, ils prennent un habit noir. Vos formalités ne servent qu'à marquer un droit qu'elle a, et que vous ne lui laissez pas exercer; et vous ne faites pas, mais vous représentez ce que vous devriez faire.

FERNAND CORTEZ.

N'est-ce pas beaucoup? La raison a si peu de pouvoir chez vous, qu'elle ne peut seulement rien mettre dans vos actions, qui vous avertisse de ce qui y devrait être.

MONTÉZUME.

Mais vous vous souvenez d'elle aussi inutilement, que de certains Grecs dont on m'a parlé ici, se souvenaient de leur origine. Ils s'étaient établis dans la Toscane, pays barbare selon eux, et peu à peu ils en avaient si bien pris les coutumes, qu'ils avaient oublié les leurs. Ils sentaient pourtant je ne sais quel déplaisir d'être devenus barbares, et tous les ans, à certain jour, ils s'assemblaient : ils lisaient en grec les anciennes lois qu'ils ne suivaient plus, et qu'à peine entendaient-ils encore; ils pleuraient, et puis se séparaient. Au sortir de là, ils reprenaient gaiement la manière de vivre du pays. Il était question chez eux des lois grecques, comme chez vous de la raison. Ils savaient que ces lois étaient au monde; ils en faisaient mention, mais légèrement et sans fruit : encore les regrettaient ils en quelque sorte; mais pour la raison que vous avez abandonnée, vous ne la regrettez point du tout.

Vous avez pris l'habitude de la connaître et de la mépriser.

FERNAND CORTEZ.

Du moins, quand on la connaît mieux, on est bien plus en état de la suivre.

MONTÉZUME.

Ce n'est donc que par cet endroit que nous vous cédons? Ah! que n'avions-nous des vaisseaux pour aller découvrir vos terres, et que ne nous avisions-nous de décider qu'elles nous appartenaient! Nous eussions eu autant de droit de les conquérir, que vous en eûtes de conquérir les nôtres.

FIN DES DIALOGUES DES MORTS.

JUGEMENT
DE PLUTON

SUR LES DEUX PARTIES

DES NOUVEAUX DIALOGUES DES MORTS.

ÉPITRE

A MONSIEUR L. M. D. S. A.

MONSIEUR,

Tenez-m'en compte si vous voulez; sans vous, je n'eusse point fait le jugement de Pluton. Je vous ai dit bien des fois qu'il n'y avait rien de plus inutile, ni en même temps de plus aisé, que de faire des critiques. Critiquez tant qu'il vous plaira, faites-vous revenir quelqu'un de son premier jugement? personne du monde. Et puis, pourquoi ferait-on revenir les gens? Leur premier jugement a souvent été fort bon. Pour la facilité, vous demeurerez d'accord qu'on en a assez à découvrir les défauts d'autrui. Tout paresseux que je sois, je voudrais être gagé pour critiquer tous les livres qui se font. Quoique l'emploi paraisse assez étendu, je suis assuré qu'il me resterait encore du temps pour ne rien faire. Aussi n'admire-t-on pas beaucoup la pénétration avec laquelle un critique démêle ce que l'on peut condamner dans un ouvrage: ou bien on n'en avait pas encore aperçu les défauts, et alors on ne convient pas avec lui qu'ils y soient; ou bien on les avait aperçus, et on lui ôte la gloire de sa remarque. En un mot, ou il a été prévenu par son lecteur, ou il n'en est pas suivi. A ce compte, pourquoi ai-je fait une critique? Est-ce pour m'opposer au succès des Dialogues des Morts? Je n'ai pas tant d'autorité auprès du public. Est-ce pour montrer qu'il se trouve des défauts partout? Ce ne serait rien de surprenant. Est-ce enfin pour donner à entendre que je ferais quelque chose de meilleur que ce que je critique? Moins encore cela que tout le reste. Quoi donc? je ne sais si on voudra bien croire que cette mauvaise critique des Dialogues des Morts, que nous lûmes en manuscrit, vous et moi; cette critique qui ne critiquait rien, mais qui en récompense disait des injures, nous donna l'idée d'en faire une plus sévère à l'égard de l'ouvrage, et plus honnête à l'égard de l'auteur. Nos premières pensées nous réjouirent, et vous voulûtes que je travaillasse. Je l'ai fait. Si je l'ai fait sans succès, je serai assez payé de la peine que j'ai prise, par le plaisir de vous avoir prouvé que je suis,

MONSIEUR,

Votre très humble et très obéissant serviteur,

D. H.

JUGEMENT
DE PLUTON
sur
LES DIALOGUES DES MORTS.

PREMIÈRE PARTIE.

Jamais il n'y eut tant de désordre dans les enfers. C'est une confusion incroyable. Il y avait auparavant différens quartiers, où l'on mettait ensemble tous les morts de même condition; ils s'y entretenaient de ce qui leur était convenable, ou bien ils ne disaient mot : mais depuis qu'ils ont lu les Dialogues qu'on leur fait faire, tout est renversé; les courtisanes se sont jetées dans le quartier des héros, et leur ont dit cent sottises, dont la gravité de ces messieurs a été fort offensée; les savans, qui faisaient la cour aux princes, les ont traités comme les princes devaient traiter les savans; les rangs qui étaient réglés entre eux selon l'ordre naturel, ont été troublés, et l'on a vu Charles V qui marchait à la suite d'Erasme, et qui le traitait de Majesté. Si Pluton a affaire d'un mort, il ne sait plus où le prendre. L'autre jour il fit chercher Arétin partout l'enfer. Comme on ne le trouvait point, on croyait qu'il s'était évadé : et on n'avait garde de s'imaginer qu'il fût avec Auguste. Pluton rencontra par malheur Anacréon et Aristote qui parlaient ensemble ; et dans le temps qu'il poussait l'un par les épaules dans le quartier des poètes, et l'autre dans celui des philosophes, il aperçut de là Homère et Ésope, qui étaient sortis chacun de leur demeure pour se faire des complimens, et puis pour se dire des injures ; et un peu plus loin, l'empereur Adrien et Marguerite d'Autriche, qui étaient venus des deux bouts de l'enfer, dans le dessein de se battre. Il vit bien qu'il serait difficile de remédier à ce mal ; et en attendant qu'il pût remettre l'ordre dans son empire, il voulut décharger sa mauvaise humeur sur le livre qui avait causé tant de trouble. Il résolut d'en faire la critique publiquement : mais comme il n'est pas trop fin sur ces matières, et qu'il n'a qu'un sens commun assez droit, mais peu délicat, il jugea à propos de recevoir les accusations de tout le monde contre les Dialogues des Morts, et de former sur cela son Jugement. Il fit donc publier dans les enfers, qu'à tel jour on jugerait ce livre dans son palais ; que pour Lucien et les trente-six morts intéressés dans les dix-huit dialogues, il n'y manquassent pas absolument.

Le jour venu, l'assemblée fut nombreuse ; Pluton était assis sur son trône, avec un air fort chagrin : il bâillait à chaque moment, parce qu'il venait de lire ce livre, et il se plaignait même d'une grosse migraine qui lui était venue de ce qu'il l'avait lu avec application. Éaque et Rhadamante étaient à ses côtés, plus refrognés et plus sombres qu'à l'ordinaire. Tous les morts gardaient un profond silence, lorsque Pluton se leva, et fit cette terrible et courte harangue :

« Morts, où diable l'auteur des Dialogues a-t-il pris que j'étais usé? je lui ferai voir qu'il n'en est rien. Que tout l'enfer soit témoin de ma vengeance, et que le bruit en aille jusqu'à la boutique de Brunet. »

Il n'en dit pas davantage : aussitôt voilà je ne sais combien d'accusateurs qui commencent à parler tous à la fois. Eaque leur fait signe de se taire, et dit qu'il aurait soin de faire parler chacun en son rang ; et même pour observer un ordre plus juridique, et ne pas donner lieu de croire qu'un livre eût été condamné sans avoir été défendu, il ordonna à Lucien de représenter l'auteur des nouveaux Dialogues, et de répondre pour lui ; mais Lucien déclara nettement qu'il ne voulait point se charger de cela. Quoi! lui dit Eaque, vous êtes le héros du livre ; c'est à vous qu'il est dédié, et vous ne le voudrez pas défendre? Il faut que celui à qui s'adresse l'épître dédicatoire, paie ou protège. Vous n'avez rien donné à votre auteur, protégez-le donc tout au moins. Je ne suis engagé à faire ni l'un ni l'autre, répondit Lucien. Si l'auteur avait pu trouver un autre héros que moi, il l'aurait pris. Il n'a choisi un mort que faute de vivant. Et puis, qui vous a dit que les épîtres dédicatoires obligeassent à quelque chose? Informez-vous en à beaucoup de grands seigneurs que je vois ici, dont le nom est à la tête d'une infinité de livres.

Le stoïcien Chrysippe, qui était présent, et qui, outre qu'il est naturellement chagrin, n'a pas trop sujet d'être des amis de Lucien, prit la parole pour dire que Lucien avait raison de ne pas vouloir faire le personnage d'avocat dans un jugement où il eût dû paraître lui-même en qualité de criminel; que c'était lui qui avait donné le mauvais exemple de faire parler les morts; que toutes les fautes de son imitateur pouvaient fort justement être mises sur son compte, et qu'on lui donnerait peut-être de la peine à lui-même, si l'on voulait examiner ses propres Dialogues. Pluton, qui était de mauvaise humeur contre tous les Dialogues, approuva que l'on fît le procès à ceux mêmes de Lucien; et Chrysippe, ravi d'avoir une occasion de se venger, continua ainsi :

Je vois, dit-il, que Lucien se prépare à m'écouter avec un air railleur et dédaigneux. Il est vrai qu'il a eu les rieurs pour lui en l'autre monde; mais je ne sais s'il les aura en celui-ci. Il est du nombre de ces plaisans fort sujets aux répétitions, et qui n'ont qu'un même ton de plaisanterie. On lui dit dans l'épître qu'on lui adresse : « Qu'on est bien fâché qu'il eût épuisé toutes » ces belles matières de l'égalité des morts, du regret » qu'ils ont à la vie, de la fausse fermeté que les philo- » sophes affectent de faire paraître en mourant; du ri- » dicule malheur de ces jeunes gens qui meurent avant » les vieillards dont ils croyaient hériter, et à qui ils fai- » saient la cour. » Je vous assure que quelque tentation qu'eût pu avoir son imitateur de retoucher un peu à ces matières là, il ne lui eût pas été possible de le faire. Lucien y a donné bon ordre; il a tourné ses sujets en mille manières toutes fort semblables. Surtout, combien de Dialogues sur ces pauvres héritiers trompés! Qui l'obligerait à dire toujours des choses nouvelles, on le réduirait peut-être à une petite demi-douzaine de Dialogues de Morts. Pour moi, j'opinerais qu'à cause de ses répétitions, on le mît ici en la place de Sysiphe, et qu'on lui donnât cette grosse pierre à tourner et à retourner sans fin, comme il fait à ses sujets.

Tous les morts se mirent à rire. Lucien rit aussi, mais ce n'était point de bonne grâce. Chrysippe, encouragé par ce petit applaudissement voulait poursuivre ; mais Rhadamante, qui est un juge exact, et qui ne permet pas que l'on s'éloigne jamais du fait dont il s'agit, dit fort sévèrement : Il n'est pas ici question de Lucien. Sa réputation est faite, si l'on voulait s'y opposer, il fallait s'en aviser plus tôt. Vous êtes bien bon, interrompit Caton d'Utique, avec un air encore plus sévère que celui de Rhadamante ; et ces Messieurs les faiseurs de Dialogues ménagent-ils les réputations les plus anciennes ? Quel égard a-t-on eu pour moi ? Je suis un mort de seize cents ans, admiré pendant seize cents ans, et au bout de ce temps là, on vient m'inquiéter sur ma mort. Elle n'a pas eu le bonheur de plaire à l'auteur d'un petit livre. Elle est trop guindée, dit-il ; je mourus trop sérieusement. Je ne fus pas assez réjouissant dans cette action ; je ne fis point de turlupinades, comme eût dû faire un vrai philosophe, je ne m'avisai point de dire,

Ma petite âme, ma mignonne.

Enfin, ce qui gâte tout, je ne ronflai point. Il est pourtant sûr que je donnai ordre à tout, sans aucun trouble ; que je ne différai à me tuer, et que je ne lus deux fois ce Dialogue de Platon, que pour attendre qu'on m'eût apporté des nouvelles de mes amis qui s'étaient mis sur la mer, et qui tâchaient de se dérober à César ; que dès qu'on me les eut apportées, je me donnai le coup. Comment cet homme là veut-il que l'on meure ? Qu'il nous fasse la grâce de nous donner le modèle d'une mort qui lui plaise, afin qu'on se règle là-dessus, et qu'un héros soit sûr de son fait, quand il lui prendra envie de mourir. Faudra-t-il faire des vers? car il y en a dans les deux morts dont il paraît content. Les grands hommes seront-ils obligés à dire des sottises à leur âme, et les filles à se plaindre de leur virginité gardée malgré elles? A-ce été pour nous proposer ces beaux exemples de grandeur d'âme, qu'il a fallu se moquer du jugement que dix-sept siècles avaient prononcé sur ma mort? Où est le respect qu'on doit à l'antiquité? De quel droit va-t-on dégrader ses héros?

Toute l'assemblée commençait à être émue de la véhémence avec laquelle Caton haranguait : mais l'empereur Adrien se leva, et dit froidement : Ne faites point tant de bruit pour les intérêts de l'antiquité; elle n'a point lieu de se plaindre du nouvel auteur des Dialogues. Il vous dégrade à la vérité, et vous ôte votre rang de héros; mais l'antiquité n'y perd rien; car il me met aussitôt en votre place, moi qui n'étais point auparavant compté pour un héros, par la manière dont j'étais mort. J'en demande pardon à la bonne compagnie qui est ici : mais j'eus bien de la peine à me résoudre à la venir trouver. Je fus extrêmement inquiet pendant ma maladie. Je voulais absolument que les médecins imaginassent un moyen de me faire vivre, et je suis fort obligé à l'auteur des Dialogues de m'avoir fait grâce sur tout cela. Aussi je vous assure que son livre est fort joli, et que je me plais fort à le lire : il me console de tous ceux que je sais qui ont dit du mal de ma mort. Il ne faut désespérer de rien. Je mourais comme un poltron dans la plupart des histoires; et après je ne sais combien de temps, me voilà, sans y penser, devenu héros.

Oui, mais je ne trouve pas mon compte comme vous à ce livre là, répondit Caton. Oh ! reprit Adrien, où l'un gagne, il faut que l'autre y perde ; c'est la loi commune. Les auteurs sont maîtres de leurs grâces ; il les distribuent à qui bon leur semble.

Sur cela, Pluton redoubla son sérieux, et défendit à Adrien de débiter des maximes si dangereuses; et pour régler ce qui était en contestation entre Caton et Adrien, il prononça de l'avis d'Eaque et de Rhadamante :

« Qu'il n'était point permis de changer les caractères, et de faire Adrien de Caton, et Caton d'Adrien, même sous prétexte de compensation, ou pour remettre d'un côté ce qu'on ôterait de l'autre. »

Après cet arrêt, Caton cria qu'on laissait encore indécise la principale question, qui était le mépris de l'antiquité; qu'à moins que l'on n'y mît ordre, il n'y avait point de morts si vénérables qui pussent être à l'abri des plaisanteries; qu'il fallait fixer un temps dans lequel une belle action passerait pour être consacrée, et ne serait plus sujette à la censure. Aussitôt Alexandre, Homère, Aristote, Virgile, se mirent à demander la même chose que Caton. On remarqua alors que Lucien cherchait à se tirer tout doucement de la foule et à s'évader; mais Alexandre cria qu'on l'empêchât de sortir. Ce n'est pas sans raison, dit ce grand prince, que Lucien voudrait être loin d'ici. La question que l'on traite le regarde; il a appris à son copiste, à ne respecter rien de tout ce que le monde respecte. Lucien attaque tout ce qu'il connaît de plus grand et de plus élevé; le copiste en fait autant. Quelquefois Lucien attaque un grand homme, le copiste un autre; mais quand par malheur on est du premier ordre entre les grands hommes, il faut qu'on se trouve dans les dialogues de ces deux auteurs; c'est ce qui m'est arrivé. Lucien s'était déjà souvenu de moi dans ses plaisanteries; mais son prétendu imitateur a jugé que ma vie pouvait encore fournir quelque chose, et que j'étais assez illustre pour devoir tomber plus d'une fois entre les mains des faiseurs de dialogues. Encore Lucien m'a fait reprocher par mon père ce qu'il trouvait à redire dans mes actions; mais celui-ci me fait insulter par Phriné. On ne serait pas surpris que Phriné voulût apprendre à une jeune personne l'art de la coquetterie; mais qu'elle m'apprenne à moi l'art militaire! Phriné pouvait prétendre à régler le nombre des conquêtes d'une courtisane naissante, et lui dire : « Ne recevez point tant » d'amans à la fois; c'en est trop; il en arrivera quel- » que désordre. » Mais Phriné règle le nombre de mes conquêtes, et me dit : « Vous ne deviez point songer à la » Perse, ni aux Indes; il ne vous fallait que la Grèce, » les îles voisines; et par grâce, je vous donne encore » quelques petites parties de l'Asie mineure. » Enfin, Phriné entend si bien la guerre, qu'on croirait qu'elle y aurait été. N'en est-il rien, *petite conquérante?* dit-il, en se tournant vers elle. *Petite conquérante*, répondez-donc, où en aviez-vous tant appris? Phriné répondit tout en colère : J'ai déjà dit je ne sais combien de fois, que je ne voulais point qu'on m'appelât *la petite conquérante*. Tous ces morts me viennent rire au nez, en me donnant ce nom là; mais je prétends bien qu'ils s'en corrigent, car l'auteur des nouveaux Dialogues lui-même s'en est corrigé, et on m'a dit que dans la seconde édition je ne suis plus une *petite conquérante*, mais une *aimable conquérante*. Si l'on voulait encore me faire plus de plaisir, on m'appellerait *jolie femme*. Je vois que toutes ces femmes de bien, et qui avec cela n'ont pas laissé d'être agréables, sont au désespoir de ce qu'on m'a honorée de cette qualité dans les Dialogues. Elles prétendaient en être en possession, et il est vrai qu'on ne l'avait jamais donnée à une personne de mon métier ; mais enfin, je suis ravie que leur vanité ait été rabattue, et que parmi toutes celles de mon espèce, on ait fait choix de moi pour être la première que l'on nommât *jolie femme*. Hé bien donc, reprit Alexandre, l'*aimable conquérante*, la *jolie femme*, ou tout ce qu'il vous plaira, dites-nous où vous aviez pris des raisonnemens si profonds : car il paraît bien que vous êtes une bonne tête, quand vous mettez les conquérans au-dessous des femmes, « parce que les conquérans ont besoin d'armées » pour leurs entreprises, et que les femmes n'en ont pas » besoin pour les leurs; que vous étiez seule, exécutant » tout par vous-même dans vos plus grandes expédi- » tions, et que je n'étais pas le seul qui agît dans les » miennes. » Laissez-moi en repos, répondit Phriné. Je ne veux disputer avec vous que dans les nouveaux Dialogues, où l'on ne vous donne pas trop d'esprit; mais ici, vous êtes un vrai sophiste. Je crois que c'est parce que vous êtes sous les yeux de votre précepteur Aristote. Aussitôt Pluton prononça :

« Que Phriné ne se mêlerait que de son métier. »

Et elle, en faisant une grande révérence, répondit : Très volontiers.

Aristote dans le même moment, cria qu'il en fallait ordonner autant à l'égard d'Anacréon. On m'a fait autant de tort qu'à mon disciple, disait-il. On lui a mis en tête une courtisane, et à moi un vieux débauché ; et c'est le vieux débauché qui me fait ma leçon sur la philosophie, comme c'est la courtisane qui la fait à Alexandre sur la guerre : car dans les nouveaux Dialogues, c'est une règle infaillible, que vous trouverez toujours tout renversé. Du moment que vous voyez ensemble un sage et un fou, assurez-vous que le fou sera au-dessus du sage. Si l'auteur s'avise d'assortir ensemble Agamemnon et Thersite, soyez sûrs qu'Agamemnon n'en sortira pas à son honneur. Sur ce pied là, vous ne devez pas être étonnés qu'on m'envoie à l'école d'Anacréon ; qu'Anacréon me définisse la philosophie *un art de chanter et de boire*, et change le lycée en cabaret. On a dû s'attendre à ce renversement, dans un livre qui ouvre par la victoire que Phriné remporte sur Alexandre. Aussi je ne me plains pas principalement de ce qu'Anacréon a tout l'avantage : je me plains de ce que je ne sais pas du moins le lui disputer un peu ; je me plains de ce que je suis un sot. Quoi ! n'avoir pas un seul mot à lui répondre ! être confondu par sa chansonnette ! Où sont tous mes livres ? Ne me fournissaient-ils rien dont je pusse me servir ? Avais-je perdu la parole ou la mémoire ? Toi-même, Anacréon, pour te redire un bon mot qui a été dit dans notre Grèce, n'as-tu point de honte de m'avoir vaincu ? Point du tout, répondit Anacréon : quand je lus le titre de notre dialogue, je tremblai ; je crus que tu m'allais faire des réprimandes dignes de ta gravité : mais je ne fus jamais plus content, que quand je vis que c'était moi qui étais le docteur du dialogue. J'ai donné commission à tous les chers disciples que j'ai dans l'autre monde, de bien boire à la santé de l'auteur, de déclarer la guerre à tous les péripatéticiens, et de ne rien épargner pour faire recevoir mon nouveau système de philosophie dans l'université.

Comme Pluton vit qu'Anacréon ne faisait que badiner, et qu'il ne disait rien de sérieux pour la défense du dialogue, il déclara:

« Qu'un dialogue ne serait point composé d'Anacréon, qui parlerait tout seul; qu'Aristote serait obligé de lui répondre; et qu'une petite chanson ne serait point du même poids que quantité de gros in-folio. »

Virgile prit aussitôt la parole pour se plaindre de ce qu'on avait tourné en ridicule le commencement de ses Géorgiques, où il faisait un compliment à Auguste. Vous faites le plaisant, dit-il à Arétin. Vous vous réjouissez sur cette fille de Thétis, et sur ce Scorpion. Cela aurait pu paraître extraordinaire, s'il eût été dit dans votre siècle; mais dans le mien, c'était comme si j'eusse loué Auguste sur sa valeur et sur sa conduite. Fort bien, dit Arétin. L'auteur des dialogues a dit que les belles sont de tous pays, et moi je dis que les sottises sont de tous les siècles. Vous seriez bien heureux d'avoir été ancien, pour avoir droit de dire des choses que nous autres modernes nous n'eussions osé dire. Mais, seigneur Arétin, reprit Virgile, vous avez bien oublié l'histoire romaine. N'avez-vous jamais ouï parler de ces apothéoses qu'on faisait pour les empereurs? César était devenu une étoile après sa mort : on pouvait prédire à Auguste une destinée aussi glorieuse. Présentement que la mode des apothéoses est passée, on parlerait une autre langue aux princes. Mais, répliqua Arétin, il n'y avait rien de plus ridicule que ces apothéoses. Vous pouviez louer Auguste d'une manière simple et naturelle, sans lui prédire ces honneurs impertinens qu'il attendait après sa mort : mais parce que l'apothéose est beaucoup plus surprenante et moins raisonnable, vous ne manquez pas de la choisir. Il n'importe, reprit Virgile ; que l'apothéose fût raisonnable ou non, il suffit que c'était une coutume reçue chez les Romains. Ah ! vous faites tort aux Romains, dit Arétin. A peine le peuple le plus ignorant eût-il été la dupe de cette sottise là. Je le veux bien, répliqua Virgile; mais répondez-moi juste. Les Romains avaient-ils moins de foi à ces apothéoses, qu'à tout ce que l'on contait des Champs Elysées? Non, répondit Arétin, je ne crois pas que les Champs Élysées fussent mieux établis. Cependant, reprit Virgile, vous approuvez fort la manière dont je loue Caton, en disant « qu'il préside » à l'assemblée des plus gens de bien, qui dans les » Champs Elysées, sont séparés d'avec les autres. » Si les Champs Elysées, aussi bien que les apothéoses, ne passaient que pour des fadaises, la louange de Caton ne vaut pas mieux que celle d'Auguste. Oh ! dit aussitôt Arétin, la louange que vous donnez à Caton veut seulement dire que s'il y avait des Champs Élysées, on y séparerait les gens de bien d'avec les autres, et qu'on mettrait Caton à la tête de cette compagnie. Eh bien, répondit Virgile, la louange que j'ai donnée à Auguste, voulait dire aussi que si les grands hommes étaient reçus après leur mort parmi les divinités, on respecterait assez Auguste, pour lui laisser choisir le rang et l'emploi qu'il lui plairait. L'une et l'autre louange est fondée sur une supposition ; et l'une de ces suppositions n'est pas plus simple que l'autre. En vérité, mon ami Arétin, voici un mauvais pas, dont vous ne vous tirerez pas aisément. Croyez-moi, il faut de la mémoire pour mentir, et du jugement pour plaisanter.

Caton, qui étoit fort aigri contre le nouvel auteur, se souvint que dans le même endroit dont il s'agissait entre Virgile et Arétin, il y avait encore une contradiction, et se mit à déclamer tout de nouveau avec beaucoup de force. On approuve, disait-il, la louange que Virgile m'a donnée. Elle est donc juste et vraie dans les principes de l'auteur, qui demande tant de choses aux louanges. Je suis donc le plus honnête homme de tous les gens de bien. Je n'ai donc pas été un lâche, qui n'ai osé ni vivre, ni mourir de bonne grâce. Ne m'établira-t-on point de caractère? Ne dira-t-on point ce que l'on veut que je sois?

Diogène interrompit Caton, et dit avec un air railleur et piquant : Il faut bien défendre contre Caton ce pauvre auteur qui n'est pas ici. Il s'est contredit, il est vrai; mais il a fort bien fait. Il imitait Lucien, Lucien se contredisait. J'en puis parler mieux qu'un autre, car c'est en partie sur mon chapitre que Lucien s'est contredit. Dans un de ses Dialogues, Cerbère dit à Menippe qu'il a vu descendre Socrate aux enfers, fort chagrin, regrettant sa famille, et pleurant comme un enfant; et qu'il ne se souvient point que personne ait fait une belle entrée en ce lieu là, hormis ce Menippe à qui il parle, et moi. Dans un autre dialogue, ce n'est plus de même; il n'y a que les sept sages, gens qui ne sont pas tout-à-fait irréprochables, comme on sait, qui soient morts gaiement, et qui fassent voir dans les enfers qu'ils sont contens de leur condition. Me voilà donc exclus du nombre des vrais philosophes; et d'ailleurs, Cerbère en a vu plus qu'il ne dit. Il paraît assez que l'auteur des nouveaux Dialogues a cru qu'il était de son devoir d'imiter cette contradiction, et il faut avouer qu'il l'a imitée fort heureusement. Caton aurait extrêmement tort de se plaindre de lui; je ne me plains seulement pas de Lucien, qui n'a aucune excuse, lui qui s'est contredit sans avoir imité personne.

Lucien, qui véritablement n'avait rien à répondre, et qui de plus ne voulait point se commettre avec Diogène qu'il craignait, n'entreprit point de se défendre et de se justifier; et Pluton voyant son silence, déclara:

« Qu'il défendait à tous faiseurs de Dialogues des Morts, d'approuver jamais rien, ni de dire du bien de personne, de peur des contradictions. »

Après cela, Homère fit signe qu'on l'écoutât, et dit d'une manière assez tranquille, qu'il avait laissé parler ceux qui étaient les plus pressés de faire leurs plaintes; que Virgile aurait pourtant bien dû avoir plus d'égards pour le prince des poètes, et ne pas parler avant lui; que Lucien et son imitateur l'avaient assez mal traité, mais l'imitateur encore plus que Lucien; que du moins, quand Lucien avait voulu dire du mal d'Homère, il l'avait fait dire par quelque autre que par Homère; mais que chez le nouvel auteur, c'était lui qui disait du mal de lui-même, et qui apprenait aux autres qu'il n'avait entendu finesse à rien, et qu'on lui faisait trop d'honneur d'y en entendre; qu'il aurait bien souhaité qu'on lui eût dit si l'auteur avait reçu de lui un pouvoir de le faire parler de la sorte; qu'autrement il désavouait tout, et qu'il entreprenait de soutenir que ses ouvrages étaient pleins de mystères et d'allégories; que si l'on ne réprimait cette licence des auteurs, Achille avouerait bientôt qu'il mourait de peur dans le combat, et Pénélope, qu'elle avait favorisé tous ses amans dans l'absence d'Ulysse ; qu'enfin, il n'y avait point de mort qui pût s'assurer de n'être pas ressuscité quelque jour pour se décrier lui-même.

Les plaintes d'Homère parurent si justes, et de plus, son autorité leur donnait tant de poids, que Pluton, sans écouter Esope qui voulait répondre, défendit :

« Que l'on fît jamais parler personne contre soi-même, à moins que d'en avoir une procuration en bonne forme. »

Mais Homère n'était pas encore content. Il fit souvenir Pluton qu'il fallait venger l'antiquité des insultes que les deux auteurs des Dialogues lui avaient faites en cent endroits. Quoi ! disait-il, Lucien n'a point respecté mon nom, qui s'était déjà établi pendant plus de mille années ! L'imitateur de Lucien, encore plus hardi que lui, ne respecte pas ce même nom, qui a présentement une antiquité de près de trois mille ans ! Ce nombre infini d'hommes, qui, dans une longue suite de siècles, ont adoré mes ouvrages, c'étaient donc des fous ? On condamne dans un moment, et sans y faire trop de réflexion, tant de jugemens qui ont tous été conformes ? La préoccupation peut beaucoup, dira-t-on. Quand les uns ont crié merveille, tous les autres le crient aussi. Ceux qui seraient d'avis contraire, n'osent se déclarer. Je n'ai qu'un mot à dire. Qu'on me fasse entendre comment j'ai pu avoir une si grande réputation, sans la mériter, et je croirai en effet ne l'avoir pas méritée.

Homère fut secondé de je ne sais combien d'anciens, qui étaient tous fort offensés du peu d'égards que l'on avait eus pour eux. Chacun représentait avec indignation le nombre d'années qui parlaient pour lui, et accablaient les juges de la quantité des témoignages rendus en sa faveur. Enfin, Pluton, ayant plus délibéré qu'à l'ordinaire sur l'arrêt qu'il allait rendre, ordonna:

« Que les anciens seraient toujours vénérables; que Lucien, qui était un des premiers qui se fussent révoltés contre eux, et tous ceux qui suivraient son exemple, ne seraient jamais réputés anciens, et seraient éternellement sujets à la critique, comme de malheureux modernes. »

Ensuite on entendit un certain murmure dans la foule des morts qui avaient été auparavant dans un grand silence. Tout le monde prêta l'oreille. C'était le duc d'Alençon, qui disait à Elisabeth d'Angleterre: Quoi! Votre Majesté ne trouvera pas bon que je demande réparation pour elle? Votre Majesté ne parlera point; mais je supplie Votre Majesté de me permettre de parler. Je n'agirai et je ne paraîtrai agir que par mon propre mouvement. Je demande cela en grâce à Votre Majesté; je ne puis souffrir que Votre Majesté ait été offensée en mon nom.

Tous les morts se mirent à rire d'entendre répéter tant de fois: Votre Majesté; et de plus, ces titres là ne sont guère usités dans la langue du pays. Mais le duc d'Alençon entreprit fort sérieusement de se justifier, et dit qu'il ne traitait la reine avec des respects si profonds et si peu ordinaires chez les morts, qu'afin de réparer le peu de politesse qu'il avait pour elle dans les nouveaux Dialogues; qu'il y allait de son honneur à ne pas laisser croire qu'il eût su si peu vivre; qu'il ne voulait point qu'on le prît pour un homme qui pût reprocher à des reines, en propres termes, qu'elles n'a-

vaient plus leur virginité. C'est sur cela, continua-t-il, que nous étions tout-à-l'heure en contestation, Elisabeth et moi. Je voulais demander raison pour elle de l'injure qu'on lui a faite; mais elle s'obstine à dire qu'une femme doit toujours éviter ces sortes d'éclaircissemens, et qu'il vaut bien mieux dissimuler l'outrage, que d'en tirer réparation. Vous feriez bien mieux, interrompit brusquement le comte de Leicester, de demander raison de l'injustice qu'on vous a faite à vous-même. On veut que vous disiez à Elisabeth que la virginité était la plus douteuse de toutes ses qualités; et en même temps, on veut que vous vous plaigniez de ce qu'elle ne vous épousa pas. Ce n'est pas être trop poli pour un prince, ni trop délicat pour un amant. Ah! s'écria une précieuse nouvellement morte, soupçonner Elisabeth de quelques actions indécentes! cela se peut-il? Elisabeth ne trouvait rien de plus joli que de former des desseins, de faire des préparatifs, et de n'exécuter point. Elisabeth faisait peut-être quelques pas dans le pays de Tendre; mais assurément elle se gardait bien d'aller jusqu'au bout. Et n'est-ce pas à elle que nous devons cette maxime admirable? « Ce
» qu'on obtient vaut toujours moins qu'il ne valait,
» quand on ne faisait que l'espérer; et les choses ne
» passent point de notre imagination à la réalité, qu'il
» n'y ait de la perte. »

Que vous êtes peu délicate! interrompit Smindiride, qui ne vaut guère mieux qu'une précieuse. Vous croyez que l'imagination augmente les plaisirs; c'est tout le contraire. « Hélas! que les hommes sont à plaindre!
» leur condition naturelle leur fournit peu de choses
» agréables, et leur raison leur apprend à en goûter

» encore moins » Vous êtes fou, dit un gros Hollandais, si vous vous plaignez de la condition naturelle des hommes, et du peu de choses agréables qu'elle leur fournit. Ce sont les plaisirs simples et communs qui sont les plus doux. Savez-vous combien Elisabeth fut flattée de cette expression à la hollandaise, dont je me servis pour la louer ? Je n'étais point un homme qui raffinât beaucoup sur les plaisirs; je ne savais sur cette matière là que ce que tout le monde sait : cependant la reine d'Angleterre fut contente de ma science; et à mon départ, j'eus un beau présent.

Je crains bien, dit le Crotoniate Milon, en s'adressant à la précieuse qui avait parlé, que ce gros garçon là n'ait tiré la reine hors de ses plaisirs d'imagination. Il a bien la mine... Taisez-vous, dit Pluton tout en colère. La tête me tourne. Je ne sais plus où j'en suis. Je ne sais plus de quoi il est question. Je n'entends rien à leur dispute sur les plaisirs. Je n'entends rien non plus au caractère d'Elisabeth. Elisabeth ne veut que des préparatifs et des espérances ; et puis, voilà Elisabeth qui a des goûts plus solides avec le Hollandais. On reproche à cette personne, qui ne veut jamais de réalité, que sa virginité est fort douteuse; et puis, malgré cela, on voudrait l'avoir épousée. On dit que les plaisirs sont dans l'imagination ; on dit qu'ils n'y sont pas : on dit qu'il faut raffiner et chimériser sur les plaisirs ; on dit que les plus simples et les plus communs sont les meilleurs. Qui me tirera de tous ces embarras là?

Ce ne sera pas moi, répondit Eaque. Ni moi non plus, dit Rhadamante. Nous aurions bien moins de peine à juger nos criminels, qu'à vider les différends de tous ces discoureurs que vous avez fait venir ici, et qui ne conviennent jamais de rien ni les uns avec les autres, ni avec eux-mêmes. Hé bien, reprit brusquement Pluton, puisque vous ne savez tous deux par où vous y prendre, j'ordonne :.

« Que le duc d'Alençon, Elisabeth d'Angleterre, Smindiride et le Hollandais, ne se trouveront jamais dans un même livre.

A peine Pluton avait prononcé ces dernières paroles, que Mercure entra dans l'assemblée. On voyait bien à son air qu'il apportait quelques nouvelles; et en effet, sitôt qu'il fut arrivé, il dit qu'il venait de dessus la terre, et que les vivans lui avaient donné une commission dont il voulait s'acquitter. Cette commission était une lettre pour les morts, dont ils l'avaient chargé, et il la lut tout haut en ces termes :

LETTRE

DES VIVANS AUX MORTS.

Très honorés Morts,

« Il court parmi nous des Dialogues que l'on a mis sous votre nom, parce qu'on y a traité des matières si importantes, que des vivans n'eussent pas pu avoir ensemble de ces sortes d'entretiens, eux qui ne disent que des choses inutiles. Nous avons examiné fort sérieusement de quoi nous étions capables, et avec tout le respect que nous vous devons, nous avons trouvé que dans nos conversations ordinaires, nous en dirions bien autant que ce que l'on vous fait dire. Vos raisonnemens ne nous ont pas paru si sublimes, que nous désespérassions d'y pouvoir atteindre. Les femmes particulièrement, croient qu'on peut être pleine de vie et de santé, et avoir autant d'esprit que Didon et Stratonice, que Sapho et Laure, qu'Agnès Sorel et Roxelane. Elles se tiennent offensées de ce qu'on s'est cru obligé d'aller déterrer ces mortes, pour ne leur faire tenir que les discours qu'elles tiennent. Ce n'est pas que ces discours paraissent inutiles aux femmes d'ici haut : au contraire, elles jugent que ce que dit Stratonice à Didon sur son intrigue avec Enée, peut être d'une grande consolation pour celles qui auront fait parler d'elles un peu plus qu'il ne faudrait; que les histoires d'Agnès Sorel et Roxelane sont fort propres à persuader aux femmes qu'elles sont nées pour avoir un empire absolu sur leurs amans, et que Sapho et Laure leur apprennent parfaitement bien de quelle manière elles doivent exercer leur imagination sur les sujets qui leur conviennent : mais enfin, elles sont si convaincues de leur propre mérite, qu'elles ne trouvent point tout cela au-dessus de leur portée. Nous vous prions donc, très honorés Morts, de souffrir que nous ayons ici haut des conversations aussi spirituelles et aussi utiles que les vôtres, en attendant que nous ayons l'honneur de vous aller entretenir nous-mêmes ; ce qui ne sera assurément que le plus tard que nous pourrons. »

Mercure ayant lu cette lettre, la prière des vivans fut trouvée juste par tous les morts, et aussitôt Pluton déclara :

« Qu'il ne serait point besoin d'être mort, pour dire des choses aussi pleines de morale et de raisonnement, que celles qui se disent dans les nouveaux Dialogues. »

Laure voulut pourtant s'opposer à cet arrêt. Elle représenta que si elle eût été vivante, elle n'aurait jamais dit que « quand on veut qu'un sexe résiste, on veut » qu'il résiste autant qu'il faut pour faire mieux goûter » la victoire à celui qui la doit remporter, mais non » pas assez pour la remporter lui-même, et qu'il doit » n'être ni si faible qu'il se rende d'abord, ni si » fort qu'il ne se rende jamais. » Qu'il y avait dans ce raisonnement un fond de logique, et une certaine combinaison méditée, dont une autre qu'une morte n'aurait pas été capable; que si l'on voulait bien pénétrer dans la profondeur de cette pensée, il semblerait qu'on aurait tenu les états du genre humain, pour déterminer lequel des deux sexes aurait dû attaquer ou se défendre, et qu'après une mûre délibération de philosophes qui auraient examiné la question selon leurs règles, on aurait donné le parti d'attaquer aux hommes, et celui de se défendre aux femmes ; que c'était là ce qui s'appelait traiter les matières solidement ; que cette solidité était d'autant plus admirable, que les matières étaient galantes ; et qu'enfin il était bien sûr que des femmes vivantes ne l'auraient jamais attrapée, elles qui ne font qu'effleurer les choses légèrement, et y répandre des agrémens fort superficiels.

Sitôt qu'elle eût cessé de parler, Pétrarque se montra, et dit que depuis les nouveaux Dialogues, Laure était gâtée ; qu'auparavant elle avait eu l'esprit raisonnable, mais qu'elle voulait présentement faire des dissertations sur tout ; que sa nouvelle folie était d'approfondir toujours les matières, et de les traiter méthodiquement; que quand il croyait lui dire quelque chose de galant et d'agréable, il trouvait une raisonneuse qui se mettait à argumenter contre lui; qu'il ne pouvait plus vivre avec elle; que de plus, il n'était point content qu'elle s'accoutumât avec Sapho, qui était une très dangereuse compagnie; que véritablement Laure avait pris le bon parti, en soutenant que c'était aux hommes à attaquer, et aux femmes à se défendre; mais qu'il craignait qu'à la longue elle ne perdît les bons sentimens où elle était encore, et qu'il ne lui prît envie d'attaquer à l'exemple de Sapho.

Louis XII, roi de France, et le duc de Suffolk se joignirent à Pétrarque, et firent d'Anne de Bretagne et de Marie d'Angleterre les mêmes plaintes qu'il avait faites d'abord de Laure. Ces deux princesses avaient pris, dans les nouveaux Dialogues, l'habitude de ne parler que par lieux communs, et en propositions générales. Elles avaient ensemble de longues conversations, où elles ne se répondaient l'une à l'autre que par des sentences, et il n'était presque plus possible de les tirer de leurs spéculations, pour leur faire dire quelque chose qui fût de l'usage commun. Jamais Anne de Bretagne n'avait tant fait souffrir Louis XII pendant sa vie, quoiqu'elle eût quelquefois l'humeur assez aigre et assez difficile; et le duc de Suffolk avait encore été plus content de Marie d'Angleterre, du temps qu'ils étaient mariés ensemble, quoique l'inclination qu'elle avait pour la galanterie, donnât toujours de justes appréhensions à un mari.

Pluton, pour remédier à ces désordres, défendit:

« Que l'on fît les femmes si grandes raisonneuses, de peur des conséquences. »

Après cela, on vit Hervé qui venait accuser Charles V, devant Pluton, sur ce que cet empereur refusait de répondre à une question d'anatomie qu'il lui faisait. Je lui demande, disait Hervé, un petit éclaircissement sur les veines lactées et sur les anastomoses, et il ne me le veut pas donner. Aussitôt tous ces morts se mirent à dire : Il faut qu'Hervé soit fou ; faire des questions d'anatomie à Charles V ! Est-il chirurgien ? Hé quoi, leur répondit Hervé, ignorez-vous que Charles V parle à Érasme comme un docteur sur les fibres et sur la conformation du cerveau, en quoi il prétend que l'esprit consiste ? Il sait que l'anatomie la plus délicate ne saurait apercevoir cette différence d'organes qui fait la différence des génies ; et après cela, il ne voudra pas répondre à mes questions ?

Qu'on me délivre de cet extravagant, dit Charles V tout en colère. Où a-t-il trouvé qu'un empereur dût savoir l'anatomie ? Eh ! qui le croirait, reprit Hervé, à vous entendre parler comme vous faites dans les nouveaux Dialogues ? Ce que je dis d'anatomie n'est rien du tout, répondit Charles V, ou du moins ce n'est rien que tout le monde ne sache. Mais, répliqua Hervé, vous le dites dans les termes de l'art, et d'une manière qui sent tout-à-fait son physicien de profession ; c'est là ce qui m'a mis en erreur. Hé bien, dit Charles V, est-il défendu à un grand prince de savoir quelques termes des sciences ? Non, répondit Hervé ; mais il lui est défendu de s'en servir. Il faut que dans les sciences un prince ne prenne que les choses, et laisse les termes aux savans, et qu'il ne paraisse pas avoir appris ce qu'il sait, mais le deviner.

Pluton fut de l'avis d'Hervé, et il ordonna :

« Que Charles V ne parlerait plus si savamment de physique, ou qu'il l'apprendrait tout de bon. »

Je sais bien, ajouta le roi des enfers, qu'il y a encore une certaine Bérénice, qui est un peu grammairienne pour une reine. Elle parle d'une mort grammaticale des noms, et de l'embarras que ces noms donnent aux savans, dès qu'il y a quelques lettres de changées. Je ne conçois pas trop bien où une femme et une princesse a pris cela. Il faut qu'elle ait bien étudié, et que de plus elle n'en fasse pas trop de mystère : mais laissons-là en repos, il faut finir; elle sera comprise dans l'arrêt de Charles V. Passons à d'autres.

Hervé se présenta encore une fois, et dit qu'il s'était plaint que Charles V, qui était empereur, raisonnait trop bien sur la physique, et que présentement il se plaignait qu'Erasistrate, qui était médecin, ne raisonnait pas assez bien sur la médecine. J'ai découvert la circulation du sang, disait Hervé, et Erasistrate marque assez de mépris pour ma découverte. Mais pourquoi, à votre avis? C'est que, sans savoir que le sang circulât, il a guéri le prince Antiochus de sa fièvre quarte, par un moyen à la vérité fort ingénieux, mais qui ne deviendra jamais une règle de médecine. Car, je vous prie, établira-t-on que quand un médecin aura un malade à guérir de la fièvre, il fera passer devant lui toutes les femmes de sa connaissance, lui tiendra le pouls pendant ce temps-là, remarquera celle dont la vue redoublera l'émotion de son pouls, et ensuite ira négocier, pour faire obtenir à son malade cette femme dont il sera amoureux? Cependant Erasistrate tient que la connaissance de la circulation du sang n'est pas nécessaire, parce qu'effectivement elle ne l'était pas dans la maladie d'Antiochus, et qu'il ne s'agissait que de savoir quel chagrin rongeait ce jeune prince. N'est-ce pas là une belle conséquence? Si c'est ainsi qu'il raisonnait du temps qu'il exerçait la médecine là haut, oh! que vous êtes en grand nombre, morts qu'il a envoyés en ces lieux!

La fin de cette harangue fut suivie d'un éclat de rire. Erasistrate voulut répondre; mais Pluton, qui ne crut pas que sa réponse pût être bonne, ne lui en donna pas le loisir, et prononça brusquement :

« Qu'Erasistrate, quoiqu'il eût guéri Antiochus, serait obligé à respecter la circulation du sang. »

Il y avait quelques moméns que Montaigne paraissait avoir envie de parler. Il s'avançait, et puis se retirait; il ouvrait la bouche, et la refermait tout d'un coup. Pluton, qui le remarqua, lui dit: Qu'avez-vous? voulez-vous parler? J'en aurais bien envie, répondit-il; mais je cherche des termes pour m'expliquer honnêtement. On me fait accoucher dans les nouveaux Dialogues, mais on me fait accoucher avec tant de facilité, que j'en ai honte. On n'a point du tout ménagé mon honneur. Souvenez-vous que Socrate, cette sage-femme avec qui l'on m'a mis, me veut prouver que les anciens ne valaient pas mieux que les hommes d'à présent. Il me dit d'abord, pour m'attraper, avec cet air que vous lui connaissez, que de son temps les choses allaient tellement de travers, qu'elles auraient bien dû prendre à la fin un train plus raisonnable, et qu'il avait cru que les hommes profiteraient de l'expérience de tant d'années. Moi qui ne me souviens plus de ce que j'ai entrepris de soutenir, je lui réponds : « Que les hommes ne font » point d'expérience, parce que dans tous les siècles,

» ils ont les mêmes penchans, sur lesquels la raison n'a
» aucun pouvoir ; et qu'ainsi, partout où il y a des
» hommes, il y a des sottises, et les mêmes sottises. »
Sur cela, Socrate, tout joyeux, me demande bien vite :
« Et sur ce pied là, comment voudriez-vous que les
» siècles de l'antiquité eussent mieux valu que les siè-
» cles d'aujourd'hui ? » La vérité est, qu'après ce que
j'ai dit, je n'ai rien à lui répondre ; je suis surpris, et
j'accouche sottement. Je vous assure que si j'avais à recommencer, je donnerais bien plus de peine à ma sage-
femme ; car moi qui prétends que les siècles aient dégé-
néré, puis-je dire aussitôt : « Que tous les hommes ont
» les mêmes penchans ; que partout où il y a des hom-
» mes, il y a les mêmes sottises ? » J'avoue que je me
suis vanté dans mes Essais de n'avoir guère de mémoire,
mais encore n'en pouvais-je pas manquer jusqu'à ce
point là. Socrate triomphe, je le crois bien ; un autre
moins habile que lui aurait aussi triomphé en sa place.
Ma défaite devait être un peu plus difficile, ne fût-ce
que pour la gloire de Socrate.

Ne prétendez point m'intéresser dans vos plaintes,
dit ce philosophe moqueur : je suis très content de ce
dialogue ; il me fait plus d'honneur que tout ce qu'on
a jamais dit à ma louange. Quand vous venez me trouver, plein d'une admiration pour les anciens, que
vous ne m'avez pas encore marquée, je vous demande
des nouvelles du monde. Vous me répondez qu'il est
fort changé, et que je ne le reconnaîtrais pas. Moi qui
ai lu dans votre âme ; et qui veux vous surprendre par
une opinion toute contraire à la vôtre que j'ai devinée,
je vous dis : « Que je suis ravi de ce que vous m'appre-
» nez ! que je m'étais toujours bien douté que le monde

» deviendrait meilleur et plus sage qu'il n'était de mon » temps; » car puisque ce n'est pas là mon sentiment, je ne puis avoir d'autre dessein que de vous étonner, en me jetant dans l'extrémité opposée à celle où vous étiez, et de commencer déjà à combattre votre pensée. Mais n'est-ce pas être bien habile, que de la savoir avant que vous ne l'ayez dite? Dans les dialogues où Platon me fait parler, je ne réfute aucunes opinions, que je ne les aie fait répéter je ne sais combien de fois, et en je ne sais combien de manières, à ceux qui les soutiennent: mais dans ces nouveaux dialogues-ci, j'ai bien plus d'esprit; je devine ce que j'ai à réfuter. Roi des enfers, dit Montaigne à Pluton, vous entendez bien le langage de Socrate; c'est ainsi qu'il fait la critique de notre auteur. Point du tout, reprit Socrate, toujours sur le même ton; je ne fais point de critique. L'auteur m'a fait prophète, il est vrai; mais assurément, c'est à cause de ce démon familier que j'avais.

Pluton, qui prit la chose sérieusement, ordonna :

« Que Socrate ne se servirait point dans les disputes, de son démon familier, pour deviner les pensées des autres, et que Montaigne n'accoucherait plus si facilement. »

Il y avait encore quelques morts qui se préparaient à parler, lorsque Caron entra dans l'assemblée, d'un air qui fit bien juger qu'il apportait quelque nouvelle importante. Ce n'est pas fait, dit-il, d'un ton à faire trembler tout le monde; nous ne sommes pas encore quittes des Dialogues des Morts. En voici une seconde partie, que j'ai surprise à un mort que je passais dans ma barque, et qui s'en était chargé. Aussitôt ce fut un bruit incroyable dans l'assemblée. Tous les morts se jetèrent sur Caron, lui arrachèrent le livre, et sortirent aussitôt pour l'aller lire tous ensemble, sans songer qu'ils manquaient de respect pour Pluton, qu'ils laissaient là seul sur son trône.

SECONDE PARTIE.

Il s'amassa encore une infinité d'autres morts, qui accouraient en foule au nom de cette seconde partie; chacun voulait savoir s'il n'y était point intéressé. La difficulté fut de trouver quelqu'un qui pût la lire à une assemblée si nombreuse; car il fallait satisfaire l'impatience de tout le monde à la fois. A la fin, Stentor fut choisi pour lecteur; ce Stentor, qui avait la voix si bonne qu'il se faisait entendre de tout une armée. D'abord, quand il nomma Hérostrate et Démétrius de Phalère, on remarqua la joie de Démétrius, qui s'attendait bien à être loué sur l'art qu'il avait eu d'accorder ensemble la politique et la philosophie, et sur ce qu'il avait été également propre aux spéculations du cabinet, et aux soins du gouvernement. Au contraire, l'infâme Hérostrate baissa la tête, et tâcha de se cacher dans la foule, parce qu'il ne douta point qu'on ne lui fît son procès sur l'embrâsement du temple d'Éphèse, avec toute la rigueur qu'il méritait : mais il reprit un peu de courage dans le commencement du dialogue, où il vit que les choses ne tournaient point si mal pour lui ; ensuite il fut surpris de s'entendre raisonner si subtilement, que Démétrius ne savait que lui répondre, et lui-même il ne savait qu'en croire.

A la fin, il fut ravi d'étonnement et de joie, quand il reconnut certainement qu'il était le héros du dialogue ; que l'action qu'il croyait qu'on lui dût reprocher, y était couronnée, et que Démétrius était confondu.

Le pauvre Démétrius ne pouvait aussi revenir de son étonnement. Il avait tant de honte de voir ses espérances trompées, et il se trouvait si peu d'esprit dans ce dialogue, en comparaison d'Hérostrate, qu'il ne put ni n'osa jamais dire une parole. Les morts riaient en eux-mêmes du trouble et de l'embarras où il était ; car comme il n'y en avait pas un seul qui n'en craignît autant pour son compte, ils ne voulaient pas rire ouvertement.

Au second dialogue, ils jetèrent tous les yeux sur Pauline, qui parut assez interdite. On la pria malicieusement de vouloir bien nommer les sages à qui elle avait ouï dire : « Qu'une femme devait aider elle-même » à se tromper, pour goûter quelques plaisirs ; qu'il ne » fallait point qu'elle examinât trop la divinité d'un » amant, qui, dans le dessein de la surprendre, se » voulait faire passer pour un dieu. » La plupart des mortes disaient qu'elles auraient été volontiers à l'école de ces sages là, si elles les eussent connus, et que les femmes n'auraient plus tant d'aversion pour la philosophie, si elle donnait de pareilles leçons.

Pauline commença à répondre d'un air embarrassé, que les amans fidèles n'étaient pas en plus grand nombre que les dieux amans, et que cependant on ne trouvait pas mauvais que des femmes crussent qu'on aurait pour elles une constance éternelle, et elle prétendit qu'aller se jeter entre les bras de son faux Anubis, c'était la même chose que si elle eût été assez dupe pour compter sur la fidélité d'un amant.

Toutes les mortes généralement se récrièrent là-dessus. Il y en avait entre elles une infinité qui s'étaient flattées qu'on les dût aimer fidèlement, et qui n'eussent pourtant pas fait la sottise d'aller trouver Anubis dans son temple. Pauline, qui était malheureusement engagée à soutenir que les amans fidèles étaient extrêmement rares, s'embarrassa dans une définition de la fidélité, dont elle eut bien de la peine à sortir. Elle ne faisait aucun cas des soins, des empressemens, des sacrifices, de la préférence entière qu'on donne à sa maîtresse sur toutes choses. Tout cela, dont bien des femmes se contenteraient, n'était rien; il fallait, pour être fidèle, tenir bon contre le temps et contre les faveurs : mais toute l'assemblée convint que Pauline devait être réduite à une étrange extrémité, pour avoir recours à une définition si chimérique; et on lui demanda grâce pour les pauvres humains, qui ne pouvaient atteindre à la perfection qu'elle exigeait d'eux, et qui auraient encore assez de peine à s'acquitter de ce qu'elle ne comptait presque pour rien.

Je crois que les femmes vivantes seraient de même avis que les mortes. Il n'est point besoin que par des idées rigoureuses de fidélité, on mette les amans en droit de ne songer point du tout à être fidèles; et tout ce que dit Pauline sur cette matière là, est de ces choses qui ne peuvent être reçues ni en ce monde, ni en l'autre.

Pour Callirhée, quoiqu'elle fût dans le même cas que

Pauline, on ne la traita pas avec la même rigueur. C'était une bonne innocente, qui avouait la chose comme elle s'était passée, qui n'entendait finesse à rien, et qui ne cherchait point à se défendre par des raisonnemens sophistiques. On est ordinairement disposé plus favorablement pour ces sortes de gens là, que pour de faux beaux-esprits. Elisabeth d'Angleterre fut la seule qui voulut attaquer Callirhée. Cette reine, fort contente d'avoir dit : « Que les plaisirs étaient des terres maré-
» cageuses, sur lesquelles il fallait courir fort légère-
» ment, sans y arrêter le pied, » reprocha fièrement à Callirhée que c'était être bien hardie, que d'oser dire après cela : « Que les choses du monde les plus agréa-
» bles sont dans le fond si minces, qu'elles ne touche-
» raient plus guère, si l'on y faisait une réflexion un
» peu sérieuse; que les plaisirs n'étaient pas faits pour
» être examinés à la rigueur, et qu'on était tous les
» jours réduit à leur passer bien des choses, sur les-
» quelles il ne serait pas à propos de se rendre difficile. »
Callirhée, qui était simple et timide, n'osa répondre à Elisabeth; et peut-être qu'une autre qu'elle eût été bien embarrassée à se justifier.

Candaule parut à cette grande assemblée de morts, le meilleur mort du monde. Il n'a aucun ressentiment contre Gigès, qui lui a ôté sa femme qu'il aimait si tendrement, et la vie qu'il n'avait pas sujet de haïr; il tâche seulement de deviner pourquoi Gigès l'a tué. Pourvu qu'il puisse prouver qu'il n'a pas tant de tort d'avoir voulu faire voir sa femme dans le bain à ce perfide favori, il est content. Il se console, en s'imaginant que c'est une nécessité indispensable que de faire parade de son bonheur, et en supposant qu'un empe-

reur fût fort fâché, parce qu'un roi captif cria *sottise, sottise*. D'un autre côté, on trouva Gigès bien cruel de détruire tous les raisonnemens que fait ce bon roi, et de ne lui vouloir seulement pas laisser des pensées qui le flattent un peu; mais on fut encore bien plus irrité contre Gigès, quand on lui entendit dire: « Que la nature a si
» bien établi le commerce de l'amour, qu'elle n'a pas laissé
» beaucoup de choses à faire au mérite; qu'il n'y a point
» de cœur à qui elle n'ait destiné quelque autre cœur;
» et que le choix d'une femme aimable ne prouve
» rien, ou presque rien, en faveur de celui sur qui il
» tombe. »

Quoi! disaient les morts qui avaient été galans pendant leur vie, Gigès a-t-il entrepris de décrier l'amour, et d'en dégoûter le monde? Pourquoi ne veut-il point que les amans sentent le plaisir d'être distingués? Trouverait-on quelque chose de si doux à être aimé, si on croyait ne l'être que par une certaine nécessité de la nature, qui a voulu qu'on aimât? On ne pouvait donc point se flatter de rien devoir à ses soins, à sa fidélité, à son propre mérite? Et que devient l'amour? Quand l'idée que Gigès en donne serait solide, elle serait du moins trop dure; on n'a pas besoin de vérités désagréables.

Ah! s'écria Elisabeth d'Angleterre, si l'on ôtait les chimères aux hommes, quel plaisir leur resterait-il? Qu'ai-je fait à Gigès, pour l'obliger à pratiquer le contraire de mes maximes! Est-ce pour me contredire, qu'il veut désabuser les hommes des plus agréables chimères de l'amour? Tout-à-l'heure Pauline nous donnait une idée si sublime de la fidélité, que personne n'y eût pu parvenir; et voici présentement Gigès qui nous donne une idée de l'amour si méprisable, que je ne sais si personne voudrait s'abaisser jusqu'à être amoureux.

Quelle fut la surprise d'Homère, lorsqu'il se vit intéressé dans le dialogue d'Hélène et de Fulvie? Ce prince des poètes se plaignit fortement de ce qu'on l'attaquait encore une fois; que veut donc dire cette étrange licence, disait-il tout en colère? Toujours des plaisanteries sur moi! Suis-je le seul aux dépens de qui on puisse divertir le public? Se fait-on présentement un honneur de m'insulter? faut-il dire du mal de moi, pour être bel esprit? A-t-on mis la réputation à ce prix là? Mais encore, quel est l'endroit que l'on attaque? C'est peut-être l'endroit le plus judicieux de mes deux poèmes. On tient un conseil devant le palais de Priam, au retour d'un combat qui a été fort long et fort opiniâtre. Les avis se partagent; on commence à s'échauffer de part et d'autre: mais comme il n'est pas temps alors de s'amuser à contester, et que des gens qui reviennent de la bataille tout fatigués, ne s'accommoderaient pas d'un conseil qui durerait trop long-temps, Priam remet les délibérations à un autre jour, et ordonne non pas que l'on aille souper, mais que l'on se retire chez soi, qu'on prenne le repos dont on a besoin, et qu'on répare ses forces; car ce sont deux choses différentes, que d'ordonner qu'on aille souper, ou que l'on aille réparer ses forces et prendre du repos. L'auteur qui a affecté la première expression, n'eût pas voulu employer la seconde. Les termes ne sont pas indifférens à ces Messieurs qui veulent plaisanter; et souvent qui leur en changerait un seul, ferait un grand tort aux traits les plus spirituels de leurs ouvrages. Mais ne faut-il que pouvoir attraper un mot, qui sera devenu bas par l'usage populaire, pour être en droit de badiner sur la divine Iliade? La réputation d'Homère ne saurait-elle le garantir de ces sortes d'insultes? Il n'en dit pas davantage. Tous les morts se mirent de son parti, et Fulvie fut obligée à désavouer ce qu'on lui faisait dire.

Quand Stentor prononça les noms de Parménisque et de Théocrite de Chio, tous les morts se regardèrent l'un l'autre. Ces noms leur étaient inconnus, et ils jetaient les yeux de tous côtés, pour voir si Théocrite de Chio et Parménisque ne se montraient point. Comme on ne les voyait point paraître, Stentor cria encore plusieurs fois : *Parménisque* et *Théocrite de Chio!* et fit retentir tous les échos de l'enfer. A la fin on les vit accourir tous deux hors d'haleine. Ils ne s'étaient point attendus à avoir part dans les nouveaux Dialogues et avaient négligé de se trouver à l'assemblée. Dès que Théocrite entendit son histoire, il s'écria : Ah! fallait-il que cet auteur me tirât de l'obscurité où j'étais, pour faire revivre une détestable pointe que j'espérais que l'on aurait oubliée? Quel plaisir prend-il à rouvrir mes plaies, à me faire souvenir, et à faire souvenir les autres, que j'ai été un mauvais plaisant, et qu'il m'en a coûté la vie? Était-il besoin qu'il eût recours à moi, pour orner son livre d'une froide plaisanterie ? Il en eût si bien trouvé quelqu'une de lui-même, s'il eût voulu !

Parménisque paru si sublime et si élevé sur la fin de son dialogue, qu'on lui demanda s'il avait appris dans l'antre de Trophonius à parler ainsi, et si les oracles qui s'y rendaient étaient de ce style? Il avoua de bonne foi qu'il n'entendait point ce qu'on lui faisait dire, et pria Stentor de le répéter. Stentor le répéta, et Parménisque y trouvant encore plus d'obscurité que la première fois, demanda du temps pour y penser. Apparemment, dit-il, l'intention de l'auteur n'a pas été que l'on m'entendît; car il vend l'intelligence de mes paroles bien cher. Vous voulez m'entendre, Morts, prenez-y garde. L'auteur s'en vengera par la peine que vous aurez à déchiffrer mes sentences énigmatiques. On lui demanda pourquoi cette obscurité aurait été affectée par l'auteur; et Parménisque répondit : Il a mis les morts dans ses Dialogues, pour y parler; et parler, c'est ne savoir ce qu'on dit la plupart du temps. Quand nous découvrons le peu de solidité de ce qu'il nous débite, et de ce qui nous éblouit quelquefois, nous arrachons à l'auteur son secret. On devient sage, et on ne l'admire plus; on pense, et on n'est plus sa dupe; voilà ce que l'auteur ne trouve pas bon. Pour moi, dussé-je me mettre mal avec lui, je m'en vais travailler à pénétrer dans ses pensées. Je sais bien que cette étude pourra me rendre plus chagrin et plus sombre, que ne fit l'antre de Trophonius; mais il n'importe. Je vous prie seulement, Morts, que si quelqu'un d'entre vous entend plus tôt que moi cette belle phrase : « Il y a une raison qui nous » met au-dessus de tout par les pensées; il y en a » une autre qui nous ramène ensuite à tout par les ac- » tions, » il ait la bonté de m'en avertir, afin que j'y perde moins de temps.

La-dessus il y eut un mort malicieux, qui dit à Parménisque : Je ne vous en quitte pas pour l'éclaircissement de cette phrase là; il y en a encore une à laquelle je vous prie de vouloir bien travailler. On l'a mise dans votre bouche; c'est celle-ci : « Quand on est de mau- » vaise humeur, on trouve que les hommes ne valent

» pas la peine qu'on en rie. Ils sont faits pour être ridi-
» cules, et ils le sont; cela n'est pas étonnant; mais
» une déesse qui se met à l'être l'est bien davantage. »
J'aurais bien envie de savoir, continua-t-il, pourquoi
cette pauvre déesse était si ridicule. Elle était de bois
et mal faite; est-ce là tant de quoi rire? Il fallait que
vous ne fussiez pas si mélancolique. Je ne plains point
les gens chagrins, à qui une Latone de bois suffira pour
leur rendre leur belle humeur. Mais d'où vient que
vous ne pouviez rire de tant de sottises des hommes?
C'est qu'ils sont faits pour être ridicules, et il n'est pas
étonnant qu'ils le soient. Et est-il essentiel à la déesse
Latone, que ses statues soient de marbre et d'un travail excellent? Quand un mauvais ouvrier fait une Latone, peut-on dire pour cela que Latone fait quelque
chose contre la nature d'une divinité, et qu'elle se met
à être ridicule? Parménisque promit qu'il songerait à
cette difficulté aussi bien qu'aux autres, et prit congé
de l'assemblée.

Peu de temps après, il y eut une grosse querelle entre l'impératrice Faustine et la sultane Roxelane. Celle-
ci trouvait fort mauvais que Faustine entreprît de soutenir : « Que les hommes exercent leur domination sur
» les femmes, même en amour; que quoique l'empire
» dût être également partagé entre l'amant et la maî-
» tresse, il passait toujours de l'un ou de l'autre côté,
» et presque toujours du côté de l'amant. » Je vois bien,
disait Roxelane irritée, qu'on ne se souvient plus ni de
mon histoire, ni de la hardiesse avec laquelle j'ai promis de « gouverner toujours à ma fantaisie l'homme du
» monde le plus impérieux, pourvu que j'eusse beau-
» coup d'esprit, assez de beauté, et peu d'amour. »

J'avais établi la gloire de toutes les femmes, et Faustine la vient détruire. Et qui croirait que Faustine dût mettre si haut le pouvoir des hommes; elle qui a toujours fait de son mari tout ce qu'elle a voulu ; elle qui a eu tant de pouvoir sur lui, qu'elle en avait honte; elle qui est si impérieuse, que présentement même elle voudrait qu'il ne fût point de maris? Est-ce à elle à se plaindre que les hommes usurpent la domination sur les femmes ?

Faustine ne demeura point sans réplique. Elle se mit à déclamer contre les hommes avec tant d'emportement, que les femmes elles-mêmes la désavouèrent, et que Marc-Aurèle tâcha de s'enfuir de l'assemblée. Roxelane la traita comme une folle, si reconnue pour ce qu'elle était, que dans le dialogue où elle parle, on la faisait convenir de la nécessité qu'il y a que les femmes soient gouvernées, et se plaindre en même temps de ce qu'elles le sont ; vrais discours d'une tête bien mal réglée. La dispute s'échauffa entre ces deux femmes, comme il devait arriver naturellement ; et à la fin, ce fut une confusion étrange entre toutes les mortes. Les unes se plaignaient d'avoir été tyrannisées par les hommes; les autres se louèrent de la facilité avec laquelle leurs amans s'étaient laissés conduire par elles. Si l'auteur des Dialogues eût été là, il se fut trouvé bien embarrassé. Il eût fallu qu'il eût tâché d'accorder Faustine et Roxelane, dont il avait excité la querelle, et cela n'eût pas été trop aisé ; ou il eût été réduit à décider en faveur de l'une des deux, et c'eût été décider contre lui-même. Une si grande affaire ne se fut pas terminée sans beaucoup de peine, si on eût voulu la terminer par un jugement régulier. Mais les morts, ennuyés de cette dispute, qui prenait le train de ne point finir, chassèrent hors de l'assemblée Roxelane et Faustine, et les envoyèrent vider ailleurs leurs différends.

Stentor voulant continuer sa lecture, nomma Sénèque et Scarron; et aussitôt Sénèque se montrant à tous ces morts: Je n'ai point besoin, leur dit-il, d'entendre lire ce dialogue, pour savoir ce qu'il contient. Puisque moi, qui suis un philosophe très sérieux, et, si j'ose le dire, assez considérable dans l'antiquité, on me met avec un poète badin, cela veut dire que le poète l'emporte bien par dessus-moi. Je vous déclare que je me tiens dès à présent pour vaincu; je cède tout l'avantage à Scarron; je ne suis pas assez téméraire pour le lui disputer. A ces mots, il se retira; mais Scarron, avec son air gai, dit qu'il n'avait garde d'en faire autant; qu'il avait trop d'envie de voir comment on l'allait ériger en philosophe, et qu'il ne le pouvait absolument deviner. Il se mit donc à écouter fort attentivement; mais quand il entendit qu'on mettait bien haut la constance avec laquelle il avait soutenu le manque de fortune, les maladies, et que c'était par là qu'il l'emportait sur Sénèque, sur Chrysippe, sur Zénon et sur tous les stoïciens: Ah! par le Styx, s'écria-t-il, cet auteur des Dialogues est brave homme; il sait bien trouver le mérite des gens. Je ne me connaissais point encore celui qu'il me donne; je n'avais pas fait réflexion que j'avais reçu tous mes malheurs avec beaucoup de philosophie.

Mais quoi, dit fort sérieusement Lucilius, le grand ami de Sénèque, et son disciple, d'où vient que cet auteur se déclare toujours contre la raison? Quelle inimitié y a-t-il entre la raison et lui ? « On ne doit point, » à ce qu'il prétend, compter sur elle : on ne s'y doit » point fier ; elle ne mérite point d'estime. » Et qu'est-ce donc qui en mérite? à quoi se fiera-t-on ? sur quoi comptera-ton ! La raison seule ne produit-elle pas toutes les vertus? car elles cessent de l'être, dès qu'elles ne sont que des effets du tempérament. Le mot même de vertu enferme l'idée d'un effort que l'on fait pour s'attacher à ce qui est honnête. On peut naturellement se porter vers les objets de vertu ; mais il faut s'y porter avec effort pour être vertueux. Depuis quand n'estime-t-on plus les bonnes qualités qui sont acquises à force de soins? Socrate est donc déshonoré, pour avoir vaincu les mauvaises inclinations qu'il avait reçues de la nature, et pour n'avoir dû sa sagesse qu'à lui-même.

Comme Stentor vit que Lucilius s'embarquait dans un discours un peu sérieux, il l'interrompit assez promptement pour lire le dialogue d'Artémise et de Raimond Lulle. Ce dialogue fit beaucoup de plaisir à une infinité de mortes qui avaient été fort coquettes, et qui ne savaient pas qu'Artémise fût des leurs. Elles furent charmées de la comparaison du grand œuvre et de la fidélité conjugale ; mais elles ne laissèrent pas de tomber d'accord qu'elle était outrée, et qu'il n'y avait aucune raison de soutenir que ces deux choses fussent également impossibles. Franchement, dit l'une d'entre elles, si la fidélité conjugale n'est pas aussi impossible que le grand œuvre, elle a ses difficultés, qui sont presque insurmontables avec de certains maris de méchante humeur, bourrus et impérieux. Pour moi, j'avoue que je ne me serais pas exposée à toutes les aventures qui ont fait parler de moi, si le mien eût mérité, en continuant d'être mon amant, que j'eusse pris soin de les éviter. Les maris sont des gens insupportables. Ils ne se contentent pas de n'avoir chez eux ni complaisance, ni galanterie ; ils courent partout celles dont ils espèrent se faire écouter : et voilà comment ils gâtent les femmes qui sont portées naturellement à la sagesse, et qui enragent d'être forcées à se consoler de leur perfidie, en suivant le mauvais exemple qu'ils leur donnent. Toutes les mortes du caractère de celle qui débitait ce raisonnement, commencèrent à lui applaudir, et trouvèrent admirable l'excuse qu'elle donnait au déréglement qui avait paru dans leur conduite.

On ne fut point surpris de voir dans le dialogue d'Apicius et de Galilée, que les sens l'emportassent sur la raison. Dans les principes de l'auteur, cela ne pouvait manquer : mais on fut étonné que Galilée eût tant d'esprit, et qu'on lui fît dire la plupart des bonnes choses qui sont dans ce dialogue. Galilée était un excellent mathématicien ; il avait un génie rare pour la philosophie. C'est lui qui a pour ainsi dire donné entrée aux autres dans le ciel par ses lunettes, et par l'usage qu'il en a fait le premier. Apicius au contraire n'avait jamais fait d'autre étude que celle des bons morceaux. Il était entièrement enseveli dans les plaisirs grossiers de la table, et par conséquent, disait-on, selon les règles que l'auteur paraît avoir établies, c'était Apicius qui devait briller dans le dialogue, et le partage de Galilée était de n'avoir pas le sens commun ; car Galilée ne vaut pas mieux qu'Aristote, Apicius ne vaut guère moins qu'Anacréon, et on a vu qu'Anacréon avait bien plus d'esprit qu'Aristote.

Tous les morts redoublèrent leur attention, quand ils entendirent Marguerite d'Écosse débiter tout le système de Platon sur le beau. Quelques uns lui demandèrent où elle en avait tant appris; et cette princesse, sans s'embarrasser trop, leur répondit que ce n'était pas assurément dans les livres, et qu'il fallait qu'elle eût pris toute cette science sur les lèvres de ce savant qu'elle avait baisé; tant il y a toujours à profiter, disait-elle, avec les habiles gens! Mais Platon traita l'affaire plus sérieusement; il protesta contre tout ce qu'on lui faisait dire; il se plaignit qu'on eût renversé son caractère, pour lui mettre dans la bouche tout ce qui était le plus opposé à ses sentimens. Marguerite d'Écosse parle en platonicienne, disait-il, et Platon parle comme aurait dû faire Marguerite d'Écosse. Je ne suis plus dans ce dialogue là le divin Platon, ou du moins, je me suis bien humanisé.

Là-dessus, Arquéanasse de Colophon, qui était irritée contre lui, à cause des vers qu'il avait faits sur elle, et qui était encore de plus mauvaise humeur, parce qu'elle voyait qu'au bout de deux mille ans on se souvenait qu'elle avait été vieille, soutint à Platon qu'il n'avait point été si sage qu'il le voulait faire croire; qu'on ne lui avait point fait tort, en le faisant parler sur l'amour d'une manière assez libre; qu'il en avait lui-même donné le droit à l'auteur des Dialogues, en laissant à la postérité de méchans petits vers fort indignes d'un philosophe de sa réputation, et qu'elle était ravie qu'il en fût puni comme il l'était.

Platon répondit qu'il était fort surprenant qu'on aimât mieux juger de lui par deux petites épigrammes qu'il avait peut-être faites en l'air, que par tant d'ouvrages de philosophie si sérieux et si solides ; que sur ces deux petites épigrammes on le crût galant, et qu'on ne le voulût pas croire philosophe sur tous ses ouvrages de philosophie. Il se trouva un mort qui, pour le consoler, lui dit qu'on ne le faisait point trop sortir de son caractère ; que comme sa manière de s'expliquer était sublime, et quelquefois fort enveloppée, on lui avait assez bien fait parler cette langue là ; et que pour l'embarras de la pensée et du tour, il devait être assez content d'un certain endroit, où il prétendait démêler comment l'esprit ne fait point de passions, mais seulement met le corps en état d'en faire.

On trouva bien encore un autre sublime dans le dialogue de Straton et de Raphaël d'Urbin. Straton, qui croyait que son nom fût oublié depuis long-temps, fut ravi de s'entendre nommer. Il se dressa sur ses pieds, et se prépara à écouter fort attentivement, tout joyeux de ce qu'on l'avait choisi pour être un personnage : mais sa joie fut bien rabattue, quand il ne put rien comprendre à tout ce qu'on lui faisait dire. Il avoua qu'il ne savait ce que c'était que les préjugés, et il crut que ce devait être quelque invention nouvelle, parce que de son temps on n'en parlait point.

Raphaël d'Urbin, grâce à une application prodigieuse, entendit un peu de quoi il était question : mais il ne laissa pas d'être surpris qu'on ne lui eût pas fait dire un mot de son métier, et qu'on l'eût jeté dans une métaphysique fort abstraite. On demanda s'il n'avait pas été assez grand homme pour pouvoir parler de toute autre chose que de peinture et de sculpture ; que du moins c'était là l'idée qu'on avait eue de lui ; mais il répondit naïvement, que ce qu'il avait le mieux su, c'était ces deux arts, et qu'il se tirerait encore plus aisément de cette matière là que des préjugés. Je crois même, ajouta-t-il, que parce qu'on sait que je ne dois pas être fort habile sur les préjugés, on a pris la liberté de me faire dire sur cela quelque chose qui n'est pas trop juste. Straton me dit : « Qu'il faut conserver les » préjugés de la coutume pour agir comme un autre » homme, et se défaire de ceux de l'esprit pour pen- » ser en homme sage ; » et je réponds brusquement : *Qu'il vaut mieux les conserver tous*. Je n'entends pas bien ma réponse. Ai-je voulu dire que le meilleur parti était de conserver tous les préjugés, tant ceux de l'esprit que ceux de la coutume? Mais il est toujours bon de bannir ceux de l'esprit, puisqu'ils font obstacle à la découverte de toutes les vérités. Ai-je voulu dire qu'il valait mieux ne se pas défaire des préjugés de l'esprit, que de s'en défaire et de conserver en même temps ceux de la coutume? Mais un sage serait un extravagant, s'il fallait qu'il se défît des préjugés de la coutume, et qu'il ne fût pas fait au dehors comme les autres. Qu'on me dise donc ce que j'ai voulu dire. Je crois que si on eût mis en ma place quelque philosophe, on l'eût fait parler avec plus de justesse; mais on a cru qu'un peintre n'y devait pas regarder de si près.

Stentor se préparait à passer au dialogue suivant, lorsqu'il lui vint de la part de Pluton un ordre de quitter la lecture, et de lui apporter le livre. Il obéit aussitôt, et sortit de l'assemblée. Tous les morts, dont le nom est inconnu (et c'est le plus grand nombre), furent extrêmement fâchés de voir cette lecture finie. Ils se réjouissaient aux dépens des morts illustres qui étaient intéressés dans ces Dialogues. Il étaient ravis de les y voir maltraités ; et pour eux, grâce à leur obscurité, ils ne craignaient rien. Ils étaient bien sûrs que l'auteur ne les attraperait ni dans les histoires, ni dans le dictionnaire historique, et qu'ils étaient tout-à-fait hors de prise d'un homme si dangereux. Ainsi, durant que Stentor lisait, ils étaient proprement à la comédie, et ils voulurent beaucoup de mal à Pluton qui troublait leurs plaisirs.

Pluton s'était rendu aux prières d'une infinité de morts modernes, qui avaient été le conjurer qu'il ne souffrît point qu'on lût les Dialogues où ils avaient part. Ils lui avaient représenté, que du moins, pour les anciens, leur réputation était faite, et que le mal qu'on dirait d'eux ne leur ferait pas tant de tort; mais qu'à l'égard des modernes, qui n'étaient pas si bien établis, il était important qu'on ne prît pas sur leur chapitre des impressions désavantageuses, et que leur gloire, qui ne faisait encore que de naître, était trop faible pour résister à toutes ces plaisanteries. Voilà pourquoi Pluton envoya quérir Stentor, et se saisit de son livre, dans le dessein de ne le laisser jamais voir à personne : mais comme Stentor était curieux, il en avait lu le reste en allant trouver Pluton, et cela fut cause que Pluton l'obligea au secret, par les sermens les plus redoutables qui se fassent aux enfers : mais à dire le vrai, tous les sermens des enfers ne sont pas grand'chose; les morts ne craignent plus de mourir.

Quel respect Stentor s'attira de tous les modernes ! Ils allaient lui faire la cour avec grand soin, pour l'empêcher de parler et de révéler le mal qu'on pouvait avoir dit d'eux. Quelques uns convenaient qu'il ne fallait pas nommer ceux qui y avaient part, et le priaient de nommer ceux qui n'y en avaient point. Mais Stentor, qui se plaisait à les tenir tous en crainte, gardait fort exactement le silence. Si l'un de ces morts avait querelle contre un autre, il lui soutenait tout en colère qu'on n'avait eu garde de manquer à le mettre dans les Dialogues; mais le secret ne put durer fort longtemps.

Un jour, David Riccio eut la hardiesse de soutenir à Achille qu'ils avaient été tous deux joueurs de luth; mais avec cette différence, qu'Achille s'était amusé à en jouer, tandis qu'il eût été question de faire le devoir d'un grand capitaine; et que pour lui, il avait quitté le luth, pour prendre en main le gouvernement d'un royaume. La dispute alla si loin que les héros de l'Iliade qui en furent avertis, vinrent fondre sur David Riccio, dont l'insolence leur donnait en même temps de la surprise et de l'indignation. Stentor y vint avec les autres, quoiqu'il ne soit héros que par la force de ses poumons. Il se mit à crier d'un ton redoutable, et propre à se faire entendre par tout l'enfer : Est-ce là le téméraire qui ose se comparer à Achille ? Je veux bien qu'il sache que, quoiqu'il ait été ministre d'état, on se souvient toujours de son origine, et que dans les nouveaux Dialogues, on lui donne un caractère aussi bas qu'au plus misérable violon qui ait jamais été.

David Riccio demeura tout interdit. Il s'était flatté qu'après ses aventures, et le rang qu'il avait tenu dans le monde, il ne passerait pas pour n'avoir pas eu le courage élevé; et il ne lui fût jamais tombé en pensée que, malgré toutes les entreprises ambitieuses qu'il avait faites, on le pût dépeindre comme un homme lâche et timide. Achille fut vengé par le trouble et par la confusion de David Riccio, et la duchesse de Valentinois, qui se trouva là présente, insulta encore à ce malheureux, en disant qu'elle n'avait jamais de joie plus sensible, que quand elle voyait rabattre l'orgueil de ces sortes de gens à qui la fortune avait fait oublier la bassesse de leur naissance, et qu'elle remercierait volontiers, si elle pouvait, l'auteur des Dialogues, de ce qu'il avait maltraité David Riccio.

Stentor ne put s'empêcher de répliquer à la duchesse : Et remercieriez-vous cet auteur, s'il faisait rouler toute votre histoire sur ce que vous avez été une vieille coquette? Que voulez-vous dire? reprit-elle, en changeant de visage. Je veux dire, répondit Stentor, que dans les nouveaux Dialogues, vous disputez à Anne de Boulen le prix de la coquetterie ; et qu'enfin, vous l'emportez sur elle, parce que vous vous êtes fait aimer, toute grand'mère que vous étiez. Je me vante donc de mon âge? dit la duchesse. Cela n'est point du tout naturel; les femmes ne veulent point d'un mérite qui soit fondé sur les années. Votre auteur ne connaît donc pas bien les femmes, répondit Stentor ; car il vous fait bien fière de votre âge.

Molière ne put laisser passer cette occasion de plaisanter sur les vieilles qui conservent encore toutes leurs inclinations galantes, et sur les soins que les femmes prennent pour déguiser leurs années. Il traita cette matière si agréablement, que Stentor, tout surpris de l'entendre, lui dit : Mais ce n'est point ainsi que vous parlez dans les nouveaux Dialogues. Vous y tenez de certains discours de philosophie, qui ne valent pas ce que vous venez de dire. Des discours de philosophie !

s'écria Molière; on se moque. Mon caractère est-il si peu connu, qu'on ne puisse pas me faire parler sur des sujets qui me conviennent? Je ne sais, répondit Stentor; mais enfin, j'aimerais bien mieux vous entendre sur ces vieilles que vous nous dépeignez si plaisamment, que sur cet ordre de l'univers dont vous entretenez Paracelse.

Ce fut ainsi que Stentor commença à divulguer le secret, et ensuite il ne se contraignit plus du tout à le garder. Descartes apprit que lui, qui est le père des tourbillons et de la matière subtile, il parlait de Colin-Maillard, et qu'on le faisait revenir en enfance. Juliette de Gonzague sut qu'elle disait à Soliman des choses qui démentaient assez la pruderie dont elle se piquait. Il n'y eut que Montézume qui fut content. Quand ce roi du Mexique eut su combien on le supposait habile dans l'histoire grecque et romaine, il en conçut tant de vanité, qu'il osa disputer contre Thucydide et Tite-Live. Aussi ne suivit-il pas tous ces morts modernes, qui allèrent porter leurs plaintes au roi des enfers. Ceux dont Stentor avait lu les dialogues, s'avisèrent, à l'exemple de ces derniers, de se plaindre aussi; et la foule fut aussi grande chez Pluton qu'elle l'avait été la première fois. Il fut fâché de se voir engagé de nouveau à un examen si ennuyeux; mais il ne pouvait pas refuser la justice à ses sujets. Du moins il voulut, pour éviter la confusion, que chacun mît ses plaintes par écrit; et quand il les eut reçues toutes, il fut assez étonné de trouver parmi ce nombre une requête, dont voici les termes :

A PLUTON,

REQUÊTE DES MORTS DÉSINTÉRESSÉS.

ROI DES ENFERS,

« Nous commençons par vous protester que l'on ne parle de nous en aucune manière dans les nouveaux Dialogues. Nous sommes heureusement échappés à l'auteur, soit parce qu'il ne nous a pas connus, soit parce qu'il ne nous a pas jugés propres pour ses desseins : mais nous ne laissons pas de nous intéresser pour le sens commun, qui est blessé, à ce qu'il nous paraît, en quelques endroits de ce livre. Permettez-nous de vous les marquer, et de vous en demander justice. »

Les belles sont de tous pays, et les rois mêmes ni les conquérans n'en sont pas.

« Est-ce que les belles sont reconnues partout pour belles, et que les rois ni les conquérans ne sont pas reconnus partout pour rois ou pour conquérans ? Mais qu'une belle Chinoise vienne en Europe, pour voir si on l'y trouvera belle avec son visage plat, ses petits yeux et son nez large; elle s'apercevra bien que les belles ne sont pas de tous pays. Un conquérant chinois, qui pourrait venir jusqu'en Europe, s'y ferait assurément bien mieux reconnaître pour un conquérant si la fortune le favorisait; et Alexandre lui-même, dont il est question dans ce Dialogue, ne fut-il pas la terreur des Indiens ? Phriné n'eût pas été leur charme. Un grec savait défaire des armées aux Indes comme ailleurs ; mais une Grecque n'y eût pas su si bien donner de l'amour. Les goûts pour la beauté sont différens dans les nations ; mais dans toutes les nations on cède au plus fort. Ainsi, les conquérans sont de tous pays, et les belles n'en sont pas. »

Les vraies louanges ne sont pas celles qui s'offrent à nous, mais celles que nous arrachons.

« Cette maxime ne nous paraît pas trop juste. Nous convenons que les louanges qu'on arrache de la bouche de ses ennemis mêmes, sont de vraies louanges : mais ce sont de vraies louanges aussi, que celles qui sont données par des gens qui ne se font point tant de violence pour les donner. Il n'est point besoin que ceux qui louent ne le fassent qu'à regret. Titus, que l'on avait nommé les délices du genre humain, devait-il donc n'être point flatté de cette louange, parce que ses sujets n'avaient point eu de répugnance à convenir qu'il la méritât? Et Attila était-il mieux loué par ceux qui, en l'appelant le fléau de la colère céleste, étaient bien fâchés d'être réduits à le reconnaître pour un grand homme de guerre ? »

L'ambition est aisée à reconnaître pour un ouvrage de l'imagination ; elle en a le caractère ; elle est inquiète, pleine de projets chimériques ; elle va au-delà de ses souhaits, dès qu'ils sont accomplis.

« Croirait-on que ce fût par toutes ces qualités que l'auteur prétend distinguer l'ambition d'avec l'amour ? Il faut que l'amour soit devenu bien tranquille. Il eût aisément passé pour un ouvrage de l'imagination, du temps que nous étions vivans, car il était inquiet et plein de projets chimériques, et ne se contentait presque jamais. Nous croyons pourtant qu'il n'a pas encore tout-à-fait changé de nature. L'auteur oppose l'amour à l'ambition, et après qu'il a dit bien du mal de l'ambition, nous remarquons qu'il n'oserait rien dire de l'amour. Apparemment si l'amour était reconnu pour une passion si paisible et si douce, on n'eût pas manqué de faire bien valoir cet avantage qu'il aurait eu sur l'ambition. »

De quelle manière devîntes-vous fou? D'une manière fort raisonnable.

« Nous consentons à laisser passer cette pointe, pourvu que nous ne la retrouvions pas au bout de dix lignes. » Je fis des réflexions si judicieuses, que j'en perdis le jugement.

Les frénétiques sont si fous, que le plus souvent ils se traitent de fous les uns les autres.

« Si les frénétiques ne donnaient point d'autre marque de folie, nous n'aurions pas mauvaise opinion d'eux. Ce n'est pas être fou, que d'appeler fous ceux qui le sont.

» Voilà, Roi des enfers, les endroits les plus considérables dont nous avons cru être obligés de nous plaindre, par le seul intérêt de la raison. Il y a parmi nous des morts grammairiens, qui voulaient vous importuner d'un assez grand nombre d'expressions qu'ils trouvaient à reprendre dans les nouveaux Dialogues. Nous n'avons point été de leur avis. Les critiques qui se font aux enfers doivent être plus solides. Il faut qu'elles roulent sur les choses et non pas sur les mots ; et de plus, comme l'auteur change volontiers ses expressions d'une édition à l'autre, nous pourrions prendre de la peine inutilement. Il vaut mieux ne lui pas faire de grâce sur les pensées, puisque c'est sur cela qu'il ne se corrige point. Nous attendons vos décisions avec impatience. Faites voir, grand Roi, que vous êtes l'Apollon des enfers, et que le Styx vaut bien l'Hippocrène. »

Pluton répondit à cette requête de la manière du monde la plus favorable. Il ordonna que tout ce qu'elle critiquait serait tenu pour bien critiqué; et sur les plaintes des autres morts, voici des règlemens qu'il fit, de l'avis d'Eaque et de Rhadamante.

I.

Que nonobstant le bien que l'auteur des Dialogues dit d'Hérostrate, il serait rétabli dans sa mauvaise réputation.

II.

Que des amans fidèles ne passeraient point pour être aussi rares que des dieux amans, et que Pauline chercherait d'autres raisons pour justifier son aventure.

III.

Qu'il ne serait point permis de railler Homère deux fois, et qu'on ne permettrait point la récidive.

IV.

Que Scarron reconnaîtrait publiquement, que hors des Dialogues, il le cédait en tout à Sénèque.

V.

Que Molière ne parlerait point de philosophie, ni Descartes de Colin-Maillard.

VI.

Que Montézume ne saurait à fond que l'histoire du Mexique.

VII.

Que Galilée n'aurait point dans des Dialogues plus d'esprit qu'Apicius.

VIII.

Que les femmes ne tireraient point d'avantage de la dangereuse chimie de Raimond Lulle.

IX.

Que Candaule ne serait point d'une humeur si paisible, de peur qu'il ne donnât un mauvais exemple aux maris, et que Gigès aurait des idées plus nobles de l'amour.

X.

Que Faustine demanderait pardon à Roxelane de l'avoir contredite, et Roxelane à Faustine.

XI.

Que Platon ne serait point galant, mais seulement philosophe.

XII.

Que la duchesse de Valentinois serait dispensée de se vanter de son âge.

XIII.

Que David Riccio pourrait parler quand il voudrait en ministre d'état, et ne serait point obligé à n'avoir que les sentimens d'un joueur de luth.

XIV.

Qu'on laverait Théocrite de Chio dans le fleuve Léthé, pour lui faire perdre la mémoire de ses mauvaises pointes, et que l'on donnerait un an à Parménisque pour s'expliquer, aussi bien qu'à Raphaël d'Urbin.

Ces règlemens furent publiés par tout l'enfer, avec défense expresse à tout mort de venir encore étourdir Pluton sur cette matière, à moins que quelque vivant ne s'avisât de copier le copiste par de nouveaux Dialogues, qui méritassent d'être critiqués.

FIN DU JUGEMENT DE PLUTON.

VIE DE CORNEILLE,

AVEC

L'HISTOIRE

DU THÉATRE FRANÇAIS

JUSQU'A LUI.

VIE
DE P. CORNEILLE,

AVEC

L'HISTOIRE

DU THÉATRE FRANÇAIS

JUSQU'A LUI.

―――

La vie de Corneille, comme particulier, n'a rien d'assez important pour mériter d'être écrite; et à le regarder comme un auteur illustre, sa vie est proprement l'histoire de ses ouvrages. Mais cette histoire demande naturellement d'être précédée par celle du Théâtre Français. Il est bon de représenter en quel état il se trouvait lorsque les ouvrages de Corneille commencèrent à y paraître. J'ai cru que, par ce moyen, je ferais un éloge fort simple de ce grand homme, et qu'en même temps je donnerais à mon sujet, un ornement assez agréable.

―――

Quand il s'agit de faire l'histoire de l'origine ou du progrès des lettres en France, les six ou sept premiers siècles de la monarchie ne tiennent guère de place. Les irruptions des peuples du Nord dans l'empire romain, la barbarie de leurs mœurs, et les ravages continuels de la guerre, étouffèrent pour long-temps les sciences, à qui il faut, ainsi qu'à des plantes délicates, un air doux et beaucoup de soin. L'onzième siècle est célèbre pour l'ignorance; et en effet, elle y fut portée à un haut degré. Cependant ce fut alors, à ce qu'on peut conjecturer, que prirent naissance les poètes qui écrivirent en *roman*, c'est-à-dire en langue romaine corrompue, qui était devenue la seule langue vulgaire. Ils se firent davantage connaître dans le douzième siècle, sous les noms de *trouverres* ou *troubadours, conteours, chanterres et jongleours*. Les trouverres ou conteours étaient les vrais poètes; ils inventaient les sujets et les mettaient en rimes. Les chanterres et jongleours ne faisaient que chanter les poésies sur leurs instrumens. On les appelait aussi *ménestrels*.

Les origines de toutes choses nous sont presque toujours cachées, et c'est un assez agréable spectacle perdu pour notre curiosité : mais heureusement nous retrouvons ici une origine de la poésie à peu près telle qu'elle a dû être chez les plus anciens Grecs. La nature seule faisait ces poètes dont nous parlons, et l'art ni l'étude ne lui en pouvaient disputer l'honneur. A l'égard des trouverres, les Grecs ni les Latins n'avaient jamais été : personne, sans exception, n'entendait le grec; il n'y avait que quelques ecclésiastiques qui entendissent le latin; et les gens habiles savaient par tradition qu'il y avait eu des anciens. Aussi les ouvrages étaient-ils sans règles, sans élévation, sans justesse; en récompense, on y trouvait une simplicité qui se rend son lecteur favorable, une naïveté qui fait rire sans paraître trop ridicule, et quelquefois des traits de génie imprévus et assez agréables.

Le chant a fait naître la poésie, ou l'a du moins accompagnée dans sa naissance. Tous les vers de trouverres ont été faits pour être chantés. Quelquefois, durant le repas d'un prince, on voyait arriver un trouverre inconnu avec ses ménestrels ou jongleours, et il leur faisait chanter sur leurs harpes ou vielles les vers qu'il avait composés. Ceux qui faisaient les *sons* aussi bien que les *mots*, étaient les plus estimés. On dit qu'encore aujourd'hui en Perse, les poètes n'ont point d'autre fonction que d'aller par les cabarets, comme nos vielleurs, divertir ceux qui veulent bien qu'il leur en coûte quelque chose.

Parmi les anciens trouverres, si semblables à des vielleurs, il s'en trouve un grand nombre qui portent de si beaux noms, qu'il n'y a point aujourd'hui de grand seigneur qui ne fût bien heureux d'en descendre. Tel qui par les partages de sa famille n'avait que la moitié ou le quart d'un vieux château, bien seigneurial, allait quelque temps courir le monde en rimant, et revenait acquérir le reste du château.

On les payait en *armes, draps et chevaux ;* et, pour ne rien déguiser, on leur donnait aussi de l'argent : mais pour rendre les récompenses des gens de qualité plus honnêtes et plus dignes d'eux, les princesses et les plus grandes dames y joignaient souvent leurs faveurs. Elles étaient fort faibles contre les beaux esprits. Si l'on est étonné que dans une nation telle que la française, qui avait toujours méprisé les lettres, et qui n'est pas même encore bien revenue de cette espèce de barbarie, des gentilshommes et de grands seigneurs s'amusassent à faire des vers, je ne puis répondre autre chose, sinon que ces vers là se faisaient sans étude et sans science, et que par conséquent ils ne déshonoraient pas la noblesse. Je ne ferais pas si bien connaître ces poètes par tout ce que je pourrais dire d'eux, que par quelques morceaux de leurs ouvrages, que j'ai cru que l'on me permettrait de rapporter ici. Peut-être que je sortirai un peu des bornes de l'histoire du théâtre; mais j'espère qu'une matière assez agréable par elle-même, et assez peu traitée, me fera obtenir ma grâce des plus sévères lecteurs.

Voici deux petits fragmens assez bons de Christien de Troies:

>Puisque vos plaist, or m'escoutés,
>Cuer et oreilles me prestés,
>Car parolle ouïe est perdue,
>S'elle n'est de cuer entendue.
>Qu'as oreilles vient la parole,
>Ainsi comme le vent qui vole,
>Més ni arreste ne demore;
>Ains s'en part en molt petit d'ore,
>Se li cuer n'est si éveillé,
>Qu'al prendre soit appareillé.
>Et qu'il la puisse en son venir,
>Prendre et enclorre et retenir.

Et celui-ci :

>Car tiex à pauvre cuer et lasche,
>Quand voit un preudhom qui entache
>De sor soi tote une besogne,
>Li cort sus, et si jette fors
>Le pauvre cuer qu'il a el cors,
>Et si li donne plainement
>Cuer de preudhomme et hardement.

Hebert, dans le roman des *sept Sages,* a dit une chose digne du plus habile d'entre eux :

> Rien tant ne greve à menteor,
> A larron, ne à robeor,
> N'a mauvais hom queix qui soit,
> Comme vérités quand l'apperçoit,
> Et vérités est la maçûe
> Qui tot le monde occit et tue.

Ceci de Thibault, roi de Navarre, n'est-il pas joli ?

> De bien aimer ne puet nus enseigner,
> Fors que li cuers qui done le talent,
> Qui bien ame de fin cuer loyaument,
> Cil en sçait plus, et moins s'en peut aidier.

Monseigneur Gaces Brulés, chevalier, fort aimé de ce roi de Navarre, peut paraître digne de sa faveur par cet échantillon de sa poésie :

> D'amors me plain et dis pourquoy
> Car ceux qui la trahissent voy,
> Souvent à leur joye venir ?
> Et gi fail par bonne foy :
> Qu'Amours pot esaucier sa loy
> Veut ses ennemis retenir,
> De sens li vient si com je croy,
> Qu'a siens ne puet elle faillir.

Ne plairait-on pas encore aujourd'hui, en disant aussi naturellement et aussi tendrement que le vidame de Chartres ?

> Douce dolor est la moie,
> Car tant en ai le mal chier,

> Que tout le mont n'en prendoie,
> S'il me convenoit changier.

S'il ne fallait que prouver la noblesse des trouverres ou troubadours, je ferais paraître encore ici des comtes de La Marche, d'Anjou, de Provence, des ducs de Bretagne, de Brabant, et même l'empereur Frédéric Barberousse ; car je ne daignerais pas compter les seigneurs d'un moindre rang, dont le nombre est presque incroyable : mais je crois qu'il vaut mieux continuer à choisir quelques uns de leurs meilleurs morceaux, sans avoir égard à la qualité des auteurs.

Peyre Remond le Proux, provençal, a dit assez galamment :

> Uno doulour senty venir
> Al cor d'un angoyssous afan,
> Lou mége que my pot guarir
> My vol en dyetta tenir,
> Comme lous autres méges fan.

Robert de Reims, dans un grand morceau d'antithèses sur l'amour, n'a pas mal rencontré en celle-ci :

> Amours va par avanture,
> Chacun y pert et gagne,
> Par outrage et par mesure
> Sane chacun et me hagne.
> Eurs et mes adventure
> Sont tosjours en sa compaigne,
> Pour cest raison et droiture
> Que chacun s'en lot et plaigne.

Finissons, et peut-être trop tard, par ces vers d'Eustace li peintre, à sa maîtresse :

Dame ou tous biens crest et naist et esclaire,
A qui biauté nulle autre ne se prend,
Dont sans mentir ne pourroit-on retraire
Fors grant valeur, et bon enseignement,
Qu'il n'y faut rien, fors mercy seulement,
Bien sont vos faits et vos doux ris contraire.
Cuer sans mercy, et semblant débonnaire;
Hé, diex pourquoi ensemble les consent;

Ces étincelles de poésies parurent principalement dans les deux extrémités du royaume, en Provence et en Picardie. Les Provençaux, aidés de leur soleil, auraient dû avoir l'avantage : mais il faut avouer que les Picards ne leur cédèrent en rien.

La plus grande gloire de la poésie provençale est d'avoir pour fille la poésie italienne. L'art de rimer passa de Provence en Italie, et Dante et Pétrarque firent bien leur profit de la lecture des troubadours; et par une juste reconnaissance, ils ont parlé avec éloge de la plupart d'entre eux, surtout du grand Arnaud Daniel. Pétrarque eut encore une obligation plus particulière à la Provence : tout le monde sait qu'il fut inspiré par un Provençale.

Qui croirait que le ménestrel Rutebeuf, Hebert, et d'autres auteurs aussi inconnus, et en apparence aussi méprisables, fussent les originaux des meilleurs contes de Bocace? Qui croirait que Bocace eût pillé ces pauvres gens là? Il l'a fait cependant : il leur a pris le palfrenier, qui, étant tondu, va tondre tous les autres; le mari jaloux qui confesse sa femme, le berceau, et quelques autres encore qui ne sont certainement pas des plus mauvais. Les auteurs les appelaient des *fabliaux*, et plusieurs de leurs ouvrages portent ce titre.

Ils avaient encore des *fabliaux* moraux ou allégoriques. Tel est le roman de la Rose, dont les personnages sont, *Jalousie*, *Bel-accueil*, *Faux-semblant*, etc. Tel le tournoiement de l'Ante-Christ, qui est un combat des vertus et des vices. Tel le roman de Richard de l'Isle, où *Honte* et *Puterie* ont débat. *Puterie* irritée de ce que *Honte* ne la veut suivre pour lui faire honneur, la prend, la jette d'un pont de Paris dans la Seine, où la pauvre *Honte* se noie, *dont vient que plus n'y a* Honte *dans Paris*.

Ces poètes ont traité aussi des morceaux de l'histoire de leur temps, et plus souvent des histoires fabuleuses : mais la matière la plus commune, principalement pour les poètes de qualité, c'est l'amour.

Il était dans l'ordre qu'avec l'esprit poétique, il se répandît en France un esprit de galanterie. Il y avait en Provence la fameuse *cour d'amour*, et la Picardie, rivale de la Provence, avait aussi ses *plaids et gieux sous l'ormel*. Ces *gieux* et la *cour d'amour* étaient des assemblées de gentilshommes et de dames, *qui s'exerçaient à la courtoisie et gentillesse*, et décidaient avec de certaines formes et avec autorité les questions galantes qui étaient portées à leur tribunal.

Par exemple, on demandait *à nosseigneurs et dames de la* cour d'amour *ou* du gieu sous l'ormel, « lequel
» vaudroit mieux pour une dame, ou un amant qui
» est nice, ou un qui sait plus du siècle? S'il y a plus
» d'honneur à conquérir celle qui aime, ou celle qui
» onc n'aima? Si l'amant se mariant à sa mie perd l'en-
» vie qui souloit avoir de chanter? Lequel la dame de-
» vroit choisir, ou d'un voyage de son amant à la croi-
» sade contre Mainfroy, ou d'un mariage à autre

» qu'elle? Lequel doit plus faire pour sa dame, ou ce-
» lui qui a, ou celui qui espère? Lequel vous aimeriés
» mieux, jouir votre rival et vous, ou ni l'un ni l'au-
» tre? Vous avés gagné une dame que chacun gagne à
» son tour; avés-vous perdu ou gagné? » Sur ces sortes
de sujets l'on faisait des chansons du *jeu parti*, c'est-à-
dire, qui contenaient les demandes et les réponses de
part et d'autre. Il y a telle de ces questions qui pourrait
fournir à une des plus spirituelles conversations de
Cyrus et de Clélie, et peut-être y aurait-il lieu de s'é-
tonner que des siècles d'ailleurs si peu éclairés en sussent tant : mais il les faut regarder comme de jeunes
personnes qui ont de bonne heure l'esprit formé sur la
galanterie.

Nous avons encore le recueil de ces jugemens galans,
ou du moins faits à leur imitation, sous le titre d'*Arresta Amorum*, il y a deux cents ans. L'auteur est Mar-
tial d'Auvergne, procureur au parlement de Paris. Il
commença ainsi ses *Arresta Amorum*.

> Environ la fin de septembre
> Que faillent violettes et flours,
> Je me trouvai en la grand'chambre
> Du noble parlement d'amours.

Il y avait les *seigneurs lais*, les *conseillers d'église*.

> Après y avoit les déesses.
> En moult grand triomphe et honneur,
> Toutes légistes et clergesses
> Qui savoient les décrets par cueur.
> Leurs habits sentoient le cyprès
> Et le musc si abondamment,

Que l'on n'eût su estre au plus près
Sans esternuer largement.

Ensuite viennent cinquante procès différens, et en voici un que j'ai choisi, qui pourra donner une idée de tous les autres :

« Pardevant le marquis des Fleurs et Violettes d'A-
» mours, s'est assis un procès d'un amoureux deman-
» deur, d'une part, et une jeune amie défenderesse,
» d'autre part; et disoit ledit amoureux que tous les
» plus grands biens qui sont en amours, c'est d'entre-
» tenir les cuers l'un de l'autre en parfaite alliance, et
» union d'amitié, et que toutes et quantes fois qu'un
» amant ou une dame est vacquante, ou qu'elle s'entre-
» met de complaire à plusieurs, c'est signe que son
» cuer n'est point entier en loyauté, et que l'on ne s'y
» doit pas trop fier. Or, ce présupposé disoit que cette
» dame cy avoit fait plusieurs promesses, et entre les
» autres que jamais n'auroit autre que lui tant qu'il
» seroit vivant, et lui pareillement à elle : si en avoient
» fait serment l'un à l'autre si grand et solemnel que
» faire se peut en tel cas. Et ainsi avoient promis qu'ils
» ne feroient chose à leur pouvoir, parquoy nul
» d'entr'eux y pût prendre, n'avoir desplaisir; mais
» ce nonobstant ladite dame puis n'a guere de temps
» en ça s'entremettait d'entretenir plusieurs gallans par
» parolles, et très-belles cheres défendues en tel cas.
» Et outre plus pendoit tous les jours en sa ceinture et
» en sa quenouille bouquets nouveaux et fleurs étran-
» ges, sans que ledit amant les lui eût données, dont il
» a un peu de mal en sa teste. Car aucunes fois quand
» il est dans son lict, et s'éveille sur ce point, il met

» bien trois heures à soy rendormir... De la part de
» cette dame défenderesse fut défendu au contraire. Et
» disoit que quelques promesses que fissent dames, se
» doivent entendre civilement; c'est à sçavoir là où
» sera leur plaisir. Et ne donnent jamais si grande auc-
» torité qu'elles ne soyent sur leurs pieds pour user de
» leurs volontés et plaisirs; car elles sont dames. Et l'on
» sait que dames ne peuvent renoncer aux biens qui
» leur peuvent venir. Et ont don et privilége de na-
» ture de rire et faire bonne chere à tous, affin que
» l'on ne puisse dire qu'elles sont mal gracieuses... Fi-
» nalement partie ouyes, fust absolue cette défenderesse
» des pétitions et demandes de ce demandeur, en lui
» permettant (s'elle vouloit en tant que mestier estoit)
» de parler, rire, saluer, et porter bouquets toutes et
» quantes fois qu'il lui plairoit, et bon lui sembleroit.
» Et condamna ledit amant en ses dépens. » On dirait
que cet arrêt ne fût rendu que depuis quatre jours,
tant il est conforme aux usages et à la pratique d'aujour-
d'hui. Dans la langue de ce livre là, un mari ne s'appelle point autrement que Dangier. *Dangier n'était point
au logis. On craint que Dangier ne grogne.* Il est à remarquer qu'un grave jurisconsulte, qui se donne le nom
de *Benedictus Curtius Symphorianus*, fait sur ces baga-
telles un très sérieux et très docte commentaire latin,
où il entasse lois sur lois, et paragraphes sur paragraphes, pour éclaircir les questions qui se traitaient devant le *marquis des Fleurs et des Violettes.*

Parmi tant d'ouvrages de poésies, que les douzième
et treizième siècles ont produits, nous n'avons rien
qui regarde le théâtre. Seulement il paraît par l'histoire des poètes de Provence, que les troubadours ont

fait quelques comédies ; et il ne nous est resté que le nom d'une intitulée de l'*Heregia dels Preyres*, de l'hérésie des prêtres; pièce apparemment fort agréable en ces temps et dans ces pays là, où les Albigeois et les Vaudois avaient assez établi la mode de railler les ecclésiastiques. Je trouve encore un autre ouvrage dont le titre était : *Contre ce que les rois et les empereurs se sont laissés assujettir aux curés*. Il est vrai que ce n'était pas une comédie; cela prouve seulement que l'on traitait volontiers ces sortes de matières. Aussi les légats des papes demandaient quelquefois grâce à ces poètes. On leur abandonnait tout l'univers, à l'exception de Rome ; et on leur faisait promettre, mais en vain, qu'ils la ménageraient.

L'auteur de l'*Heregia dels Preyres* s'appelait Anselme Faidit. L'histoire des poètes de Provence dit qu'il fut bon poète ; *qu'il faisait bons mots et bons sons ; qu'il rendait ses comédies et ses tragédies deux ou trois mille livres : Guilhermenses ordonnait la scène, et recevait tout le profit*. Il était homme de plaisir, grand joueur, dissipateur, et qui avait perdu aux dés tout son bien de patrimoine. Il tira d'un monastère de la ville d'Aix une fille de qualité, nommée Guilhaumone des Soliers, et l'épousa. La religieuse s'accommoda parfaitement bien de la vie comique; et tous deux y acquirent un embonpoint digne que l'histoire en ait fait mention. Anselme s'attacha d'abord à Richard-Cœur-de-Lion, roi d'Angleterre, fils de Henri II; ensuite à Boniface, marquis de Montferrat; enfin il mourut en 1220, chez Angoult, seigneur de Sault.

Nous ne pouvons juger ce que c'était que ces comédies et tragédies d'Anselme Faidit, et celles de quelques autres troubadours. Il nous est seulement permis de conjecturer que ce renouvellement du théâtre eut peu de suite. Tous les poètes dont nous avons parlé ont vécu avant l'an 1300.

Le quatorzième siècle produisit bien moins de poètes que les deux précédens, soit à cause des calamités où toute la France tomba sous les règnes de Jean et de Charles VI, soit parce que les duchés et les comtés se réunissant peu à peu à la couronne, il y avait moins de ces petites cours où les beaux esprits trouvaient assez bien leur compte. Philippe-le-Long, dès le temps qu'il n'était encore que comte de Poitou, eut beaucoup de goût pour la poésie provençale ; il attira auprès de lui plusieurs troubadours, et composa lui-même en leur langue. Il vint à la couronne l'an 1316 ; mais son règne ne fut que de cinq ans, malheur irréparable pour la poésie provençale. Quelques temps après, elle commença à s'éteindre dans la Provence ; même sous la seconde race d'Anjou, dont elle fut extrêmement négligée, quoique le bon roi René ait fait quelques chansons. Dans ce quatorzième siècle, je trouve un poète tragique, Parasols Limosin ou de Sisteron. Il a fait *cinq belles tragédies des gestes de Jeanne, reine de Naples*.

Ce qu'il y a de remarquable, c'est qu'il mourut en 1383 ; et Jeanne de Naples, l'héroïne de ces cinq tragédies, en 1382 ; de sorte qu'il n'a vécu qu'en même temps qu'elle, et les actions de cette princesse étaient accommodées au théâtre à mesure qu'elles arrivaient. Avait-elle fait étrangler son mari pour en épouser un plus aimable, il paraissait aussitôt une tragédie sur ce sujet.

Vers la fin de ce siècle, le génie poétique baisse fort

en France ; après l'effort que la poésie avait fait pour dissiper la barbarie et recommencer de briller à nos yeux, il revient de gros nuages qui répandent partout une obscurité presque aussi grande qu'auparavant.

C'est dans le quinzième siècle, à proprement parler, que commence l'histoire du théâtre français. Les plus anciennes comédies que nous ayons aujourd'hui, sont les *mystères de la religion*. Mais avant que d'entrer dans cette matière, il faut se faire une idée juste de l'esprit et des mœurs de ces temps là ; autrement il semblerait qu'il y aurait une espèce de profanation à dire, sans user de quelque précaution, que l'on a mis autrefois Jésus-Christ et le Père éternel sur le théâtre.

Les siècles diffèrent entre eux comme les hommes ; ils ont chacun leur tour d'imagination qui leur est propre. Un siècle ignorant, et pour ainsi dire mal élevé, pense mal, et se représente toutes choses sous des idées basses. Un siècle, tel que le nôtre, éclairé de toutes les sciences, se fait des idées convenables aux objets, et pense avec élévation sur ce qui est élevé. Nous avons des idées nobles de Dieu et de la religion, ou du moins nous savons que nous ne devons pas nous arrêter aux idées faibles et peu élevées que notre esprit s'en fait souvent malgré nous, et nous remettons ces objets dans une incompréhensibilité majestueuse plus digne d'eux que toutes nos idées. Mais les siècles de nos pères plongés dans une épaisse ignorance, instruits seulement par des moines mendians, n'avaient garde de prendre sur la religion des idées nobles et convenables. Jetez l'œil sur les images et les peintures de leurs églises ; tout cela a quelque chose de bas et de mesquin, qui représente le caractère de leur imagination. Leur manière de penser était la même que leur manière de peindre. Les livres de ces temps là, je parle des meilleurs, ont assez de bon sens, beaucoup de naïveté, parce que le naïf est une nuance du bas, presque jamais d'élévation. Peintures, livres, bâtimens, tout se ressemble.

Nos pères ne devaient donc pas croire qu'il y eût aucune profanation à mettre les choses de la religion sur le théâtre; elle se présentait à eux sous des idées basses qui les invitaient à cette espèce de familiarité dont nous sommes exclus par des idées plus nobles, et qui font naître plus de respect.

De plus, ils étaient accoutumés à la représentation des choses saintes, jusques dans le service divin. On ne célébrait pas seulement les fêtes dans la plupart des églises, on les représentaient. Le jour des rois, trois prêtres habillés en rois, conduits par une figure d'étoile qui paraissait au haut de l'église, allaient à une crèche où ils offraient leurs dons. Et le continuateur de Guillaume de Nangis rapporte en l'an 1378, que le roi observait cette même cérémonie. « Trois chevaliers,
» ses chambellans, tenaient hautement trois coupes do-
» rées et émaillées : en l'une était l'or, en l'autre l'en-
» cens, et en l'autre la myrrhe, et allaient tous trois par
» l'ordre comme l'offrande devait être baillée par le
» roi, et le roi après, etc. » tant cet esprit de représentation était établi.

La plupart des autres fêtes ne manquaient pas aussi de se rendre visibles. Il y avait le jour de Noël, dans l'église cathédrale de Rouen, un de ces spectacles, qu'on appelait la *feste des ânes;* car c'est le nom qu'un vieux rituel, même manuscrit, lui donne. Tous les prophètes de l'ancienne loi paraissaient dans l'église, chacun habillé d'une manière qui le rendît reconnaissable. Balaam était là monté sur son ânesse, à qui il donnait inutilement des coups d'éperon pour la faire avancer, parce qu'un petit ange l'en empêchait; et quelqu'un qui était caché sous le ventre de l'ânesse parlait pour elle, et disait son rôle. De cela seul, cette fête, où il entrait mille autres choses, avait tiré son nom de la fête des ânes, parce qu'assurément Balaam, avec sa monture, touchait bien plus l'assistance que tous les autres prophètes plus sérieux.

Les représentations étant donc établies dans le service divin, on n'avait garde de s'apercevoir qu'il ne convenait pas aux choses saintes d'être mises en comédie ; au contraire, la comédie n'était que comme une suite du service divin, et même elle se jouait d'ordinaire dans les cimetières des églises. Au sortir du sermon, ces bonnes gens allaient à la comédie, c'est-à-dire qu'ils changeaient de sermon. Jusques dans leurs divertissemens, ils avaient les choses de la religion devant les yeux : leur foi était fortifiée par l'habitude qu'ils contractaient avec elles ; et en entendre si souvent parler, c'était quasi les avoir vues.

Ainsi, il n'eût pas alors été plus étonnant que des gens de bien fissent des comédies, qu'il le serait qu'ils préchassent aujourd'hui. Nous avons une comédie de la passion, faite par Jean Michel, vers le milieu du quinzième siècle, et qui est communément attribuée à un évêque d'Angers de ce nom, mort en odeur de sainteté. On prétend même qu'il fit des miracles après sa mort ; du moins il y eut long-temps auprès de sa *tombe un tronc* qui rapportait beaucoup.

Il est bien aisé de voir, par les ouvrages de Jean

Michel, que la comédie était alors au berceau. C'est une suite historique de la vie de Jésus-Christ, depuis la prédication de saint Jean jusqu'à la résurrection. Quand les personnages qui occupent le théâtre ont dit ce qu'ils avaient à dire, il s'en vont, et d'autres viennent qui parlent de toute autre chose. C'est une règle inviolable que les scènes ne soient jamais liées. Il n'y a point d'actes. Après un nombre suffisant de scènes, la journée finit sans autre raison, sinon qu'on en a assez dit. L'assemblée se sépare, et le lendemain on vous en donne encore autant. Cela se jouait en plusieurs jours.

Par exemple, dans la pièce que j'ai entre les mains, le théâtre ouvre par saint Jean qui prêche les juifs ; et voici son début :

Parate viam Domini; rectas facite in solitudine semitas Dei nostri. Isaïe 40.

  Ysaie a écript ce tiltre
  En son quarantième chapitre,
  Parlant en sainte prophétie,
  De la venue du Messie ;
  Et je vous le veuil réciter
  Afin de vous admonester
  Que vous devés en votre cueur
  Préparer la voye du Sauveur,
  En toute œuvre de rectitude,
  Et en dévote solitude,
  Faire que les œuvres de Dieu
  Ayent dedans vos ames lieu
  Pour faire votre saulvement ;
  Et pourtant au commencement

De cette prédication
J'ay prins pour introduction
Le mot d'Ysaie que je di,
Parate viam Domini ;
En ce tesme ci je puis prendre
Deux poincts bien aisez à comprendre
A tout tout homme de bon vouloir, etc.

Le sermon finit par :

Il vous faut faire pénitence,
Et vous acquerrés sans doubtance
En la haute Hierusalem
Une éternelle gloire. Amen.

Cela dit, saint Jean s'en va, et un conseil de juifs lui succède. Vous voyez que saint Jean ne prêchait pas mal à la moderne : le texte, la division, la gloire éternelle, rien ne manque là pour un parfait sermon. Dans tous ces ouvrages, l'application de nos mœurs à des siècles entièrement différens, produit un burlesque continuel, dont nos ancêtres n'avaient pas le moindre soupçon. Tous les repas marqués dans l'évangile, ne sont pas oubliés dans cette comédie, et ils les commencent toujours par le *Benedicite.*

C'est l'effet ordinaire de notre ignorance de nous peindre tout semblable à nous, et de répandre nos portraits dans toute la nature. Ces bonnes gens du quatorze ou quinzième siècle n'avaient garde de s'imaginer qu'il y eût des prédications sans texte et sans division, et des repas sans *Benedicite*. Nous qui savons que les juifs ne nous ressemblaient pas tant, nous ne pouvons nous empêcher de rire en les voyant représentés tout-à-fait à la française : mais quand nous voyons que l'on donne notre manière de traiter l'amour à des Grecs, à des Romains, et, qui pis est, à des Turcs, pourquoi cela ne nous paraît-il pas burlesque? C'est que nous n'en savons pas assez, et comme nous ne connaissons guère les véritables mœurs de ces peuples, nous ne trouvons point étrange qu'on les fasse galans à notre manière; il faudrait pour en rire des gens plus éclairés: la chose est assez risible, mais il manque des rieurs.

Comme les comédies de la passion ne sont pas trop connues, je crois qu'il sera à propos d'en exposer quelques traits les plus particuliers et les plus propres à en faire connaître le caractère.

Elles sont assez variées. Il y a jusqu'à des scènes plaisantes. Quand Satan, qui avait été chargé par Lucifer de tenter Jésus-Christ, revient aux enfers sans avoir réussi, Lucifer le fait étriller d'importance par les autres diables. Le pauvre Satan en demeure estropié; et certainement quand on le voyait boiter sur le théâtre, et se traîner avec peine, toute l'assemblée riait de bon cœur.

La fille de la Chananée, possédée du diable, dit des extravagances fort plaisamment imaginées; et l'auteur, tout saint qu'il était, ayant à faire parler une fille qui est hors de son bon sens, n'a pas voulu perdre l'occasion d'égayer la scène par des discours assez libres. Il a cru peut-être que, sans cela, le vraisemblable n'y serait pas. Cependant, il a eu une conduite toute différente sur la Madeleine; car, quoiqu'il garde son caractère avec assez de soin, et que dans les discours qu'il lui fait tenir, il marque en prose, par apostille, le nom de sept péchés mortels, qu'elle se vante d'avoir commis, il la fait fort réservée sur celui dont elle a été le plus soupçonnée; et pour se justifier de ce qu'elle néglige ce péché, elle dit :

> De solatieux touchements,
> Et autres plaisans couchements,
> Cela gist en ma voulenté.

Après quoi elle croit son honneur sauvé, puisqu'il n'a tenu qu'à elle d'éprouver les *plaisans couchemens*. C'est cette disposition de la Madeleine, très funeste pour ses amans, qui fait dire à une de ses femmes de chambre :

> Pour mettre mignons en alaine,
> Voici fine espice sucrée,
> Et tel y laissera la laine
> Qui n'en aura ja la grupée.

Rodigon, comte de la cour d'Hérode, vient voir la Madeleine, qui lui dit d'abord :

> Voulez-vous trois heures ou quatre
> Danser, chanter, ou vous ébattre
> A beaux dés, au glic, ou au flux?

Mais Rodigon prend le parti de dire une ballade, dont le refrain est joli :

> On n'a jamais ce qu'amours ont cousté.

En voici un couplet plus agréable et mieux tourné qu'il n'appartient à ce temps là :

> C'est l'ordonnance d'amours, ne leur déplaise,
> Soucy de nuict, et de jour le malaise,
> En tel esmoy faut qu'amour se pourchasse,
> Qui aimera de son gibier la chasse,

Il en sera tout-à-coup rebouté,
Tel y despend deux fois plus qu'il n'amasse;
On n'a jamais ce qu'amours ont cousté.

A la fin de la scène, il est marqué en prose : *Rodigon, en prenant congé, pourra baiser Madeleine et ses damoiselles.*

La mort de Judas est un morceau aussi singulier qu'il y en ait dans tout l'ouvrage. Il vient détestant la trahison qu'il a faite; il invoque tous les diables, Léviatan, Belphégor, Cacodémon, Béhemot, et le ribaud Asmodéus; et pour n'en manquer aucun, il y a joint Tisiphone, Alecto, Mégère, etc. Aux cris de Judas, *Désespérance*, accompagnée d'une troupe de diables, sort de l'enfer ; elle lui propose de l'y mener, et aussitôt Judas chicane avec elle. Mais, lui dit-il :

J'ai fait confession
En tant que j'ai dit *peccavi;*
Et si fis satisfaction,
En tant que les deniers rendy;
Puis j'eûs telle contrition
Qu'à peu que mon cueur ne fendy.

Désespérance, bonne théologienne, lui répond :

Confession instituas
Sans dévotion de pensée;
Et tout l'argent restituas,
Non pas à partie offensée.
De cueur contrit t'évertuas;
Mais c'est de rage ramassée :
Par quoi tout ce que fais tu as
Ne vault rien, ta grace est passée.

Ensuite, pour le mettre en goût de se tuer, elle lui dit :

>Or, tiens, regarde mes atours;
>Suis-je pas pourveue d'outils,
>Bien ingénieux et subtils,
>Se ung homme est causteleux et fin;
>Pour le mettre bientost à fin?
>Choisisse sur moi des plus beaux;
>Voicy dagues, voicy couteaux,
>Forcettes, poinçons, allumelles;
>Advise, choisi des plus belles, etc.

Judas prend le parti de se pendre; mais en gagnant toujours du temps par des discours inutiles, que Désespérance veut abréger : *Depesche-toi*, dit-elle, *car tout se gaste*. Quand il est pendu, Lucifer crie du fond des enfers, qu'on lui apporte l'âme; mais elle ne se trouve point.

ASTAROTH.
Que diable est l'ame devenue?
Cerberus, donne-t'en bien garde.

CERBERUS.
Je cherche par-tout et regarde;
Mais je ne la vois hault ne bas.
Qu'en dépit du traistre Judas,
Je croy qu'el soit annichillée.

BERITH.
Où diable seroit-elle allée?

SATHAN.
Est-elle point dedans la souche?

DÉSESPÉRANCE.
El n'est pas sortie par la bouche,
J'en réponds.

DU THEATRE FRANÇAIS.

ASTAROTH.

Il n'est donc pas mort?

DÉSESPÉRANCE.

Si est, si est.

Ils cherchent encore quelque temps et Berith dit :

> L'ame est encor dedans ses tripes,
> Qui de son ordure s'abreve,
> Et si la pance ne lui creve,
> Nous y perdrons notre saison.
> Car par la bouche orde et maligne
> Qui baisa son maistre tant digne,
> Elle ne peut ne doit passer.

Et puis en prose : *Ici creve Judas par le ventre, et les tripes saillent dehors, et l'âme sort.* C'était une plaisante représentation que de voir cette âme sortir du corps. L'auteur prend quelquefois occasion de débiter de la morale à la manière du temps. Quand les soldats ont résolu de jouer la robe sans couture, Satan se déguise, et va trouver Griffon, l'un d'entre eux, à qui il présente des dés. Griffon, qui n'en avait point encore vu, lui demande ce que c'est, et Satan lui en explique ainsi les propriétés. Ce point que tu vois seul, lui dit-il, est en dépit de Dieu le père, ces deux en dépit du père et fils, ces trois en dépit de la trinité, ces quatre en dépit des quatre évangélistes, ces cinq en dépit des cinq plaies, et ces six en dépit de toute la cour de paradis. Tu n'as, continue-t-il, qu'à bien jurer et blasphémer, et tu gagneras. Griffon profite de l'avis, et effectivement il gagne la robe.

Ces pièces étaient des espèces d'opéra. Il y avait des machines et de la musique. Dans un endroit, il est dit

en prose : « Ici se met Jésus sur les épaules de Satan,
» et par un soudain contre-poids sont guindés tous
» deux sur le haut du pinacle. » Ailleurs, après le baptême de Jésus-Christ : « A donc parle Dieu le père, et
» est à noter que sa loquence se doit prononcer enten-
» diblement, et bien à trait en trois voix; c'est assa-
» voir ung hault dessus, une haultecontre, et une basse-
» contre bien accordée; et en cette armonie se doit dire
» toute la clause qui s'ensuit. » Il y a encore d'autres
chants, et mêmes des espèces d'hymmes en latin. Pour
rendre les concerts encore plus ecclésiastiques, il y
entrait des orgues.

Un récit assez plaisant que le seigneur de Basché
fait dans Rabelais, peut encore éclaircir cette matière,
si elle vaut la peine d'être éclaircie. Maître François
Villon, célèbre fripon et poète, avait fait une passion
en langage poitevin : « Restait seulement à trouver ha-
» billemens aptes aux personnages. Il pour un vieil
» paysan habilier qui jouait Dieu le père, requist frère
» Estienne Tappecoüe, secretain des cordeliers du lieu,
» lui prester une chappe et estolle. Tappecoüe le refusa,
» alléguant que par leurs statuts provinciaux estait ri-
» goureusement deffendu rien bailler ou prester pour
» les joüans. Villon répliquait que le statut seulement
» concernait farces et mommeries, et autres jeux dis-
» solus. . . . Enfin Tappecoüe lui dit péremptoirement
» qu'ailleurs se pourveust, rien n'esperast de sa sacris-
» tie. » Villon résolu de se venger. Il fut averti que Tappecoüe était allé à la quête, *sur la poutre du couvent;*
ainsi nomment-ils une jument non encore saillie. « A
» doncques *Villon* fist la montre de sa diablerie par la
» ville et le marché. » La *diablerie*, c'était la troupe de

ceux qui jouaient les diables dans la passion. « Ces dia-
» bles étaient tous caparaçonnés de peaux de loups, de
» veaux et de béliers, parsementés de testes de mou-
» tons, de cornes de bœufs et de grands havés de cui-
» sine, ceints de grosses courroyes, esquelles pendaient
» grosses cymbales de vaches, et sonnettes de mulets à
» bruit horrifique. Tenaient en main aucuns bastons
» noirs pleins de fusées, autres portaient longs tisons
» allumés, etc. Après les avoir ainsi conduits avec con-
» tentement du peuple, et grande frayeur des petits
» enfans, il les mena sur le chemin de Tappecoüe. Par
» la mort, dirent adonc les diables, il n'a voulu prester
» une povre chappe à Dieu le père; faisons-lui peur. »
Ils y réussirent si bien, que la poutre le jeta bas : mais
comme il ne put défaire de dedans l'étrier, qui était de
corde, son soulier *senestre*, la poutre le traîna au haut
et au loin, et ne reporta de lui au couvent *que le pied
droit et son soulier entortillé*. Villon ravi, disait à ses gens :
« Vous joüerez bien, Messieurs les diables, vous joüerez
» bien, je vous affie. Je dépite les diables de Saulmur,
» de Montmorillon, de Langés, d'Angiers, etc. ; » car
il y avait des *diableries* partout.

Quelques unes de ces représentations pieuses étaient
muettes, et elles ornaient les réjouissances et les fêtes
publiques. Quand Henri VI, roi d'Angleterre, fit son
entrée à Paris, en qualité de roi de France, *il y avait*
à la porte de Saint-Denis, par où il entra, dit Monstre-
let, « personnages sans parler de la nativité de Notre-
» Dame, de son mariage, et de l'adoration des trois rois,
» des innocens, et du bon homme qui semait son blé,
» et furent ces personnages très bien joüés. » On crut
qu'il était d'une grande magnificence que ce prince à

chaque pas qu'il faisait trouvât un mystère. Encore une coutume tirée de l'Église, et appliquée à des occasions profanes, c'est qu'aux entrées des rois, dans les réjouissances publiques, on criait Noël.

Tel était alors le génie des peuples. Il faut des spectacles et des divertissemens, à quelque prix que ce soit; et la religion elle-même, toute sérieuse qu'elle est, est obligée à en fournir quand on n'en peut pas tirer d'ailleurs.

Nos pères, peu savans dans l'antiquité, ne connaissaient guère que l'histoire de leur religion; et c'était à elle par conséquent à remplir le théâtre. Heureusement nous avons aujourd'hui d'autres sources où puiser des sujets : toutes les histoires anciennes nous sont ouvertes; et quand nous voulons du merveilleux, nous avons quantité de dieux et de déesses qui ne nous sont rien, et qui ne sont bons que pour la scène. Ce n'est pas cependant que toutes nos anciennes comédies françaises fussent tirées de l'Ecriture ou de la vie des saints. Il y avait, comme nous l'apprenons de l'histoire rapportée par Rabelais, des *farces* et *mommeries*, pour lesquelles Tappecoüe eût eu raison de ne point vouloir prêter de chappe.

Il nous reste une de ces farces, où il y a de fort plaisantes choses. C'est la farce de Pathelin, dont Pasquier a fait un extrait ou plutôt un récit assez long et assez fidèle. Je ne laisserai pas d'en faire aussi un qui sera différent du sien, en ce que je rapporterai plus de morceaux de l'ouvrage.

Maître Pierre Pathelin, avocat peu employé, vient d'abord avec Guillemette sa femme, qui lui reproche qu'il n'a *ne denier, ne maille*. Pathelin lui dit que cela n'empêche pas qu'il n'aille à la foire tout de ce pas, et qu'elle n'a qu'à lui dire de quel drap elle veut pour se faire un habit, qu'elle en aura qui ne coûtera rien. Il va donc à la foire, et s'adresse à un drapier à qui il donne le bonjour avec beaucoup de caresses. Ensuite il lui parle de son père.

>Il m'est avis tout clairement
>Que c'est-il de vous proprement
>Qu'estoit un bon marchand et saige;
>Vous lui ressemblés de visage,
>Par... comme droite peinture
>Si Dieu eût oncq de créature,
>Mercy, Dieu vray pardon lui face,
>A l'ame.

LE DRAPIER.

>Amen par sa grace,
>Et de nous quand il lui plaira.

PATHELIN.

>Par ma foi, il me déclara
>Maintes fois, et bien largement
>Le temps qu'on voit présentement,
>Moult de fois m'en est souvenu;
>Car pour lors il estoit tenu
>Un des bons.....

Le drapier, sur qui les discours de Pathelin commencent à opérer, le prie de s'asseoir. Il en fait quelque façon, et s'assied, et puis revient à la ressemblance du drapier avec son père.

>Ainsi m'aist Dieu que des oreilles,
>Du nez, de la bouche, des yeux,
>Oncque enfant ne ressembla mieux

A pere. Quel menton fourché!
Vrayement ceste vous tout poché.
Et qui diroit à votre mere
Que ne fussiez fils de votre pere,
Il auroit grand soin de tancer.

Ensuite il lui demande des nouvelles de la *bonne Laurence sa belle-tante*, à qui il ressemble encore de corsaige. Au milieu de cet entretien, il jette par hasard les yeux sur un drap qui lui plaît. Il n'a que faire de drap, dit-il; mais celui là le tente; et il voit bien que de quatre-vingts écus qu'il avait mis à part *pour retraire une rente*, il y en aura quelque vingtaine pour le drapier. Ils conviennent du prix, qui est six écus d'or; on aune, on coupe; mais Pathelin n'a pas son argent sur lui. Il faut que le marchand le vienne quérir, et en même temps goûter le vin de Pathelin, et manger *d'une oüe que sa femme rôtit*. Le drapier s'y résout, quoiqu'avec quelque difficulté, et dit qu'il lui portera donc son drap. Mais que Pathelin lui laissât prendre cette peine, il n'y a nulle apparence. Il emporte donc le drap lui-même, et retourne triomphant vers Guillemette, à qui il dit ce qu'il faut faire pour se moquer du drapier qui va venir.

Je voudrais copier, d'un bout à l'autre, les scènes qui suivent, tant elles me paraissent comiques et d'un jeu agréable. Cependant je vais tâcher à ne point sortir des bornes d'un extrait. Le drapier vient, Guillemette lui ouvre la porte; et chaque fois qu'il veut parler, elle lui dit de parler bas. Le drapier y manque toujours, et dit qu'il vient quérir son argent; et toujours Guillemette répond : « Parlez bas; je crois que le pau-

» vre homme dort. Il y a onze semaines qu'il est au lit
» sans en sortir. Comment? il est venu ce matin pren-
» dre du drap chez moi. » Et Guillemette répond en
colère :

>Diable y ait part, aga quel prendre!
>Ah! sire, que lon le puist pendre
>Qui ment. Il est en tel party
>Le pauvre homme, qu'il n'a party
>Du lict y a unze semaines ;
>Nous baillez-vous de vos trudaines
>Maintenant! En est-ce raison ?
>Vous viendrez dans ma maison
>Par les angoisses Dieu moi lasse.....

>###### LE DRAPIER.
>Dea vous disiez que je parlasse
>Si bas. Sainte benoiste dame !
>Vous criez ?....

>###### GUILLEMETTE.
>Et à qui l'avez-vous baillé,
>(ce drap?)

>###### LE DRAPIER.
>A lui-même.

>###### GUILLEMETTE.
>Il est bien taillé
>D'avoir drap. Hélas ! il ne hobe,
>Il n'a nul mestier d'avoir robe.
>Jamais robe ne vestira
>Que de blanc, et ne partira
>Dont il est, que les pieds devant.

Après tous ces discours, on entend le malade qui appelle Guillemette, et qui extravague :

Voyla un moine noir qui vole :
Prens-le, baille-lui une estole.
Au chat, au chat : comment il monte !

Quand le drapier va lui demander son argent, Pathelin le prend pour son apothicaire :

> Ah ! maistre Jean, plus dur que pierre,
> J'ay... deux petites crottes
> Noires, rondes comme pelottes :
> Doit-je prendre un autre clystere ?

LE DRAPIER.

> Six aulnes de drap maintenant ;
> Dites, est-ce chose avenant,
> Par votre foy que je les perde ?

PATHELIN.

> Si peussiés éclaircir ma.....
> Maistre Jean, elle est si dure.

Il est aisé de voir quel jeu de théâtre il y a à cela. Enfin, le drapier ne sait où il en est, et commence à douter s'il a donné le drap :

> Je sais bien que je dois avoir
> Six aulnes tout en une pièce :
> Mais cette femme me dépièce
> De tout point mon entendement.
> Il les a eûes vrayement.
> Non a dea. Il ne se peut joindre ;
> J'ay veû la mort qui le vient poindre,
> Au moins, ou il le contrefait.
> Et si a, il les print de fait,
> Et les mit dessous son esselle.
> Par sainte Marie la belle,

Non a.....
Si a par le sang Notre-Dame,
Meschoir puist-il de corps et d'ame,
Si je sçay.....

Il s'en va, et puis il revient, et trouve Pathelin dans le délire, qui parle toutes sortes de langues, tantôt gascon, tantôt normand, tantôt breton. Enfin, le pauvre drapier s'en va demandant pardon à Guillemette, d'avoir cru que Pathelin fût venu ce matin là à la foire.

J'observerai, en passant, qu'il paraît qu'autrefois on jurait beaucoup, et souvent sans adoucissement. Les anciennes comédies sont pleines de juremens, ainsi qu'on en a pu voir ici quelques échantillons. Un des grands secrets de ces auteurs là, pour attraper la rime, était de jurer par quelque saint, et ils donnaient la préférence à celui qui rimait.

Le drapier retourné chez lui, trouve le berger qui lui gardait un troupeau de moutons, et qui avait coutume d'en assommer quelques uns pour les manger; après quoi il disait qu'ils étaient morts de la clavelée. Il lui avait fait donner une assignation pour comparaître devant le juge; et le fripon de berger vient lui dire avec un fausse naïveté :

Ne sçay quel vestu défroyé,
Qui tenoit un fouët sans corde.

C'est-à-dire un sergent, parce qu'en ce temps là les sergens avaient des manteaux bigarrés, et portaient une verge à la main.

M'a dit : mais je ne me recorde

Point bien au vray que ce peut estre,
Il m'a parlé de vous, mon maistre;
Je ne sçay quelle ajournerie.
Quant à moy, par sainte Marie,
Je n'y entens ne gras ne gresle.
Il m'a brouillé de pesle mesle,
De brebis et de relevée.

Le drapier en colère veut le mener devant le juge, et le berger va auparavant prendre conseil de maitre Pierre Pathelin, qui, après avoir entendu le fait, lui dit de ne répondre que *bée* à toutes les interrogations que le juge lui fera.

Ils vont au lieu de la juridiction, et là se trouve le drapier qui commence à parler de l'affaire qu'il a contre son berger. Il n'avait point encore aperçu Pathelin: mais dès qu'il le voit, il est étonné; il dit : Est-ce lui? n'est-ce pas lui? Oui, c'est lui qui a pris mon drap. Et le juge dit :

Sus, revenons à ces moutons :
Qu'en fut-il?

LE DRAPIER.

Il en print six aulnes
De neuf francs.

LE JUGE.

Sommes-nous béjaunes?
Ou cornards? ou cuydé vous estre?

Le drapier revient toujours à son drap, et le juge qui n'y entend rien, veut qu'on vienne au fait des moutons.

LE DRAPIER.

Voire ;
Monseigneur : mais le cas me touche.
Toutefois, par ma foy, ma bouche
Meshuy un seul mot n'en dira.
Une autre fois il en ira
Ainsi qu'il en pourra aller.
Il me le convient avaller
Sans mascher. Or ça disoye,
A mon propos, comment j'avoye
Baillé six aulnes, dois-je dire,
De brebis, je vous en prie, sire,
Pardonnez-moi. Ce grand maistre,
Mon berger, quand il devoit estre
Aux champs, il me dit que j'aurois
Six écus d'or quand je viendrois.
Dy-je depuis trois ans en ça,
Mon berger m'enconvenença,
Que loyaument me garderoit
Mes brebis, et ne m'y feroit
Ne dommage, ne vilenie;
Et puis maintenant il me nie
Et drap et argent pleinement.
Ah! maistre Pierre, vrayement
Ce ribaud-cy m'embloit les laines
De mes bestes, et toutes saines
Les faisoit mourir et périr,
Par les assomer et férir
De gros bastons sur la cervelle.
Quand mon drap fut sous son essselle,
Il se mit au chemin grand erre,
Et me dit que j'allasse querre
Six écus d'or en sa maison.

LE JUGE.

Il n'y a rime ne raison
A tout ce que vous rasardés.
Qu'est cecy? Vous entrelardés.
Puis d'un, puis d'autre; somme toutte
Par le sangbieu je n'y vois goutte.

Quand il veut tirer quelque éclaircissement du berger, le berger ne répond que *bée*, et Pathelin ne manque pas de dire que le berger n'est qu'un hébêté qui ne sait parler qu'à ses brebis, et qu'il n'y a pas de raison à l'avoir fait ajourner. Le drapier reparle toujours de son drap, et Pathelin répond des brebis. Enfin, le juge ennuyé, et les croyant tous fous, renvoie le berger, et se lève. Quand Pathelin, demeuré seul avec le berger, lui demande son paiement, il n'en tire que ce même *bée* qu'il lui avait appris; et voilà la fin de la pièce.

A en juger par le langage, elle doit être à peu près du temps de Louis XII; mais il y a des choses qui ne paraissent pas indignes du siècle de Molière, ni de Molière même. Une preuve qu'elle a eu un grand succès, c'est qu'elle a donné de nouveaux mots à la langue, et fait des proverbes. Pathelin, qui n'était qu'un nom fait à plaisir, comme Tartuffe, est devenu un mot de la langue, qui signifie *flatteur*, *trompeur*, de la même manière que Tartuffe signifie présentement *un faux dévot*. Même Pathelin a une famille que Tartuffe n'a pas. Il a produit pateliner et patelinage. *Revenons à nos moutons*, qui est un proverbe si usité, vient encore de la même source. C'est ce que dit le juge au drapier, qui oublie ses moutons pour parler de son drap. Le plus grand honneur qui puisse arriver à une comédie, c'est de faire des proverbes. Il y a tout lieu de croire qu'il s'en forme présentement plusieurs, tirés des comédies de Molière; mais le temps n'y a pas encore mis la dernière main.

Jusqu'ici la tragédie, et, pour mieux dire, toute la constitution du théâtre dans la comédie même, avait été entièrement inconnue. Enfin, sous le règne de François I*er*, les Grecs et les Latins sortirent, pour ainsi dire, de leurs tombeaux, et revinrent nous donner des leçons. L'ignorance commença à se dissiper, le goût des belles-lettres se répandit, la face des choses d'esprit se renouvela, tous les arts, toutes les sciences se ranimèrent. On trouve sous François I*er*, Antoine Forestier, parisien, qui a écrit des comédies françaises, et Jacques Bourgeois, auteur de la comédie des amours d'Erostrate, imprimée en 1545, et dédiée au roi. Apparemment toutes ces pièces sont perdues. Les amours d'Erostrate, à en juger par le titre, pouvaient être un ouvrage sérieux : cependant, selon le compte de Ronsard, la tragédie, un peu plus lente que les autres muses, peut-être parce qu'elle est plus importante, ne ressuscita que sous le règne de Henri II.

> Alors Jodelle heureusement sonna,
> D'une voix humble et d'une voix hardie,
> La comédie avec la tragédie,
> Et d'un ton double, ore bas, ore haut,
> Remplit premier le françois eschaffaut;

dit ce fameux poète. Il ne compte pour rien les comédies faites avant Jodelle, apparemment parce qu'elles étaient sans art, et sans aucune imitation des anciens.

Cependant, à ce que dit Pasquier, « Jodelle n'avait » pas mis l'œil aux bons livres; mais en lui y avait un

» naturel esmerveillable. Et ceux qui de ce temps là
» jugeaient des coups, disaient que Ronsard était le
» premier des poètes, mais que Jodelle en était le dé-
» mon. » S'il n'était pas savant, son siècle l'était ; et
les ignorans même d'un siècle savant se sentent un peu
de la science de leur siècle. Il part des gens habiles,
pourvu qu'ils soient en assez grand nombre, une certaine lumière qui éclaire tout ce qui est autour d'eux,
et dont on aperçoit quelques rayons réfléchis sur tous
les autres. Le bon goût qu'ils prennent par choix, s'é-
tablit chez les autres par mode, et les vrais principes
passent de ceux qui les ont découverts à ceux qui ne
peuvent tout au plus que les entendre.

La première de toutes les tragédies françaises, est la
Cléopâtre de Jodelle. Elle est d'une simplicité fort convenable à son ancienneté. Point d'action, point de
jeu, grands et mauvais discours partout. Il y a toujours
sur le théâtre un chœur à l'antique. qui finit tous les
actes, et s'acquitte bien du devoir d'être moral et em-
brouillé : mais pour donner une idée plus juste de cette
pièce, en voici un plan, scène par scène, assez exact et
assez court. Il y a un prologue adressé à Henri II.

Acte I*er*, scène I*re*. L'ombre d'Antoine plaint ses malheurs, et annonce que Cléopâtre mourra bientôt.
Scène II. Cléopâtre dit à Iras et à Charmion, ses confidentes, qu'elle a vu Antoine en songe. Elle ne doute
pas qu'Octavien ne la destine au triomphe ; et elle veut
absolument éviter ce déshonneur. Ensuite le chœur
a un beau sujet de moraliser sur l'inconstance de la
fortune.

Acte II. Octavien, Agrippe, Proculée. Longue histoire et peu nécessaire de toutes les guerres passées.

Résolution de faire vivre Cléopâtre pour la mener à Rome, et puis le chœur moral.

Acte III. Octavien, Cléopâtre, Seleuque. Lamentation de Cléopâtre à Octavien, qui répond à toutes ses mauvaises excuses. Enfin Cléopâtre, pour mieux le toucher, lui livre son trésor. Seleuque, sujet de la reine, dit qu'elle ne livre pas tout. Sur cela, elle lui saute aux cheveux devant César, les lui arrache, et lui donne cent coups de pied.

CLÉOPATRE.

A faux meurdrier! a faux traistre! arraché
Sera le poil de ta teste cruelle.
Que plust aux dieux que le fust ta cervelle!
Tien, traistre, tien,

SELEUQUE.
   O dieux!

CLÉOPATRE.
      Cas détestable?
Un serf! un serf!

OCTAVIEN.
     Mais chose émerveillable
D'un cœur terrible!

CLÉOPATRE.
      Et quoy m'accuses-tu?
Me croyais-tu veuve de ma vertu,
Comme d'Antoine? Ah traistre!

SELEUQUE.
     Retiens-la,
Puissant César, retiens-la doncq.

CLÉOPATRE.
      Voilà
Tous mes bienfaits. Hon! le deuil qui m'efforce
Donne à mon cœur langoureux telle force,

Que je pourrois, ce me semble, froisser
Du poingt tes os, et tes flancs crevasser
A coup de pied.
OCTAVIEN.
O quel grinsant courage !
Mais rien n'est plus furieux que la rage
D'un cœur de femme, etc.

J'ai cru qu'on ne serait pas fâché de voir, par cet échantillon, de quelle noblesse était alors la tragédie.

Acte IV. Cléopâtre, Iras, Charmion. Résolution de ces trois femmes de mourir ensemble.

Acte V. Proculée, le chœur. Proculée conte au chœur la mort de Cléopâtre.

Cette prétendue tragédie fut jouée à Paris devant Henri II, à l'hôtel de Reims, et ensuite au collége de Boncours, *dont toutes les fenêtres étaient tapissées d'une infinité de personnages d'honneur*, à ce que rapporte Pasquier, qui vit lui-même cette représentation, et se trouva dans la même chambre que le grand *Adrianus Turnebus*. Il remarque « que les entre-parleurs étaient » tous hommes de nom, et que Remi Belleau et Jean » de la Peruse jouèrent les principaux rolets, tant était » lors en réputation Jodelle envers eux. » Ici je prie que l'on ne songe point aux poètes d'aujourd'hui; car si l'on va penser à eux, j'avoue que l'on ne croira jamais que d'assez bons auteurs, tels que Belleau et la Peruse, aient bien voulu servir à représenter l'ouvrage d'un autre, et le faire valoir aux yeux du roi et de tout Paris. Quelle fable par rapport à nos mœurs ! Si la tragédie était alors bien simple, les poètes l'étaient bien aussi.

A l'occasion de la Cléopâtre de Jodelle, il arriva une

chose très singulière. Cette pièce eut un applaudissement prodigieux; et ces poètes grossiers, qui louaient les ouvrages d'autrui, voulurent féliciter Jodelle avec éclat et avec cérémonie; et voici la relation de ce qu'ils firent, tirée de Jean-Antoine de Baïf, qui l'adressait au seigneur de Sade sieur de Maan :

> Quand Jodelle bouillant en la fleur de son âge,
> Donnoit un grand espoir d'un tout divin courage,
> Après avoir fait voir marchant sur l'échaffaut;
> La royne Cléopâtre enfler un stile haut;
> Nous jeunesse d'alors désirant faire croistre
> Cet esprit que voyions si gaillard apparoistre,
> O Sade! en imitant les vieux Grecs qui donnoient
> Aux tragiques un bouc dont il les guerdonnoient,
> Nous cherchasmes un bouc; et sans encourir vice,
> D'idolastres damnés, sans faire sacrifice,
> Ainsi que des pervers, scandaleux, envieux,
> Ont mis sus contre nous pour nous rendre odieux,
> Nous menasmes le bouc à la barbe dorée,
> Le bouc aux cors dorés, la beste enlierrée,
> En salle où le poète aussi enlierré
> Portant son jeune front de lierre entouré,
> Attendoit la brigade; et lui menant la beste,
> Pesle mesle courans en solemnelle feste,
> Moy, récitant ces vers, lui en fismes présent, etc.

Voilà peut-être le plus bizarre dessein de fêtes que des poètes mêmes aient pu imaginer. Vous voyez par la petite apologie que Baïf glisse dans sa narration, que l'on prétendait alors que le bouc avait été sacrifié à la manière des païens, et ce bruit là courait encore du temps de Théophile; car dans une requête qu'il adresse au roi Louis XIII, pour se justifier de tous les désordres qu'on lui imputait, il dit enfin qu'il est poète, et qu'en cette qualité il faut lui passer quelque chose.

> Autrefois on a pardonné
> Ce carnaval désordonné
> De quelques-uns de nos poëtes,
> Qui se trouvèrent convaincus
> D'avoir sacrifié des bestes
> Devant l'idole de Bacchus.

L'action aurait été si énorme, qu'à peine est-elle croyable; cependant je ne voudrais pas trop répondre de ceux qui ont mené *le bouc enlierré au poète aussi enlierré*. La nouveauté du grec, les beautés que l'on y avait découvertes, et plus que tout cela la gloire de l'entendre, avaient tellement enivré tous les savans, qu'ils étaient devenus tous Grecs. Ils faisaient semblant de parler français dans leurs ouvrages; mais effectivement ils parlaient grec : on ornait, on égayait la poésie de tout ce qu'il y avait de plus sauvage et de plus ténébreux dans les fables de l'antiquité. Il y a un endroit dans Ronsard qui est assez remarquable. Il regrette la mort d'un jeune homme de mérite; et après avoir quelque temps parlé français à regret, enfin il ne peut plus se contenir; il lâche le grec tout pur, et s'écrie en un vers :

> Ocymore, dyspotme, Oligochronien.

C'est-à-dire, *qui a eu une destinée courte, prompte, malheureuse, et qui a peu vécu.*

Ce transport, cet enthousiasme est tout-à-fait plaisant. Il paraît, par beaucoup d'exemples, que le grec a une vertu particulière d'entêter.

La pompe du bouc de Jodelle, fut accompagnée de vers ; et en cette occasion, où toute la fête regardait Bacchus le dieu du théâtre, pouvait-on faire d'autres sortes de vers que des dithyrambes? il n'y avait pas d'apparence; cela aurait été contre toutes les règles. La plupart des poètes du temps firent donc des dithyrambes. Je rapporterai quelques morceaux de celui de Baïf, parce qu'il est assez curieux, et tout-à-fait à la grecque.

<pre>
        Au dieu Bacchus sacrons cette feste,
            Bachique brigade.
              Qu'en gaye gambade
              Le lierre on secoue,
              Qui nous ceint la teste.
                Qu'on joue,
                Qu'on trépigne,
              Qu'on fasse maint tour
                Alentour
            Du bouc qui nous guigne
            Se voyant environné,
            De notre essain couronné
      Du lierre ami des vineuses carolles,
          Yach, evoë, iach, ia, ha, etc.
</pre>

Cet *yach, evoë, iach*..... est le refrain de tous les couplets.

<pre>
        C'est ce doux dieu qui nous pousse,
            Esprits de sa fureur douce,
        A ressusciter les joyeux mystères
              De ses gayes orgies,
            Par l'ignorance abolies.....
</pre>

> O père Evien !
> Bacche dithyrambe,
> Qui retiré de la souffreuse flambe,
> Dedans l'antre Nysien,
> Aux Nysides tes nourrices,
> Par ton deux fois père,
> Meurdrier de ta mère,
> Fut baillé jadis à nourrir.....
> Dieu bryse soucy !
> O Nictelien !
> O Semelien !
> Demon aime-dance.....

Quel jargon ! Et à quel point l'amour du grec peut faire extravaguer les auteurs ! Cependant il faut rendre justice à Baïf, ce jargon, ces mots forgés, ce galimatias, tout cela, selon l'idée des anciens, est fort dithyrambique, et c'est dommage que cette pièce soit en français.

On aura sans doute remarqué *les gayes orgies par l'ignorance abolies*. Baïf y avait donc regret ? Est-il difficile de donner une bonne interprétation à cette *ignorance* qui a aboli *les gayes orgies ?* Je crains bien que le bouc n'ait été sacrifié. A ce compte, il se fit en assez peu de temps un étrange changement. On était chrétien jusqu'à mettre mal à propos la religion de toutes les parties ; et voici qu'il se répand tout à coup un esprit qui semble devoir renouveler le paganisme. D'un côté, les comédiens de la passion ; de l'autre, le bouc et les dithyrambes : cela ne se ressemble guère ; cependant il y a peu d'années entre deux.

Jodelle a fait encore Didon, tragédie. Même constitutionque Cléopâtre, et peut-être encore plus simple.

Discours immenses, nulle action. Il a fait aussi deux comédies, Eugène et la Rencontre. Je vais donner le plan d'Eugène, afin que l'on ait une idée de la comédie de ce temps là, et principalement des mœurs que l'on mettait sur le théâtre.

Eugène est un abbé heureux et content, qui a marié à un sot, nommé Guillaume, une certaine Alix, qu'il a fait passer pour sa cousine. Alix avait appartenu auparavant à Florimond, homme de guerre, qui l'avait prise pour se consoler des rigueurs d'Hélène, sœur de l'Abbé, et l'Abbé ne savait rien de ce qui s'était passé entre Florimond et Alix. Le petit ménage d'Alix et de Guillaume, ou plutôt celui d'Alix et de l'Abbé, était fort tranquille, lorsque Florimond revient de la guerre. Il trouve qu'on lui a enlevé Alix, qu'Eugène l'a mariée à Guillaume. Il jette feu et flamme, donne cent coups à Alix, fait emporter de chez elle tous les meubles qu'il lui avait donnés, et proteste bien que M. l'Abbé verra à qui il a affaire. Matthieu, un créancier de Guillaume, sachant que l'on enlève les meubles de chez lui, vient demander qu'on le paie; nouveau surcroît de mal. Enfin Eugène, fort effrayé des menaces du capitaine, imagine avec messire Jean, son chapelain et son confident, un moyen de remédier à tout. C'est qu'Hélène sa sœur, qui a été aimée de Florimond,

> ... Le reçoive en sa grace,
> Et jouissant elle le fasse.
> Son honneur ne sera foulé,
> Quand l'affaire sera celé,
> Entre quatre ou cinq seulement;
> Et quand son honneur mesmement

Pourroit recevoir quelque tache,
Ne faut-il pas qu'elle m'arrache
De ce naufrage auquel je suis?.....

La chose proposée à Hélène, elle y consent :

Et quand malheur m'en aviendra?
(dit-elle)
Et que tout le monde entendra,
Que par deux hommes, voire deux
Que chacun estime, de ceux
Qui sont desja saints en la terre,
Contre ma renommée j'erre;
On me tiendra pour excusée,
Comme ayant été abusée,
Ainsi que femme y est sujette;
Et puis l'on dira, la pauvrette
N'osoit pas son frère esconduire.....

Aussi bien, reprend-elle ensuite :

Si Florimond ne m'eût laissée,
Et qu'il n'eût Alix pourchassée,
La course du temps eût gagné,
Sur ce mien courage indigné.

Eugène et messire Jean lui disent que peut-être Florimond l'épousera, qu'ils tâcheront de l'y amener; elle leur répond :

Mais à quoi servent tant de coups,
Pour gagner ce qui est à vous!
Faut-il que gayement je vous die?
Je suis en mesme maladie;
Il n'y a rien qui plus me plaise,
Ore je me sens à mon aise

EUGÈNE.

O amour ! que tu m'as aidé !
Aveugle, tu m'as bien guidé.
D'aise extresme mon cœur trésaut.

MESSIRE JEAN.

Parbieu, j'en vois faire ce saut.

Reste à Eugène à satisfaire Matthieu, créancier de Guillaume. Il lui vend une cure pour un des ses enfans, et une partie du prix est la dette de Guillaume. Pendant que Matthieu va quérir le reste de l'argent, Eugène dit à Guillaume : Te voilà quitte ; Florimond te rapportera tes meubles, et ne te fera plus de bruit; tu me dois tout cela.

Il faut maintenant qu'entre nous
Tout mon penser je te décele :
J'aime ta femme, et avec elle
Je me couche le plus souvent.
Or je veux que doresnavant
J'y puisse sans soucy coucher.

GUILLAUME.

Je ne vous y veux empescher :
Monsieur, je ne suis point jaloux,
Et principalement de vous :
Je meure si j'y nuis en rien.

EUGÈNE.

Va, va, tu es homme de bien.

Après cela, ils sont tous contens, et s'en vont chez l'Abbé, où se font les noces d'Hélène, sans autre cérémonie qu'un souper que son frère donne à toute la compagnie.

Voilà assurément d'étranges mœurs. Il ne paraît pas

cependant que personne en ait été scandalisé. Le siècle d'Henri II n'était pas délicat sur cette matière ; il faisait profession de tout le libertinage que d'autres siècles dissimulent, et joignait au mépris de la vertu celui des bienséances. Il est seulement étonnant que les ecclésiastiques n'aient pas crié. Comment s'accommodaient-ils de la peinture qu'on faisait d'eux dans Eugène ? Il fallait qu'il fussent bien appliqués à jouir, lorsqu'ils méprisaient les bruits jusqu'à ce point là.

Il me semble qu'Eugène vaut beaucoup mieux en son espèce que Cléopâtre et Didon. Il y a beaucoup plus d'action et de mouvement ; le dialogue en est mieux entendu, il s'y trouve des choses très plaisantes et très naturelles.

Pourquoi Jodelle a-t-il mieux réussi dans le comique que dans le tragique ? Cela pourrait venir de ce qu'il est le premier qui ait fait des tragédies, et non pas le premier qui ait fait des comédies. Il est de l'ordre que les commencemens en toute matière soient faibles et imparfaits. De plus, le talent d'imiter, qui nous est naturel, nous porte plutôt à la comédie, qui roule sur des choses de notre connaissance, qu'à la tragédie, qui prend des sujets plus éloignés de l'usage commun ; et en effet, en Grèce aussi bien qu'en France, la comédie est l'aînée de la tragédie. Peut-être n'est-il pas extrêmement difficile d'attraper quelques scènes comiques assez plaisantes ; mille petits événemens de la vie en font naître tous les jours devant nos yeux, qui peuvent nous servir de modèle ; et il est certain qu'ils ne font pas naître si aisément des scènes propres à la tragédie.

Etienne Jodelle n'a fait de pièces de théâtre que les quatre dont nous avons parlé. On a de lui beaucoup d'autres sortes de poésies ; et dans quelques unes il a eu l'audace de joûter avec Ronsard, en traitant les mêmes sujets. Un jour Pasquier disait à Jodelle (car ainsi voulait-il être chatouillé), « que si un Ronsard » avait le dessus d'un Jodelle, le matin, l'après-dîné » Jodelle l'emporterait sur Ronsard. » Cependant, le même Pasquier, dans un temps où il n'était plus question de chatouiller Jodelle, parce qu'il était mort, a dit sur lui : « Je me doute qu'il ne demeurera que la mé- » moire de son nom en l'air comme de ses poésies. » Il paraît assez par l'événement, que Pasquier avait le goût bon, et prophétisait bien.

Jean-Antoine de Baïf fit aussi une comédie, appelée le *Brave*, ou *Taille-Bras*, qui n'est autre chose que le *Miles gloriosus* de Plaute. Elle fut jouée à l'hôtel de Guise, l'an 1567, en présence de Charles IX et de Catherine de Médicis. Il y avait entre les actes des chants, dont il n'y a que le premier qui s'adresse au roi, et qui soit à sa louange ; le second est pour la reine-mère ; le troisième pour Monsieur, qui fut depuis Henri III ; le quatrième pour M. le duc, c'est-à-dire le duc d'Alençon ; et le cinquième pour Madame, c'est-à-dire Marguerite de Valois, qui épousa Henri IV.

Jean de la Peruse travailla aussi pour le théâtre. Il fit Médée, qui, au sentiment de Pasquier, *n'était point trop décousue, et toutes fois par malheur, elle ne fut accompagnée de la faveur qu'elle méritait*. Ce serait une recherche également pénible et inutile de déterrer d'autres auteurs plus obscurs ; mais il y en a deux que je ne puis m'empêcher de nommer pour la singularité des sujets qu'ils ont traités. Henri de Baran fit une *comédie du Pécheur justifié par la Foi*, imprimée en 1561 ; et François de Chantelouve, chevalier de l'ordre de Saint-Jean de Jérusalem, imprima à Paris, en 1575, la *tragédie de feu Gaspard de Coligny, jadis amiral de France, contenant ce qui advint le 24ᵉ jour d'août 1572, avec les noms des personnages.* Ces deux pièces paraissent être de deux bons calvinistes; et il fallait un grand zèle pour accommoder au théâtre la *Saint-Barthélemi*, et, qui pis est, la prétendue *Justification du Pécheur par la Foi*.

Sous Henri III, parut Robert Garnier, manceau, lieutenant-général criminel au siége présidial et sénéchaussée du Maine, et ensuite conseiller au grand conseil. Dès la seconde pièce, il disputa le pas à Jodelle, père de la tragédie française; et Ronsard, qui, par sa grande réputation, se trouvait en état de distribuer la gloire aux autres auteurs, se fit juge de ce différend, et prononça par ce sonnet :

>Le vieil Cothurne d'Euripide
>Est en procès contre Garnier;
>Et Jodelle, qui le premier
>Se vante d'en être le guide.
>
>Il faut que le procès on vuide,
>Et qu'on adjuge le laurier
>A qui mieux d'un docte gosier
>A beu de l'onde Aganippide.
>
>S'il faut espelucher de près
>Le vieil artifice des Grecs,
>Les vertus d'un œuvre, et les vices,
>
>Le sujet et le parler haut,
>Et les mots bien choisis, il faut
>Que Garnier paye les espices.

En ce temps-ci on pourrait croire, par les termes de

cet arrêt, que Garnier a perdu : c'est tout le contraire; celui qui gagnait son procès payait les épices; c'est-à-dire, dans la langue de ce temps là, des confitures et des dragées; léger présent, que sa médiocrité faisait accepter par les juges, et qui n'était qu'un effet volontaire de la joie d'un plaideur qui avait gagné.

Mais l'avantage que Ronsard donne à Garnier n'est rien. Garnier l'emporte sur Jodelle : et qu'est-ce que Jodelle en comparaison d'Eschyle, de Sophocle, et d'Euripide, sur lesquels le même Garnier l'emporte au jugement de quelques autres beaux esprits? Ils n'entendaient donc pas le grec, diront aussitôt nos savans. Ils ne l'entendaient pas! Qu'on en juge par leurs noms; Jean Daurat et Robert Etienne. Quels noms en fait de grec! Robert Etienne surtout. Voici comme il parle dans un sonnet qui n'est qu'une traduction d'un petit ouvrage latin de Daurat :

> La Grèce eut trois auteurs de la muse tragique,
> France plus que ces trois estime un seul Garnier;
> Eschyle entre les Grecs commença le premier
> A se faire admirer par son langage attique.
>
> Sophocle vint après plus plein d'art poétique,
> Ni trop vieil, ni trop jeune au tragique mestier;
> Euripide à ces deux succédant le dernier,
> Remplit de son renom toute la scène antique.
>
> C'est lui dont les écrits sont si comblés de miel,
> Qu'il semble, en les lisant, que les filles du ciel
> Ayent versé leurs dons sur sa lèvre sucrée.
>
> Mais Garnier, l'ornement du théâtre françois,
> Bien qu'il vienne après eux, les surpasse tous trois,
> Et seul mérite avoir la branche aux trois sacrée.

Il est vrai que ces sortes d'éloges étaient faits par les amis de l'auteur, et destinés à orner le frontispice de ses ouvrages : mais quelle amitié arracherait aujourd'hui de ceux qui se croient habiles en grec, un éloge qui intéressât les Grecs, un éloge où il entrât des blasphèmes ?

Cependant, il faut dire la vérité; ce Garnier, que ses amis mettaient au-dessus d'Eschyle, de Sophocle et d'Euripide, était très imparfait. Il avait, comme Ronsard l'a fort bien décidé, plus de noblesse, d'élévation, de force que Jodelle; mais la constitution de ses pièces n'est pas meilleure. Elles sont toutes aussi dénuées d'action, aussi languissantes, aussi simples, et conduites avec aussi peu d'art. Il n'en a fait que huit : *Porcie*, *Cornélie*, *Marc-Antoine*, *Hippolyte*, la *Troade*, *Antigone*, les *Juives*, *Bradamante*.

La tragédie des Juives est une de celles que j'aimerais le mieux. Elle a assez de choses nobles, et quelquefois même touchantes. Il est vrai que, dans cet ouvrage, Garnier a été fort aidé par l'Ecriture-Sainte, dont il a emprunté la plupart de ses idées, et dont il a mis des morceaux en œuvre assez heureusement. Ce n'est pas que Garnier eût beaucoup d'art, mais c'est que l'Ecriture-Sainte a naturellement un sublime qui fait toujours un grand effet. J'ai remarqué qu'il dit à la fin de sa préface de Bradamante : « Parce qu'il n'y a
» point de chœurs comme aux tragédies précédentes,
» pour la distinction des actes, celui qui voudrait faire
» représenter cette Bradamante, sera, s'il lui plaît,
» averti d'user d'entre-mets, et les interposer entre les
» actes, pour ne les confondre, et ne mettre en conti-
» nuation de propos ce qui requiert quelque distance

» du temps. » Il fallait que l'on crût alors les chœurs bien indispensables, et que l'on fût bien éloigné de s'aviser de l'expédient des violons.

A Garnier succéda Alexandre Hardy, parisien, l'auteur le plus fécond qui ait jamais travaillé en France pour le théâtre. Je dis en France, car il n'a fait que six cents pièces, et les Espagnols le terrasseraient par les deux mille de Lopez de Vega. Dès qu'on lit Hardy, sa fécondité cesse d'être merveilleuse. Les vers ne lui ont pas beaucoup coûté, ni la disposition de ses pièces non plus. Tous sujets lui sont bons. La mort d'Achille et celle d'une bourgeoise, que son mari surprend en flagrant délit, tout cela est également tragédie chez Hardy. Nul scrupule sur les mœurs ni sur les bienséances. Tantôt on trouve une courtisane au lit, qui, par ses discours, soutient assez bien son caractère. Tantôt l'héroïne de la pièce est violée : tantôt une femme mariée donne des rendez-vous à son galant. Les premières caresses se font sur le théâtre; et de ce qui se passe entre les deux amans, on n'en fait perdre aux spectateurs que le moins qu'il se peut.

Je ne puis m'empêcher de rapporter ici, pour sa singularité, la fin d'Elmire, tragi-comédie. Le sujet est tiré des méditations historiques de Camérarius, et est assurément faux. Pendant les croisades, le comte de Gleichen, seigneur allemand, prisonnier de guerre du sultan d'Egypte, est délivré par Elmire, fille du sultan, à condition qu'il l'épousera. Il était déja marié, et avait laissé sa femme en Allemagne : mais dès qu'il est libre, il va à Rome, où il obtient dispense du pape pour épouser encore Elmire. Sans doute cette histoire a été imaginée par les luthériens, pour servir de réponse aux deux femmes du Landgrave de Hesse : mais il n'importe, Hardy a trouvé *ce sujet autant véritable que mémorable;* et le beau, c'est la fin. Comme on prévoit l'embarras que vont causer deux femmes à leur mari, le comte de Gleichein dit qu'outre la dispense, il a une seconde bulle du pape qui règle tout. Voici les termes dont il se sert :

>L'église qui leur a mes faveurs départies,
>Donne un dernier arrêt entre les deux parties;
>Et la discrétion, remarquable au discours,
>Met ce procès vidé au nombre des plus courts.
>Chacune également possédera mon ame;
>Et pour ce qui regarde une amoureuse flamme,
>Leur ordre alternatif règle ce différend;
>Sentence que mon cœur définitive rend.

Les deux épouses se soumettent avec joie à cet arrêt, surtout l'ancienne, qui n'en espérait pas tant; et c'est là le dénouement de la pièce, dont assurément le nœud était aussi embarrassant que l'on en ait vu.

Les personnages de Hardy se baisent volontiers sur le théâtre, et pourvu que deux amans ne soient point brouillés, vous les voyez sauter au col l'un de l'autre.

A la fin du Triomphe d'amour, Céphée et Clytie d'un côté, Athys et Ægine de l'autre, étant d'accord, Céphée dit à Clytie :

>Or sus, premiers recevons le salaire;
>Premiers en maux primons-les d'un baiser,
>Auquel ne peut plus aucun s'opposer.

A quoi Clytie répond, avec la meilleure volonté du monde :

Non d'un baiser, mon ame, mais de mille,
Qui l'un sur l'autre arrivent à la file.
O doux baisers, et toy plus douce nuit,
Que ta clarté, ja desjà ne nous luit!

Athys et Ægine en font autant de leur côté, jusqu'à ce qu'enfin un vieux berger leur dit à tous :

Pour un moment modérez cette braise,
Vous baiserez chez moi plus à votre aise.

Dans une autre pièce, où deux amans, après s'être long-temps cherchés, se trouvent en présence d'un ermite, et se baisent autant que les règles du théâtre le demandaient en ce temps là, n'est-il pas plaisant de faire dire au bon ermite :

Pasmé d'affection, l'un et l'autre se rend
Joye qui, dans mon ame, excessive s'épand;
Presque jusqu'à plorer. O Seigneur! que ta grace
Opere merveilleuse en cette terre basse!

Au milieu de ces amours, qui se traitent si librement, il y a lieu d'être étonné de voir que les amans de Hardy appellent très souvent leurs maîtresses, *ma sainte*. Ils se servent de cette expression, comme ils feraient de *mon âme, ma vie*. C'est une de leurs plus agréables mignardises. Voulaient-ils marquer par là une espèce de culte? Il n'y a que les idées du culte païen qui soient galantes. Le vrai est trop sérieux. On peut appeler sa maîtresse, *ma déesse*, parce qu'il n'y a point de déesse, et on ne peut l'appeler *ma sainte*, parce qu'il y a des saintes.

Les bienséances étant aussi méprisées dans les ouvrages de Hardy, qu'on vient de voir qu'elles le sont, on peut juger que le reste ne va pas trop bien. Ses pièces ne sont pas de cette ennuyeuse et insupportable simplicité de la plupart de celles qui avaient été faites avant lui ; mais elles n'en ont pas pour cela plus d'art. Il y a plus de mouvement, parce que les sujets en fournissent davantage ; mais ordinairement le poète n'y met pas plus du sien.

Les chœurs commençaient à se passer. Il y a plusieurs tragédies de Hardy qui n'en ont point. Celles qui en ont ne les ont pas régulièrement placés à la fin des actes ; ils entrent où ils peuvent, et deviennent souvent des personnages de la pièce. Dans Coriolan, il y a une scène du sénat et du peuple romain, qui font chacun un chœur ; et dans cet endroit, il n'y a nulle apparence qu'ils chantent. Je ne sais pas trop bien comment cela s'exécutait, à moins que l'on n'eût recours au coryphée des anciens.

Hardy suivait une troupe errante de comédiens qu'il fournissait de pièces. Quand il leur en fallait une nouvelle, elle était prête au bout de huit jours, et le fertile Hardy suffisait à tous les besoins de son théâtre. Si quelqu'un s'étonne de cette abondance et de cette facilité, je le renvoie à un auteur dramatique, nommé Magnon, qui, dans la préface de Jeanne de Naples, tragédie de sa façon, imprimée en 1656, dit « que ces » pièces lui coûtent presque moins de peine à les faire » que l'on n'en prendra à les lire ; et pour te le faire » voir, dit-il au lecteur, je veux bien t'avertir dans un » temps où l'on croit être épuisé dans la façon d'un » sonnet, que je projette un travail de deux cent mille » vers, et d'autant de prose à proportion.... Mon en- » treprise est de te produire en dix volumes, chacun » de vingt mille vers, une science universelle, mais si

» bien conçue et si bien expliquée, que les bibliothè-
» ques ne te serviront plus que d'un ornement inutile. »

Hardy commençait à être vieux, et bientôt sa mort aurait fait une grande brèche au théâtre, lorsqu'un petit événement arrivé dans une maison bourgeoise d'une ville de province lui donna un illustre successeur. Un jeune homme mène un de ses amis chez une fille dont il était amoureux; le nouveau venu s'établit chez la demoiselle, sur les ruines de son introducteur. Le plaisir que lui fait cette aventure le rend poète, il en fait une comédie, et voilà le grand Corneille.

Cependant, de tous ceux qui ont travaillé après Hardy, Corneille n'est pas, à la rigueur, le plus ancien. Mairet, dans sa préface du duc d'Ossone, imprimée en 1636, dit: « J'ai commencé de si bonne heure à
» faire parler de moi, qu'à ma vingt-sixième année je
» me trouve le plus ancien de tous nos poètes dramati-
» ques. Je composai ma Chriséïde à seize ans, au sortir
» de ma philosophie; Sylvie, à dix-sept.... Si mes
» premiers ouvrages ne furent guère bons, au moins
» on ne peut nier qu'ils n'aient été l'heureuse semence
» de beaucoup d'autres meilleurs, produits par les fé-
» condes plumes de Rotrou, Scudéry, Corneille et du
» Ryer, que je nomme ici suivant l'ordre du temps
» qu'ils ont commencé d'écrire après moi. »

La chronologie des pièces de théâtre est assez difficile à établir, parce qu'en ces temps là on ne les imprimait que plusieurs années après qu'on les avait jouées; et d'ailleurs on n'est jamais bien sûr d'avoir la première édition. Après cela, débrouille qui voudra la chronologie des rois assyriens, ou les dynasties d'Égyptes.

Il n'y a tout au plus qu'une ou deux pièces de Mairet, ou de Rotrou, qui aient pu précéder la première de Corneille; et ces pièces là étaient dans le goût de Hardy, qui régnait alors sur le théâtre. On en peut juger par la Sylvie, seconde pièce de Mairet, fameuse encore aujourd'hui, ne fût-ce que par le dialogue de Philène et de Sylvie, tant récité par nos pères et nos mères, à la bavette. Ainsi, c'est à Corneille que commence le changement arrivé au théâtre, et je n'en écrirai plus l'histoire que par rapport à la vie de Corneille, qui va être mon principal objet.

VIE
DE CORNEILLE.

Pierre Corneille naquit à Rouen, en 1606, de Pierre Corneille, avocat du roi à la table de marbre, et de Marthe le Pesant, dont la famille subsiste encore, avec éclat, dans les grandes charges. Il fit ses études aux jésuites de Rouen, et il en a toujours conservé une extrême reconnaisance pour la société. Il se mit d'abord au barreau, sans goût et sans succès : mais comme il avait pour le théâtre un génie prodigieux, ce génie jusques là caché éclata bientôt; et cette légère occasion, que nous avons rapportée, fut suffisante pour développer des talens inconnus à lui-même, jusqu'à ce moment, ou toujours retenus dans une espèce de contrainte.

Sa première pièce fut donc Mélite. La demoiselle qui en avait fait naître le sujet, porta long-temps dans Rouen le nom de Mélite, nom glorieux pour elle, et qui l'associait à toutes les louanges que reçut son amant.

Mélite fut jouée en 1625, avec un grand succès. On la trouva d'un caractère nouveau; on y découvrit un esprit original; on conçut que la comédie allait se perfectionner; et sur la confiance que l'on eut au nouvel auteur qui paraissait, il se forma une nouvelle troupe de comédiens.

Je ne doute pas que ceci ne surprenne. La plupart des gens trouvent les six ou sept premières pièces de

Corneille si indignes de lui, qu'ils les voudraient retrancher de son recueil, et les faire oublier à jamais. Il est certain que ces pièces ne sont pas belles, mais outre qu'elles servent à l'histoire du théâtre, elles servent beaucoup aussi à la gloire de Corneille.

Il y a une grande différence entre la beauté de l'ouvrage et le mérite de l'auteur. Tel ouvrage, qui est fort médiocre, n'a pu partir que d'un génie sublime; et tel autre ouvrage, qui est assez beau, a pu partir d'un génie assez médiocre. Chaque siècle a un degré de lumière qui lui est propre, et est monté, pour ainsi dire, à un certain ton d'esprit. Les esprits médiocres demeurent au-dessous du degré de lumière où est leur siècle : les bons esprits y atteignent; les excellens le passent, si on le peut passer. Un homme né avec des talens est naturellement porté par son siècle au point de perfection où ce siècle est arrivé; l'éducation qu'il a reçue, les exemples qu'il a devant les yeux, tout le conduit jusques là; mais s'il va plus loin, il n'a plus rien d'étranger qui le soutienne; il ne s'appuie que sur ses propres forces, il devient supérieur au secours dont il s'est servi. Ainsi, deux auteurs, dont l'un surpasse extrêmement l'autre par la beauté de ses ouvrages, sont néanmoins égaux en mérite, s'ils se sont également élevés chacun au-dessus de son siècle. Il est vrai que l'un a été plus haut que l'autre; mais ce n'est pas qu'il ait eu plus de force, c'est seulement qu'il a pris son vol d'un lieu plus élevé. Par la même raison, de deux auteurs dont les ouvrages sont d'une égale beauté, l'un peut être un homme fort médiocre, et l'autre un génie sublime.

Pour juger de la beauté d'un ouvrage, il suffit donc de le considérer en lui-même; mais pour juger du mérite de l'auteur, il faut le comparer à son siècle. Les premières pièces de Corneille, comme nous avons déjà dit, ne sont pas belles; mais tout autre qu'un génie extraordinaire ne les eût pas faites. Mélite est divine, si vous la lisez après les pièces de Hardy. Le théâtre y est sans comparaison mieux entendu, le dialogue mieux tourné, les mouvemens mieux conduits, les scènes plus agréables ; surtout (et c'est ce que Hardy n'avait jamais attrapé) il y règne un air assez noble, et la conversation des honnêtes gens n'y est pas mal représentée. Jusques là on n'avait guère connu que le comique le plus bas, ou un tragique assez plat : on fut étonné d'entendre une nouvelle langue. Mais Hardy, qui avait ses raisons pour vouloir confondre cette nouvelle espèce de comique avec l'ancienne, disait que *Mélite était une assez jolie farce*.

On trouva que cette pièce était trop simple, et avait trop peu d'événemens. Corneille, piqué de cette critique, fit Clitandre, et y sema les incidens et les aventures avec une très vicieuse profusion, plus pour censurer le goût du public que pour s'y accommoder. Il paraît qu'après cela il lui fut permis de revenir à son naturel. La Galerie du Palais, la Veuve, la Suivante, la Place Royale, sont plus raisonnables.

Nous voici dans le temps où le théâtre devint florissant par la faveur du grand cardinal de Richelieu. Les princes et les ministres n'ont qu'à commander qu'il se forme des poètes, des peintres, tout ce qu'ils voudront, et il s'en forme. Il y a une infinité de génies de différentes espèces, qui n'attendent, pour se déclarer, que leurs ordres, ou plutôt leurs grâces; la nature est toujours prête à servir leurs goûts.

Le ministère du cardinal de Richelieu enfanta donc en même temps les Corneille, les Rotrou, les Mairet, les Tristan, les Scudéry, les du Ryer, outre quelque vingt ou trente autres, dont les noms sont présentement si enfoncés dans l'oubli, que quand je les en tirerais un moment pour les rapporter ici, ils y retomberaient tout aussitôt.

On recommençait alors à étudier le théâtre des anciens, et à soupçonner qu'il pouvait y avoir des règles. Celle des vingt-quatre heures fut une des premières dont on s'avisa; mais on n'en faisait pas encore trop grand cas; témoin la manière dont Corneille lui-même en parle dans sa préface de *Clitandre*, imprimée en 1632. « Que si j'ai renfermé cette pièce (Clitandre) » dans la règle d'un jour, ce n'est pas que je me repente » de n'y avoir point mis Mélite, ou que je me sois ré- » solu à m'y attacher dorénavant. Aujourd'hui quel- » ques uns adorent cette règle, beaucoup la méprisent; » pour moi, j'ai voulu seulement montrer, que si je » m'en éloigne, ce n'est pas faute de la connaître. »

Dans la préface de la *Veuve*, imprimée en 1634, il dit encore qu'il ne se veut pas trop assujétir à la sévérité des règles, ni aussi user de toute la liberté ordinaire sur le théâtre français. « Cela sent un peu trop » son abandon, messéant à toutes sortes de poèmes, et » particulièrement aux dramatiques, qui ont toujours » été les plus réglés. »

Mais Durval, dans la préface de son *Agarite*, imprimée en 1636, le prend bien sur un autre ton. Il se réjouit aux dépens de ces pauvres règles de l'unité de lieu et des vingt-quatre heures; il s'en moque de tout son cœur. C'est une chose curieuse de voir combien il est vif et agréable sur cette matière. Ne croyons pas que le vrai soit victorieux dès qu'il se montre ; il l'est à la fin : mais il lui faut du temps pour soumettre les esprits. Les règles du poëme dramatique, inconnues d'abord ou méprisées, quelque temps après combattues, ensuite reçues à demi et sous des conditions, demeurent enfin maîtresses du théâtre : mais l'époque de l'entier établissement de leur empire n'est proprement qu'au temps de Cinna.

Dès la *Veuve*, qui n'est que la quatrième pièce de Corneille, il paraît qu'il avait déjà pris le dessus de tous ses rivaux. Ils parlent tous de la *Veuve* comme d'une merveille, dans des vers de leur façon, imprimés au-devant de cette pièce. Surtout ce que dit Rotrou est remarquable :

> Pour te rendre justice autant que pour te plaire,
> Je veux parler, Corneille, et ne puis plus me taire.
> Juge de ton mérite, à qui rien n'est égal,
> Par la confession de ton propre rival.
> Pour un même sujet même désir nous presse ;
> Nous poursuivons tous deux une même maîtresse,
> La gloire..
> Mon espoir toutefois est décru chaque jour,
> Depuis que je t'ai vu prétendre à son amour.
> ....
> Que tes inventions ont de charmes étranges,
> Que par toute la France on parle de ton nom,
> Et qu'il n'est plus d'estime égale à ton renom.
> Depuis, ma muse tremble, et n'est plus si hardie :
> Une jalouse peur l'a long-temps refroidie ;
> Et depuis, cher rival, je serois rebuté
> De ce bruit spécieux dont Paris m'a flatté,

Si ce grand cardinal.........................
La gloire où je prétens est l'honneur de lui plaire;
Et lui seul réveillant mon génie endormi,
Est cause qu'il te reste un si foible ennemi.
Mais la gloire n'est pas de ces chastes maîtresses
Qui n'osent en deux lieux répandre leurs caresses.
Cet objet de nos vœux nous peut obliger tous,
Et faire mille amans sans en faire un jaloux.

....,............

Tel on me voit par-tout adorer ta Clarice :
Aussi rien n'est égal à ses moindres attraits.
Tout ce que j'ai produit cède à ses moindres traits.

La coutume de rendre justice au mérite, et de louer ce qu'on n'avait pas fait, n'était point jusques là bannie d'entre les auteurs; et les plus grands poètes étaient encore des hommes raisonnables.

A propos de ces éloges à la vieille mode, je ne puis oublier une chose qui peut paraître assez singulière. Il y a un *Hippolite*, imprimé en 1635, du sieur de la Pinelière, angevin. Dans la préface, l'auteur dit : « qu'il
» est bien hardi d'avoir osé mettre le nom de son pays
» en gros caractères, au frontispice de son ouvrage....
» Que comme autrefois pour être estimé poli dans la
» Grèce, il ne fallait que se dire d'Athènes; et pour
» avoir la réputation de vaillant, il fallait être de Lacé-
» démone; maintenant, pour se faire croire excellent
» poète, il faut être né dans la Normandie. » *Il convient que* « elle avait fait admirer le grand cardinal du Per-
» ron, Bertaut et Malherbe, et à cette heure de Bois-
» robert, Scudéry, Rotrou, Corneille, Saint-Amand
» et Benserade. » *Mais ensuite il prétend* « que l'Anjou
» n'est pas situé au-delà du cercle polaire, ni dans les

» déserts d'Arabie, et ne ressemble pas à ces îles qui ne
» sont habitées que de magots, de monstres et de Bar-
» bares. » Enfin, il étale tout ce qui peut servir à la
gloire de l'Anjou, jusqu'aux restes des amphithéâtres
des Romains. Il est assez remarquable qu'il y ait eu un
temps où l'on se soit cru obligé de faire ses excuses au
public de ce qu'on n'était pas Normand.

Dans ce temps là la tragi-comédie était assez à la
mode, genre mêlé, où l'on mettait un assez mauvais
tragique avec du comique, qui ne valait guère mieux.
Souvent cependant on donnait ce nom à de certaines
pièces toutes sérieuses, à cause que le dénouement en
était heureux. La plupart des sujets étaient d'invention, et avaient un air fort romanesque. Aussi la coutume était de mettre au-devant de ces pièces de longs
argumens qui les expliquaient.

Le théâtre était encore assez licencieux. Grande familiarité entre les personnes qui s'aimaient. Dans le *Clitandre* de Corneille, Caliste vient trouver Rosidor au
lit : il est vrai qu'ils doivent être bientôt mariés ; mais
un honnête spectateur n'a que faire des préludes de
leur mariage. Aussi cette scène ne se trouve que dans
les premières éditions de la pièce. Rotrou, en dédiant
au roi la *Bague de l'Oubli*, sa seconde pièce, se vante
d'avoir rendu sa muse *si modeste, que si elle n'est belle,
au moins elle est sage, et que d'une profane il en a fait une
religieuse;* et dans sa *Céliane*, qui est faite deux ans
après, on voit une Nise dans le lit, dont l'amant la
vient trouver, et n'est embarrassé que dans le choix des
faveurs qui lui sont permises; car il y en a quelques
unes réservées pour le temps du mariage. A la fin, l'a-
mant se détermine; et comme il a délibéré long-temps,

il jouit long-temps aussi de ce qu'il a préféré. Nise a le loisir de dire vingt vers, au bout desquels seulement (car cela est marqué en prose à la marge) Pamphile tourne le visage du côté des spectateurs. Il semble que cette muse, qui s'était fait religieuse, se dispensait un peu de ses vœux, où, pour mieux dire, on ne trouvait pas alors que cela y fût contraire. Peut-être Rotrou croyait-il avoir tout raccommodé par la sagesse des vingt vers que dit Nise dans le temps qu'elle n'est pas trop sage. Elle débite une très sublime morale au mépris de la matière et à la louange de l'esprit. « C'est l'esprit » qu'il faut aimer, dit-elle ; il n'y a que lui digne de » nos flammes : si vous baisez mes cheveux, mes cor- » nettes en font autant. » Et Pamphile qui n'a pas paru trop profiter d'un si beau discours, dit pourtant à la fin, que sans *ce louable entretien*, il serait mort de plaisir ; tant la morale bien placée a de pouvoir !

Rien n'est plus ordinaire dans les pièces de ce temps là, que de pareilles libertés. Les sujets les plus sérieux ne s'en sauvent pas. Dans la célèbre *Sophonisbe* de Mairet, lorsque Massinisse et Sophonisbe arrêtent leur mariage, ils ne manquent pas de se donner des arrhes. Syphax avait auparavant reproché à Sophonisbe l'*adultère* et l'*impudicité*, grosses paroles, qui aujourd'hui ferait fuir tout le monde.

Pendant que le théâtre était sur ce pied là, *Lucrèce* n'était pas un sujet à rebuter ; aussi du Ryer, l'a-t-il traité sans scrupule. Rotrou a fait une *Chrysante*, qui est une autre héroïne violée par un capitaine romain, dont elle est prisonnière. Aujourd'hui ces sujets là ne seraient pas soufferts. Est-ce que nos mœurs sont plus pures ? il est bien sûr que non. C'est seulement que nous avons l'esprit plus raffiné. L'esprit seul suffit pour nous donner le goût des bienséances; mais le goût de la vertu, c'est autre chose. Une des plus grandes obligations que l'on ait à Corneille, est d'avoir purifié le théâtre. Il fut d'abord entraîné par l'usage établi; mais il y résista aussitôt après; et depuis *Clitandre*, sa seconde pièce, on ne trouve plus rien de licencieux dans ses ouvrages. Tout ce qui y reste de l'ancien excès de familiarité, dont les amans étaient ensemble sur le théâtre, c'est le tutoiement. Le tutoiement ne choque pas les bonnes mœurs; il ne choque que la politesse et la vraie galanterie. Il faut que la familiarité qu'on a avec ce qu'on aime, soit toujours respectueuse; mais aussi, il est quelquefois permis au respect d'être un peu familier. On se tutoyait dans le tragique même aussi bien que dans le comique; et cet usage ne finit que dans l'Horace de Corneille où Curiace et Camille le pratiquent encore. Naturellement le comique a dû pousser cela un peu plus loin, et à son égard le tutoiement n'expire que dans le *Menteur*.

Corneille, après avoir fait un essai de ses forces dans ses six premières pièces, où il ne s'éleva pas beaucoup au-dessus de son siècle, prit tout à coup l'essor dans *Médée*, et monta jusqu'au tragique le plus sublime. A la vérité, il fut secouru par Sénèque; mais il ne laissa pas de faire voir ce qu'il pouvait par lui-même. Ensuite il retomba dans la comédie; et, si j'ose dire ce que j'en pense, la chute fut grande. L'Illusion comique dont je parle ici, est une pièce irrégulière et bizarre, et qui n'excuse pas par ses agrémens, sa bizarrerie et son irrégularité. Il y domine un personnage de Capitan, qui abat d'un souffle le grand Sophi de Perse, et le grand

Mogol, et qui, une fois en sa vie, avait empêché le soleil de se lever à son heure prescrite, parce qu'on ne trouvait point l'aurore, qui était couchée avec ce merveilleux brave. Les caractères outrés ont été autrefois fort à la mode : mais qui représentaient-ils ? et à qui en voulait-on ? Est-ce qu'il faut outrer nos folies jusqu'à ce point là, pour les rendre plaisantes ? En vérité, ce serait nous faire trop d'honneur. Desmarets, qui a fait une comédie toute de ce genre, et pleine de fous qu'on n'a jamais vus, dit pourtant dans la préface, « qu'il n'y a rien de si ordinaire que de voir des idiots » s'imaginer qu'ils sont amoureux, sans savoir bien souvent » de qui, et, sur le récit qu'on leur fait de quelque » beauté, courir les rues, et se persuader qu'ils » sont extrêmement passionnés, sans avoir vu ce qu'ils » aiment. » *Il nous assure aussi que* « il y a beaucoup de » filles éprises de certains héros de roman, pour l'amour » desquels elles méprisaient tous les vivans. » Il fallait que la nature fût encore bien inconnue, lorsque ces caractères là plaisaient sur le théâtre ; et les auteurs qui s'imaginaient avoir vu communément de ces sortes de folies par le monde, étaient eux-mêmes d'un caractère bien surprenant.

Après l'Illusion comique, Corneille se releva plus grand et plus fort qu'il n'avait encore été, et fit le *Cid*. Jamais pièce de théâtre n'eut un si grand succès. Je me souviens d'avoir vu en ma vie un homme de guerre et un mathématicien, qui de toutes les comédies du monde ne connaissaient que le *Cid;* l'horrible barbarie où ils vivaient n'avait pu empêcher le nom du *Cid* d'aller jusqu'à eux. Corneille avait, dans son cabinet, cette pièce traduite en toutes les langues de l'Europe, hormis l'Esclavonne et la Turque. Elle était en Allemand, en Anglais, en Flamand; et par une exactitude flamande, on l'avait rendue vers pour vers. Elle était en Italien, et, ce qui est plus étonnant, en Espagnol. Les Espagnols avaient bien voulu copier eux-mêmes une copie dont l'original leur appartenait. M. Pelisson, dans sa belle histoire de l'académie française, dit qu'en plusieurs provinces de France, il était passé en proverbe de dire : *Cela est beau comme le Cid.* Si ce proverbe a péri, il faut s'en prendre aux auteurs qui ne le goûtaient pas, et à la cour, où c'eût été très mal parler que de s'en servir sous le ministère du cardinal de Richelieu.

Ce grand homme avait la plus vaste ambition qui ait jamais été. La gloire de gouverner la France presque absolument, d'abaisser la redoutable maison d'Autriche, de remuer toute l'Europe à son gré, ne lui suffisait point; il y voulait joindre encore celle de faire des comédies; et que l'on ne croie pas qu'il s'en tînt là. En même temps qu'il faisait des comédies, il se piquait de faire de beaux livres de dévotion. Les livres de dévotions ne l'empêchaient pas de songer à plaire aux dames par les agrémens de sa personne. Malgré sa galanterie, il prétendait passer pour savant en hébreu, en syriaque et en arabe, jusques-là qu'il voulut acheter cent mille écus la *Polyglotte* de le Jay, pour la mettre sous son nom. Enfin, en fait de gloire, il embrassait tout ce qui parait le plus se contredire : génie infiniment élevé, dont les défauts mêmes ont de la noblesse, et s'attiraient presque du respect aussi bien que ses grandes qualités.

Une de celles qu'il prétendait réunir en lui, c'est-à-

dire celle de poète, le rendit jaloux du *Cid*. Il avait eu part à quelques pièces qui avaient paru sous le nom de Desmarets son confident, et, pour ainsi dire, son premier commis dans le département des affaires poétiques. On prétend que le cardinal travailla beaucoup à *Mirame*, tragédie assez médiocre, et qui emprunte son nom d'une princesse assez mal morigénée. « Il témoigna, dit
» Pelisson, des tendresses de père pour cette pièce,
» dont la représentation lui coûta deux ou trois cent
» mille écus, et pour laquelle il fit bâtir cette grande
» salle de son palais, qui sert encore aujourd'hui à ce
» spectacle. Aussi est elle intitulée : *Ouverture du Palais*
» *Cardinal.* » J'ai ouï dire que les applaudissemens que l'on donnait à cette pièce, ou plutôt à celui que l'on savait qui y prenait beaucoup d'intérêt, transportaient le cardinal hors de lui-même ; que tantôt il se levait et se tirait à moitié du corps hors de sa loge pour se montrer à l'assemblée ; tantôt il imposait silence pour faire entendre des endroits encore plus beaux. On peut voir dans l'histoire de l'académie, un autre exemple très remarquable de ses faiblesses d'auteur et en même temps de sa grandeur d'âme à l'occasion de la *grande pastorale* dont il avait fourni le sujet, et fait beaucoup de vers. Il avait donné le plan et l'intrigue des *Tuileries* et de l'*Aveugle de Smyrne*, pièce dont il fit faire les cinq actes à cinq auteurs différens, qui furent de Boisrobert, Corneille, Colletet, de l'Estoille et Rotrou. Le plus grand mérite de ces comédies consiste dans le nom de l'inventeur et la singularité de l'exécution. Ici, je ne puis m'empêcher de dire que je soupçonnerais volontiers le cardinal d'avoir aussi eu part à l'*Europe* de Desmarets. C'est une allégorie politique. Fran-

cion et Ibère sont amoureux d'Europe. Ibère s'en fait haïr par des manières hautaines et dures, par un génie tyrannique. Francion plaît par des qualités tout opposées. Ibère et Francion, quoique amans de la reine Europe, ne laissent pas de faire la cour à des princesses d'un moindre rang, telle qu'est Austrasie. Francion, toujours heureux en amour, obtient d'elle trois nœuds de cheveux, qui, quand on a ôté le voile de l'allégorie, se trouvent être les places de Clermont, Stenay et Jametz. Toute la pièce est de ce caractère, qui sent bien le ministre poète. Le cardinal qui, par ses galanteries, avait obtenu les trois nœuds de cheveux, a bien l'air de se vanter de ses bonnes fortunes.

Quand le *Cid* parut, le cardinal en fut aussi alarmé que s'il avait vu les Espagnols devant Paris. Il souleva les auteurs contre cet ouvrage, ce qui ne dut pas être fort difficile, et se mit à leur tête. De Scudéry publia ses observations sur le *Cid*, adressées à l'académie française, qu'il en fait juge, et que le cardinal, son fondateur, sollicitait puissamment contre la pièce accusée : mais afin que l'académie pût juger, ses statuts voulaient que l'autre partie, c'est-à-dire Corneille, y consentît. On tira de lui une espèce de consentement qu'il ne donna qu'à la crainte de déplaire au cardinal, et qu'il donna pourtant avec assez de fierté. Le moyen de ne pas ménager un pareil ministre, qui était son bienfaiteur! car il récompensait, comme ministre, ce même mérite, dont il était jaloux comme poète; et il semble que cette grande âme ne pouvait pas avoir de faiblesse qu'elle ne réparât en même temps par quelque chose de noble.

L'académie française donna ses sentimens sur le *Cid*;

et cet ouvrage fut digne de la grande réputation de cette compagnie naissante. Elle sut conserver tous les égards qu'elle devait, et à la passion du cardinal, et à l'estime prodigieuse que le public avait conçue de cet ouvrage. Elle satisfit le cardinal en reprenant exactement tous les défauts du *Cid*, et le public en le reprenant avec modération, et même souvent avec des louanges. Corneille ne répondit point à la critique. *La même raison*, disait-il, *qu'on a eue pour la faire, m'empêche d'y répondre*. Cependant le *Cid* a survécu à cette critique. Toute belle qu'elle est, on ne la connaît presque plus, et il a encore son premier éclat.

Le même hiver qui vit paraître le *Cid*, vit paraître aussi la *Marianne* de Tristan, autre ouvrage célèbre, et qui s'est maintenu sur le théâtre presque jusqu'au temps présent. Je parle des cent ans qui se sont écoulés depuis ce temps là, à peu près comme je parlerais des deux mille ans qui nous séparent des Grecs. En effet, si l'on considère quel nombre prodigieux de tragédies sont oubliées pour jamais, et combien le goût a changé, il est presque aussi glorieux à une pièce de s'être conservée sur le théâtre pendant ces cent ans ou environ, qu'il l'est à celles des Grecs de s'être conservées deux mille ans dans les bibliothèques; car un livre subsiste plus facilement dans une bibliothèque, qu'une pièce sur le théâtre.

Nous voici dans le bel âge de la comédie, et dans toute la force du génie de Corneille. Après avoir, pour ainsi dire, atteint jusqu'au *Cid*, il s'éleva encore dans l'*Horace*; enfin, il alla jusqu'à *Cinna* et à *Polyeucte*, au-dessus desquels il n'y a rien.

Ces pièces là étaient d'une espèce inconnue, et l'on

vit un nouveau théâtre. Alors Corneille, par l'étude d'Aristote et d'Horace, par son expérience, par ses réflexions, et plus encore par son génie, trouva les véritables règles du poème dramatique, et découvrit les sources du beau, qu'il a depuis ouvertes à tout le monde dans les excellens discours qui sont à la tête de ses comédies. De là vient qu'il est regardé comme le pere du théâtre français. Il lui a donné le premier une forme raisonnable; il l'a porté à son plus haut point de perfection, et a laissé son secret à qui s'en pourra servir.

Avant que l'on jouât *Polyeucte*, Corneille le lut à l'hôtel de Rambouillet, souverain tribunal des affaires d'esprit en ce temps là. La pièce y fut applaudie autant que le demandait la bienséance et la grande réputation que l'auteur avait déjà : mais quelques jours après, de Voiture vint trouver Corneille, et prit des tours fort délicats pour lui dire que *Polyeucte* n'avait pas réussi comme il pensait; que surtout le christianisme avait extrêmement déplu. Corneille alarmé voulut retirer la pièce d'entre les mains des comédiens qui l'apprenaient; mais enfin il la leur laissa, sur la parole d'un d'entre eux, qui n'y jouait point, parce qu'il était trop mauvais acteur. Était-ce à ce comédien à juger mieux que tout l'hôtel de Rambouillet?

Pompée suivit *Polyeucte;* ensuite vint le *Menteur*, pièce comique, et presque entièrement prise de l'espagnol, selon la coutume de ce temps là.

Quoique le *Menteur* soit très agréable, et qu'on l'applaudisse encore aujourd'hui sur le théâtre, j'avoue que la comédie n'était point encore arrivée à sa perfection. Ce qui dominait dans les pièces, c'était l'intrigue et les incidens, erreur de nom, déguisemens, lettres interceptées, aventures nocturnes; et c'est pourquoi on prenait presque tous les sujets chez les Espagnols, qui triomphent sur ces matières. Ces pièces ne laissaient pas d'être fort plaisantes, et pleines d'esprit ; témoin le *Menteur* dont nous parlons, *dom Bertrand de Cigaral, le Geôlier de soi-même :* mais enfin la plus grande beauté de la comédie était inconnue; on ne songeait point aux mœurs et aux caractères; on allait chercher bien loin les sujets de rire dans des événemens imaginés avec beaucoup de peine, et on ne s'avisait point de les aller prendre dans le cœur humain, qui en fourmille.

Molière est le premier, parmi nous, qui les ait été chercher là, et qui les ait bien mis en œuvre. Homme inimitable, et à qui la comédie doit autant que la tragédie à Corneille. Comme le *Menteur* eut beaucoup de succès, Corneille lui donna une suite qui ne réussit guère. Il en découvre lui-même la raison dans les examens qu'il a faits de ses pièces. Là, il s'établit juge de ses propres ouvrages, et en parle avec un noble désintéressement, dont il tire en même temps le double fruit, et de prévenir l'envie sur le mal qu'elle en pourrait dire, et de se rendre lui-même croyable sur le bien qu'il en dit.

A la suite du *Menteur* succéda *Rodogune*. Il a écrit quelque part, que pour trouver la plus belle de ses pièces, il fallait choisir entre *Rodogune* et *Cinna ;* et ceux à qui il en a parlé ont démêlé, sans beaucoup de peine, qu'il était pour *Rodogune*. Il ne m'appartient nullement de prononcer sur cela; mais peut-être préférait-il *Rodogune*, parce qu'elle lui avait extrèmement coûté; car il fut plus d'un an à disposer le sujet . peut-

VIE DE CORNEILLE.

être voulait-il, en mettant son affection de ce côté là, balancer celle du public, qui paraît être de l'autre. Pour moi, si j'ose le dire, je ne mettrais point le différent entre *Rodogune* et *Cinna*; il me paraît aisé de choisir entre elles, et je connais une pièce de Corneille que je ferai passer encore avant la plus belle des deux.

Je ne crois pas devoir rappeler ici le souvenir d'une autre *Rodogune* que fit Gilbert sur le plan de celle de Corneille, qui fut trahi en cette occasion par quelque confident indiscret. Le public n'a que trop décidé entre ces deux pièces, en oubliant parfaitement l'une.

Après *Horace*, *Cinna* et *Polyeucte*, il se trouve quelqu'un qui s'engage, de gaieté de cœur, à un combat contre Corneille. En vérité, le courage et l'intrépidité d'auteur ne peuvent jamais aller plus loin.

On apprendra dans les examens de Corneille, mieux que l'on ne ferait ici, l'histoire de *Théodore*, d'*Héraclius*, de *dom Sanche d'Aragon*, d'*Andromède*, de *Nicomède* et de *Pertharite*. On y verra pourquoi *Théodore* et *dom Sanche d'Aragon* réussirent fort peu, et pourquoi *Pertharite* tomba absolument. On ne peut souffrir dans *Théodore* la seule idée du péril et de la prostitution; et si le public était devenu si délicat, à qui Corneille devait-il s'en prendre, qu'à lui-même? Avant lui le viol réussissait. Il manqua à *dom Sanche d'Aragon* un *suffrage illustre* qui lui fit manquer tous ceux de la cour; exemple assez commun de la soumission des Français à de certaines autorités. Enfin, un mari qui veut racheter sa femme en cédant un royaume fut encore plus insupportable dans *Pertharite*, que la prostitution ne l'avait été dans *Théodore*. Ce bon mari n'osa se montrer au public que deux fois. Cette chute du grand Corneille peut être mise parmi les exemples les plus remarquables des vicissitudes du monde, et Bélisaire demandant l'aumône n'est pas plus étonnant.

Il se dégoûta du théâtre, et déclara qu'il y renonçait, dans une petite préface assez chagrine, qu'il mit au-devant de *Pertharite*. Il dit pour raison qu'il commence à vieillir; et cette raison n'est que trop bonne, surtout quand il s'agit de poésie et des autres talens de l'imagination. L'espèce d'esprit qui dépend de l'imagination (et c'est ce qu'on appelle communément *esprit* dans le monde) ressemble à la beauté, et ne subsiste qu'avec la jeunesse. Il est vrai que la vieillesse vient plus tard pour l'esprit, mais elle vient. Les plus dangereuses qualités qu'elle lui apporte, sont la sécheresse et la dureté; et il y a des esprits qui en sont naturellement plus susceptibles que d'autres, et qui donnent par là plus de prises aux ravages du temps : ce sont ceux qui avaient de la noblesse, de la grandeur, quelque chose de fier et d'austère. Cette sorte de caractère contracte aisément, par les années, je ne sais quoi de dur et de sec. C'est à peu près ce qui arriva à Corneille. Il ne perdit pas en vieillissant l'inimitable noblesse de son génie; mais il y mêla quelquefois de la dureté. Il avait poussé les grands sentimens aussi loin que la nature pouvait souffrir qu'ils allassent; il commença de temps en temps à les pousser un peu plus loin. Ainsi, dans *Pertharite*, une reine consent à épouser un tyran qu'elle déteste, pourvu qu'il égorge un fils unique qu'elle a, et que, par cette action, il se rende aussi odieux qu'elle souhaite qu'il le soit. Il est aisé de voir que ce sentiment, au lieu d'être noble, n'est que dur; et il ne faut pas trouver mauvais que le public ne l'ait pas goûté.

Après *Pertharite*, Corneille, rebuté du théâtre, entreprit la traduction en vers de l'*Imitation de Jésus-Christ*. Il y fut porté par des pères Jésuites de ses amis, par des sentiment de piété qu'il eut toute sa vie, et sans doute aussi par l'activité de son génie, qui ne pouvait demeurer oisif. Cet ouvrage eut un succès prodigieux et le dédommagea en toutes manières d'avoir quitté le théâtre. Cependant, si j'ose en parler avec une liberté que je ne devrais peut-être pas me permettre, je ne trouve point dans la traduction de Corneille, le plus grand charme de l'*Imitation de Jésus-Christ*, je veux dire sa simplicité et sa naïveté. Elle se perd dans la pompe des vers qui était naturelle à Corneille, et je crois même qu'absolument la forme des vers lui est contraire. Ce livre, le plus beau qui soit parti de la main d'un homme, puisque l'Evangile n'en vient pas, n'irait pas droit au cœur comme il fait, et ne s'en saisirait pas avec tant de force, s'il n'avait un air naturel et tendre, à quoi la négligence même du style aide beaucoup.

Il se passa douze ans, pendant lesquels il ne parut de Corneille que l'*Imitation* en vers : mais enfin, sollicité par Fouquet, qui négocia en surintendant des finances, et peut-être encore plus poussé par son penchant naturel, il se rengagea au théâtre. Le surintendant, pour lui facilité ce retour, et lui ôter toutes les excuses que lui aurait pu fournir la difficulté de trouver des sujets, lui en proposa trois. Celui qu'il prit fut *OEdipe*. Corneille son frère prit *Camma* qui était le second, et le traita avec beaucoup de succès. Je ne sais quel fut le troisième.

La réconciliation de Corneille et du théâtre fut sincère. *OEdipe* réussit fort bien. La *Toison d'Or* fut faite ensuite à l'occasion du mariage du roi ; et c'est la plus belle pièce en machines que nous ayons. Les machines, qui sont ordinairement étrangères à la pièce, deviennent, par l'art du poète, nécessaires à celle-là : tout le merveilleux que la fable peut fournir, y est dans toute sa pompe ; surtout le prologue doit servir de modèle à tous les prologues à la moderne, qui sont faits pour exposer, non pas le sujet de la pièce comme les anciens, mais l'occasion pour laquelle elle a été faite.

Ensuite parurent *Sertorius* et *Sophonisbe*. Dans cette première piece, la grandeur romaine éclate avec toute sa dignité ; et l'idée qu'on pourrait se former de la conversation de deux grands hommes, qui ont de grands intérêts à démêler, est encore surpassée par la scène de Pompée et de Sertorius. Il semble que Corneille ait eu des mémoires particuliers sur les Romains. Pour *Sophonisbe*, il crut être fort hardi de l'entreprendre après Mairet. Voilà l'effet des réputations. La *Sophonisbe* de Mairet ne devait point lui faire tant de peur. Son bel endroit est la contestation de Scipion et de Lelius avec Massinisse. Mais que dirait-on si on voyait aujourd'hui une reine mariée écrire un billet galant à un homme qui ne songe point à elle? Que dirait-on si on voyait ses deux confidentes observer l'effet des coquetteries qu'elle fait à Massinisse pour l'engager, et se dire l'une à l'autre :

    Ma compagne, il se prend......................
    La victoire est à nous, ou je n'y connais rien.

Il faut croire qu'*Agésilas* est de Corneille, puisque son nom y est, et qu'il y a une scène d'Agésilas et de

Lysander, qui ne pourrait pas facilement être d'un autre. Après *Agésilas* vint *Othon*, ouvrage où Tacite est mis en œuvre par le grand Corneille, et où se sont unis deux génies si sublimes. Corneille y a peint la corruption de la cour des empereurs, du même pinceau dont il avait peint les vertus de la république.

Depuis son retour au théâtre, il y paraissait, avec éclat, des pièces d'un genre fort différent des siennes. Ce n'était point une vertu courageuse, ni l'élévation des sentimens portés jusques dans l'amour qui y dominait ; c'était un amour plus tendre, plus simple et plus vif, des sentimens dont le modèle se trouvait plus aisément dans tous les cœurs. On admirait moins, mais on était plus ému. Une infinité de traits de passion bien touchés, et presque sans aucun mélange de choses plus nobles qui les eussent refroidis, une versification très agréable, et dont l'élégance ne se démentait jamais, un jeune auteur dont le style était plus jeune aussi : voilà ce qu'il fallait principalement aux femmes dont les jugemens ont tant d'autorité au théâtre français. Aussi furent-elles charmées, et Corneille ne fut plus pour elles que le vieux Corneille. J'en excepte quelques femmes qui valaient des hommes.

Il y en eut un dont la voix devait être d'autant plus comptée, que ce n'était pas seulement un écrivain très célèbre, mais un homme du grand monde. On peut ajouter que sa voix était parfaitement libre, puisqu'il vivait en Angleterre, privé de sa patrie. De Saint-Evremond publia une dissertation sur l'*Alexandre* de Racine ; et là il s'élève vivement contre notre nation, qui ne goûte que ce qui lui ressemble, et qui n'avait refusé ses applaudissemens à Corneille dans sa *Sophe-*

niste, que parce qu'il avait trop bien rendu le vrai caractère de la fille d'Asdrubal; au lieu que Mairet en avait fait, avec beaucoup de succès, une coquette ordinaire. « Corneille, ajoutait de Saint-Evremond, est
» presque le seul qui ait le bon goût de l'antiquité; il a
» surpassé nos auteurs, et s'est peut-être ici surpassé
» lui-même. »

Corneille ne manqua pas de remercier de Saint-Evremond d'un suffrage aussi glorieux que le sien, et aussi hautement déclaré. « Vous m'avez pris par mon faible,
» lui dit-il dans sa letttre; cette *Sophonisle*, pour qui
» vous marquez tant de tendresse, a la meilleure part
» à la mienne...... Vous confirmez ce que j'ai avancé
» sur la part que l'amour doit avoir dans les belles tra-
» gédies, et sur la fidélité avec laquelle nous devons
» conserver à ces vieux illustres les caractères de leur
» temps, de leur nation et de leur humeur. J'ai cru
» jusqu'ici que l'amour était une passion trop chargée
» de faiblesses pour être la dominante dans une pièce
» héroïque : j'aime qu'elle y serve d'ornement, et non
» pas de corps.... Nos doucereux et nos enjoués sont
» de contraire avis; mais vous vous déclarez du mien. »
Il y a encore dans cette lettre ces paroles assez remarquables : « Vous m'honorez de votre estime en un
» temps où il semble qu'il y ait un parti fait pour ne
» m'en laisser aucune. Vous me soutenez quand on se
» persuade qu'on m'a battu. »

Il est vrai qu'il s'était formé un *parti* contre lui. Ceux qu'il appelait les *doucereux* et les *enjoués*, et toutes celles pour qui ils l'étaient, composaient une grande partie de Paris et de la cour; et ils ne se contentaient pas d'élever le nouvel auteur qui le méritait, ils voulaient l'élever sur les ruines de l'ancien. Ils prévalaient, et par le nombre, et par un certain bruit confus et imposant qu'il savent si bien faire dans le besoin. On ne négligeait rien pour grossir ses troupes; et c'était toujours un avantage que de les grossir : on mettait en œuvre toutes les petites adresses qui peuvent aider une réputation naissante, et hâter le vol de la renommée ; on employait contre le redoutable ennemi jusqu'aux traits d'un fameux satirique, exercé à foudroyer glorieusement de mauvais auteurs. Pendant ce tumulte et cette espèce de sédition contre une autorité légitime, Corneille se tenait retranché dans son cabinet, sans être presque autrement connu du monde que par son nom, sans protecteurs puissans déclarés en sa faveur, sans partisans affidés, n'ayant de gloire que celle qui était venue le trouver d'elle-même, ne s'y fiant peut-être pas assez, mais certainement hors d'état, et même incapable de lui prêter aucun secours étranger.

Il vit le goût du siècle se tourner entièrement du côté de l'amour le plus passionné et le moins mêlé d'héroïsme ; mais il dédaigna fièrement d'avoir de la complaisance pour ce nouveau goût. Peut-être croira-t-on que son âge ne lui permettait pas d'en avoir. Ce soupçon serait très-légitime, si l'on ne voyait ce qu'il a fait dans la *Psyché* de Molière, où étant à l'ombre du nom d'autrui, il s'est abandonné à un excès de tendresse dont il n'aurait pas voulu déshonorer son nom.

Il ne pouvait mieux braver son siècle, qu'en lui donnant *Attila*, digne roi des Huns. Il règne dans cette pièce une férocité noble, que lui seul pouvait attraper. La scène où Attila délibère s'il se doit allier à l'Empire qui tombe, ou à la France qui s'élève, est une des belles choses qu'il ait faites.

Bérénice fut un duel dont tout le monde sait l'histoire. Henriette-Anne d'Angleterre, princesse fort touchée des choses d'esprit, et qui eût pu les mettre à la mode dans un pays barbare, eut besoin de beaucoup d'adresse pour faire trouver les deux combattans sur le champ de bataille, sans qu'ils sussent où on les menait. Mais à qui demeura la victoire? au plus jeune.

Il ne reste plus que *Pulchérie*, *Surena*, tous deux, sans comparaison, meilleurs que *Bérénice*, tous deux dignes de la vieillesse d'un grand homme. Le caractère de Pulchérie est de ceux que lui seul savait faire, et il s'est dépeint lui-même avec bien de la force dans Martian, qui est un vieillard amoureux. Le cinquième acte de cette pièce est tout à fait beau. On voit dans *Surena* une belle peinture d'un homme que son trop de mérite et de trop grands services rendent criminel auprès de son maître; et ce fut par ce dernier effort que Corneille termina sa carrière.

La suite de ses pièces représente ce qui doit naturellement arriver à un grand homme qui pousse le travail jusqu'à la fin de sa vie. Ses commencemens sont faibles et imparfaits, mais déjà dignes d'admiration par rapport à son siècle; ensuite il va aussi haut que son art peut atteindre, à la fin il s'affaiblit, s'éteint peu à peu, n'est plus semblable à lui-même que par intervalles.

Après *Surena* qui fut jouée en 1675, Corneille renonça tout de bon au théâtre, mais non pas à l'amour de ses ouvrages, et quand il vit, en 1676, que le roi avait fait représenter de suite, devant lui à Versailles,

Cinna, *Pompée*, *Horace*, *Sertorius*, *OEdipe*, *Rodogune*, son feu poétique se réveilla, et s'écria :

> Est-il vrai, grand Monarque, et puis-je me vanter
> Que tu prennes plaisir à me ressusciter?
> Qu'au bout de quarante ans, Cinna, Pompée, Horace,
> Reviennent à la mode, et retrouvent leur place?
> Et que l'heureux brillant de mes jeunes rivaux
> N'ôte point leur vieux lustre à mes premiers travaux?
> Achève; les derniers n'ont rien qui dégénère,
> Rien qui les fasse croire enfans d'un autre père.
> Ce sont des malheureux étouffés au berceau,
> Qu'un seul de tes regards tirerait du tombeau.
> On voit Sertorius, OEdipe et Rodogune,
> Rétablis par ton choix dans toute leur fortune;
> Et ce choix montrerait qu'Othon et Surena
> Ne sont pas des cadets indignes de Cinna.
> Sophonisbe à son tour, Attila, Pulchérie,
> Reprendraient pour te plaire une seconde vie :
> Agésilas en foule aurait des spectateurs,
> Et Bérénice enfin trouverait des acteurs.
> Le peuple, je l'avoue, et la cour les dégradent :
> Je faiblis, ou du moins ils se le persuadent.
> Pour bien écrire encor, j'ai trop long-temps écrit,
> Et les rides du front passent jusqu'à l'esprit.
> Mais contre cet abus que j'aurais de suffrages,
> Si tu donnais les tiens à mes derniers ouvrages!

Cependant il est certain que ces derniers ouvrages, toujours bons pour la lecture paisible du cabinet, où la raison jouit de tous ses droits, ne pourraient plus aujourd'hui reparaître sur le théâtre, où l'on veut plus que jamais de grandes émotions, fussent-elles mal

VIE DE CORNEILLE.

fondées et mal amenées. Nous pouvons faire ici, en passant, un petit commentaire sur ce qu'il dit, que *Bérénice enfin trouverait des acteurs*. C'est qu'en effet sa *Bérénice* ne fut jouée que par de mauvais comédiens, parce que sa rivale avait eu le bonheur ou l'art de lui enlever les bons.

Débarrassé du théâtre, sa principale occupation fut de se préparer à la mort. Ses forces diminuèrent toujours de plus en plus, et la dernière année de sa vie, son esprit se ressentit beaucoup d'avoir tant produit, et si long-temps. Il mourut le premier octobre 1684.

Il était doyen de l'académie française, où il avait été reçu l'an 1647.

Comme c'est une loi dans cette académie, que le directeur fait les frais d'un service pour ceux qui meurent sous son directorat, il y eut une contestation de générosité entre Racine et l'abbé de Lavau, à qui ferait le service de Corneille, parce qu'il paraissait incertain sous le directorat duquel il était mort. La chose ayant été remise au jugement de la compagnie, l'abbé de Lavau l'emporta, et de Benserade dit à Racine : « Si quelqu'un pouvait prétendre à enterrer Corneille, » c'était vous ; vous ne l'avez pas fait. »

Ce discours a été pleinement vérifié. Le temps a calmé l'agitation des esprits sur ce sujet, et a enfin amené une décision qui paraît généralement établie. Corneille a la première place, Racine la seconde : on fera à son gré l'intervalle entre ces deux places ; un peu plus ou un peu moins grand. C'est là ce qui se trouve en ne comparant que les ouvrages de part et d'autres ; mais si on compare les deux hommes, l'inégalité est plus grande ; il peut être incertain que Racine eût été, si Corneille n'eût pas été avant lui; il est certain que Corneille a été par lui-même.

Ici, j'avertis le lecteur que cette vie de Corneille ayant été déjà imprimée en 1702, dans l'histoire de l'académie française, par l'abbé d'Olivet, c'était en cet endroit à peu près que j'y parlais, mais beaucoup trop succinctement, d'un grand nombre de petites pièces faites par Corneille, sur divers sujets. Depuis ce temps là, on a recueilli avec soin et avec goût ces différentes pièces, dont on a fait un volume à la suite de son théâtre, réimprimé en 1738; et je ne puis mieux faire que de renvoyer sur toute cette matière, tant au volume qui contient les pièces que je n'eusse pas mises, du moins en entier, qu'à une préface judicieuse et bien écrite, où l'on trouvera de plus des traits historiques que je ne savais pas. L'auteur y doute d'un fait que j'avais avancé : j'avoue que son doute seul m'ébranle; c'est un fait que j'ai trouvé établi dans ma mémoire comme certain, quoique dépouillé de toutes ses preuves, que j'ai eu tout le loisir d'oublier parfaitement. Par bonheur il n'est pas de grande importance.

Cela m'empêchera d'en affirmer trop un autre, que je tiens pourtant de la famille. Corneille, encore fort jeune, se présenta un jour plus triste et plus rêveur qu'à l'ordinaire devant le cardinal de Richelieu, qui lui demanda s'il travaillait. Il répondit qu'il était bien éloigné de la tranquillité nécessaire pour la composition, et qu'il avait la tête renversée par l'amour. Il en fallut venir à un plus grand éclaircissement; et il dit au cardinal qu'il aimait passionnément une fille du lieutenant-général d'Andély en Normandie, et qu'il ne pouvait l'obtenir de son père. Le cardinal voulut que ce père si difficile vînt lui parler à Paris. Il arriva tout tremblant d'un ordre si imprévu, et s'en retourna bien content d'en être quitte pour avoir donné sa fille à un homme qui avait tant de crédit. Ce qui est bien sûr, c'est qu'il a épousé Marie de Lamperière, fille de cet officier. La première nuit de ses noces, qui se firent à Rouen, il fut si malade que l'on écrivit à Paris qu'il était mort; et j'ai lu une pièce sur cette fausse mort, dans les poésies latines de Ménage. Un pareil sujet était bien fait pour tenter les poètes.

Je n'ai pas cru devoir interrompre la suite de ses grands ouvrages, pour parler de quelques autres beaucoup moins considérables qu'il a donnés de temps en temps. Il a fait, étant jeune, quelques pièces de galanterie, qui sont répandues dans des recueils. On a encore de lui quelques petites pièces de cent ou de deux cents vers au roi, soit pour le féliciter de ses victoires, soit pour lui demander des grâces, soit pour le remercier de celles qu'il en avait reçues. Il a traduit deux ouvrages latins du P. de la Rue, jésuite, sur les campagnes de 1667 et de 1672, tous deux d'assez longue haleine, et plusieurs petites pièces de Santeuil. Il estimait extrêmement ces deux poètes. Lui-même faisait fort bien des vers latins; il en fit sur la campagne de Flandres en 1667, qui parurent si beaux, que non-seulement plusieurs personnes les mirent en français, mais que les meilleurs poètes latins en prirent l'idée, et les mirent encore en latin. Il avait traduit sa première scène de Pompée en vers du style de Sénèque le tragique, pour lequel il n'avait pas d'aversion, non plus que pour Lucain. Il fallait aussi qu'il n'en eût pas pour Stace, fort inférieur à Lucain, puisqu'il en a traduit en vers et publié les deux premiers livres de la *Thébaïde*. Ils ont échappé à toutes les recherches qu'on a faites depuis un temps pour en trouver quelque exemplaire.

Corneille était assez grand et assez plein, l'air fort simple et fort commun, toujours négligé, et peu curieux de son extérieur. Il avait le visage assez agréable, un grand nez, la bouche belle, les yeux pleins de feu, la physionomie vive, des traits fort marqués et propres à être transmis à la postérité dans une médaille ou dans un buste. Sa prononciation n'était pas tout-à-fait nette. Il lisait ses vers avec force, mais sans grâce..

Il savait les belles-lettres, l'histoire, la politique; mais il les prenait principalement du côté qu'elles ont rapport au théâtre. Il n'avait pour toutes les autres connaissances, ni loisir, ni curiosité, ni beaucoup d'estime. Il parlait peu, même sur la matière qu'il entendait si parfaitement. Il n'ornait pas ce qu'il disait; et, pour trouver le grand Corneille, il le fallait lire.

Il était mélancolique. Il lui fallait des sujets plus solides pour espérer ou pour se réjouir, que pour se chagriner ou pour craindre. Il avait l'humeur brusque, et quelquefois rude en apparence, au fond, il était très aisé à vivre; bon père, bon mari, bon parent, tendre et plein d'amitié. Son tempérament le portait assez à l'amour, mais jamais au libertinage, et rarement aux grands attachemens. Il avait l'âme fière et indépendante; nulle souplesse, nul manège; ce qui l'a rendu très propre à peindre la vertu romaine, et très peu propre à faire sa fortune. Il n'aimait point la cour; il y apportait un visage presque inconnu, un grand nom qui ne s'attirait que des louanges, et un mérite qui n'était point le mérite de ce pays là. Rien n'était égal à son incapacité pour les affaires, que son aversion. Les plus légères lui causaient de l'effroi et de la terreur. Il avait plus d'amour pour l'argent que d'habileté ou d'application pour en amasser. Il ne s'était point trop endurci aux louanges, à force d'en recevoir; mais quoique sensible à la gloire, il était fort éloigné de la vanité. Quelquefois il s'assurait trop peu sur son rare mérite, et croyait trop facilement qu'il pût avoir des rivaux.

A beaucoup de probité et de droiture naturelle, il a joint, dans tous les temps de sa vie, beaucoup de religion, et plus de piété que son genre d'occupation n'en permet par lui-même. Il a eu souvent besoin d'être rassuré par des casuistes sur ses pièces de théâtre; et il lui ont toujours fait grâce en faveur de la pureté qu'il avait établie sur la scène, des nobles sentimens qui règnent dans ses ouvrages, et de la vertu qu'il a mise jusques dans l'amour.

PARALLÈLE

DE

CORNEILLE ET DE RACINE.

1693.

I. Corneille n'a eu devant les yeux aucun auteur qui ait pu le guider. *Racine* a eu *Corneille*.

II. *Corneille* a trouvé le Théâtre Français très grossier, et l'a porté à un haut point de perfection. *Racine* ne l'a pas soutenu dans la perfection où il l'a trouvé.

III. Les caractères de *Corneille* sont vrais, quoiqu'ils ne soient pas communs. Les caractères de *Racine* ne sont vrais que parce qu'ils sont communs.

IV. Quelquefois les caractères de *Corneille* ont quelque chose de faux à force d'être nobles et singuliers. Souvent ceux de *Racine* ont quelque chose de bas, à force d'être naturels.

V. Quand on a le cœur noble, on voudrait ressembler aux héros de *Corneille*; et quand on a le cœur petit, on est bien aise que les héros de *Racine* nous ressemblent.

VI. On rapporte des pièces de l'un, le désir d'être vertueux, et des pièces de l'autre, le plaisir d'avoir des semblables dans ses faiblesses.

VII. Le tendre et le gracieux de *Racine* se trouvent

quelquefois dans *Corneille;* le grand *Corneille* ne se trouve jamais dans *Racine*.

VIII. *Racine* n'a presque jamais peint que des Français, et que le siècle présent, même quand il a voulu peindre un autre siècle, et d'autres nations. On voit dans *Corneille* toutes les nations, et tous les siècles qu'il a voulu peindre.

IX. Le nombre des pièces de *Corneille* est beaucoup plus grand que celui des pièces de *Racine*, et cependant *Corneille* s'est beaucoup moins répété lui-même que *Racine* n'a fait.

X. Dans les endroits où la versification de *Corneille* est belle, elle est plus hardie, plus noble, plus forte, et en même temps aussi nette que celle de *Racine;* mais elle ne se soutient pas dans ce degré de beauté, et celle de *Racine* se soutient toujours dans le sien.

XI. Des auteurs inférieurs à *Racine* ont réussi après lui dans son genre; aucun auteur, même *Racine*, n'a osé toucher après *Corneille* au genre qui lui était particulier.

DIGRESSION

SUR

LES ANCIENS ET LES MODERNES.

DIGRESSION

SUR

LES ANCIENS ET LES MODERNES.

Toute la question de la prééminence entre les anciens et les modernes étant une fois bien entendue, se réduit à savoir si les arbres qui étaient autrefois dans nos campagnes étaient plus grands que ceux d'aujourd'hui. En cas qu'ils l'aient été, Homère, Platon, Démosthène, ne peuvent être égalés dans ces derniers siècles; mais si nos arbres sont aussi grands que ceux d'autrefois, nous pouvons égaler Homère, Platon et Démosthène.

Éclaircissons ce paradoxe. Si les anciens avaient plus d'esprit que nous, c'est donc que les cerveaux de ce temps là étaient mieux disposés, formés de fibres plus fermes ou plus délicates, remplis de plus d'esprits animaux; mais en vertu de quoi les cerveaux de ce temps là auraient-ils été mieux disposées? Les arbres auraient donc été aussi plus grands et plus beaux; car si la nature était alors plus jeune et plus vigoureuse, les arbres, aussi bien que les cerveaux des hommes, auraient dû se sentir de cette vigueur et de cette jeunesse.

Que les admirateurs des anciens y prennent un peu garde, quand ils nous disent que ces gens là sont les sources du bon goût et de la raison, et les lumières destinées à éclairer tous les autres hommes; que l'on n'a d'esprit qu'autant qu'on les admire; que la nature s'est épuisée à produire ces grands originaux : en vérité ils nous les font d'une autre espèce que nous, et la physique n'est pas d'accord avec toutes ces belles phrases. La nature a entre les mains une certaine pâte qui est toujours la même, qu'elle tourne et retourne sans cesse en mille façons, et dont elle forme les hommes, les animaux, les plantes ; et certainement elle n'a point formé Platon, Démosthène ni Homère d'une argile plus fine ni mieux préparée que nos philosophes, nos orateurs et nos poètes d'aujourd'hui. Je ne regarde ici dans nos esprits, qui ne sont pas d'une nature matérielle, que la liaison qu'ils ont avec le cerveau, qui est matériel, et qui par ses différentes dispositions produit toutes les différences qui sont entre eux.

Mais si les arbres de tous les siècles sont également grands, les arbres de tous les pays ne le sont pas. Voilà des différences aussi pour les esprits. Les différentes idées sont comme des plantes ou des fleurs qui ne viennent pas également bien en toutes sortes de climats. Peut-être notre terroir de France n'est-il pas propre pour les raisonnemens que font les Egyptiens, non plus que pour leurs palmiers; et sans aller si loin, peut-être les orangers, qui ne viennent pas aussi facilement ici qu'en Italie, marquent-ils qu'on a en Italie un certain tour d'esprit que l'on n'a pas tout-à-fait semblable en France. Il est toujours sûr que par l'enchaînement et la dépendance réciproque qui est entre toutes les parties du monde matériel, les différences de climats qui se font sentir dans les plantes doivent s'étendre jusqu'aux cerveaux, et y faire quelque effet.

Cet effet cependant y est moins grand et moins sensible, parce que l'art et la culture peuvent beaucoup plus sur les cerveaux que sur la terre, qui est d'une matière plus dure et plus intraitable. Ainsi les pensées d'un pays se transportent plus aisément dans un autre que ses plantes, et nous n'aurions pas tant de peine à prendre dans nos ouvrages le génie italien, qu'à élever des orangers.

Il me semble qu'on assure ordinairement qu'il y a plus de diversité entre les esprits qu'entre les visages. Je n'en suis pas bien sûr. Les visages, à force de se regarder les uns les autres, ne prennent point de ressemblances nouvelles ; mais les esprits en prennent par le commerce qu'ils ont ensemble. Ainsi les esprits, qui naturellement différaient autant que les visages, viennent à ne différer plus tant.

La facilité qu'ont les esprits à se former les uns sur les autres, fait que les peuples ne conservent pas l'esprit original qu'ils tireraient de leur climat. La lecture des livres grecs produit en nous le même effet à proportion que si nous n'épousions que des Grecques. Il est certain que par des alliances si fréquentes, le sang de Grèce et celui de France s'altéreraient, et que l'air de visage particulier aux deux nations changerait un peu.

De plus, comme on ne peut pas juger quels climats sont les plus favorables pour l'esprit, qu'ils ont apparemment des avantages et des désavantages qui se compensent, et que ceux qui donneraient par eux-mêmes plus de vivacité, donneraient aussi moins de justesse, et ainsi du reste, il s'ensuit que la différence des climats ne doit être comptée pour rien, pourvu que les esprits soient d'ailleurs également cultivés. Tout au plus on pourrait croire que la zone torride et les deux glaciales ne sont pas fort propres pour les sciences. Jusqu'à présent elles n'ont point passé l'Egypte et la Mauritanie d'un côté, et de l'autre la Suède; peut-être n'a-ce pas été par hasard qu'elles se sont tenues entre le mont Atlas et la mer Baltique : on ne sait si ce ne sont point là des bornes que la nature leur a posées, et si l'on peut espérer de voir jamais de grands auteurs Lapons ou Nègres.

Quoi qu'il en soit, voilà, ce me semble, la grande question des anciens et des modernes vidée. Les siècles ne mettent aucune différence naturelle entre les hommes. Le climat de la Grèce ou de l'Italie, et celui de la France, sont trop voisins pour mettre quelque différence sensible entre les Grecs ou les Latins et nous. Quand ils y en mettraient quelqu'une, elle serait fort aisée à effacer, et enfin elle ne serait pas plus à leur avantage qu'au nôtre. Nous voilà donc tous parfaitement égaux, anciens et modernes, Grecs, Latins et Français.

Je ne réponds pas que ce raisonnement paraisse convaincant à tout le monde. Si j'eusse employé de grands tours d'éloquence, opposé des traits d'histoire honorables pour les modernes à d'autres traits d'histoire honorables pour les anciens, et des passages favorables aux uns à des passages favorables aux autres ; si j'eusse traité de savans entêtés ceux qui nous traitent d'ignorans et d'esprits superficiels ; et que, selon les lois établies entre les gens de lettres, j'eusse rendu exactement injure pour injure aux partisans de l'antiquité, peut-être aurait-on mieux goûté mes preuves : mais il m'a paru que prendre l'affaire de cette manière là, c'était pour ne finir jamais; et qu'après beaucoup de belles déclamations de part et d'autre, on serait tout étonné qu'on n'aurait rien avancé. J'ai cru que le plus court était de consulter un peu sur tout ceci la physique, qui a le secret d'abréger bien des contestations que la rhétorique rend infinies.

Ici, par exemple, après que l'on a reconnu l'égalité naturelle qui est entre les anciens et nous, il ne reste plus aucune difficulté. On voit clairement que toutes les différences, quelles qu'elles soient, doivent être causées par des circonstances étrangères, telles que sont le temps, le gouvernement, l'état des affaires générales.

Les anciens ont tout inventé, c'est sur ce point que leurs partisans triomphent ; donc ils avaient beaucoup plus d'esprit que nous : point du tout ; mais ils étaient avant nous. J'aimerais autant qu'on les vantât sur ce qu'ils ont bu les premiers l'eau de nos rivières, et que l'on nous insultât sur ce que nous ne buvons plus que leurs restes. Si l'on nous avait mis en leur place, nous aurions inventé ; s'ils étaient en la nôtre, ils ajouteraient à ce qu'ils trouveraient inventé : il n'y a pas là grand mystère.

Je ne parle pas ici des inventions que le hasard fait naître ; et dont il peut faire honneur, s'il veut, au plus mal-habile homme du monde ; je ne parle que de celles qui ont demandé quelque méditation et quelque effort d'esprit. Il est certain que les plus grossières de cette espèce n'ont été réservées qu'à des génies extraordinaires, et que tout ce qu'aurait pu faire Archimède dans l'enfance du monde, aurait été d'inventer la charrue. Archimède, placé dans un autre siècle, brûle les vaisseaux des Romains avec des miroirs, si cependant ce n'est point là une fable.

Qui voudrait débiter des choses spécieuses et brillantes, soutiendrait, à la gloire des modernes, que l'esprit n'a pas besoin d'un grand effort pour les premières découvertes, et que la nature semble nous y porter elle-même; mais qu'il faut plus d'effort pour y ajouter quelque chose, et un plus grand effort, plus on y a déjà ajouté, parce que la matière est plus épuisée, et que ce qui reste à y découvrir est moins exposé aux yeux. Peut-être que les admirateurs des anciens ne négligeraient pas un raisonnement aussi bon que celui-là s'il favorisait leur parti; mais j'avoue de bonne foi qu'il n'est pas assez solide.

Il est vrai que pour ajouter aux premières découvertes, il faut souvent plus d'effort d'esprit qu'il n'en a fallu pour les faire; mais aussi on se trouve beaucoup plus de facilité pour cet effort. On a déjà l'esprit éclairé par ces mêmes découvertes que l'on a devant les yeux : nous avons des vues empruntées d'autrui qui s'ajoutent à celles que nous avons de notre fonds; et si nous surpassons le premier inventeur, c'est lui qui nous a aidés lui-même à le surpasser. Ainsi il a toujours sa part à la gloire de notre ouvrage; et s'il retirait ce qui lui appartient, il ne nous resterait rien de plus qu'à lui.

Je pousse si loin l'équité dont je suis sur cet article, que je tiens même compte aux anciens d'une infinité de vues fausses qu'ils ont eues, de mauvais raisonnemens qu'ils ont faits, de sottises qu'ils ont dites. Telle est notre condition, qu'il ne nous est point permis d'arriver tout d'un coup à rien de raisonnable sur quelque matière que ce soit ; il faut avant cela que nous nous égarions long-temps, et que nous passions par diverses sortes d'erreurs et par divers degrés d'impertinences. Il eût toujours dû être bien facile, à ce qu'il semble, de s'aviser que tout le jeu de la nature consiste dans les figures et dans les mouvemens des corps : cependant, avant que d'en venir là, il a fallu essayer des idées de Platon, des nombres de Pythagore, des qualités d'Aristote; et tout cela ayant été reconnu pour faux, on a été réduit à prendre le vrai système. Je dis qu'on y a été réduit, car en vérité il n'en restait plus d'autre, et il semble qu'on s'est défendu de le prendre aussi long-temps qu'on a pu. Nous avons l'obligation aux anciens de nous avoir épuisé la plus grande partie des idées fausses qu'on se pouvait faire ; il fallait absolument payer à l'erreur et à l'ignorance le tribut qu'ils ont payé, et nous ne devons pas manquer de reconnaissance envers ceux qui nous en ont acquittés. Il en va de même sur diverses matières, où il y a je ne sais combien de sottises que nous dirions si elles n'avaient pas été dites, et si on ne nous les avait pas, pour ainsi dire, enlevées : cependant il y a encore quelquefois des modernes qui s'en ressaisissent, peut-être parce qu'elles n'ont pas encore été dites autant qu'il faut. Ainsi étant éclairés par les vues des anciens, et par leurs fautes mêmes, il n'est pas surprenant que nous les surpassions. Pour ne faire que les égaler, il faudrait que nous fussions d'une nature fort inférieure à la leur ; il faudrait presque que nous ne fussions pas hommes aussi bien qu'eux.

Cependant, afin que les modernes puissent toujours enchérir sur les anciens, il faut que les choses soient d'une espèce à le permettre. L'éloquence et la poésie ne demandent qu'un certain nombre de vues assez borné par rapport à d'autres arts, et elles dépendent principalement de la vivacité de l'imagination. Or les hommes peuvent avoir amassé en peu de siècles un petit nombre de vues ; et la vivacité de l'imagination n'a pas besoin d'une longue suite d'expériences, ni d'une grande quantité de règles, pour avoir toute la perfection dont elle est capable. Mais la physique, la médecine, les mathématiques, sont composées d'un nombre infini de vues, et dépendent de la justesse du raisonnement, qui se perfectionne avec une extrême lenteur, et se perfectionne toujours ; il faut même souvent qu'elles soient aidées par des expériences que le hasard seul fait naître, et qu'il n'amène pas à point nommé. Il est évident que tout cela n'a point de fin, et que les derniers physiciens ou mathématiciens devront naturellement être les plus habiles.

Et, en effet, ce qu'il y a de principal dans la philosophie, et ce qui de là se répand sur tout, je veux dire la manière de raisonner, s'est extrêmement perfectionné dans ce siècle. Je doute fort que la plupart des gens entrent dans la remarque que je vais faire : je la ferai cependant pour ceux qui se connaissent en raisonnemens ; et je puis me vanter que c'est avoir du courage, que de s'exposer, pour l'intérêt de la vérité, à la critique de tous les autres, dont le nombre n'est assurément pas méprisable. Sur quelque matière que ce soit, les anciens sont assez sujets à ne pas raisonner dans la dernière perfection. Souvent de faibles convenances, de petites similitudes, des jeux d'esprit peu solides, des discours vagues et confus, passent chez eux pour des preuves ; aussi rien ne leur coûte à prouver : mais ce qu'un ancien démontrait en se jouant, donnerait, à l'heure qu'il est, bien de la peine à un pauvre moderne; car de quelle rigueur n'est-on pas sur les raisonnemens? On veut qu'ils soient intelligibles, on veut qu'ils soient justes, on veut qu'ils concluent. On aura la malignité de démêler la moindre équivoque, ou d'idées, ou de mots; on aura la dureté de condamner la chose du monde la plus ingénieuse, si elle ne va pas au fait. Avant Descartes, on raisonnait plus commodément; les siècles passés sont bien heureux de n'avoir pas eu cet homme là. C'est lui, à ce qu'il me semble, qui a amené cette nouvelle méthode de raisonner, beaucoup plus estimable que sa philosophie même, dont une bonne partie se trouve fausse ou incertaine, selon les propres regles qu'il nous a apprises. Enfin il règne non-seulement dans nos bons ouvrages de physique et de métaphysique, mais dans ceux de religion, de morale, de critique, une précision et une justesse qui, jusqu'à présent, n'avaient été guère connues.

Je suis même fort persuadé qu'elles iront encore plus loin. Il ne laisse pas de se glisser encore, dans nos meilleurs livres, quelques raisonnemens à l'antique : mais nous serons quelque jour anciens; et, ne sera-t-il pas bien juste que notre postérité, à son tour, nous redresse et nous surpasse, principalement sur la manière de raisonner, qui est une science à part, et la plus difficile, et la moins cultivée de toutes ?

Pour ce qui est de l'éloquence et de la poésie, qui sont le sujet de la principale contestation entre les anciens et les modernes, quoiqu'elles ne soient pas en elles-mêmes fort importantes, je crois que les anciens en ont pu atteindre la perfection, parce que, comme j'ai dit, on la peut atteindre en peu de siècles, et je ne sais pas précisément combien il en faut pour cela. Je dis que les Grecs et les Latins peuvent avoir été excellens poètes et excellens orateurs, mais l'ont-ils été? Pour bien éclaircir ce point, il faudrait entrer dans une discussion infinie, et qui, quelque juste, et quelque exacte qu'elle pût être, ne contenterait jamais les partisans de l'antiquité. Le moyen de raisonner avec eux? Il sont résolus à pardonner tout à leurs anciens. Que dis-je, à leur pardonner? à les admirer sur tout. C'est là particulièrement le génie des commentateurs, peuple le plus superstitieux de tous ceux qui sont dans le culte de l'antiquité. Quelles beautés ne se tiendraient heureuses d'inspirer à leurs amans une passion aussi vive et aussi tendre que celle qu'un Grec ou un Latin inspire à son respectueux interprète?

Cependant je dirai quelque chose de plus précis sur l'éloquence et sur la poésie des anciens, non que je ne sache assez le péril qu'il y a à se déclarer : mais il me semble que mon peu d'autorité, et le peu d'attention qu'on aura pour mes opinions, me mettent en liberté de dire tout ce que je veux. Je trouve que l'éloquence a été plus loin chez les anciens que la poésie, et que Démosthène et Cicéron sont plus parfaits en leur genre qu'Homère et Virgile dans le leur. J'en vois une raison assez naturelle. L'éloquence menait à tout dans les républiques des Grecs, et dans celle des Romains; et il était aussi avantageux d'être né avec le talent de bien parler, qu'il le serait aujourd'hui d'être né avec un million de rentes. La poésie, au contraire, n'était bonne à rien, et ç'a toujours été la même chose dans toutes sortes de gouvernement : ce vice là lui est bien essentiel. Il me paraît encore que, sur la poésie et l'éloquence, les Grecs le cèdent aux Latins. J'en excepte une espèce de poésie, sur laquelle les Latins n'ont rien à opposer aux Grecs ; on voit bien que c'est de la tragédie dont je parle. Selon mon goût particulier, Cicéron l'emporte sur Démosthène, Virgile sur Théocrite et sur Homère, Horace sur Pindare, Tite-Live et Tacite sur tous les historiens Grecs.

Dans le système que nous avons établi d'abord, cet ordre est fort naturel. Les Latins étaient des modernes à l'égard des Grecs : mais comme l'éloquence et la poésie sont assez bornées, il faut qu'il y ait un temps où elles soient portées à leur dernière perfection ; et je tiens que pour l'éloquence et pour l'histoire, ce temps là a été le siècle d'Auguste. Je n'imagine rien au-dessus de Cicéron et de Tite-Live. Ce n'est pas qu'ils n'aient leurs défauts : mais je ne crois pas qu'on puisse avoir moins de défauts avec autant de grandes qualités ; et l'on sait assez que c'est la seule manière dont on puisse dire que les hommes soient parfaits sur quelque chose.

La plus belle versification du monde est celle de Virgile ; peut-être cependant n'eût-il pas été mauvais qu'il eût eu le loisir de la retoucher. Il y a de grands morceaux dans l'Énéide, d'une beauté achevée, et que je ne crois pas qu'on surpasse jamais. Pour ce qui est de l'ordonnance du poème en général, de la manière d'amener les événemens, et d'y ménager des surprises agréables, de la noblesse des caractères, de la variété des incidens, je ne serai jamais fort étonné qu'on aille au-delà de Virgile ; et nos romans, qui sont des poèmes en prose, nous en ont déjà fait voir la possibilité.

Mon dessein n'est pas d'entrer dans un plus grand

détail de critique; je veux seulement faire voir que puisque les anciens ont pu parvenir, sur de certaines choses, à la dernière perfection, et n'y pas parvenir, on doit, en examinant s'ils y sont parvenus, ne conserver aucun respect pour leurs grands noms, n'avoir aucune indulgence pour leurs fautes, les traiter enfin comme des modernes. Il faut être capable de dire ou d'entendre dire, sans adoucissement, qu'il y a une impertinence dans Homère ou dans Pindare; il faut avoir la hardiesse de croire que des yeux mortels peuvent apercevoir des défauts dans ces grands génies; il faut pouvoir digérer que l'on compare Démosthène et Cicéron à un homme qui aura un nom français, et peut-être bas : grand et prodigieux effort de raison !

Sur cela, je ne puis m'empêcher de rire de la bizarrerie des hommes. Préjugé pour préjugé, il serait plus raisonnable d'en prendre à l'avantage des modernes, qu'à l'avantage des anciens. Les modernes naturellement ont dû enchérir sur les anciens : cette prévention favorable pour eux aurait un fondement. Quels sont, au contraire, les fondemens de celle où l'on est pour les anciens? leurs noms qui sonnent mieux dans nos oreilles, parce qu'ils sont Grecs ou Latins, la réputation qu'ils ont eue d'être les premiers hommes de leur siècle, ce qui n'était vrai que pour leur siècle; le nombre de leurs admirateurs qui est fort grand, parce qu'il a eu le loisir de grossir pendant une longue suite d'années. Tout cela considéré, il vaudrait encore mieux que nous fussions prévenus pour les modernes; mais les hommes, non contens d'abandonner la raison pour les préjugés, vont quelquefois choisir ceux qui sont les plus déraisonnables.

Quand nous aurons trouvé que les anciens ont atteint, sur quelque chose, le point de la perfection, contentons-nous de dire qu'ils ne peuvent être surpassés : mais ne disons pas qu'ils ne peuvent être égalés ; manière de parler très familière à leurs admirateurs. Pourquoi ne les égalerions-nous pas ? En qualité d'hommes, nous avons toujours droit d'y prétendre. N'est-il pas plaisant qu'il soit besoin de nous relever le courage sur ce point là, et que nous, qui avons souvent une vanité si mal entendue, nous ayons aussi quelquefois une humilité qui ne l'est pas moins ? Il est donc bien déterminé qu'aucune sorte de ridicule ne nous manquera.

Sans doute la nature se souvient bien encore comment elle forma la tête de Cicéron et de Tite-Live. Elle produit, dans tous les siècles, des hommes propres à être de grands hommes ; mais les siècles ne leur permettent pas toujours d'exercer leurs talens. Des inondations de barbares, des gouvernemens ou absolument contraires, ou peu favorables aux sciences et aux arts, des préjugés et des fantaisies, qui peuvent prendre une infinité de formes différentes, tel qu'est à la Chine le respect des cadavres qui empêche qu'on ne fasse aucune anatomie, des guerres universelles, établissent souvent, et pour long-temps, l'ignorance et le mauvais goût. Joignez à cela toutes les diverses dispositions des fortunes particulières, et vous verrez combien la nature sème en vain de Cicérons et de Virgiles dans le monde, et combien il doit être rare qu'il y en ait quelques uns, pour ainsi dire, qui viennent à bien. On dit que le ciel, en faisant naître de grands rois, fait naître aussi de grands poètes pour les chanter, d'excellens historiens pour écrire leurs vies. Ce qu'il y a de vrai, c'est qu'en tous temps les historiens et les poètes sont tout prêts, et que les princes n'ont qu'à vouloir les mettre en œuvre.

Les siècles barbares qui ont suivi celui d'Auguste, et précédé celui-ci, fournissent aux partisans de l'antiquité celui de tous leurs raisonnemens qui a le plus d'apparence d'être bon. D'où vient, disent-ils, que dans ces siècles-là l'ignorance était si épaisse et si profonde? c'est que l'on n'y connaissait plus les Grecs et les Latins, on ne les lisait plus : mais du moment que l'on se remit devant les yeux ces excellens modèles, on vit renaître la raison et le bon goût. Cela est vrai, et ne prouve pourtant rien. Si un homme, qui aurait de bons commencemens des sciences, des belles-lettres, venait à avoir une maladie qui les lui fît oublier, serait-ce à dire qu'il en fût devenu incapable? Non; il pourrait les reprendre quand il voudrait, en recommençant dès les premiers élémens. Si quelque remède lui rendait la mémoire tout à coup, ce serait bien de la peine épargnée; il se trouverait sachant tout ce qu'il avait su, et pour continuer, il n'aurait qu'à reprendre où il aurait fini. La lecture des anciens a dissipé l'ignorance et la barbarie des siècles précédens. Je le crois bien. Elle nous rendit tout d'un coup des idées du vrai et du beau que nous aurions été long-temps à rattraper, mais que nous eussions rattrapées à la fin sans le secours des Grecs et des Latins, si nous les avions bien cherchées. Et où les eussions-nous prises? où les avaient prises les anciens. Les anciens mêmes, avant que de les prendre, tâtonnèrent bien long-temps.

La comparaison que nous venons de faire des hommes

de tous les siècles à un seul homme, peut s'étendre sur toute notre question des anciens et des modernes. Un bon esprit cultivé est, pour ainsi dire, composé de tous les esprits des siècles précédens; ce n'est qu'un même esprit qui s'est cultivé pendant tout ce temps-là. Ainsi cet homme qui a vécu depuis le commencement du monde jusqu'à présent, a eu son enfance, où il ne s'est occupé que des besoins les plus pressans de la vie; sa jeunesse, où il a assez bien réussi aux choses d'imagination, telle que la poésie et l'éloquence, et où même il a commencé à raisonner; mais avec moins de solidité que de feu. Il est maintenant dans l'âge de virilité, où il raisonne avec plus de force, et a plus de lumières que jamais : mais il serait bien plus avancé, si la passion de la guerre ne l'avait occupé long-temps, et ne lui avait donné du mépris pour les sciences auxquelles il est enfin revenu.

Il est fâcheux de ne pas pouvoir pousser jusqu'au bout une comparaison qui est en si beau train : mais je suis obligé d'avouer que cet homme-là n'aura point de vieillesse; il sera toujours également capable des choses auxquelles sa jeunesse était propre, et il le sera toujours de plus en plus de celles qui conviennent à l'âge de virilité, c'est-à-dire, pour quitter l'allégorie, que les hommes ne dégénèreront jamais, et que les vues saines de tous les bons esprits qui se succéderont, s'ajouteront toujours les unes aux autres.

Cet amas qui croît incessamment, de vues qu'il faut suivre, de règles qu'il faut pratiquer, augmente toujours aussi la difficulté de toutes les espèces de sciences ou d'arts : mais d'un autre côté, de nouvelles facilités naissent pour récompenser ces difficultés; je m'expliquerai mieux par des exemples. Du temps d'Homère, c'était une grande merveille qu'un homme pût assujétir son discours à des mesures, à des syllabes longues et brèves, et faire en même temps quelque chose de raisonnable. On donnait donc aux poètes des licences infinies, et on se tenait encore trop heureux d'avoir des vers. Homère pouvait parler dans un seul vers cinq langues différentes, prendre le dialecte dorique quand l'ionique ne l'accommodait pas ; au défaut de tous les deux, prendre l'attique, l'éolique ou le commun, c'est-à-dire, parler en même temps picard, gascon, normand, breton et français commun. Il pouvait allonger un mot s'il était trop court, l'acourcir s'il était trop long ; personne n'y trouvait à redire. Cette étrange confusion de langues, cet assemblage bizarre de mots tout défigurés, était la langue des dieux; du moins il est bien sûr que ce n'était pas celle des hommes. On vint peu à peu à reconnaître le ridicule de ces licences qu'on accordait aux poètes. Elles leur furent donc retranchées les unes après les autres; et à l'heure qu'il est les poètes, dépouillés de leurs anciens priviléges, sont réduits à parler d'une manière naturelle. Il semblerait que le métier serait fort empiré, et la difficulté de faire des vers bien plus grande. Non, car nous avons l'esprit enrichi d'une infinité d'idées poétiques qui nous sont fournies par les anciens que nous avons devant les yeux; nous sommes guidés par un grand nombre de règles et de réflexions qui ont été faites sur cet art ; et comme tous ces secours manquaient à Homère, il en a été récompensé avec justice par toutes les licences qu'on lui laissait prendre. Je crois pourtant, à dire le vrai, que sa condition était un peu meilleure que la nôtre; ces sortes de compensations ne sont pas si exactes.

Les mathématiques et la physique sont des sciences dont le joug s'appesantit toujours sur les savans; à la fin il y faudrait renoncer : mais les méthodes se multiplient en même temps; le même esprit qui perfectionne les choses en y ajoutant de nouvelles vues, perfectionne aussi la manière de les apprendre en l'abrégeant, et fournit de nouveaux moyens d'embrasser la nouvelle étendue qu'il donne aux sciences. Un savant de ce siècle-ci contient dix fois un savant du siècle d'Auguste; mais il en a eu dix fois plus de commodités pour devenir savant.

Je peindrais volontiers la nature avec une balance à la main, comme la justice, pour marquer qu'elle s'en sert à peser et à égaler à peu près tout ce qu'elle distribue aux hommes, le bonheur, les talens, les avantages et les désavantages des différentes conditions, les facilités et les difficultés qui regardent les choses de l'esprit.

En vertu de ces compensations, nous pouvons espérer qu'on nous admirera avec excès dans les siècles à venir, pour nous payer du peu de cas que l'on fait aujourd'hui de nous dans le nôtre. On s'étudiera à trouver dans nos ouvrages des beautés que nous n'avons point prétendu y mettre. Telle faute insoutenable, et dont l'auteur conviendrait lui-même aujourd'hui, trouvera des défenseurs d'un courage invincible; et Dieu sait avec quel mépris on traitera en comparaison de nous les beaux esprits de ce temps là, qui pourront bien être des Américains. C'est ainsi que le même préjugé nous abaisse dans un temps, pour nous élever dans un autre; c'est ainsi qu'on en est la victime, et puis la divinité : jeu assez plaisant à considérer avec des yeux indifférens.

Je puis même pousser la prédiction encore plus loin. Un temps a été que les Latins étaient modernes, et alors ils se plaignaient de l'entêtement que l'on avait pour les Grecs, qui étaient les anciens. La différence de temps qui est entre les uns et les autres disparaît à notre égard, à cause du grand éloignement où nous sommes ; ils sont tous anciens pour nous, et nous ne faisons pas de difficulté de préférer ordinairement les Latins aux Grecs, parce qu'entre anciens et anciens, il n'y a pas de mal que les uns l'emportent sur les autres; mais entre anciens et modernes, ce serait un grand désordre que les modernes l'emportassent. Il ne faut qu'avoir patience, et par une longue suite de siècles, nous deviendrons les contemporains des Grecs et des Latins : alors il est aisé de prévoir qu'on ne fera aucun scrupule de nous préférer hautement à eux sur beaucoup de choses. Les meilleurs ouvrages de Sophocle, d'Euripide, d'Aristophane, ne tiendront guère devant Cinna, Horace, Ariane, le Misanthrope, et un grand nombre d'autres tragédies et comédies du bon temps ; car, il en faut convenir de bonne foi, il y a quelques années que ce bon temps est passé. Je ne crois pas que Théagène et Chariclée, Clitophon et Leucippe, soient jamais comparés à Cyrus, à l'Astrée, à Zaïde, à la princesse de Clèves. Il y a même des espèces nouvelles, comme les lettres galantes, les contes, les opéras, dont chacune nous a fourni un auteur excellent, auquel l'antiquité n'a rien à opposer, et qu'apparemment la postérité ne surpassera pas. N'y eût-il que les chansons, espèce qui pourra bien périr, et à laquelle on ne fait pas grande attention, nous en avons une prodigieuse quantité, toutes pleines de feu et d'esprit ; et je maintiens que si Anacréon les avaient sues, il les aurait plus chantées que la plupart des siennes. Nous voyons par un grand nombre d'ouvrages de poésie, que la versification peut avoir aujourd'hui autant de noblesse, mais en même temps plus de justesse et d'exactitude qu'elle n'en eut jamais. Je me suis proposé d'éviter les détails, et je n'étalerai pas davantage nos richesses ; mais je suis persuadé que nous sommes comme les grands seigneurs, qui ne prennent pas toujours la peine de tenir des registres exacts de leurs biens, et qui en ignorent une partie.

Si les grands hommes de ce siècle avaient des sentimens charitables pour la postérité, ils l'avertiraient de ne les admirer point trop, et d'aspirer toujours du moins à les égaler. Rien n'arrête tant le progrès des choses, rien ne borne tant les esprits, que l'admiration excessive des anciens. Parce qu'on s'était dévoué à l'autorité d'Aristote, et qu'on ne cherchait la vérité que dans ses écrits énigmatiques, et jamais dans la nature, non-seulement la philosophie n'avançait en aucune façon, mais elle était tombée dans un abîme de galimatias et d'idées inintelligibles, d'où l'on a eu toutes les peines du monde à la retirer. Aristote n'a jamais fait un vrai philosophe; mais il en a beaucoup étouffé qui le fussent devenus, s'il eût été permis. Et le mal est qu'une fantaisie de cette espèce, une fois établie parmi les hommes, en voilà pour long-temps : on sera des siècles entiers à en revenir, même après qu'on en aura reconnu le ridicule. Si l'on allait s'entêter un jour de Descartes, et le mettre à la place d'Aristote, ce serait à peu près le même inconvénient.

Cependant il faut tout dire, il n'est pas bien sûr que la postérité nous compte pour un mérite les deux ou trois mille ans qu'il y aura un jour entre elle et nous, comme nous les comptons aujourd'hui aux Grecs et aux Latins. Il y a toutes les apparences du monde que la raison se perfectionnera, et que l'on se désabusera généralement du préjugé grossier de l'antiquité. Peut-être ne durera-t-il pas encore long-temps; peut-être, à l'heure qu'il est, admirons-nous les anciens en pure perte, et sans devoir jamais être admirés en cette qualité là. Ce serait un peu fâcheux.

Si après tout ce que je viens de dire, on ne me pardonne pas d'avoir osé attaquer des anciens dans le discours sur l'églogue, il faut que ce soit un crime qui ne puisse être pardonné. Je n'en dirai donc pas davantage. J'ajouterai seulement que si j'ai choqué les siècles passés par la critique des églogues des anciens, je crains fort de ne plaire guère au siècle présent par les miennes. Outre beaucoup de défauts qu'elles ont, elles représentent toujours un amour tendre, délicat, appliqué, fidèle jusqu'à en être superstitieux; et selon tout ce que j'entends dire, le siècle est bien mal choisi pour y peindre un amour si parfait.

DISCOURS
SUR LA PATIENCE,

QUI A REMPORTÉ LE PRIX D'ÉLOQUENCE, PAR LE JUGEMENT DE L'ACADÉMIE FRANÇAISE, EN L'ANNÉE 1689.

Quelque peu d'usage que l'homme fasse de ses lumières pour s'étudier soi-même, il découvre les faiblesses et les déréglemens dont il est rempli; aussitôt sa raison cherche à y remédier, touchée naturellement d'un désir de perfection qui lui reste de l'ancienne grandeur où elle s'est vue élevée. Mais que peut-elle maintenant, incertaine, aveugle, pleine d'erreurs, digne elle-même d'être comptée pour une des misères de l'homme? Elle ne sait que combattre des défauts, par des défauts, ou guérir des passions par des passions; et les vains remèdes qu'elle fournit sont des maux d'autant plus grands et plus incurables, qu'elle est intéressée à ne les plus reconnaître pour des maux; et qu'elle s'est séduite elle-même en leur faveur.

En vain pendant plusieurs siècles la Grèce, si fertile en esprits subtils, curieux et inquiets, produisit ces sages qui faisaient une profession téméraire d'enseigner à leurs disciples l'art de vivre heureux, et de se rendre plus parfaits; en vain la diversité infinie de leurs sentimens, qui sera à jamais la honte des faibles lumières naturelles, épuisa tout ce que la raison humaine pouvait pour les hommes : l'effet des plus grands efforts de la philosophie ne fut que de changer les vices que produit la nature corrompue, en de fausses vertus, qui étaient, s'il se peut, des marques encore plus certaines de corruption. Un homme du commun ou ignore, ou reconnaît ses défauts avec assez de simplicité, pour les rendre en quelque sorte excusables; au lieu qu'un philosophe païen, fier d'avoir acquis les siens à force de méditation et d'étude, leur donnait tous ses applaudissemens.

Ces désordres que la raison humaine causait dans la Grèce, où elle régnait avec toute la hauteur dont elle est capable quand elle vient à se méconnaître, les leçons trompeuses qu'elle envoyait de là chez tous les peuples du monde, qui ne les recevaient qu'avec trop de docilité, ne furent pas sans doute les moindres motifs qui invitèrent la raison éternelle à descendre sur la terre. Si d'un côté chez les Juifs les fameuses semaines de Daniel qui expiraient, et le sceptre de Juda qui avait passé dans des mains étrangères, pressaient le libérateur si long-temps promis et attendu, il est certain que d'un autre côté les Grecs livrés jusque là à des erreurs orgueilleuses, et à une ignorance contente d'elle-même, demandaient également le Messie par leurs besoins, quoiqu'ils ne fussent pas en droit de l'attendre. Dieu le devait aux uns pour dégager sa parole tant de fois donnée par la bouche de ses prophètes; et il le devait aux autres pour satisfaire à sa bonté, qui ne les pouvait souffrir plus long-temps dans les égaremens de leur sagesse. Il fallait aux uns un monarque qui s'établit un empire tout divin sur les nations, un grand-prêtre qui leur enseignât les véritables sacrifices; et il fallait aux autres un sage dont ils reçussent des préceptes solides, un maître qui leur apportât toutes les connaissances après lesquelles ils soupiraient depuis si long-temps.

Il parut donc enfin parmi les hommes, ce Messie si ardemment désiré d'un seul peuple, et si nécessaire à tous. Alors les idées et du vrai et du bien nous furent révélées sans obscurité et sans nuages; alors disparurent tous ces fantômes de vertus qu'avait enfantés l'imagination des philosophes; alors des remèdes tout divins furent appliqués avec efficace à tous les maux qui nous sont naturels.

Arrêtons nos yeux en particulier sur quelqu'un des effets que produisit la nouvelle loi annoncée par Jésus-Christ. L'impatience dans les maux est peut-être un des vices auxquels la nature nous porte, et le plus généralement, et avec le plus de force; et il n'y a point de vertu à laquelle la philosophie ait plus aspiré qu'à la patience, sans doute parce qu'il n'y en a aucune ni plus nécessaire à la malheureuse condition des hommes, ni plus capable d'attirer une distinction glorieuse à ceux qui auraient pu l'acquérir. Cette impatience de la nature, et la fausse patience de la philosophie, nous serviront d'exemples de l'heureux renouvellement qui se fit alors dans l'univers. Voyons comment la véritable patience, inconnue jusque là sur la terre, prit la place de l'une et de l'autre. N'ayons point de honte d'envisager de près et d'étudier nos misères; cette vue, cette étude servira à nous convaincre des bienfaits du Rédempteur.

PREMIER POINT.

Quel est ce mouvement impétueux de notre âme, qui s'irrite encore contre les maux qu'elle endure, et qui s'agite comme pour en secouer le joug ? Pourquoi tâcher à les repousser loin de nous par des efforts violens, dont nous sentons en même temps l'impuissance? Pourquoi prendre à partie, ou des astres qui n'ont en aucune sorte contribué à nos malheurs, ou une fortune et des destins qui n'ont point d'être hors de notre imagination? Que veulent dire ces plaintes adressées à mille objets dont elles ne peuvent être écoutées? que veut dire cette espèce de fureur où nous entrons contre nous-mêmes, moins fondée encore que tous ces autres emportemens? Soulageons-nous nos maux ou les redoublons-nous? Malheureux, si nous n'avons que des moyens si faux et si peu raisonnables pour les soulager! insensés, si nous les redoublons ! Mais quel sujet d'en douter? il n'est que trop sûr que nous redoublons nos maux. Cet effort que nous faisons pour arracher le trait qui nous blesse, l'enfonce encore davantage ; l'âme se déchire elle-même par cette nouvelle agitation; et le mouvement extraordinaire où elle se met excitant sa sensibilité, donne plus de prise sur elle à la douleur qui la tourmente.

Cependant, ni la honte de suivre des mouvemens déréglés, ni la crainte d'augmenter les sentimens de nos maux, ne répriment en nous l'impatience. On s'y abandonne d'autant plus facilement, que la voix secrète de notre conscience ne nous la reproche presque pas, et qu'il n'y a point dans ces emportemens une injustice évidente qui nous frappe et qui nous en donne de l'horreur. Au contraire, il semble que le mal que nous souffrons nous justifie ; il semble qu'il nous dispense pour quelque temps de la nécessité d'être raisonnables. N'emploie-t-on pas même quelque sorte d'art pour s'excuser de ce défaut, et pour s'y livrer sans scrupule? Ne se déguise-t-on pas souvent l'impatience sous le nom plus doux de vivacité? Il est vrai qu'elle marque toujours une âme vaincue par ses maux, et contrainte de leur céder : mais il y a des malheurs auxquels les hommes approuvent que l'on soit sensible jusqu'à l'excès, et des événemens où ils s'imaginent que l'on peut avec bienséance manquer de force et s'oublier entièrement. C'est alors qu'il est permis d'aller jusqu'à se faire un mérite de l'impatience, et que l'on ne renonce pas à en être applaudi. Qui l'eût cru, que ce qui porte le plus le caractère de petitesse de courage, pût jamais devenir un fondement de vanité? La religion seule pouvait remédier à un défaut si enraciné dans la nature, et quelquefois autorisé pas nos fausses opinions. Elle nous apprend, pour étouffer en nous l'impatience toujours nuisible et insensée, que nous sommes tous pécheurs; que nous devons une expiation à la justice divine ; que tous les maux que nous sommes capables de souffrir, nous les avons mérités. Quelle étrange consolation, à en juger selon les premières idées qui se présentent.! Quoi ! nous ne serons pas seulement malheureux, nous serons encore obligés de nous croire coupables? nous perdrons jusqu'au droit de nous plaindre? nos soupirs ne pourront plus être innocens? Encore un coup, quelle étrange consolation!

C'en est une cependant, et solide et efficace. Quelque

tristes que paraissent quelquefois les vérités qui nous viennent du ciel, elles n'en viennent que pour notre bonheur et notre repos. Un chrétien, vivement persuadé qu'il mérite les maux qu'il souffre, est bien éloigné de les redoubler par des mouvemens d'impatience. Il est juste que la révolte de notre âme contre des douleurs dues à nos péchés, soit punie par l'augmentation de ces douleurs mêmes : mais on se l'épargne en se soumettant sans murmure au châtiment que l'on reçoit. Ce n'est pas que les chrétiens cherchent à souffrir moins; c'est que d'ordinaire les actions de vertu ont des récompenses naturelles qui en sont inséparables. On ne peut être dans une sainte disposition à souffrir, que l'on ne diminue la rigueur des souffrances. On ne peut y consentir sans les soulager; et lorsque nous nous rangeons contre nous-mêmes du parti de la justice divine, on peut dire que nous affaiblissons en quelque sorte le pouvoir qu'elle aurait contre nous.

Faut-il que je mette aussi au nombre des motifs de patience que la religion nous enseigne, les biens éternels qu'elle nous apprend à mériter par le bon usage de nos maux? Sont-ce véritablement des maux, que les moyens d'acquérir ces biens célestes qui ne pourront jamais nous être ravis? souffre-t-on encore quand on les envisage? et leur idée laisse-t-elle dans notre âme quelque place à des douleurs et faibles et passagères? Ah! il semble qu'ils nous empêchent bien plutôt de les sentir, qu'ils ne nous aident à les endurer.

Tel a été l'art de la bonté de Dieu, que, dans les punitions mêmes que sa colère nous envoie ; elle a trouvé moyen de nous y ménager une source d'un bonheur infini. Recevons avec une soumission sincère de si justes punitions, et elles deviendront aussitôt des sujets de récompense. Nous n'aurons pas seulement effacé nos crimes, nous aurons acquis un droit à la souveraine félicité. Aveuglement de la nature, lumières célestes de la religion, que vous êtes contraires! La nature, par ses mouvemens désordonnés, augmente nos douleurs, et la religion les met, pour ainsi dire, à profit par la patience qu'elle nous inspire. Si nous en croyons l'une, nous ajoutons à des maux nécessaires un mal volontaire: et si nous suivons les instructions de l'autre, nous tirons de ces maux nécessaires les plus grands de tous les biens.

Aussi la patience chrétienne n'est-elle pas une simple patience; c'est un véritable amour des douleurs. Si on ne portait pas sa vue dans cette éternité de bonheur dont elles nous assurent la jouissance, on se bornerait à les recevoir sans murmure, comme des châtimens dont on est digne par ses péchés; mais dès que l'on regarde le prix infini dont elles sont payées, on ne peut plus que les recevoir avec joie comme des grâces dont on est indigne. De là naissaient ces merveilles dont les annales des chrétiens sont remplies; cette tranquillité dont les saints ont joui au milieu même des plus âpres tourmens; cette égalité parfaite qu'ils ont toujours vue entre les biens et les maux; que dis-je, égalité? cette préférence qu'ils ont toujours donnée aux maux sur les biens; ces heureux excès de patience qu'ils ont poussés jusqu'à oser appeler sur eux les maux que la main de Dieu leur refusait.

Quel spectacle fut-ce pour le monde corrompu que la naissance du christianisme! On voit paraître tout à coup et se répandre dans l'univers des hommes qui disconviennent d'avec tous les autres sur les principes les plus communs; des hommes qui rejettent tout ce qui est recherché avec le plus d'ardeur, et qui ont un amour sincère pour tout ce que les autres fuient. Les plaintes sont un langage qui leur est inconnu, si ce n'est dans la prospérité. Ils ne se contentent pas d'avoir, au milieu des malheurs, une constance inébranlable; ils ont une joie qui va souvent jusqu'à des transports: s'ils ne s'offrent pas d'eux-mêmes aux tourmens et à la mort, ils se contraignent; la cruauté de leurs ennemis se méprend éternellement; on ne leur donne pour supplices que ce qu'ils souhaitent. Quels sont ces prodiges? devaient dire les païens. Quel est ce renversement? Les biens et les maux ont-ils changé de nature? Les hommes en ont-ils changé eux-mêmes? Cet étonnement fut sans doute d'autant plus grand, que l'on voyait les philosophes, qui jusques là avaient paru être en possession de toutes les vertus et des vérités, confondus, et dans leur spéculation et dans leur pratique, par de nouveaux philosophes incomparablement plus parfaits. Ce furent ces derniers sages, ou plutôt ce fut leur maître céleste qui détruisit les fausses espèces de patience établies par des sages trompeurs, et plus vicieuses peut-être que l'impatience naturelle aux hommes qui n'ont que leurs passions pour guides.

DEUXIÈME POINT.

Jamais la raison humaine n'a fait éclater tant d'orgueil, et n'a laissé voir tant d'impatience, que dans la secte des stoïciens. Ces philosophes entreprirent de persuader aux hommes que leur propre corps était pour eux quelque chose d'étranger, dont les intérêts leur devaient être indifférens, et que les douleurs qui affligeaient ce corps étaient ignorées par le sage, qui se retranchait entièrement dans la partie spirituelle de lui-même. Ainsi le stoïcien regardait les maux avec dédain, comme des ennemis incapables de lui nuire; et il se parait d'une patience fastueuse, fondée sur l'impassibilité dont sa secte le flattait. Souffrir avec constance eût été quelque chose de trop humain; il ne souffrait point, semblable à Jupiter même, dont il n'avait lieu d'envier ni les perfections ni le bonheur.

Jusqu'où vous égarez-vous, faibles esprits des hommes, quand vous êtes abandonnés à vous-mêmes? quoi! il s'agit de soulager les blessures que nous recevons, nous en gémissons; et on n'y trouve point d'autre remède que de nous soutenir que nous sommes invulnérables! trop heureux encore si nous pouvions entrer dans cette illusion, et en profiter! mais si ces vaines idées élèvent pour quelques momens et enflent l'imagination séduite, on est aussitôt rappelé au sentiment de ses maux par la nature plus forte et plus puissante; et si l'opiniâtreté du parti dont on a fait choix maintient encore dans l'esprit cette superbe spéculation, le cœur qui souffre la dément et la condamne. Quand ce stoïcien, pressé par la douleur d'une maladie violente, s'écriait, en s'adressant à elle: *Je n'avouerai pourtant point que tu sois un mal;* cet effort qu'il faisait pour ne le pas avouer, ce désaveu même apparent, n'était-ce pas un aveu et le plus fort et le plus sincère qui pût jamais être?

Loin du christianisme une erreur si contraire aux sentimens naturels, et un orgueil si indigne d'une raison éclairée! La patience des chrétiens n'est point fondée sur ce qu'ils s'imaginent être au-dessus des douleurs; ils souffrent, ils avouent qu'ils souffrent : mais la soumission qu'ils ont pour celui qui les fait justement souffrir, mais le prix qui est proposé à leurs souffrances produit cette constance, ce calme, cette joie qui ont si souvent arraché à leurs persécuteurs de l'admiration et du respect. Ils ne retiennent point leurs plaintes et leurs gémissemens par la crainte de déshonorer le parti qu'ils font profession de suivre; mais la divine religion qu'ils suivent prévient en eux les plaintes et les gémissemens, par les saintes pensées dont elle les remplit. Ils sont tels au dedans d'eux-mêmes, que les stoïciens avaient beaucoup de peine à paraître au dehors, tranquilles et vainqueurs de la douleur qu'ils endurent. Ils sont, ce que toute la philosophie elle-même ne saurait assez admirer, aussi sensibles que tous les autres hommes à toutes les misères humaines, plus satisfaits au milieu des plus grandes misères, que s'ils étaient les plus heureux des hommes.

Il n'y a rien où la patience éclate avec plus d'avantage que dans les injures. Un stoïcien offensé ne conservait un extérieur paisible, que parce qu'il s'élevait aussitôt dans son cœur au-dessus de celui qui l'avait offensé, et quelquefois même par un superbe jugement osait le dégrader de la qualité d'homme; insulte qu'on fait sans danger à son ennemi, vengeance impuissante qui ne laisse pas de consoler l'orgueil. Un chrétien se met dans son cœur au-dessous de tous les hommes: et cependant il a au milieu des outrages une héroïque tranquillité qui le met au-dessus de ses ennemis. Innocent et heureux artifice que la grâce nous enseigne!

sans prendre une fierté mal fondée, sans affecter une fausse insensibilité, nous n'avons qu'à nous humilier sous la main du créateur pour être supérieurs aux créatures ; nous n'avons qu'à la respecter dans les instrumens qu'elle emploie, pour être à l'épreuve des plus rudes coups que les hommes puissent nous porter. Il n'y en a point qui n'aient assez de pouvoir pour nous faire souffrir ; mais il n'y en a point qui en aient assez pour troubler notre repos. Lorsque leurs bras sont tournés contre nous, un bras plus puissant qui les fait agir se montre aux yeux de notre foi, tient nos douleurs dans le respect, et réprime toute l'agitation qu'elles produiraient dans notre âme. Les injustices que nous avons à essuyer ne se représentent plus à nous comme des événemens qui partent de la méchanceté des hommes, et qui doivent exciter en nous de la haine et de l'indignation : nous remontons plus haut, et d'une vue plus éclairée, nous découvrons que ces mêmes événemens nous viennent du ciel, et comme de justes châtimens qui demandent de la soumission, et comme des sujets de mérite qui demandent des actions de grâces.

Ce n'était pas ainsi qu'en jugeaient la plupart des philosophes, persuadés que toutes choses étaient gouvernées par une fatalité aveugle, immuable, nécessaire, de laquelle partaient indifféremment et les biens et les maux. Il est vrai qu'ils se soumettaient à elle dans les malheurs, et quelquefois avec assez de résolution : mais quelle était cette espèce de patience ? une patience d'esclaves attachés à leur chaîne, et sujets à tous les caprices d'un maître impitoyable ; une patience qui n'étant fondée que sur l'inutilité de la révolte, arrête durement les mouvemens de l'âme ; et au lieu de la consoler, y laisse un chagrin sombre et farouche : en un mot, un désespoir un peu raisonné, plutôt qu'une vraie patience. Grâces à notre auguste religion, nous savons que nous ne dépendons point d'un destin aveugle, qui nous emporte et nous entraîne invinciblement. Nos malheurs ne viennent point de l'arrangement fortuit de ce qui nous environne : une intelligence éternelle non moins puissante que le paraissait aux philosophes leur fatalité imaginaire, mais de plus souverainement sage, préside à tout. Ce bras dont nous ressentons les coups, est un bras qui nous distribue les maux mêmes selon nos besoins et selon nos forces, qui, à proprement parler, ne nous envoie que des biens ; c'est le bras d'un père : nous souffrons comme des enfans, sûrs de la bonté de celui qui nous fait souffrir, et non point comme des esclaves assujétis à toutes les rigueurs les plus bizarres et les plus cruelles : ce n'est point l'inutilité de la révolte qui nous arrête : c'en est l'injustice ; et notre patience est une véritable soumission d'esprit qui répand dans le cœur une consolation presque aussi douce, si je l'ose dire, que la jouissance même du bien.

Tels sont les effets que produisit chez les chrétiens le divin exemple de patience qui leur fut proposé lorsque le juste, le seul juste qui l'ait été jamais par lui-même, se vit sur le point d'expier les péchés du genre humain. Abandonné de toute la nature, hormis de quelques disciples, qui n'avaient plus que peu d'instans à lui être fidèles, frappé de l'affreuse idée d'un supplice également honteux et cruel qui lui était destiné, il s'adresse à son père céleste ; il lui demande que s'il est possible, les tourmens qu'il envisage lui soient épargnés : et un souhait que la grandeur de ses tourmens, déjà présens à ses yeux, rendait si légitime, un souhait plus légitime encore par l'innocence de celui qui le faisait, un souhait où la modération éclate jusques dans les termes qui l'expriment, est cependant réprimé dans le même moment par une soumission entière et sans réserve aux desseins de Dieu. *Que ta volonté soit faite*, dit Jésus-Christ à son père : et quelle volonté ! combien savait-il qu'elle était sévère et rigoureuse à son égard ! il se voyait livré à la justice irritée ; il voyait la bonté entièrement suspendue : cependant, pour satisfaire aux devoirs de l'obéissance d'un fils, il souscrit à sa propre disgrâce, et son unique soulagement au milieu de ses douleurs les plus vives, est de tourner les yeux sur la main dont il les reçoit.

Il soupira encore sur la croix ; il se plaignit d'avoir été abandonné de son père : mais il ne murmurait pas de cette extrême rigueur, il nous marquait seulement combien il y était sensible. Les philosophes prétendaient à une impassibilité, qui dans l'état où nous sommes ne peut s'accorder avec la nature humaine, et Jésus-Christ ne voulut pas jouir de celle qu'il eût pu recevoir de sa divinité. Il souffrit les plus cruels supplices pour laisser un exemple à des hommes nécessairement sujets à la douleur. Il prit toute notre sensibilité pour nous porter avec plus de force à l'imitation de sa patience.

Inspirez-nous, Verbe incarné, cette vertu héroïque si éloignée de la corruption qui nous est devenue naturelle, de la fausse perfection à laquelle la philosophie aspirait. Daigez nous instruire dans la science de souffrir ; science toute céleste, et qui n'appartient qu'à vos disciples. Tout le cours de votre vie nous en donne d'admirables leçons : mais comment les mettre en pratique sans le secours de votre grâce ? C'est vous seul sur qui nous pouvons prendre une véritable idée des vertus ; et c'est vous seul encore de qui nous pouvons recevoir la force de les suivre. Vous qui êtes la raison et la sagesse de votre adorable père, devenez aussi la nôtre pour régler les emportemens auxquels la nature s'abandonne dans les afflictions. Ne permettez, Seigneur, à votre justice de les faire tomber sur nous, que quand vous aurez mis dans notre âme les dispositions nécessaires pour en profiter; et ne nous envoyez tous les maux dont nous sommes dignes, qu'en nous donnant en même temps un courage vraiment chrétien.

DE L'EXISTENCE DE DIEU.

La métaphysique fournit des preuves fort solides de l'existence de Dieu : mais comme il n'est pas possible qu'elles ne soient subtiles, et qu'elles ne roulent sur des idées un peu fines, elles en deviennent suspectes à la plupart des gens qui croient que tout ce qui n'est pas sensible et palpable, est chimérique et purement imaginaire. J'en ai beaucoup vu poussés à bout sur cette matière par des preuves de méthaphysique, mais nullement persuadés, parce qu'ils avaient toujours dans la tête qu'on les trompait par quelque subtilité cachée. Il y a lieu d'espérer que ceux qui sont de ce caractère goûteront un raisonnement de physique fort clair, fort intelligible et fondé sur des idées très familières à tout le monde ; on en vanterait un peu aussi la solidité et la force, si on ne croyait pas l'avoir inventé.

Les animaux ne se perpétuent que par la voie de la génération : mais il faut nécessairement que les deux premiers de chaque espèce ait été produits ou par la rencontre fortuite des parties de la matière, ou par la volonté d'un Être intelligent qui dispose la matière selon ses desseins.

Si la rencontre fortuite des parties de la matière a produit les premiers animaux, je demande pourquoi elle n'en produit plus ? et ce n'est que sur ce point que roule tout mon raisonnement. On ne trouvera pas d'abord grande difficulté à répondre que lorsque la terre se forma, comme elle était remplie d'atomes vifs et agissans, imprégnée de la même matière subtile dont les astres venaient d'être formés, en un mot, jeune et vigoureuse, elle put être assez féconde pour pousser hors d'elle-même toutes les différentes espèces d'animaux; et qu'après cette première production qui dépendait de tant de rencontres heureuses et singulières, sa fécondité a bien pu se perdre et s'épuiser; que, par exemple, on voit tous les jours quelques marais nouvellement desséchés, qui ont toute une autre force pour produire que cinquante ans après qu'ils ont été labourés.

Mais je prétends que quand la terre, selon ce qu'on suppose, a produit les animaux, elle a dû être dans le même état où elle est présentement. Il est certain que la terre n'a pu produire les animaux que quand elle a été en état de les nourrir; ou du moins il est certain que ceux qui ont été la première tige des espèces n'ont été produits par la terre que dans un temps où ils ont pu aussi en être nourris. Or, afin que la terre nourrisse les animaux, il faut qu'elle leur fournisse beaucoup d'herbes différentes; il faut qu'elle leur fournisse des eaux douces qu'ils puissent boire; il faut même que l'air ait un certain degré de fluidité et de chaleur, et de pesanteur, pour convenir également à tous ces animaux, dont la vie a des rapports assez connus à toutes ces qualités.

Du moment que l'on me donne la terre couverte de toutes les espèces d'herbes nécessaires pour la subsistance des animaux, arrosée de fontaines et de rivières propres à étancher leur soif, environnée d'un air respirable pour eux; on me la donne dans l'état où nous la voyons; car ces trois choses seulement en entraînent une infinité d'autres avec lesquelles elles ont des liaisons et des enchaînemens. Un brin d'herbe ne peut croître qu'il ne soit de concert, pour ainsi dire, avec le reste de la nature. Il faut de certains sucs dans la terre, un certain mouvement dans ces sucs, ni trop fort, ni trop lent, un certain soleil pour imprimer ce mouvement, un certain milieu par où ce soleil agisse. Voyez combien de rapports, quoiqu'on ne les marque pas tous. L'air n'a pu avoir les qualités dont il contribue à la vie des animaux, qu'il n'ait eu à peu près en lui le même mélange et de matière subtile et de vapeurs grossières; et que ce qui cause sa pesanteur, qualité aussi nécessaire qu'aucune autre par rapport aux animaux, et nécessaire dans un certain degré, n'ait eu la même action. Il est clair que tout cela nous mènerait encore loin d'égalité en égalité; surtout les fontaines et les rivières dont les animaux n'ont pu se passer, n'ayant certainement d'autre origine que les pluies, les animaux n'ont pu naître qu'après qu'il a tombé des pluies, c'est-à-dire un temps considérable après la formation de la terre, et par conséquent lorsqu'elle a été en état de consistance, et que ce cahos, à la faveur duquel on veut tirer les animaux du néant, a été entièrement fini.

Il est vrai que les marais nouvellement desséchés produisent plus que quelque temps après qu'ils l'ont été; mais enfin ils produisent toujours un peu, et il suffirait que la terre et fît autant : d'ailleurs le plus de fécondité qui est dans les marais nouvellement desséchés, vient d'une plus grande quantité de sels qu'ils avaient amassés par les pluies ou par le mouvement de l'air, et qu'ils avaient conservés, tandis qu'on ne les employait à rien. Mais la terre a toujours la même quantité de corpuscules ou d'atomes propres à former des animaux; et sa fécondité, loin de se perdre, ne doit aucunement diminuer. De quoi se forme un animal? d'une infinité de corpuscules qui étaient épars dans les herbes qu'il a mangées, dans les eaux qu'il a bues, dans l'air qu'il a respiré; c'est un composé dont les parties sont venues se rassembler de mille endroits différens de notre monde. Ces atomes circulent sans cesse : ils forment tantôt une plante, tantôt un animal; et après avoir formé l'un, ils ne sont pas moins propres à former l'autre. Ce ne sont donc pas des atomes d'une nature particulière qui produisent des animaux : ce n'est qu'une matière indifférente dont toutes choses se forment successivement, et dont il est très clair que la quantité ne diminue point, puisqu'elle fournit toujours également à tout. Les atomes, dont on prétend que la rencontre fortuite produisit au commencement du monde les premiers animaux, sont contenus dans cette même matière qui fait toutes les générations de notre monde; car quand ces premiers animaux furent morts, les machines de leur corps se désassemblèrent et se résolurent en parcelles, qui se dispersèrent dans la terre, dans les eaux et dans l'air. Ainsi nous avons encore aujourd'hui ces atomes précieux dont se durent former tant de machines surprenantes ; nous les avons en la même quantité, aussi propres que jamais à former de ces machines ; ils en forment encore tous les jours par la voie de la nourriture : toutes choses sont dans le même cas que quand il vinrent à en former par une rencontre fortuite. A quoi tient-il que par de pareilles rencontres ils n'en forment encore quelquefois.

On dira peut-être qu'il y a des animaux qui naissent hors de la voie de la génération; les macreuses, les vers qui s'engendrent sur la viande, dans les fruits, etc. Mais la force de mon raisonnement ne demande point que tous les animaux de toutes les espèces ne naissent que par la voie de génération; il suffit qu'il y en ait une espèce qui ne se perpétue que par cette voie, et qui par conséquent n'ait pu être produite par le mouvement aveugle de la matière. Nous sommes en bien meilleurs termes; et certainement un grand nombre d'espèces connues ne se perpétuent que par la génération; et notre preuve en devient plus forte.

Il y a encore plus; tous les animaux qui paraissent venir ou de pourriture ou de poussière humide et échauffée, ne viennent que de semences que l'on n'avait pas aperçues.

On a découvert que les macreuses se forment d'œufs que cette espèce d'oiseau fait dans les îles désertes du septentrion; et jamais il ne s'engendra de vers sur la viande où les mouches n'ont pu laisser de leurs œufs. Il en va de même de tous les autres animaux que l'on croit qui naissent hors de la voie de génération. Toutes les expériences modernes conspirent à nous désabuser de cette ancienne erreur, et je me tiens sûr que dans peu de temps il n'en restera plus le moindre sujet de doute.

Mais en dût-il rester, y eût-il des animaux qui vinssent hors de la voie de génération, le raisonnement que j'ai fait n'en deviendrait que plus fort. Ou ces animaux ne naissent jamais que par cette voie de rencontre fortuite, ou ils naissent et par cette voie et par celle de génération. S'ils naissent toujours par la voie de rencontre fortuite, pourquoi se trouve-t-il toujours dans la matière une disposition qui ne les fait naître que de la même manière dont ils sont nés au commencement du monde? Et pourquoi, à l'égard de tous les autres animaux que l'on suppose qui soient nés d'abord de cette même manière là, toutes les dispositions de la matière sont-elles si changées qu'ils ne naissent jamais que d'un manière différente? S'ils naissent et par cette voie de rencontre fortuite et par celle de génération, pourquoi toutes les autres espèces d'animaux n'ont-elles pas retenu cette double manière de naître? Pourquoi celle qui était la plus naturelle, la seule conforme à la première origine des animaux, s'est-elle perdue dans presque toutes les espèces.

J'ai donné assez d'étendue à cette preuve, et peut-être que par là je lui aurai fait tort dans l'esprit de quelques personnes qui croient que la quantité de paroles est une marque de la faiblesse des raisons : mais on les prie de considérer que ce raisonnement-ci n'est long que par les chicanes qu'il faut prévenir, et non par la difficulté des choses qu'il a besoin qu'on établisse.

Je n'ai pas voulu, de peur d'en interrompre le fil, y faire entrer une réflexion qui le fortifie encore beaucoup; et j'aime mieux la donner ici détachée. Il n'eût pas suffi que la terre n'eût produit les animaux que quand elle était dans une certaine disposition où elle n'est plus; elle eût dû aussi ne les produire que dans un état où ils eussent pu se nourrir de ce qu'elle leur offrait : elle eût dû, par exemple, ne produire le premier homme qu'à l'âge d'un an ou deux, où il eût pu satisfaire, quoiqu'avec peine, à ses besoins, et se secourir lui-même. Dans la faiblesse où nous voyons un enfant nouveau-né, en vain on le mettrait au milieu de la prairie la mieux couverte d'herbes, auprès des meilleures eaux du monde, il est indubitable qu'il ne vivrait pas long-temps : car notre supposition exclut la louve de Romulus et Rémus ; elle n'aurait pu elle-même se sauver de la mort qui l'eût attendue à sa naissance. Mais comment les lois du mouvement produiraient-elles d'abord un enfant à l'âge d'un an ou deux? Comment le produiraient-elles, même dans l'état où il est présentement, lorsqu'il vient au monde? Nous voyons qu'elles n'amènent rien que par degrés, et qu'il n'y a point d'ouvrages de la nature qui, depuis les commencemens les plus faibles et les plus éloignés, ne soient conduits lentement, par une infinité de changemens tous nécessaires, jusqu'à leur dernière perfection. Il eût fallu que l'homme, qui eût dû être formé par le concours aveugle de quelques parties de la matière, eût commencé par cet atome, où la vie ne se remarque qu'au mouvement presque insensible d'un point; et je ne crois pas qu'il y ait d'imagination assez fausse pour concevoir d'où cet atome vivant, jeté au hasard sur la terre, aura pu tirer du sang ou du chyle tout formé, la seule nourriture qui lui convienne, ni comment il aura pu croître, exposé à toutes les injures de l'air. Il y a là une difficulté qui deviendra toujours plus grande ; plus elle sera approfondie, et plus ce sera un habile physicien qui l'approfondira. La rencontre fortuite des atomes n'a donc pu produire les animaux ; il a fallu que ces ouvrages soient partis de la main d'un Être intelligent, c'est-à-dire de Dieu même. Les cieux et les astres sont des objets plus éclatans pour les yeux ; mais ils n'ont peut-être pas pour la raison des marques plus sûres de l'action de leur auteur. Les plus grands ouvrages ne sont pas toujours ceux qui parlent le plus de leur ouvrier. Que je voie une montagne aplanie, je ne sais si cela s'est fait par l'ordre d'un prince ou par un tremblement de terre : mais je serai assuré que c'est par l'ordre d'un prince, si je vois sur une petite colonne une inscription de deux lignes. Il me paraît que ce sont les animaux qui portent, pour ainsi dire, l'inscription la plus nette, et qui nous apprennent le mieux qu'il y a un Dieu auteur de l'univers.

DU BONHEUR.

Voici une matière la plus intéressante de toutes, dont tout le monde parle, que les philosophes, surtout les anciens, ont traitée avec beaucoup d'étendue : mais quoique très intéressante, elle est dans le fond assez négligée ; quoique tout le monde en parle, peu de gens y pensent ; et quoique les philosophes l'aient beaucoup traitée, ça été si philosophiquement, que les hommes n'en peuvent tirer guère de profit.

On entend ici par le mot de bonheur un état, une situation telle qu'on en désirât la durée sans changement; et en cela le bonheur est différent du plaisir, qui n'est qu'un sentiment agréable, mais court et passager, et qui ne peut jamais être un état. La douleur aurait bien plutôt le privilége d'en pouvoir être un.

A mesurer le bonheur des hommes seulement par le nombre et la vivacité des plaisirs qu'ils ont dans le cours de leur vie, peut-être y a-t-il un assez grand nombre de conditions assez égales, quoique fort différentes. Celui qui a moins de plaisirs les sent plus vivement : il en sent une infinité que les autres ne sentent plus ou n'ont jamais sentis; et à cet égard la nature fait assez son devoir de mère commune. Mais si, au lieu de considérer ces instans répandus dans la vie de chaque homme, on considère le fond des vies mêmes, on voit qu'il est fort inégal ; qu'un homme qui a, si l'on veut, pendant sa journée autant de bons momens qu'un autre, est tout le reste du temps beaucoup plus mal à son aise, et que la compensation cesse entièrement d'avoir lieu.

C'est donc l'état qui fait le bonheur, mais ceci est très fâcheux pour le genre humain. Une infinité d'hommes sont dans des états qu'ils ont raison de ne pas aimer; un nombre presque aussi grand sont incapables de se contenter d'aucun état : les voilà donc presque tous exclus du bonheur, et il ne leur reste pour ressource que des plaisirs, c'est-à-dire des momens semés çà et là sur un fond triste qui en sera un peu égayé. Les hommes, dans ces momens, reprennent les forces nécessaires à leur malheureuse situation, et se remontent pour souffrir.

Celui qui voudrait fixer son état, non par la crainte d'être pis, mais parce qu'il serait content, mériterait le nom d'heureux : on le reconnaîtrait entre tous les autres hommes à une espèce d'immobilité dans sa situation; il n'agirait que pour s'y conserver, et non pas pour en sortir. Mais cet homme-là a-t-il paru en quelque endroit de la terre? On en pourrait douter, parce qu'on ne s'aperçoit guère de ceux qui sont dans cette immobilité fortunée; au lieu que les malheureux qui s'agitent composent le tourbillon du monde, et se font bien sentir les uns aux autres par les chocs violens qu'ils se donnent. Le repos même de l'heureux, s'il est aperçu, peut passer pour être forcé, et tous les autres sont intéressés à n'en pas prendre une idée plus avantageuse. Ainsi l'existence de l'homme heureux pourrait être assez facilement contestée. Admettons-là cependant ne fût-ce que pour nous donner des espérances agréables : mais il est vrai que, retenus dans de certaines bornes, elles ne seront pas chimériques.

Quoi qu'en disent les fiers stoïciens, une grande partie de notre bonheur ne dépend pas de nous. Si l'un d'eux, pressé par la goutte, lui a dit : *Je n'avouerai pourtant pas que tu sois un mal ;* il a dit la plus extravagante parole qui soit jamais sortie de la bouche d'un philosophe. Un empereur de l'univers, enfermé aux petites-maisons, déclare naïvement un sentiment dont il a le malheur d'être plein ; celui-ci, par engagement de système, nie un sentiment très vif, et en même temps l'avoue par l'effort qu'il fait pour le nier. N'ajoutons pas à tous les maux que la nature et la fortune peuvent nous envoyer, la ridicule et inutile vanité de nous croire invulnérables.

Il serait moins déraisonnable de se persuader que notre bonheur ne dépend point du tout de nous ; et presque tous les hommes ou le croient, ou agissent comme s'ils le croyaient. Incapables de discernement et de choix, poussés par une impétuosité aveugle, attirés par des objets qu'ils ne voient qu'au travers de mille nuages, entraînés les uns par les autres sans savoir où ils vont, ils composent une multitude confuse et tumultueuse, qui semble n'avoir d'autre dessein que de s'agiter sans cesse. Si, dans tout ce désordre, des rencontres favorables peuvent en rendre quelques uns heureux pour quelques momens, à la bonne heure; mais il est bien sûr qu'ils ne sauront ni prévenir ni modérer le choc de tout ce qui peut les rendre malheureux. Ils sont absolument à la merci du hasard.

Nous pouvons quelque chose à notre bonheur, mais ce n'est que par nos façons de penser ; et il faut convenir que cette condition est assez dure. La plupart ne pensent que comme il plaît à tout ce qui les environne ; ils n'ont pas un certain gouvernail qui leur puisse servir à tourner leurs pensées d'un autre côté qu'elles n'ont été poussées par le courant. Les autres ont des pensées si fortement pliées vers le mauvais côté, et si inflexibles, qu'il serait inutile de les vouloir tourner d'un autre. Enfin, quelques uns à qui ce travail pourrait réussir, et serait même assez facile, le rejettent parce que c'est un travail, et en dédaignent le fruit qu'ils croient trop médiocre. Que serait-ce que ce misérable bonheur factice pour lequel il faudrait tant raisonner? Vaut-il la peine qu'on s'en tourmente? On peut le laisser aux philosophes avec leurs autres chimères : tant d'étude pour être heureux empêcherait de l'être.

Ainsi il n'y a qu'une partie de notre bonheur qui puisse dépendre de nous; et de cette petite partie peu de gens en ont la disposition ou en tirent le profit. Il faut que les caractères, ou faibles et paresseux, ou impétueux et violens, ou sombres et chagrins, y renoncent tous. Il en reste quelques uns, doux et modérés, et qui admettent plus volontiers les idées ou les impressions agréables : ceux là peuvent travailler utilement à se rendre heureux. Il est vrai que par la faveur de la nature ils le sont déjà assez, et que le secours de la philosophie ne paraît pas leur être fort nécessaire ; mais il n'est presque jamais que pour ceux qui en ont le moins de besoin; et ils ne laissent pas d'en sentir l'importance : surtout quand il s'agit du bonheur, ce n'est pas à nous de rien négliger. Écoutons donc la philosophie, qui prêche dans le désert une petite troupe d'auditeurs qu'elle a choisis, parce qu'ils savaient déjà une bonne partie de ce qu'elle peut leur apprendre.

Afin que le sentiment du bonheur puisse entrer dans l'âme, ou du moins afin qu'il y puisse séjourner, il faut avoir nettoyé la place, et chassé tous les maux imaginaires. Nous sommes d'une habileté infinie à en créer ; et quand nous les avons une fois produit, il nous est très difficile de nous en défaire. Souvent même il semble que nous aimions notre malheureux ouvrage, et que nous nous y complaisions. Les maux imaginaires ne sont pas tous ceux qui n'ont rien de corporel, et ne sont que dans l'esprit; mais seulement ceux qui tirent leur origine de quelque façon de penser fausse, ou du moins problématique. Ce n'est pas un mal imaginaire que le déshonneur; mais c'en est un que la douleur de laisser de grands biens après sa mort à des héritiers en ligne collatérale, et non pas en ligne directe, ou à des filles, et non pas à des fils. Il y a tel homme dont la vie est empoisonnée par un semblable chagrin. Le bonheur n'habite point dans des têtes de cette trempe ; il lui en faut ou qui soient naturellement plus saines, ou qui aient eu le courage de se guérir. Si l'on est susceptible des maux imaginaires, il y en a tant, qu'on sera nécessairement la proie de quelqu'un. La principale force de ces sortes de monstres consiste en ce qu'on s'y soumet, sans oser ni les attaquer, ni même les envisager : si on les considérait quelque temps d'un œil fixe, ils seraient à demi vaincus.

Assez souvent aux maux réels nous ajoutons des circonstances imaginaires qui les aggravent. Qu'un malheur ait quelque chose de singulier, non-seulement ce qu'il a de réel nous afflige, mais sa singularité nous irrite et nous aigrit. Nous nous représentons une fortune, un destin, je ne sais quoi, qui met de l'art et de l'esprit à nous faire un malheur d'une nature particulière. Mais qu'est-ce que tout cela ? employons un peu notre raison, et ces fantômes disparaissent. Un malheur commun n'en est pas réellement moindre, un malheur singulier n'en est pas moins possible, ni moins inévitable. Un homme qui a la peste, lui cent millième, est-il moins à plaindre que celui qui a une maladie bizarre et inconnue ?

Il est vrai que les malheurs communs sont prévus ; et cela seul nous adoucit l'idée de la mort, le plus grand de tous les maux. Mais qui nous empêche de prévoir en général ce que nous appelons les maux singuliers ? On ne peut pas prédire les comètes comme les éclipses : mais on est bien sûr que de temps en temps il doit paraître des comètes ; et il n'en faut pas davantage pour n'en être pas effrayé. Les malheurs singuliers sont rares ; cependant il faut s'attendre à en essuyer quelqu'un : il n'y a presque personne qui n'ait eu le sien : et si on voulait, on leur contesterait avec assez de raison leur qualité de singulier.

Une circonstance imaginaire qu'il nous plaît d'ajouter à nos afflictions, c'est de croire que nous serons inconsolables. Ce n'est pas que cette persuasion là même ne soit quelquefois une espèce de douceur et de consolation ; elle en est une dans les douleurs dont on peut tirer gloire, comme dans celle que l'on ressent de la perte d'un ami. Alors se croire inconsolable, c'est se rendre témoignage que l'on est tendre, fidèle, constant ; c'est se donner de grandes louanges. Mais dans les maux où la vanité ne soutient point l'affliction, et où une douleur éternelle ne serait d'aucun mérite, gardons-nous bien de croire qu'elle doive être éternelle. Nous ne sommes pas assez parfaits pour être toujours affligés : notre nature est trop variable, et cette imperfection est une de ses plus grandes ressources.

Ainsi, avant que les maux arrivent, il faut les prévoir, du moins en général ; quand ils sont arrivés, il faut prévoir que l'on s'en consolera. L'un rompt la première violence du coup, l'autre abrège la durée du sentiment : on s'est attendu à ce que l'on souffre ; et du moins on s'épargne par là une impatience, une révolte secrète qui ne sert qu'à aigrir la douleur : on s'attend à ne pas souffrir long-temps ; et dès lors on anticipe en quelque sorte sur ce temps qui sera plus heureux, on l'avance.

Les circonstances mêmes réelles de nos maux, nous prenons plaisir à nous les faire valoir à nous-mêmes, à nous les étaler, comme si nous demandions raison à quelque juge d'un tort qui nous eût été fait. Nous augmentons le mal en y appuyant trop notre vue, et en recherchant avec tant de soin tout ce qui peut le grossir.

On a pour les violentes douleurs je ne sais quelle complaisance qui s'oppose aux remèdes, et repousse la consolation. Le consolateur le plus tendre paraît un indifférent qui déplaît. Nous voudrions que tout ce qui nous approche prît le sentiment qui nous possède ; et n'en être pas plein comme nous, c'est nous faire une espèce d'offense : surtout ceux qui ont l'audace de combattre les motifs de notre affliction, sont nos ennemis déclarés. Ne devrions-nous pas au contraire être ravis que l'on nous fît soupçonner de fausseté et d'erreur des façons de penser qui nous causent tant de tourmens ?

Enfin, quoiqu'il soit fort étrange de l'avancer, il est

vrai cependant que nous avons un certain amour pour la douleur, et que dans quelques caractères il est invincible. Le premier pas vers le bonheur serait de s'en défaire, et de retrancher à notre imagination tous ses talens malfaisans, ou du moins de la tenir pour fort suspecte. Ceux qui ne peuvent douter qu'ils n'aient toujours une vue saine de tout, sont incurables ; il est bien juste qu'une moindre opinion de soi-même ait quelquefois sa récompense.

N'y aurait-il point moyen de tirer des choses plus de bien que de mal, et de disposer son imagination, de sorte qu'elle séparât les plaisirs d'avec les chagrins, et ne laissât passer que les plaisirs ? cette proposition ne le cède guère en difficulté à la pierre philosophale ; et si on la peut exécuter, ce ne peut être qu'avec le plus heureux naturel du monde, et tout l'art de la philosophie. Songeons que la plupart des choses sont d'une nature très douteuse ; et que quoiqu'elles nous frappent bien vite comme biens ou comme maux, nous ne savons pas trop au vrai ce qu'elles sont. Tel événement vous a paru d'abord un grand malheur, que vous auriez été bien fâché dans la suite qui ne fût pas arrivé ; et si vous aviez connu ce qu'il amenait après lui, il vous aurait transporté de joie. Et sur ce pied là, quel regret ne devez-vous pas avoir à votre chagrin ? il ne faut donc pas se presser de s'affliger : attendons que ce qui nous paraît si mauvais se développe. Mais d'un autre côté ce qui nous paraît agréable peut amener aussi, peut cacher quelque chose de mauvais, et il ne faut pas se presser de se réjouir. Ce n'est pas une conséquence ; on ne doit pas tenir la même rigueur à la joie qu'au chagrin.

Un grand obstacle au bonheur, c'est de s'attendre à un trop grand bonheur. Figurons-nous qu'avant que de nous faire naître, on nous montre le séjour qui nous est préparé, et ce nombre infini de maux qui doivent se distribuer entre ses habitans. De quelle frayeur ne serions-nous pas saisis à la vue de ce terrible partage où nous devrions entrer? et ne compterions-nous pas pour un bonheur prodigieux d'en être quittes à aussi bon marché qu'on l'est dans ces conditions médiocres, qui nous paraissent présentement insupportables : les esclaves, ceux qui n'ont pas de quoi vivre, ceux qui ne vivent qu'à la sueur de leur front, ceux qui languissent dans des maladies habituelles, voilà une grande partie du genre humain. A quoi a-t-il tenu que nous n'en fussions? apprenons combien il est dangereux d'être hommes, et comptons tous les malheurs dont nous sommes exempts pour autant de périls dont nous sommes échappés.

Une infinité de choses que nous avons et que nous ne sentons pas, feraient chacune le suprême bonheur de quelqu'un : il y a tel homme dont tous les désirs se termineraient à avoir deux bras. Ce n'est pas que ces sortes de biens, qui ne le sont que parce que leur privation serait un grand mal, puissent jamais causer un sentiment vif, même à ceux qui seraient les plus appliqués à faire tout valoir. On ne saurait être transporté de se trouver deux bras : mais en faisant souvent réflexion sur le grand nombre de maux qui pourraient nous arriver, on pardonne plus aisément à ceux qui arrivent. Notre condition est meilleure quand nous nous y soumettons de bonne grâce, que quand nous nous révoltons inutilement contre elle.

Nous regardons ordinairement les biens que nous font la nature ou la fortune comme des dettes qu'elles nous paient, et par conséquent nous les recevons avec une espèce d'indifférence; les maux au contraire nous paraissent des injustices, et nous les recevons avec impatience et avec aigreur. Il faudrait rectifier des idées si fausses. Les maux sont très communs, et c'est ce qui doit naturellement nous échoir : les biens sont très rares, et ce sont des exceptions flatteuses faites en notre faveur à la règle générale.

Le bonheur est en effet bien plus rare que l'on ne pense. Je compte pour heureux celui qui possède un certain bien que je désire, et que je crois qui ferait ma félicité : le possesseur de ce bien là est malheureux; ma condition est gâtée par la privation de ce qu'il a, la sienne l'est par d'autres privations. Chacun brille d'un faux éclat aux yeux de quelque autre; chacun est envié pendant qu'il est lui-même envieux; et si être heureux était un vice ou un ridicule, les hommes ne se le renverraient pas mieux les uns aux autres. Ceux qui en seraient les plus accusés, les grands, les princes, les rois, seraient justement les moins coupables. Désabusons-nous de cette illusion qui nous peint beaucoup plus d'heureux qu'il n'y en a ; et nous serons ou flattés d'être du nombre, ou moins irrités de n'en être pas.

Puisqu'il y a si peu de biens, il ne faudrait négliger aucun de ceux qui tombent dans notre partage; cependant on en use comme dans une grande abondance, et dans une grande sûreté d'en avoir tant qu'on voudra : on ne daigne pas s'arrêter à goûter ceux que l'on possède; souvent on les abandonne pour courir après ceux que l'on n'a pas. Nous tenons le présent dans nos mains; mais l'avenir est une espèce de charlatan, qui en nous éblouissant les yeux, nous l'escamote. Pourquoi lui permettre de se jouer ainsi de nous? pourquoi souffrir que des espérances vaines et douteuses nous enlèvent des jouissances certaines? il est vrai qu'il y a beaucoup de gens pour qui ces espérances mêmes sont des jouissances, et qui ne savent jouir que de ce qu'ils n'ont pas. Laissons-leur cette espèce de possession si imparfaite, si peu tranquille, si agitée, puisqu'ils n'en peuvent avoir d'autre; il serait trop cruel de la leur ôter: mais tâchons, s'il est possible, de nous ramener au présent, à ce que nous avons, et qu'un bien ne perde pas tout son prix parce qu'il nous a été accordé.

Ordinairement on dédaigne de sentir les petits biens, et on n'a pas le même mépris pour les maux médiocres. Que la chose soit du moins égale. Si le sentiment des biens médiocres est étouffé en nous par l'idée de quelques biens plus grands auxquels on aspire, que l'idée des grands malheurs où l'on n'est pas tombé, nous console des petits.

Les petits biens que nous négligeons, que savons-nous si ce ne seront pas les seuls qui s'offrent à nous? ce sont des présens faits par une puissance avare, qui ne se résoudra peut-être plus à nous en faire. Il y a peu de gens qui quelquefois en leur vie n'aient eu regret à quelque état, à quelque situation dont ils n'avaient pas assez goûté le bonheur. Il y en a peu qui n'aient eux-mêmes trouvé injustes quelques unes des plaintes qu'ils avaient faites de la fortune. On a été ingrat, et on est puni.

Il ne faut pas, disent les philosophes rigides, mettre

notre bonheur dans tout ce qui ne dépend pas de nous ; ce serait trop le mettre à l'aventure. Il y a beaucoup à rabattre d'un précepte si magnifique : mais le plus qu'on en pourra conserver, ce sera le mieux. Figurons-nous que notre bonheur devrait entièrement dépendre de nous, et que c'est par une espèce d'usurpation que les choses de dehors se sont mises en possession d'en disposer : ressaisissons-nous autant qu'il est possible d'un droit si important, et si dangereux à confier ; remettons sous notre puissance ce qui en a été détaché injustement.

D'abord, il faut examiner, pour ainsi dire, les titres de ce qui prétend ordonner de notre bonheur ; peu de choses soutiendront cet examen, pour peu qu'il soit rigoureux. Pourquoi cette dignité que je poursuis m'est-elle si nécessaire ? c'est qu'il faut être élevé au-dessus des autres. Et pourquoi le faut-il ? c'est pour recevoir leurs respects et leurs hommages. Et que me feront ces hommages et ces respects ? ils me flatteront très sensiblement. Et comment me flatteront-ils, puisque je ne les devrai qu'à ma dignité et non pas à moi-même ? Il en est ainsi de plusieurs autres idées qui ont pris une place fort importante dans mon esprit : si je les attaquais, elles ne tiendraient pas long-temps. Il est vrai qu'il y en a qui feraient plus de résistance les unes que les autres : mais selon qu'elles seraient plus incommodes et plus dangereuses, il faut revenir à la charge plus souvent et avec plus de courage. Il n'y a guère de fantaisie que l'on ne mine peu à peu, et que l'on ne fasse tomber enfin à force de réflexions.

Mais comme nous ne pouvons pas rompre avec tout ce qui nous environne, quels seront les objets extérieurs auxquels nous laisserons des droits sur nous? ceux dont il y aura plus à espérer qu'à craindre. Il n'est question que de calculer, et la sagesse doit toujours avoir les jetons à la main. Combien valent ces plaisirs-là, et combien valent les peines dont il faudrait les acheter, ou qui les suivraient? on ne saurait disconvenir que selon les différentes imaginations les prix ne changent, et qu'un même marché ne soit bon pour l'un et mauvais pour l'autre. Cependant il y a à peu près un prix commun pour les choses principales; et de l'aveu de tout le monde, par exemple, l'amour est un peu cher : aussi ne se laisse-t-il pas évaluer.

Pour le plus sûr, il en faut revenir aux plaisirs simples, tels que la tranquillité de la vie, la société, la chasse, la lecture, etc. S'ils ne coûtaient moins que les autres, qu'à proportion de ce qu'ils sont moins vifs, ils ne mériteraient pas de leur être préférés, et les autres vaudraient autant leur prix que ceux-ci le leur : mais les plaisirs simples sont toujours des plaisirs, et ils ne coûtent rien. Encore un grand avantage, c'est que la fortune ne nous les peut guère enlever. Quoiqu'il ne soit pas raisonnable d'attacher notre bonheur à tout ce qui est le plus exposé aux caprices du hasard, il semble que le plus souvent nous choisissons avec soin les endroits les moins sûrs pour l'y placer. Nous aimons mieux avoir tout notre bien sur un vaisseau qu'en fonds de terre. Enfin les plaisirs vifs n'ont que des instans, et des instans souvent funestes par un excès de vivacité qui ne laisse rien goûter après eux; au lieu que les plaisirs simples sont ordinairement de la durée que l'on veut; et ne gâtent rien de ce qui les suit.

Les gens accoutumés aux mouvemens violens des passions, trouveront sans doute fort insipide tout le bonheur que peuvent produire les plaisirs simples. Ce qu'ils appellent insipidité, je l'appelle tranquillité; et je conviens que la vie la plus comblée de ces sortes de plaisirs n'est guère qu'une vie tranquille. Mais quelle idée a-t-on de la condition humaine, quand on se plaint de n'être que tranquille? et l'état le plus délicieux que l'on puisse imaginer, que devient-il après que la première vivacité du sentiment est consumée? il devient un état tranquille; c'est même le mieux qui puisse lui arriver.

Il n'y a personne qui dans le cours de sa vie n'ait quelques événemens heureux, des temps ou des momens agréables. Notre imagination les détache de tout ce qui les a précédés ou suivis; elle les rassemble, et se représente une vie qui en serait toute composée : voilà ce qu'elle appellerait du nom de bonheur, voilà à quoi elle aspire, peut-être sans oser trop se l'avouer. Toujours est-il certain que tous les intervalles languissans, qui dans les situations les plus heureuses sont et fort longs et en grand nombre, nous les regardons à peu près comme s'ils n'y devaient pas être. Ils y sont cependant, et en sont bien inséparables. Il n'y a point en chimie d'esprit si vif qui n'ait beaucoup de flegme; l'état le plus délicieux en a beaucoup aussi, beaucoup de temps insipide, qu'il faut tâcher de prendre en gré.

Souvent le bonheur dont on se fait l'idée, est trop composé et trop compliqué. Combien de choses, par exemple, seraient nécessaires pour celui d'un courtisan? du crédit auprès des ministres, la faveur du roi, des établissemens considérables pour lui et pour ses enfans, de la fortune au jeu, des maîtresses fidèles et qui flattassent sa vanité; enfin tout ce que peut lui représenter une imagination effrénée et insatiable. Cet homme-là ne pourrait être heureux qu'à trop grands frais; certainement la nature n'en fera pas la dépense.

Le bonheur que nous nous proposons sera toujours d'autant plus facile à obtenir, qu'il y entrera moins de choses différentes, et qu'elles seront moins indépendantes de nous. La machine sera plus simple, et en même temps plus sous notre main.

Si l'on est à peu près bien, il faut se croire tout-à-fait bien. Souvent on gâterait tout pour attraper ce bien complet. Rien n'est si délicat ni si fragile qu'un état heureux; il faut craindre d'y toucher, même sous prétexte d'amélioration.

La plupart des changemens qu'un homme fait à son état pour le rendre meilleur, augmentent la place qu'il tient dans le monde, son volume, pour ainsi dire : mais ce volume plus grand donne plus de prise aux coups de la fortune. Un soldat qui va à la tranchée, voudrait-il devenir un géant pour attraper plus de coups de mousquet? celui qui veut être heureux se réduit et se resserre autant qu'il est possible. Il a ces deux caractères; il change peu de place, et en tient peu.

Le plus grand secret pour le bonheur, c'est d'être bien avec soi. Naturellement tous les accidens fâcheux qui viennent du dehors, nous rejettent vers nous-mêmes, et il est bon d'y avoir une retraite agréable; mais elle ne peut l'être si elle n'a été préparée par les mains de la vertu. Toute l'indulgence de l'amour-propre n'empêche point qu'on ne se reproche du moins une partie de ce qu'on a à se reprocher : et combien est-on encore troublé par le soin humiliant de se cacher aux autres, par la crainte d'être connu, par le chagrin inévitable de l'être? on se fuit, et avec raison : il n'y a que le vertueux qui puisse se voir et se reconnaître. Je ne dis pas qu'il rentre en lui-même pour s'admirer et pour s'applaudir : et le pourrait-il, quelque vertueux qu'il fût? mais comme on s'aime toujours assez, il suffit d'y pouvoir rentrer sans honte pour y rentrer avec plaisir.

Il peut fort bien arriver que la vertu ne conduise ni à la richesse ni à l'élévation, et qu'au contraire elle en exclue : ses ennemis ont de grands avantages sur elle par rapport à l'acquisition de ces sortes de biens. Il peut encore arriver que la gloire, sa récompense la plus naturelle, lui manque : peut-être s'en privera-t-elle elle-même ; du moins, en ne la recherchant pas, hasardera-t-elle d'en être privée. Mais une récompense infaillible pour elle, c'est la satisfaction intérieure. Chaque devoir rempli en est payé dans le moment : on peut sans orgueil appeler à soi-même des injustices de la fortune ; on s'en console par le témoignage légitime qu'on se rend de ne les avoir pas mérités ; on trouve dans sa propre raison et dans sa droiture un plus grand fonds de bonheur que les autres n'en attendent des caprices du hasard.

Il reste un souhait à faire sur une chose dont on n'est pas le maître ; car nous n'avons parlé que de celles qui étaient en notre disposition ; c'est d'être placé par la fortune dans une condition médiocre. Sans cela, et le bonheur et la vertu seraient trop en péril. C'est là cette médiocrité si recommandée par les philosophes, si

DU BONHEUR.

chantée par les poètes, et quelquefois si peu recherchée par eux tous.

Je conviens qu'il manque à ce bonheur une chose qui, selon les façons de penser communes, y serait cependant bien nécessaire ; il n'a nul éclat. L'heureux que nous supposons ne passerait guère pour l'être ; il n'aurait pas le plaisir d'être envié : il y a plus ; peut-être lui-même aurait-il de la peine à se croire heureux, faute de l'être cru par les autres ; car leur jalousie sert à nous faire assurer de notre état, tant nos idées sont chancelantes sur tout, et ont besoin d'être appuyées. Mais enfin, pour peu que cet heureux se compare à ceux que le vulgaire croit plus heureux que lui, il sent facilement les avantages de sa situation ; il se résoudra volontiers à jouir d'un bonheur modeste et ignoré, dont l'étalage n'insultera personne : ses plaisirs, comme ceux des amans discrets, seront assaisonnés du mystère.

Après tout, ce sage, ce vertueux, cet heureux est toujours un homme ; il n'est point arrivé à un état inébranlable que la condition humaine ne comporte point ; il peut tout perdre ; et même par sa faute. Il conservera d'autant mieux sa sagesse ou sa vertu, qu'il s'y fiera moins ; et son bonheur, qu'il s'en assurera moins.

DE L'ORIGINE DES FABLES.

On nous a si fort accoutumés pendant notre enfance aux fables des Grecs, que quand nous sommes en état de raisonner, nous ne nous avisons plus de les trouver aussi étonnantes qu'elles le sont. Mais si l'on vient à se défaire des yeux de l'habitude, il ne se peut qu'on ne soit épouvanté de voir toute l'ancienne histoire d'un peuple, qui n'est qu'un amas de chimères, de rêveries et d'absurdités. Serait-il possible qu'on eût donné tout cela pour vrai? à quel dessein nous l'aurait-on donné pour faux? quel aurait été cet amour des hommes pour des faussetés manifestes et ridicules, et pourquoi ne durerait-il plus! car les fables des Grecs n'étaient pas comme nos romans qu'on nous donne pour ce qu'ils sont, et non pas pour des histoires; il n'y a point d'autres histoires anciennes que les fables. Eclaircissons, s'il se peut, cette matière; étudions l'esprit humain dans une de ses plus étranges productions : c'est là bien souvent qu'il se donne le mieux à connaître.

Dans les premiers siècles du monde, et chez les nations qui n'avaient point entendu parler des traditions de la famille de Seth, ou qui ne les conservèrent pas, l'ignorance et la barbarie durent être à un excès que nous ne sommes presque plus en état de nous représenter. Figurons-nous les Cafres, les Lapons ou les Iroquois; et même prenons garde que ces peuples étant déjà anciens, ils ont dû parvenir à quelque degré de connaissance et de politesse que les premiers hommes n'avaient pas.

À mesure que l'on est plus ignorant, et que l'on a moins d'expérience, on voit plus de prodiges. Les premiers hommes en virent donc beaucoup ; et comme naturellement les pères content à leurs enfans ce qu'ils ont vu et ce qu'ils ont fait, ce ne furent que prodiges dans les récits de ces temps-là.

Quand nous racontons quelque chose de surprenant, notre imagination s'échauffe sur son objet, et se porte d'elle-même à l'agrandir et à y ajouter ce qui manquerait pour le rendre tout-à-fait merveilleux, comme si elle avait regret de laisser une belle chose imparfaite. De plus, on est flatté des sentimens de surprise et d'admiration que l'on cause à ses auditeurs ; et on est bien aise de les augmenter encore, parce qu'il semble qu'il en revient je ne sais quoi à notre vanité. Ces deux raisons jointes ensemble, font que tel homme qui n'a point dessein de mentir en commençant un récit un peu extraordinaire, pourra néanmoins se surprendre lui-même en mensonge, s'il y prend bien garde ; et de là vient qu'on a besoin d'une espèce d'effort et d'une attention particulière pour ne dire exactement que la vérité. Que sera-ce après cela de ceux qui naturellement aiment à inventer et à imposer aux autres ?

Les récits que les premiers hommes firent à leurs enfans, étant donc souvent faux en eux-mêmes, parce qu'ils étaient faits par des gens sujets à voir bien des choses qui n'étaient pas, et par dessus cela ayant été exagérés, ou de bonne foi, selon que nous venons de l'expliquer, ou de mauvaise foi, il est clair que les voilà déjà bien gâtés dès leur source. Mais assurément ce sera encore bien pis quand ils passeront de bouche en bouche ; chacun en ôtera quelque petit trait de vrai, et y en mettra quelqu'un de faux, et principalement du faux merveilleux qui est le plus agréable; et peut-être qu'après un siècle ou deux, non-seulement il n'y restera rien du peu de vrai qui y était d'abord, mais même il n'y restera guère de chose du premier faux.

Croira-t-on ce que je vais dire? Il y a eu de la philosophie même dans ces siècles grossiers, et elle a beaucoup servi à la naissance des fables. Les hommes qui ont un peu plus de génie que les autres, sont naturellement portés à rechercher la cause de ce qu'ils voient. D'où peut venir cette rivière qui coule toujours, a dû dire un contemplatif de ces siècles là? étrange sorte de philosophe, mais qui aurait peut-être été un Descartes dans ce siècle-ci. Après une longue méditation, il a trouvé fort heureusement qu'il y avait quelqu'un qui avait soin de verser toujours cette eau de dedans une cruche. Mais qui lui fournissait toujours cette eau? le contemplatif n'allait pas si loin.

Il faut prendre garde que ces idées, qui peuvent être appelées les systèmes de ces temps là, étaient toujours copiées d'après les choses les plus connues. On avait vu souvent verser de l'eau de dedans une cruche : on imaginait donc fort bien comment un dieu versait celle d'une rivière; et par la facilité même qu'on avait à l'imaginer, on était tout-à-fait porté à le croire. Ainsi, pour rendre raison des tonnerres et des foudres, on se représentait volontiers un dieu de figure humaine lançant sur nous des flèches de feu; idées manifestement prises sur des objets très familiers.

Cette philosophie des premiers siècles roulait sur un principe si naturel, qu'encore aujourd'hui notre philosophie n'en a point d'autre; c'est-à-dire, que nous expliquons les choses inconnues de la nature par celles que nous avons devant les yeux, et que nous transportons à la physique les idées que l'expérience nous fournit. Nous avons découvert par l'usage, et non pas deviné, ce que peuvent les poids, les ressorts, les leviers : nous ne faisons agir la nature que par des leviers, des poids et des ressorts. Ces pauvres sauvages qui ont les premiers habité le monde, ou ne connaissaient point ces choses là, ou n'y avait fait aucune attention. Ils n'expliquaient donc les effets de la nature que par des choses plus grossières et plus palpables qu'ils connaissaient. Qu'avons-nous fait les uns et les autres? nous nous sommes toujours représenté l'inconnu sous la figure de ce qui nous était connu; mais heureusement il y a tous les sujets du monde de croire que l'inconnu ne peut pas ne point ressembler à ce qui nous est connu présentement.

De cette philosophie grossière qui régna nécessairement dans les premiers siècles, sont nés les dieux et les déesses. Il est assez curieux de voir comment l'imagination humaine a enfanté les fausses divinités. Les hommes voyaient bien des choses qu'ils n'eussent pas pu faire; lancer les foudres, exciter les vents, agiter les flots de la mer, tout cela était beaucoup au-dessus de leur pouvoir. Ils imaginèrent des êtres plus puissans qu'eux, et capables de produire ces grands effets. Il fallait bien que ces êtres là fussent faits comme des hommes? quelle autre figure eussent-ils pu avoir? du moment qu'ils sont de figure humaine, l'imagination leur attribue naturellement tout ce qui est humain ; les voilà hommes en toutes manières, à cela près qu'ils sont toujours un peu plus puissans que des hommes.

De là vient une chose à laquelle on n'a peut-être pas

encore fait de réflexion; c'est que dans toutes les divinités que les païens ont imaginées, ils y ont fait dominer l'idée du pouvoir, et n'ont eu presque aucun égard ni à la sagesse, ni à la justice, ni à tous les autres attributs qui suivent la nature divine. Rien ne prouve mieux que ces divinités sont fort anciennes, et ne marque mieux le chemin que l'imagination a tenu en les formant. Les premiers hommes ne connaissaient point de plus belle qualité que la force du corps; la sagesse et la justice n'avaient pas seulement de nom dans les langues anciennes, comme elles n'en ont pas encore aujourd'hui chez les barbares de l'Amérique : d'ailleurs la première idée que les hommes prirent de quelque être supérieur, ils la prirent sur des effets extraordinaires, et nullement sur l'ordre réglé de l'univers qu'ils n'étaient point capables de reconnaître ni d'admirer. Ainsi, ils imaginèrent les dieux dans un temps où ils n'avaient rien de plus beau à leur donner que du pouvoir, et ils les imaginèrent sur ce qui portait des marques de pouvoir, et non sur ce qui en portait de sagesse. Il n'est donc pas surprenant qu'ils aient imaginé plusieurs dieux, souvent opposés les uns aux autres, cruels, bizarres, injustes, ignorans; tout cela n'est point directement contraire à l'idée de force et de pouvoir qui est la seule qu'ils eussent prise. Il fallait bien que ces dieux se sentissent, et du temps où ils avaient été faits, et des occasions qui les avaient fait faire. Et même, quelle misérable espèce de pouvoir leur donnait-on, Mars, le dieu de la guerre, est blessé dans un combat par un mortel : cela déroge beaucoup à sa dignité; mais en se retirant, il fait un cri tel que dix mille hommes ensemble l'auraient pu faire : c'est par ce vigou reux cri que Mars l'emporte en force sur Diomède ; et en voilà assez, selon le judicieux Homère, pour sauver l'honneur du dieu. De la manière dont l'imagination est faite, elle se contente de peu de chose, et elle reconnaîtra toujours pour une divinité ce qui aura un peu plus de pouvoir qu'un homme.

Cicéron a dit quelque part, qu'il aurait mieux aimé qu'Homère eût transporté les qualités des dieux aux hommes, que de transporter comme il a fait les qualités des hommes aux dieux. Mais Cicéron en demandait trop ; ce qu'il appelait en son temps les qualités des dieux, n'était nullement connu du temps d'Homère. Les païens ont toujours copié leurs divinités d'après eux-mêmes : ainsi, à mesure que les hommes sont devenus plus parfaits, les dieux le sont devenus aussi davantage. Les premiers hommes sont fort brutaux, et ils donnent tout à la force : les dieux seront presque aussi brutaux, et seulement un peu plus puissans; voilà les dieux du temps d'Homère. Les hommes commencent à avoir des idées de la sagesse et de la justice : les dieux y gagnent; ils commencent à être sages et justes, et le sont toujours de plus en plus à proportion que ces idées se perfectionnent parmi les hommes voilà les dieux du temps de Cicéron, et ils valaient bien mieux que ceux du temps d'Homère, parce que de bien meilleurs philosophes y avaient mis la main.

Jusqu'ici les premiers hommes ont donné naissance aux fables, sans qu'il y ait, pour ainsi dire, de leur faute. On est ignorant, et on voit par conséquent bien des prodiges : on exagère naturellement les choses surprenantes en les racontant; elles se chargent encore de diverses faussetés en passant par plusieurs bouches;

il s'établit des espèces de systèmes de philosophie fort grossiers et fort absurdes, mais il ne peut s'en établir d'autres. Nous allons voir maintenant que sur ces fondemens les hommes ont en quelque manière pris plaisir à se tromper eux-mêmes.

Ce que nous appelons la philosophie des premiers siècles, se trouva tout-à-fait propre à s'allier avec l'histoire des faits. Un jeune homme est tombé dans une rivière, et on ne saurait retrouver son corps. Qu'est-il devenu? la philosophie du temps enseigne qu'il y a dans cette rivière des jeunes filles qui la gouvernent : les jeunes filles ont enlevé le jeune homme, cela est fort naturel ; on n'a pas bsoin de preuves pour le croire. Un homme dont on ne connaît point la naissance, a quelque talent extraordinaire ; il y a des dieux faits à peu près comme des hommes : on n'examine pas davantage qui sont ses parens ; il est fils de quelqu'un de ces dieux là. Que l'on considère avec attention la plus grande partie des fables, on trouvera qu'elles ne sont qu'un mélange des faits avec la philosophie du temps, qui expliquait fort commodément ce que les faits avaient de merveilleux, et qui se liait avec eux très naturellement. Ce n'était que dieux et déesses qui nous ressemblaient tout-à-fait, et qui étaient fort bien assortis sur la scène avec les hommes.

Comme les histoires de faits véritables mêlées de ces fausses imaginations eurent beaucoup de cours, on commença à en forger sans aucun fondement ; ou tout au moins on ne raconta plus les faits un peu remarquables, sans les revêtir des ornemens que l'on avait reconnu qui étaient propres à plaire. Ces ornemens étaient faux, peut-être même que quelquefois on les donnait pour tels; et cependant les histoires ne passaient pas pour être fabuleuses. Cela s'entendra par une comparaison de notre histoire moderne avec l'ancienne.

Dans le temps où l'on a eu le plus d'esprit, comme dans le siècle d'Auguste et dans celui-ci, on a aimé à raisonner sur les actions des hommes, à en pénétrer les motifs, et à connaître les caractères. Les historiens de ces siècles-là se sont accommodés à ce goût, ils se sont bien gardés d'écrire les faits nûment et séchement; ils les ont accompagnés de motifs, et y ont mêlé les portaits de leurs personnages. Croyons-nous que ces portraits et ces motifs soient exactement vrais? y avons-nous la même foi qu'aux faits? non ; nous savons fort bien que les historiens les ont devinés comme ils ont pu, et qu'il est presque impossible qu'ils aient deviné tout-à-fait juste. Cependant nous ne trouvons point mauvais que les historiens aient recherché cet embellissement qui ne sort point de la vraisemblance ; et c'est à cause de cette vraisemblance que ce mélange de faux que nous reconnaissons qui peut être dans nos histoires, ne nous les fait pas regarder comme des fables.

De même, après que par les voies que nous avons dites, les anciens peuples eurent pris le goût de ces histoires où il entrait des dieux et des déesses, et en général du merveilleux, on ne débita plus d'histoires qui n'en fussent ornées. On savait que cela pouvait n'être pas vrai ; mais en ce temps là il était vraisemblable, et c'en était assez pour conserver à ces fables la qualité d'histoires.

Encore aujourd'hui les Arabes remplissent leurs histoires de prodiges et de miracles, le plus souvent ridicules et grotesques. Sans doute cela n'est pris chez eux que pour des ornemens auxquels on n'a garde d'être trompé, parce que c'est entre eux une espèce de convention d'écrire ainsi. Mais quand ces sortes d'histoires passent chez d'autres peuples qui ont le goût de vouloir qu'on écrive les faits dans leur exacte vérité, ou elles sont crues au pied de la lettre, ou du moins on se persuade qu'elles ont été crues par ceux qui les ont publiées, et par ceux qui les ont reçues sans contradiction. Certainement le malentendu est considérable. Quand j'ai dit que le faux de ces histoires était reconnu pour ce qu'il était, j'ai entendu parler des gens un peu éclairés; car pour le peuple, il est destiné à être la dupe de tout.

Non-seulement dans les premiers siècles on expliqua par une philosophie chimérique ce qu'il y avait de surprenant dans l'histoire des faits; mais ce qui appartenait à la philosophie, on l'expliqua par des histoires de faits imaginés à plaisir. On voyait vers le Septentrion deux constellations nommées les deux ourses, qui paraissaient toujours et ne se couchaient point comme les autres; on n'avait garde de songer que c'est qu'elles étaient vers un pôle élevé à l'égard des spectateurs, on n'en savait pas tant : on imagina que de ces deux ourses, l'une avait été autrefois une maîtresse, et l'autre un fils de Jupiter; que ces deux personnes ayant été changées en constellations, la jalouse Junon avait prié l'Océan de ne point souffrir qu'elles descendissent chez lui comme les autres, et s'y allassent reposer. Toutes les métamorphoses sont la physique de ces premiers temps. Les mûres sont rouges, parce qu'elles sont teintes du sang d'un amant et d'une amante ; la perdrix vole toujours terre à terre, parce que Dédale, qui fut changé en perdrix, se souvenait du malheur de son fils qui avait volé trop haut ; et ainsi du reste. Je n'ai jamais oublié que l'on m'a dit dans mon enfance que le sureau avait eu autrefois des raisins d'aussi bon goût que la vigne ; mais que le traître Judas s'étant pendu à cet arbre, ses fruits étaient devenus aussi mauvais qu'ils le sont présentement. Cette fable ne peut être née que depuis le christianisme ; et elle est précisément de la même espèce que ces anciennes métamorphoses qu'Ovide a ramassées, c'est-à-dire que les hommes ont toujours de l'inclination pour ces sortes d'histoires. Elles ont le double agrément, et de frapper l'esprit par quelque trait merveilleux, et de satisfaire la curiosité par la raison apparente qu'elles rendent de quelque effet naturel et fort connu.

Outre tous ces principes particuliers de la naissance des fables, il y en a eu deux autres plus généraux qui les ont extrêmement favorisées. Le premier est le droit que l'on a d'inventer des choses pareilles à celles qui sont reçues, ou de les pousser plus loin par des conséquences. Quelque événement extraordinaire aura fait croire qu'un dieu avait été amoureux d'une femme ; aussitôt toutes les histoires ne seront pleines que de dieux amoureux. Vous croyez bien l'un, pourquoi ne croirez-vous pas l'autre? Si les dieux ont des enfans, ils les aiment, ils emploient toute leur puissance pour eux dans les occasions ; et voilà une source inépuisable de prodiges qu'on ne pourra traiter d'absurdes.

Le second principe qui sert beaucoup à nos erreurs, est le respect aveugle de l'antiquité. Nos pères l'ont cru; prétendrions-nous être plus sages qu'eux? ces deux principes joints ensemble font des merveilles. L'un, sur le moindre fondement que la faiblesse de la nature humaine ait donné, étend une sottise à l'infini; l'autre, pour peu qu'elle soit établie, la conserve à jamais. L'un, parce que nous sommes déjà dans l'erreur, nous engage à y être encore de plus en plus; et l'autre nous défend de nous en tirer, parce que nous y avons été quelque temps.

Voilà, selon toutes les apparences, ce qui a poussé les fables à ce haut degré d'absurdité où elles sont arrivées, et ce qui les y a maintenues : car ce que la nature y a mis directement du sien, n'était ni tout-à-fait si ridicule, ni en si grande quantité; et les hommes ne sont point si fous, qu'ils eussent pu tout d'un coup enfanter de telles rêveries, y ajouter foi, et être un fort long-temps à s'en désabuser, à moins qu'il ne s'y fût mêlé les deux choses que nous venons de dire.

Examinons les erreurs de ces siècles-ci, nous trouverons que les mêmes choses les ont établies, étendues et conservées. Il est vrai que nous ne sommes arrivés à aucune absurdité aussi considérable que les anciennes fables des Grecs; mais c'est que nous ne sommes pas partis d'abord d'un point si absurde. Nous savons aussi bien qu'eux étendre et conserver nos erreurs : mais heureusement elles ne sont pas si grandes, parce que nous sommes éclairés des lumières de la vraie religion, et, à ce que je crois, de quelques rayons de la vraie philosophie.

On attribue ordinairement l'origine des fables à l'imagination vive des Orientaux; pour moi, je l'attribue à l'ignorance des premiers hommes. Mettez un peuple nouveau sous le pôle, ses premières histoires seront des fables ; et en effet les anciennes histoires du Septentrion n'en sont-elles pas toutes pleines? ce ne sont que géans et magiciens. Je ne dis pas qu'un soleil vif et ardent ne puisse encore donner aux esprits une dernière coction, qui perfectionne la disposition qu'ils ont à se repaître de fables; mais tous les hommes ont pour cela des talens indépendans du soleil. Aussi, dans tout ce que je viens de dire, je n'ai supposé dans les hommes que ce qui leur est commun à tous, et ce qui doit avoir son effet sous les zones glaciales comme sous la torride.

Je montrerais peut-être bien, s'il le fallait, une conformité étonnante entre les fables des Américains et celles des Grecs. Les Américains envoyaient les âmes de ceux qui avaient mal vécu dans de certains lacs bourbeux et désagréables, comme les Grecs les envoient sur les bords de leurs rivières de Styx et d'Achéron. Les Américains croyaient que la pluie venait de ce qu'une jeune fille qui était dans les nues jouant avec son petit frère, il lui cassait sa cruche pleine d'eau : cela ne ressemble-t-il pas fort à ces nymphes de fontaines, qui renversent l'eau de dedans des urnes? Selon les traditions du Pérou, l'Ynca Manco Guyna Capac, fils du soleil, trouva moyen par son éloquence de retirer du fond des forêts les habitans du pays qui y vivaient à la manière des bêtes, et il les fit vivre sous des lois raisonnables. Orphée en fit autant pour les Grecs, et il était aussi fils du soleil : ce qui montre que les Grecs furent pendant un temps des sauvages aussi bien que les Américains, et qu'ils furent tirés de la barbarie par les mêmes moyens; et que les imaginations de ces deux peuples si éloignés se sont accordées à croire fils du soleil, ceux qui avaient des talens extraordinaires. Puisque les Grecs avec tout leur esprit, lorsqu'ils étaient encore un peuple nouveau, ne pensèrent point plus raisonnablement que les barbares de l'Amérique, qui étaient, selon toutes les apparences, un peuple assez nouveau lorsqu'ils furent découverts par les Espagnols, il y a sujet de croire que les Américains seraient venus à la fin à penser aussi raisonnablement que les Grecs, si on leur en avait laissé le loisir.

On trouve aussi chez les anciens Chinois la méthode qu'avaient les anciens Grecs d'inventer des histoires pour rendre raison des choses naturelles. D'où vient le flux et le reflux de la mer? vous jugez bien qu'ils n'iront pas penser à la pression de la lune sur notre tourbillon. C'est qu'une princesse eut cent enfans ; cinquante habitèrent les rivages de la mer, et les cinquante autres les montagnes. De là vinrent deux grands peuples, qui ont souvent guerre ensemble. Quand ceux qui habitent les rivages ont l'avantage sur ceux des montagnes, et les poussent devant eux, c'est le flux ; quand ils en sont repoussés, et qu'ils fuient des montagnes vers les rivages, c'est le reflux. Cette manière de philosopher ressemble assez à celle des métamorphoses d'Ovide ; tant il est vrai que la même ignorance a produit à peu près les mêmes effets chez tous les peuples.

C'est par cette raison qu'il n'y en a aucun dont l'histoire ne commence par des fables, hormis le peuple élu, chez qui un soin particulier de la providence a conservé la vérité. Avec quelle prodigieuse lenteur les hommes arrivent à quelque chose de raisonnable, quelque simple qu'il soit ! conserver la mémoire des faits tels qu'ils ont été, ce n'est pas une grande merveille; cependant il se passera plusieurs siècles avant que l'on soit capable de le faire, et jusques là les faits dont on gardera le souvenir ne seront que des visions et des rêveries. On aurait grand tort après cela d'être surpris que la philosophie et la manière de raisonner aient été pendant un grand nombre de siècles très grossières et très imparfaites, et qu'encore aujourd'hui les progrès en soient si lents.

Chez la plupart des peuples, les fables se tournèrent en religion; mais de plus, chez les Grecs, elles se tournèrent, pour ainsi dire, en agrément. Comme elles ne fournissent que des idées conformes au tour d'imagination le plus commun parmi les hommes, la poésie et la peinture s'en accommodèrent parfaitement bien, et l'on sait quelle passion les Grecs avaient pour ces beaux arts. Des divinités de toutes les espèces répandues partout, qui rendent tout vivant et animé, qui s'intéressent à tout, et ce qui est plus important, des divinités qui agissent souvent d'une manière surprenante, ne peuvent manquer de faire un effet agréable, soit dans les poèmes, soit dans des tableaux, où il ne s'agit que de séduire l'imagination en lui présentant des objets qu'elle saisisse facilement, et qui en même temps la frappent. Le moyen que les fables ne lui convinssent pas, puisque c'est d'elle qu'elles sont nées? quand la poésie ou la peinture les ont mises en œuvre pour en donner le spectacle à notre imagination, elles n'ont fait que lui rendre ses propres ouvrages.

Les erreurs une fois établies parmi les hommes, ont coutume de jeter des racines bien profondes, et de s'accrocher à différentes choses qui les soutiennent. La religion et le bon sens nous ont désabusés des fables des Grecs : mais elles se maintiennent encore parmi nous par le moyen de la poésie et de la peinture, auxquelles il semble qu'elles aient trouvé le secret de se rendre nécessaires. Quoique nous soyons incomparablement plus éclairés que ceux dont l'esprit grossier inventa de bonne foi les fables, nous reprenons très aisément ce même tour d'esprit qui rendit les fables si agréables pour eux ; ils s'en repaissaient parce qu'ils y croyaient, et nous nous en repaissons avec autant de plaisir sans y croire : et rien ne prouve mieux que l'imagination et la raison n'ont guère de commerce ensemble, et que les choses dont la raison est pleinement détrompée, ne perdent rien de leurs agrémens à l'égard de l'imagination.

Nous n'avons fait entrer jusqu'à présent dans cette histoire de l'origine des fables, que ce qui est pris du fond de la nature humaine, et en effet c'est ce qui y a dominé; mais il s'y est joint des choses étrangères, auxquelles nous ne devons pas refuser ici leur place. Par exemple, les Phéniciens et les Egyptiens étant des peuples plus anciens que les Grecs, leurs fables passèrent chez les Grecs, et grossirent dans ce passage, et même leurs histoires les plus vraies y devinrent des fables. La langue Phénicienne, et peut-être aussi l'Egyptienne, était toute pleine de mots équivoques ; d'ailleurs les Grecs n'entendaient guère ni l'une ni l'autre, et voilà une source merveilleuse de méprises. Deux Egyptiennes, dont le nom propre veut dire Colombes, sont venues habiter dans la forêt de Dodone pour y dire la bonne aventure ; les Grecs entendent que ce sont deux vraies colombes perchées sur des arbres qui prophétisent, et puis bientôt après ce sont les arbres qui prophétisent eux-mêmes. Un gouvernail de navire a un nom phénicien qui veut dire aussi *parlant;* les Grecs, dans l'histoire du navire Argo, conçoivent qu'il y avait un gouvernail qui parlait. Les savans de ces derniers temps ont trouvé mille autres exemples, où l'on voit clairement que l'origine de plusieurs fables consiste dans ce qu'on appelle vulgairement des *quiproquo*, et que les Grecs étaient fort sujets à en faire sur le phénicien ou l'égyptien. Pour moi je trouve que les Grecs qui avaient tant d'esprit et de curiosité, manquaient bien de l'un ou de l'autre de ne pas s'aviser d'apprendre parfaitement ces langues là, ou de les négliger. Ne savaient-ils pas bien que presque toutes leurs villes étaient des colonies égyptiennes ou des phéniciennes, et que la plupart de leurs anciennes histoires venaient de ce pays là? les origines de leur langue et les antiquités de leur pays ne dépendaient-elles pas de ces deux langues? mais c'étaient des langues barbares, dures et désagréables. Plaisante délicatesse!

Lorsque l'art d'écrire fut inventé, il servit beaucoup à répandre des fables, et à enrichir un peuple de toutes les sottises d'un autre : mais on y gagna que l'incertitude de la tradition fut un peu fixée, que l'amas des fables ne grossit plus tant, et qu'il demeura à peu près dans l'état où l'invention de l'écriture le trouva.

L'ignorance diminua peu à peu, et par conséquent on vit moins de prodiges, on fit moins de faux systèmes de philosophie, les histoires furent moins fabuleuses; car tout cela s'enchaîne. Jusques là on n'avait gardé le souvenir des choses passées que par une pure curiosité; mais on s'aperçut qu'il pouvait être utile de le garder, soit pour conserver les choses dont les nations se faisaient honneur, soit pour décider des différends qui pouvaient naitre entre les peuples, soit pour fournir des exemples de vertu; et je crois que cet usage a été le dernier auquel on ait pensé, quoique ce soit celui dont on fait le plus de bruit. Tout cela demandait que l'histoire fût vraie : j'entends vraie par opposition aux histoires anciennes, qui n'étaient pleines que d'absurdités. On commença donc à écrire dans quelques nations l'histoire d'une manière plus raisonnable, et qui avait ordinairement de la vraisemblance.

Alors il ne paraît plus de nouvelles fables; on se contente seulement de conserver les anciennes. Mais que ne peuvent point les esprits follement amoureux de l'antiquité? on va s'imaginer que sous ces fables sont cachés les secrets de la physique et de la morale.

Eût-il été possible que les anciens eussent produit de telles rêveries sans y entendre quelque finesse? le nom des anciens impose toujours : mais assurément ceux qui ont fait les fables n'étaient pas gens à savoir de la morale ou de la physique, ni à trouver l'art de les déguiser sous des images empruntées.

Ne cherchons donc autre chose dans les fables, que l'histoire des erreurs de l'esprit humain. Il en est moins capable, dès qu'il sait à quel point il l'est. Ce n'est pas une science de s'être rempli la tête de toutes les extravagances des Phéniciens et des Grecs; mais c'en est une de savoir ce qui a conduit les Phéniciens et les Grecs à ces extravagances. Tous les hommes se ressemblent si fort, qu'il n'y a point de peuple dont les sottises ne nous doivent faire trembler.

RÉFLEXIONS
SUR LA POÉTIQUE.

RÉFLEXIONS
SUR LA POÉTIQUE.

I. Il arrive quelquefois que des pièces irrégulières, telles que le *Cid*, ne laissent pas de plaire extrêmement : aussitôt on se met à mépriser les règles ; c'est, dit-on, une pédanterie gênante et inutile, et il y a un certain art de plaire qui est au-dessus de tout. Mais qu'est-ce que cet art de plaire ? Il ne se définit point : on l'attrape par hasard ; on n'est pas sûr de le rencontrer deux fois ; enfin, c'est une espèce de magie tout-à-fait inconnue. Peut-être tout cela n'est-il pas vrai. Il y a beaucoup d'apparence que quand les pièces irrégulières plaisent, ce n'est pas par les endroits irréguliers ; et il est certain qu'il n'y a pièce sur le théâtre qui soit, à de certains égards, si régulière que le *Cid*. Mais il se pourrait bien faire que tout ce qu'il y a d'important pour le théâtre, ne fût point réduit en règles, ou du moins ne fût pas fort connu. Ces règles qui ne sont pas encore faites, ou que tout le monde ne sait pas, voilà apparemment l'art de plaire, voilà en quoi consiste la magie.

II. Pour trouver les règles du théâtre, il faudrait remonter jusqu'aux premières sources du beau, découvrir quelles sont les choses dont la vue peut plaire aux hommes, c'est-à-dire, leur occuper l'esprit, ou leur remuer le cœur agréablement ; et cela est déjà d'une vaste étendue et d'une fine discussion. Après avoir découvert quelles sont les actions qui, de leur nature, sont propres à plaire, il faudrait examiner quels changemens y apporte la forme du théâtre, ou par nécessité, ou pour le seul agrément; et ces recherches étant faites avec toute l'exactitude et toute la justesse nécessaires, alors on n'aurait pas seulement trouvé les règles du théâtre, mais on serait sûr de les avoir trouvées toutes; et si, en descendant dans le détail, il en était échappé quelqu'une, on la ramenerait sans peine aux principes qui auraient été établis.

III. Avoir trouvé toutes les règles du théâtre, ce ne serait pas encore toute la poétique ; il faudrait comparer ensemble ces différentes règles, et juger de leur différente importance. Telle est presque toujours la nature des sujets, qu'ils n'admettent pas toutes sortes de beautés : il faut faire un choix, et sacrifier les uns aux autres. Ainsi, il serait fort utile d'avoir une balance où l'on pût, pour ainsi dire, peser les règles. On verrait qu'elles ne méritent pas toutes une égale autorité. Il y en a qu'il faut observer à la rigueur, d'autres qu'on peut éluder; et, si on peut le dire, les unes demandent une soumission sincère, les autres se contentent d'une soumission apparente. Si l'on avait trouvé les différentes sources qui les produisent, il ne serait pas difficile de donner à chacune sa véritable valeur.

IV. Ce plan d'une poétique, tel que je l'imagine, est presque immense, et demanderait une justesse d'esprit infinie. Je n'ai garde de m'engager dans une pareille entreprise. Je veux seulement faire voir que ce plan n'est pas si chimérique qu'il pourra le paraître d'abord à de certaines personnes; j'en veux donner une légère ébauche, et animer, si je puis, quelqu'un à l'exécuter. Ce sera bien assez pour moi, si de ce nombre prodigieux de vues qu'il faudrait avoir, j'en attrape quelques unes; et si de ce grand tout que je ne saurais embrasser, j'en puis saisir quelque partie.

V. L'esprit aime à voir ou à agir, ce qui est la même chose pour lui : mais il veut voir et agir sans peine; et ce qui est à remarquer, tant qu'on le tient dans les bornes de ce qu'il peut faire sans effort, plus on lui demande d'action, plus on lui fait de plaisir. Il est actif jusqu'à un certain point, au-delà très paresseux. D'un autre côté, il aime à changer d'objet et d'action. Ainsi, il faut en même temps exciter sa curiosité, ménager sa paresse, prévenir son inconstance.

VI. Ce qui est important, nouveau, singulier, rare en son espèce, d'un événement incertain, pique la curiosité de l'esprit; ce qui est un et simple accommode sa paresse; ce qui est déversifié convient à son inconstance. D'où il est aisé de conclure qu'il faut que l'objet qu'on lui présente ait toutes ces qualités ensemble pour lui plaire parfaitement.

VII. L'importance de l'action de la tragédie se tire de la dignité des personnes et de la grandeur de leurs intérêts. Quand les actions sont de telle nature, que, sans rien perdre de leur beauté, elles pourraient se passer entre des personnes peu considérables, les noms de princes et de rois ne sont qu'une parure étrangère que l'on donne aux sujets; mais cette parure, toute étrangère qu'elle est, est nécessaire. Si Ariane n'était qu'une bourgeoise trahie par son amant et par sa sœur, la pièce qui porte son nom, ne laisserait pas de subsister tout entière : mais cette pièce si agréable y perdrait un grand ornement; il faut qu'Ariane soit princesse, tant nous sommes destinés à être toujours éblouis par les titres. Les Horaces et les Curiaces ne sont que des particuliers, de simples citoyens de deux petites villes : mais la fortune de deux états est attachée à ces particuliers ; l'une de ces deux petites villes a un grand nom, et porte toujours dans l'esprit une grande idée. Il n'en faut pas davantage pour ennoblir les Horaces et les Curiaces.

VIII. Les grands intérêts se réduisent à être en péril de perdre la vie ou l'honneur, ou la liberté ou un trône, ou son ami, ou sa maîtresse. On demande ordinairement si la mort de quelqu'un des personnages est nécessaire dans la tragédie. Une mort est, à la vérité, un événement important; mais souvent il sert plus à la facilité du dénouement qu'à l'importance de l'action, et le péril de mort n'y sert pas quelquefois davantage. Ce qui rend Rodrigue si digne d'attention, est-ce le péril qu'il court en combattant le comte, les Maures ou dom Sanche? Nullement; c'est la nécessité où il est de perdre l'honneur ou sa maîtresse ; c'est la difficulté d'obtenir sa grâce de Chimène, dont il a tué le père. Les grands intérêts sont tout ce qui remue fortement les hommes ; et il y a des momens où la vie n'est pas leur plus grande passion.

IX. Il semble que les grands intérêts se peuvent partager en deux espèces; les uns plus nobles, tels que l'acquisition ou la conservation d'un trône, un devoir indispensable, une vengeance, etc. ; les autres plus touchans, tels que l'amitié ou l'amour. L'une ou l'autre de ces deux sortes d'intérêts donne son caractère aux tragédies où elle domine. Naturellement le noble doit l'emporter sur le touchant, et *Nicomède*, qui est tout noble, est d'un ordre supérieur à *Bérénice*, qui est toute touchante. Mais ce qui est incontestablement audessus de tout le reste, c'est le noble et le touchant réunis ensemble. Le seul secret qu'il y ait pour cela, est de mettre l'amour en opposition avec le devoir, l'ambition, la gloire ; de sorte qu'il les combatte avec force, et en soit à la fin surmonté. Alors ces actions sont véritablement importantes par la grandeur des intérêts opposés. Les pièces sont en même temps touchantes par les combats de l'amour, et nobles par sa défaite. Tels sont le *Cid*, *Cinna*, *Polyeucte*.

X. Les anciens n'ont presque point mis d'amour dans leurs pièces, et quelques uns les louent de n'avoir point avili leur théâtre par de si petits sentimens. Pour moi, j'ai peur qu'ils n'aient pas connu ce que l'amour leur pouvait produire. Je ne vois pas trop bien où serait la finesse de ne vouloir pas traiter des sujets pareils à *Cinna* ou au *Cid*. Toute la question est de mettre l'amour à sa place, c'est-à-dire au-dessous de quelque passion plus noble, contre laquelle il se révolte avec violence, mais inutilement. Cette règle n'est nécessaire que pour les pièces du premier ordre, et elle n'a guère été pratiquée que par Corneille.

XI. Le nouveau et le singulier peuvent se trouver dans les événemens de la pièce et dans les caractères : mais nous en parlerons ailleurs plus à propos. Ici, nous ne parlerons que du nouveau et du singulier qui peuvent se trouver dans les passions. Le vrai ne suffit pas pour attirer l'attention de l'esprit, il faut un vrai peu commun. Tout le monde connaît les passions des hommes jusqu'à un certain point; au-delà, c'est un pays inconnu à la plupart des gens, mais où tout le monde est bien aise de faire des découvertes. Combien les passions ont-elles d'effets délicats et fins qui n'arrivent que rarement, ou qui, quand ils arrivent, ne trouvent pas d'observateurs assez habiles? Il suffit de plus qu'elles soient extrêmes pour nous être nouvelles. Nous ne les voyons presque jamais que médiocres. Où sont les hommes parfaitement amoureux, ou ambitieux, ou avares? Nous ne sommes parfaits sur rien, non pas même sur le mal.

XII. Qu'un amant, mécontent de sa maîtresse, s'emporte jusqu'à dire qu'il ne perd pas beaucoup en la perdant, et qu'elle n'est pas trop belle ; voilà déjà le dépit poussé assez loin. Qu'un ami, à qui cet amant parle, convienne qu'en effet cette personne là n'a pas beaucoup de beauté; que par exemple, elle a les yeux trop petits; que sur cela l'amant dise que ce ne sont pas ses yeux qu'il faut blâmer, et qu'elle les a très agréables; que l'ami attaque ensuite la bouche, et que l'amant en prenne la défense ; le même jeu sur le teint, sur la taille : voilà un effet de passion peu commun, fin, délicat, et très agréable à considérer. Cet exemple, quoique comique, et tiré du *Bourgeois Gentilhomme*, m'a paru si propre à expliquer ma pensée, que je n'ai pu me résoudre à en apporter un plus sérieux. Nous ne connaissons pas nous-mêmes combien les romans de notre siècle sont riches en ces sortes de traits, et jusqu'à quel point ils ont poussé la science du cœur.

XIII. La finesse, la délicatesse, enfin l'agrément de ces effets de passion, consistent assez ordinairement dans une espèce de contradiction qui s'y trouve. On fait ce qu'on ne croit pas faire ; on dit le contraire de ce qu'on veut dire; on est dominé par un sentiment qu'on croit avoir vaincu ; on découvre ce qu'on prend un grand soin de cacher. Celle de toutes les passions qui fournit le plus de ces sortes de jeux, et peut-être la seule qui en fournisse, c'est l'amour. L'obligation où sont les femmes de le vaincre ou de le dissimuler, et la délicatesse de gloire qui fait qu'elles se le dissimulent à elles-mêmes, sont des sources très fécondes de ces contradictions agréables. Les hommes sont rarement, à cet égard, dans la même situation que les femmes; aussi l'amour ne plaît pas tant dans leur personne. L'ambition et la vengeance n'ont point par elle-mêmes de ces effets contrastés ; et ceux qui sont d'un caractère à ressentir vivement ces passions, s'y livrent sans les combattre et sans les déguiser.

XIV. Rarement ceux qui aspirent ou à s'élever ou à se venger, sont-ils délicats sur les moyens qui les y peuvent conduire; les amans le sont sur les moyens de parvenir à la possession de ce qu'ils aiment. L'espérance d'être aimé, ou la crainte de ne l'être pas, roule sur un regard, sur un soupir, sur un mot; enfin, sur des choses presque imperceptibles et d'une interprétation douteuse; au lieu que les espérances ou les craintes qui accompagnent l'ambition et la vengeance, ont des sujets plus marqués, plus déterminés, plus palpables. Ceux mêmes qui sont aimés, peuvent douter s'ils le sont, ou craindre à chaque moment de ne l'être plus, ou s'affliger de ne l'être pas assez. Quand on s'est vengé, quand on est arrivé au terme de son ambition, tout est fini. Enfin, l'amour produit plus d'effets singuliers et agréables à considérer, parce qu'il a des objets plus fins, plus incertains, plus changeans. Je sens que l'on pourrait pousser encore plus loin le parallèle de l'amour et des autres passions, et que l'amour en sortirait toujours à son honneur. Mais je crois en avoir assez dit pour prouver qu'aucune autre passion ne peut avoir par elle-même autant d'agrément sur le théâtre. La disposition des spectateurs y contribue encore. N'y a-t-il pas plus d'amour au monde que d'ambition ou de vengeance.

XV. La singularité ou la bizarrerie délicate des effets d'une passion, est un spectacle plus propre à plaire que sa seule violence, parce qu'elle donne occasion à une plus grande découverte. Il est vrai que ces deux beautés peuvent être réunies, et un effet singulier d'une passion en marque en même temps la force. De là, il s'ensuit encore que l'amour doit plus fournir au théâtre que la vengeance ou l'ambition, qui n'ont guère d'autre agrément que leur violence, et qui sont privées d'une infinité de raffinemens et de délicatesses que l'amour seul a en partage. Un personnage qui n'a que de l'amour, peut remplir une pièce, témoin *Ariane* et *Bérénice*; nul autre caractère ne peut occuper la même étendue. L'amour est le plus abondant et le plus fertile de tous les sentimens.

XVI. Ce qui est rare et parfait en son espèce, ne peut manquer d'attirer l'attention. Ainsi, il faut toujours peindre les caractères dans un degré élevé; rien de médiocre, ni vertus ni vices. Ce qui fait les grandes vertus, ce sont les grands obstacles qu'elles surmontent. Le vieil Horace sacrifie l'amour paternel à l'amour de la patrie, quand il dit, *qu'il mourût*, etc. ; voilà un grand amour pour la patrie. Pauline, malgré la passion qu'elle a pour Sévère, qu'elle pourrait épouser après la mort de Polyeucte, veut que ce même Sévère sauve la vie à Polyeucte ; voilà un grand attachement à son devoir. Un seul de ces traits suffirait pour faire un grand caractère.

XVII. Les vices ont aussi leur perfection. Un demi-tyran serait indigne d'être regardé; mais l'ambition, la cruauté, la perfidie, poussées à leur plus haut point, deviennent de grands objets. La tragédie demande encore qu'on les rende, autant qu'il est possible, de beaux objets. Il y a un art d'embellir les vices, et de leur donner un air de noblesse et d'élévation. L'ambition est noble, quand elle ne se propose que des trônes ; la cruauté l'est en quelque sorte, quand elle est soutenue d'une grande fermeté d'âme ; la perfidie même l'est aussi, quand elle est accompagnée d'une extrême habileté. Cléopâtre, dans Rodogune, Phocas, Stilicon, sont de beaux caractères dans toutes ces pièces. Le théâtre n'est pas ennemi de ce qui est vicieux, mais de ce qui est bas et petit. C'est là ce qui gâte les caractères de Néron et de Mithridate, tels qu'on les a donnés dans deux tragédies très connues du public, et pleines d'ailleurs de très grandes beautés. L'un se cache derrière une porte pour écouter deux amans ; l'autre, pour surprendre une jeune personne et lui faire dire son secret, se sert d'un petit artifice de comédie, et qui est même fort usé. Ces deux personnages sont assez cruels et assez perfides ; ce n'est pas là ce qui leur manque; mais ils le sont bassement.

XVIII. Cependant Corneille a mis sur le théâtre deux caractères assez bas, *Prusias* et *Félix*, et ils y réussirent tous deux ; mais il faut remarquer que Néron et Mithridate font des actions basses, dont le spectateur est témoin, et ceux-ci n'ont tout au plus que des sentimens bas : les sentimens qui ne sont que des discours, frappent beaucoup moins que les actions. De plus, la bassesse des sentimens de Prusias et de Félix est si naturelle dans les conjonctures où ils se trouvent, qu'il n'y avait qu'un cœur de héros qui s'en pût garantir; et même elle représente les premiers mouvemens du cœur d'un héros : mais il n'y a aucune nécessité d'agir comme agissent Néron et Mithridate. Enfin, ces deux caractères servent à en faire éclater d'autres parfaitement héroïques, ce que ne font pas ceux de Mithridate et de Néron. Par-dessus tout cela, quand Félix avoue qu'il ne serait pas fâché de la mort de son gendre, parce qu'il en tirerait quelque avantage pour sa fortune, Corneille a eu la sage précaution de lui donner de la honte de ce sentiment; et qui examinera de près le tour dont il s'est servi, reconnaîtra combien il faut d'art pour manier ces sortes de caractères, et combien il est difficile de les réconcilier avec le théâtre qui les rejette naturellement. Il n'appartient qu'à un génie du premier ordre de nous donner un personnage bas.

XIX. Quand on veut justifier des auteurs qui n'en ont presque pas donné d'autres, et qui n'y ont apporté aucun art, ou qui n'ont peint que des caractères communs et faibles en leur espèce, on dit : c'est là la nature, et on croit avoir tout dit. C'est là la nature, il est vrai; mais n'y a-t-il pas quelque autre chose de plus parfait, de plus rare en son espèce, de plus noble, qui est aussi la nature? C'est cela qu'on voudrait voir. Que dirait-on d'un peintre qui ne représenterait les hommes que comme ils sont faits communément, petits, mal tournés, mal proportionnés, de mauvais air? Ce serait là pourtant la nature.

XX. Un des grands secrets pour piquer la curiosité, c'est de rendre l'événement incertain. Il faut pour cela que le nœud soit tel qu'on ait de la peine à en prévoir le dénouement, et que le dénouement soit douteux jusqu'à la fin, et s'il se peut, jusqu'à la dernière scène. Lorsque, dans Stilicon, Félix est tué au moment qu'il va en secret donner avis de la conjuration à l'empereur, Honorius voit clairement que Stilicon et Eucherius, ses deux favoris, sont les chefs de la conjuration, parce qu'ils étaient les seuls qui sussent que l'empereur devait donner une audience secrète à Félix. Voilà un nœud qui met Honorius, Stilicon et Eucherius dans une situation très embarrassante ; et il est très difficile d'imaginer comment ils en sortiront. Qui serait-ce qui pourrait laisser la pièce à cet endroit là? Tout ce qui serre le nœud davantage, tout ce qui le rend plus malaisé à dénouer, ne peut manquer de faire un bel effet. Il faudrait même, s'il se pouvait, faire craindre au spectateur que le nœud ne se pût pas dénouer heureusement.

XXI. La curiosité une fois excitée n'aime pas à languir; il faut lui promettre sans cesse de la satisfaire, et la conduire cependant sans la satisfaire jusqu'au terme que l'on s'est proposé. Il faut approcher toujours le spectateur de la conclusion, et la lui cacher toujours; qu'il ne sache pas où il va, s'il est possible, mais qu'il sache bien qu'il avance. Le sujet doit marcher avec vitesse : une scène qui n'est pas un nouveau pas vers la fin, est vicieuse. Tout est action sur le théâtre, et les plus beaux discours mêmes y seraient insupportables, si ce n'étaient que des discours. La longue délibération d'Auguste, qui tient le second acte de *Cinna*, toute divine qu'elle est, serait la plus mauvaise chose du monde, si, à la fin du premier acte, on n'était pas demeuré dans l'inquiétude de ce que veut Auguste aux deux chefs de la conjuration qu'il a mandés; si ce n'était pas une extrême surprise de le voir délibérer de sa plus importante affaire avec deux hommes qui ont conjuré contre lui; s'ils n'avaient pas tous deux des raisons cachées, et que le spectateur pénètre avec plaisir, pour prendre deux partis tout opposés; enfin, si cette bonté qu'Auguste leur marque n'était pas le sujet des remords et des irrésolutions de Cinna, qui font la grande beauté de sa situation.

XXII. Un dénouement suspendu jusqu'au bout, et imprévu, est d'un grand prix. Camma, pour sauver la vie à Sostrate qu'elle aime, se résout enfin à épouser Sinorix qu'elle hait, et qu'elle doit haïr. On voit dans le cinquième acte Camma et Sinorix revenus du temple où ils ont été mariés : on sait bien que ce ne peut pas là être une fin, on n'imagine point où tout cela aboutira, et d'autant moins que Camma apprend à Sinorix qu'elle sait son plus grand crime, dont il ne la croyait pas instruite ; et que quoiqu'elle l'ait épousé, elle n'a rien relâché de sa haine pour lui. Il est obligé de sortir, et elle écoute tranquillement les plaintes de son amant, qui lui reproche ce qu'elle vient de faire pour lui prouver à quel point elle l'aime. Tout est suspendu avec beaucoup d'art, jusqu'à ce qu'on apprenne que Sinorix vient de mourir d'un mal dont il a été attaqué subitement, et que Camma déclare à Sostrate qu'elle a empoisonné la coupe nuptiale où elle a bu avec

Sinorix, et qu'elle va mourir aussi. Il est rare de trouver un dénouement aussi peu attendu, et en même temps aussi naturel.

XXIII. Comme la plupart des sujets sont historiques, le seul titre des pièces en apprend le dénouement; et alors il faudrait, s'il était possible, prendre une route qui parût ne devoir pas conduire à ce dénouement connu par l'histoire, et qui y conduisît cependant. Ceux qui sauraient que Camma fit mourir Sinorix, seraient bien éloignés, dans le cinquième acte même, de deviner comment le poète sera parvenu à cet événement, lorsqu'ils verraient le mariage de Camma et de Sinorix terminé; et, en ce cas, la surprise est encore plus grande que si l'on n'avait pas su l'histoire, parce qu'on voit des choses tout opposées à ce qu'on attend. Mais, encore un coup, ces sortes de dénouemens sont rares. Tout ce qu'on peut faire de mieux pour les autres qui sont annoncés par l'histoire, ou aisés à prévoir par la nature du sujet, c'est de les rendre surprenans pour les acteurs, s'ils ne le sont pas pour les spectateurs. A la fin du quatrième acte d'*Ariane*, Thésée et Phèdre prennent la résolution de s'enfuir ensemble : voilà le dénouement annoncé bien clairement au spectateur; il ne sera pas surpris d'apprendre au cinquième acte, que Thésée et Phèdre sont partis; mais Ariane en sera extrêmement surprise, surtout du départ de Phèdre sa sœur qu'elle aimait tendrement, et qu'elle ne croyait pas sa rivale; et le spectateur attend avec impatience l'étonnement et le désespoir d'Ariane. Il paraît, par mille autres exemples, que le spectateur jouit avec plaisir d'une surprise qui n'est que pour l'acteur, et non pas pour lui. Alors sa curiosité n'a plus pour objet l'événement même, mais seulement l'effet qu'il fera sur l'acteur, et un dénouement de cette espèce ne laisse pas d'être fort agréable. Le cinquième acte d'*Ariane* l'est au dernier point.

XXIV. Voilà à peu près ce que l'esprit demande dans les objets par rapport à sa curiosité : mais d'ailleurs, qu'il soit borné ou paresseux, il veut que ce qu'on lui présente à considérer soit un et simple. Il est visible d'abord que deux actions qui iraient de front, le partageraient désagréablement; il opterait bientôt entre les deux, et celle à laquelle il se serait attaché, lui donnerait du dégoût pour l'autre. Il arriverait le même inconvénient d'une action traversée par quelque chose d'étranger ou d'inutile ; ainsi, tout conclut pour l'unité.

XXV. Nous ne savons pas trop bien ce que les anciens ont entendu par épisode, ni ce que nous entendons nous-mêmes par ce mot. Heureusement il n'importe guère. Si épisode est quelque chose d'inséré dans l'action, et qui s'en pourrait ôter sans lui faire aucun tort, comme les amours des subalternes dans quelques opéras, où ils ne laissent pas de faire de jolies scènes, tout épisode est vicieux. Si au contraire épisode s'entend des intérêts des seconds personnages, qui, quoiqu'ils ne soient pas les principaux moteurs de l'action, y aident cependant, les épisodes sont très bons et souvent nécessaires.

XXVI. Quand je dis que les seconds personnages aident à l'action, je n'entends pas dire qu'ils prêtent la main à une machine qui aurait bien pu aller sans eux, quoique peut-être moins facilement; j'entends que leur secours soit absolument nécessaire, et il ne faut pas même que ce secours soit tardif, c'est-à-dire, que la nécessité de ces seconds personnages ne se fasse sentir que tard dans le cours de la pièce ; car autant qu'ils ont paru jusques là, autant ils ont ennuyé. Ériphile est nécessaire pour le dénouement d'Iphigénie; c'est la biche de la fable, et on ne s'en pouvait passer : mais elle n'est nécessaire qu'à la fin du dernier acte, et cela ne la justifie pas suffisamment de s'être fait voir dans les autres.

XXVII. Il faut qu'à l'unité se joigne la simplicité. J'appelle action simple celle qui est aisée à suivre, et qui ne fatigue point l'esprit par une trop grande quantité d'incidens. Il ne faut pas s'imaginer que la simplicité ait par elle-même aucun agrément; et ceux qui louent par cet endroit là les pièces grecques, ont bien envie de les louer, et ne se connaissent guère en louanges D'un autre côté, *Héraclius* est trop chargé de faits et d'intrigues, trop éloigné du simple. Il y a donc quelque chose de bon dans la simplicité : mais en quoi cela consiste-t-il ?

XXVIII. La simplicité ne plaît point par elle-même ; elle ne fait qu'épargner de la peine à l'esprit. La diversité, au contraire, par elle-même est agréable ; l'esprit aime à changer d'action et d'objet. Une chose ne plaît point précisément par être simple, et elle ne plaît point davantage à proportion qu'elle est plus simple ; mais elle plaît par être diversifiée sans cesser d'être simple : plus elle est diversifiée sans cesser d'être simple, plus elle plaît. En effet, de deux spectacles, dont ni l'un ni l'autre ne fatigue l'esprit, celui qui l'occupe le plus lui doit être le plus agréable. On n'admire point la nature de ce qu'elle n'a composé tous les visages que d'un nez, d'une bouche, de deux yeux; mais on l'admire de ce qu'en les composant tous de ces mêmes parties, elle les a faits fort différens. Voilà la simplicité et la diversité qui plaisent par leur union. L'une est peu digne d'être considérée, mais du moins aisée à considérer ; son plus grand mal est d'être insipide : l'autre est piquante, digne d'attention ; mais d'une étendue infinie, et qui égarerait trop l'esprit. Ainsi il arrive, quand elles s'unissent, que la simplicité donne de justes bornes à la diversité, et que la diversité prête ses agrémens à la simplicité.

XXIX. La diversité d'action, si cela se peut dire, n'est donc guère moins importante que l'unité et la simplicité. Les Espagnols diversifient ordinairement leurs pièces, en y mettant beaucoup d'intrigues et d'incidens. Princes déguisés ou inconnus à eux-mêmes ; lettres équivoques ou tombées entre les mains de gens à qui elles ne s'adressaient pas ; portraits perdus ; méprises qui arrivent pendant la nuit ; rencontres surprenantes et imprévues : de ces sortes de jeux ou d'embarras, ils n'en ont jamais trop. Pour nous, nous les avons aimés pendant quelque temps, et notre goût a changé. Peut-être les Espagnols qui, à cause de la contrainte où les femmes vivent chez eux, sont plus accoutumés que nous aux aventures, ont plus raison d'en aimer la représentation ; peut-être leur vivacité leur fait-elle trouver simple et facile ce qui est pour nous embarrassé et fatigant ; peut-être enfin, et c'est là le plus vraisemblable, ne se plaisent-ils aux pièces d'intrigue, que faute d'en connaître de meilleures.

XXX. Ce qui a le plus nui parmi nous aux pièces d'intrigue, c'est que nous en avons vu d'aussi diversifiées, et en même temps de moins embarrassées. Comparez *Héraclius* et *Horace*. Il y a dans l'un et dans l'autre, beaucoup de diversité et d'événemens ; à peine les personnages sont-ils deux scènes de suite dans la même situation ; tout est toujours en mouvement. Mais comment parvient-on à tout le jeu d'Héraclius ? par une longue histoire de choses passées avant la pièce, histoire assez difficile à bien retenir, et toujours un peu obscure, quoique démêlée avec un art merveilleux. Au contraire, tous les divers événemens d'Horace, naissent les uns des autres facilement, et sous les yeux du spectateur. Héraclius est à l'espagnole, trop intrigué, trop embarrassé, fatigant : Horace est, si j'ose le dire, à la française, très diversifié, sans nul embarras.

XXXI. Pour découvrir tout le secret de diversifier agréablement une action, il ne faudrait que découvrir l'art dont Horace est conduit. Les trois Horaces combattent pour Rome, et les trois Curiaces pour Albe : deux Horaces sont tués, et le troisième, quoique resté seul, trouve moyen de vaincre les trois Curiaces. Voilà ce que l'histoire fournit ; et rien n'est plus simple. Que l'on examine quels ornemens, et combien d'ornemens différens le poète y a ajoutés ; plus on l'examinera, plus on en sera surpris. Il fait les Horaces et les Curiaces alliés, et prêts à s'allier encore. L'un des Horaces a épousé Sabine, sœur des Curiaces, et l'un des Curiaces aime Camille, sœur des Horaces. Lorsque le théâtre s'ouvre, Albe et Rome sont en guerre ; et ce jour là même il se doit donner une bataille décisive. Sabine se plaint d'avoir ses frères dans une armée et son mari dans l'autre, et de n'être en état de se rejouir des succès de l'un ni de l'autre parti. Camille espérait la paix ce jour là même, et croyait devoir épouser Curiace sur la foi d'un oracle qui lui avait été rendu : mais un songe a renouvelé ses craintes. Cependant Curiace lui vient annoncer que les chefs d'Albe et de Rome, sur le point de donner la bataille, ont eu horreur de tout le sang qui s'allait répandre, et ont résolu de finir cette guerre par un combat de trois contre trois; qu'en attendant ils ont fait une trève. Camille reçoit avec transport une si heureuse nouvelle, et Sabine ne doit pas être moins contente. Ensuite les trois Horaces sont choisis pour être les combattans de Rome, et Curiace les félicite de cet honneur, et se plaint en même temps de ce qu'il faut que ses beaux-frères périssent, ou qu'Albe, sa patrie, soit sujette de Rome. Mais quel redoublement de douleur pour lui, quand il apprend que ses deux frères et lui sont choisis pour être les combattans d'Albe ! Quel trouble recommence entre tous les personnages! La guerre n'était pas si terrible pour eux ; Sabine et Camille sont plus alarmées que jamais : il faut que l'une perde ou son mari ou ses frères, l'autre, ses frères ou son amant, et cela par les mains les uns des autres. Les combattans eux-mêmes sont émus et attendris ; cependant il faut partir, et ils vont sur le champ de bataille. Quand les deux armées les voient, elles ne peuvent souffrir que des personnes si proches combattent ensemble, et l'on fait un sacrifice pour savoir la volonté des dieux. L'espérance renait dans le cœur de Sabine; mais Camille n'augure rien de bon. On leur vient dire qu'il n'y a plus rien à espérer, que les dieux approuvent le combat, et que les combattans sont aux mains. Nouveau désespoir, trouble plus grand que jamais. Ensuite vient la nouvelle que deux Horaces sont tués, le troisième en fuite, et les trois Curiaces maîtres du champ de bataille. Camille regrette ses deux frères, et a une joie secrète de ce que son amant est vivant et vainqueur. Sabine, qui ne perd ni ses frères ni son mari, est contente : mais le père des Horaces, uniquement touché de l'intérêt de Rome, qui va être sujette d'Albe, et de la honte qui rejaillit sur lui par la fuite de son fils, jure qu'il le punira de sa lâcheté, et lui ôtera la vie de ses propres mains ; ce qui redonne une nouvelle inquiétude à Sabine. Mais on apporte enfin au vieil Horace, une nouvelle toute contraire ; la fuite de son fils n'était qu'un stratagême dont il s'est servi pour vaincre les trois Curiaces, qui sont demeurés morts sur le champ de bataille. Rien n'est plus admirable que la manière dont cette action est menée : on n'en trouvera, ni l'original chez les anciens, ni la copie chez les modernes.

XXXII. Le secret de cette conduite consiste, ce me semble, à couper une action en autant de parties qu'il y en a qui puissent produire différens sentimens dans les personnages, soit que ces sentimens soient d'espèces opposées, soit que dans la même espèce les uns aient seulement plus de force que les autres. Faire passer les personnages de la joie à la douleur, de la crainte à l'espérance, ou d'une moindre joie, d'une moindre crainte à une plus grande, voilà deux espèces de contraste. La première est la plus agréable, parce que le contraste est plus parfait ; l'autre ne laisse pas aussi de faire de grands effets : mais, en général, une pièce où un même sentiment régnerait toujours, ou du moins presque toujours, quoiqu'il allât en se fortifiant, plairait moins que si elle était mêlée de plusieurs sentimens opposés. En peinture, les draperies réussissent mieux que nos habits communs, parce qu'elles ont plus de jeu, qu'elles sont plus ondoyantes. Ainsi il est bon que le tissu de la tragédie soit, pour ainsi dire, ondoyant; qu'il présente différentes faces, qu'il ait différens mouvemens.

XXIII. Outre le contraste qui peut être dans les différentes parties de l'action, celui des caractères des personnages contribue beaucoup à la variété. Deux figures dans un tableau, qui ont précisément la même attitude, ne sont pas plus vicieuses que deux personnages d'une tragédie qui ont le même caractère. Bérénice, Titus et Antiochus ne sont que le même personnage sous trois noms différens. Le plus grand contraste est entre les espèces opposées, comme d'un ambiteux à un amant, d'un tyran à un héros : mais on peut aussi, dans la même espèce, en trouver un très agréable. C'est ainsi qu'Horace et Curiace, tous deux vertueux, tous deux également possédés de l'amour de la patrie, ne se ressemblent point dans les sentimens mêmes qui leur sont communs. L'un a une férocité noble, l'autre quelque chose de plus tendre et de plus humain. Mais il n'appartient pas à tout le monde de ménager du contraste entre ce qui se ressemble. Enfin, lorsque deux personnages ne peuvent avoir de différences marquées, il est bon du moins de leur donner des raisons particulières pour n'être pas du même avis, ou dans le même mouvement de passion. C'est encore un coup de maître qu'a fait Corneille dans Horace. Sabine et Camille ont le même caractère, et à peu près le même intérêt; mais ordinairement quand l'une espère, l'autre craint. Il serait aussi à propos que les confidens eussent moins de complaisance pour leurs maîtres qu'ils n'en ont communément, et qu'ils prissent la liberté de les combattre par de bonnes raisons. Il faut de l'opposition et du jeu dans un dialogue; autrement c'est un dialogue où il n'y a qu'une personne qui parle.

XXXIV. Les jeux de théâtre sont infinis. Ils comprennent tout ce qui surprend, ou le spectateur, ou quelqu'un des personnages, tout ce qui produit un effet contraire à ce qu'on en attendait; et il est visible que rien ne réveille davantage la curiosité. Dans le moment que Cinna rend compte à Emilie de la conjuration dont Maxime et lui sont les chefs, on lui vient dire qu'Auguste le mande avec Maxime. Il n'est pas possible que Cinna ne se croie découvert, et que le spectateur n'attende avec impatience ce que lui veut l'empereur. Quand Cinna et Maxime paraissent avec l'empereur, on voit qu'il ne les a mandés que pour délibérer avec eux s'il quittera l'empire. Voilà Cinna, Maxime et le spectateur également surpris; et ces traits là sont merveilleux. Il y a d'autres jeux de théâtre qui ne trompent ou n'étonnent que quelqu'un des personnages, et non pas le spectateur. Ainsi Ariane se confie à sa sœur qu'elle ne connaît pas pour sa rivale, et le jeu en est très beau, quoique le spectateur n'y soit pas trompé. Mais en pareil cas, il jouit de l'erreur ou de l'ignorance de l'acteur, et prévoit, avec plaisir, la surprise où il tombera quand il viendra à s'éclaircir. Tout bien considéré, il semble que la première manière a quelque chose de plus parfait. Les comédies sont plus fertiles en jeu de théâtre que les tragédies, et il y en a de belles qui n'en ont aucun.

XXXV. Jusqu'ici nous n'avons envisagé dans l'action que ce qui peut plaire à l'esprit : ce n'est pas assez, il faut songer au cœur. Avec toutes les qualités dont nous avons parlé, elle pourrait être attachante : mais il y a encore quelque chose au-delà ; il faut, s'il se peut, la rendre touchante. On veut être ému, agité : on veut répandre des larmes. Ce plaisir qu'on prend à pleurer est si bizarre, que je ne puis m'empêcher d'y faire réflexion. Se plairait-on à voir quelqu'un, que l'on aimerait, dans une situation aussi douloureuse que celle où est le Cid, après avoir tué le père de sa maîtresse ? Non sans doute. Cependant le désespoir extrême du Cid, le péril où il est de perdre tout ce qui lui est le plus cher, plaît par cette raison même que le Cid est aimé du spectateur; d'où vient qu'on est agréablement touché par le spectacle d'une chose qui affligerait si elle était réelle.

XXXVI. Le plaisir et la douleur, qui sont deux sentimens si différens, ne diffèrent pas beaucoup dans leur cause. Il paraît par l'exemple du chatouillement, que le mouvement du plaisir, poussé un peu trop loin, devient douleur, et que le mouvement de douleur, un peu modéré, devient plaisir. De là vient encore qu'il y a une tristesse douce et agréable; c'est une douleur affaiblie et diminuée. Le cœur aime naturellement à être remué; ainsi les objets tristes lui conviennent, et même les objets douloureux, pourvu que quelque chose les adoucissent. Il est certain qu'au théâtre la représentation fait presque l'effet de la réalité; mais enfin elle ne le fait pas entièrement : quelque entraîné que l'on soit par la force du spectacle, quelque empire que les sens et l'imagination prennent sur la raison, il reste toujours au fond de l'esprit je ne sais quelle idée de la fausseté de ce qu'on voit. Cette idée, quoique faible et enveloppée, suffit pour diminuer la douleur de voir souffrir quelqu'un que l'on aime, et pour réduire cette douleur au degré où elle commence à se changer en plaisir. On pleure les malheurs d'un héros à qui l'on s'est affectionné; et dans le même moment l'on s'en console, parce qu'on sait que c'est une fiction; et c'est justement de ce mélange de sentimens que se compose une douleur agréable, et des larmes qui font plaisir. De plus, comme cette affliction, qui est causée par l'impression des objets sensibles et extérieurs, est plus forte que la consolation qui ne part que d'une réflexion intérieure, ce sont les effets et les marques de la douleur qui doivent dominer dans ce composé.

XXXVII. Les personnages qui tirent ces larmes des yeux, doivent être intéressans et aimables : mais comment les rendre aimables et intéressans? il suffit d'abord qu'ils soient malheureux. C'est un mérite aux yeux de toutes les personnes sensibles, que de tomber dans de grands malheurs ; et ils attirent naturellement l'affection, pourvu qu'il n'y ait rien d'ailleurs qui la repousse. Le héros et l'héroïne de la pièce trouvent le spectateur dans une disposition assez favorable; et pour l'engager à plaindre leurs infortunes, c'est assez qu'ils ne lui déplaisent par aucun endroit.

XXXVIII. Il faut prendre garde que cette maxime n'est vraie que des personnages peu connus par l'histoire, et dont on n'a pas une idée fort élevée ; ils intéressent à peu de frais : tel est Antiochus dans Rodogune. Mais César et Alexandre n'intéresseront point, s'ils ne remplissent l'attente que donnent leurs noms ; et il ne suffit pas que dans le cours de la pièce on rapporte d'eux de grandes choses qu'ils ont faites, il faut qu'on leur en voie faire dans le cours de la pièce même; les histoires du passé touchent peu le spectateur, qui, pour ainsi dire, n'en croit que ses yeux. De là vient qu'Alexandre est si peu intéressant, et si petit dans la pièce qui porte son nom. On y conte de lui, à la vérité, beaucoup de belles choses; mais quand on le voit en personne, il n'est occupé que de l'amour d'une petite Cléophile que le spectateur n'estime pas beaucoup. Alexandre ne laisse pas de faire à la fin une action de générosité, en rendant à Porus ses états : mais on ne lui en tient presque pas de compte, parce qu'il ne s'est pas attiré jusques là une grande considération.

XXXIX. Souffrir une oppression injuste, essuyer une ingratitude, une perfidie noire, ce sont les malheurs qui attirent le plus d'affection à ceux qui y sont tombés; et la force qu'ils ont de gagner les cœurs, est telle que Médée, qui a trahi son père et son pays, qui a déchiré son père par morceaux, devient aimable et intéressante quand elle est à Corinthe; abandonnée par Jason. Tout le monde est dans son parti, même contre l'innocente Créuse.

XL. A plus forte raison la vertu malheureuse doit intéresser; mais il faut savoir peindre la vertu, et il n'y a guère que le pinceau de Corneille qui y ait réussi. On ne doit pas craindre que tous les caractères vertueux et parfaits ne viennent à se ressembler, et que tous les héros de théâtre ne soient qu'un même héros. Il est vrai que toutes les vertus ensemble sont dans ces sortes de caractères; mais elles n'y brillent pas toutes. Il y en a une qui, par le fait dont il s'agit, par les circonstances où est le héros, prend le dessus, et devient, pour ainsi parler, la vertu du jour. Les autres demeurent dans l'obscurité et dans le silence, faute d'occasion; il suffit qu'on ne voie rien qui leur soit opposé.

Que l'on applique cette réflexion aux héros et aux héroïnes de Corneille, on les trouvera presque tous également et différemment vertueux. Ce n'est point par le mélange des vices ou des défauts qu'il diversifie leurs caractères, c'est par les différentes vertus qu'il y fait éclater.

XLI. Le personnage qu'on veut peindre vertueux, doit être exempt de défauts. Ou l'amour ne passe pas pour une faiblesse, ou c'est la seule qu'on pardonne aux héros de théâtre; encore faut-il qu'ils le sacrifient, comme nous avons dit, à de plus nobles sentimens. Il y a de plus une autre remarque à faire; il faut que les héros aiment des héroïnes, c'est-à-dire des personnes dignes d'eux; et un des défauts d'Alexandre, c'est d'aimer cette Cléophile, dont le caractère est assez petit. Le héros est avili par son mauvais choix. Au contraire, sévère, dans Polyeucte, en est plus grand d'être aimé d'une femme telle que Pauline.

XLII. Le héros ne doit jamais avoir tort, et il faut lui en épargner jusqu'à la moindre apparence. S'il a un mauvais côté, c'est au poète à le cacher, et à peindre son visage de profil. Il faut montrer Alexandre vainqueur de la terre, mais non pas ivrogne et cruel. Corneille a péché contre cette règle, quoique d'une manière assez peu sensible. Nicomède, dont le caractère est très noble et d'un fierté très aimable, brave sans cesse et insulte Attale son jeune frère, et par conséquent en donne fort mauvaise opinion au spectateur, qui est assez disposé à suivre les sentimens du héros quand il l'aime. Cependant à la fin, Attale fait une action de générosité, qui tire Nicomède lui-même d'un grand péril. On est fâché que Nicomède ait si mal connu Attale, et qu'il ait eu tant de mépris pour un homme qui le méritait si peu. De plus, c'est une espèce de honte pour Nicomède que d'être tiré d'affaire par celui dont il faisait si peu de cas. Il faut compter que le spectateur aime le héros avec délicatesse, et que la moindre chose qui blesse l'idée qu'il en a conçue, lui fait une impression désagréable.

XLIII. Les caractères vertueux et aimables se partagent en deux espèces : les uns doux, tendres, pleins d'innocence ; les autres, nobles, élevés, courageux, fiers. On les met tous sur le théâtre dans des situations douloureuses ; les uns, qui sont plus sensibles à leurs maux, qui emploient plus de paroles à se plaindre, attendrissent aisément le spectateur, et font naître la pitié ; les autres, qui ont dans leurs malheurs autant de courage que de sensibilité, qui dédaignent de se plaindre, qui ne causent que de l'admiration ou ne causent qu'une pitié mêlée d'admiration, une pitié sans larmes, et qui peut être reçue dans les plus grands cœurs. On plaint les premiers, et quand on s'applique leurs malheurs, on en frémit de crainte. On admire les derniers à tel point, que l'on voudrait presque avoir leurs malheurs avec leurs sentimens. Andromaque et Cornélie sont deux veuves, toutes deux très infortunées, et très propres à faire sentir la différence de ces deux espèces de pitié. Les caractères doux peuvent intéresser par un amour tendre et délicat, et leur manière d'aimer leur devient encore un mérite. Tels sont Britannicus et Junie, Bajazet et Athalide. Les caractères plus élevés ont aussi une sorte d'amour plus élevé, et auquel on ne doit pas donner cette mollesse touchante ; mais ils ont l'avantage que l'admiration qu'ils excitent les rend plus aimables que ne ferait la pitié même, ou qu'ils excitent en même temps et la pitié et l'admiration.

XLIV. Nicomède est opprimé par le crédit de sa belle-mère auprès de Prusias, et par l'artificieuse politique des Romains. Il ne se plaint jamais ; jamais il ne cherche à attendrir le spectateur ; mais la fermeté de son courage, l'intrépidité avec laquelle il regarde la plus grande puissance qui fût alors sur la terre, les nobles railleries qu'il en fait, lui gagnent plus les cœurs que ne feraient les plus douloureuses plaintes du monde ; et s'il ne faisait quelquefois un peu trop le jeune homme, ce serait le plus beau caractère qui fût sur la scène. Ce caractère est naturellement si agréable, qu'il ne laisse pas de plaire, lors même qu'il est vicieux. Ladislas, dans Venceslas, est impétueux, fougueux, violent, téméraire, injuste ; cependant avec tous ses vices, il est aimable. Tout ce qui a un air de hardiesse, d'élévation, d'indépendance, flatte naturellement notre inclination, qui va toujours à donner plus à la force qu'à la raison, et au courage qu'à la prudence. Au contraire, ce qui est régulier et sage a je ne sais quoi de froid, qui, quelquefois même, peut donner prise au ridicule. Ce n'est pas cependant qu'il fallût souvent hasarder sur le théâtre de jeunes fous, comme Ladislas. Les caractères raisonnables et vertueux sont sans doute raisonnables ; mais il faut leur donner tout ce qu'ils peuvent recevoir de la vigueur et de la chaleur du caractère vicieux de Ladislas.

XLV. Ici se présentent assez naturellement quelques réflexions sur l'utilité de la tragédie. Je n'ai jamais entendu la purgation des passions par le moyen des passions mêmes; ainsi je n'en dirai rien. Si quelqu'un est purgé par cette voie là, à la bonne heure ; encore ne vois-je pas trop bien à quoi il peut être bon d'être guéri de la pitié. Mais il me semble que la plus grande utilité du théâtre est de rendre la vertu aimable aux hommes, de les accoutumer à s'intéresser pour elle, de donner ce pli à leur cœur, de leur proposer de grands exemples de fermeté et de courage dans leurs malheurs, de fortifier par là et d'élever leurs sentimens. Il s'ensuit de là, que non-seulement il faut des caractères vertueux, mais qu'il les faut vertueux à la manière élevée et fière de Corneille, qu'ils affermissent le cœur, et donnent des leçons de courage. D'autres caractères vertueux aussi, mais plus conformes à la nature commune, amolliraient l'âme, et feraient prendre au spectateur une habitude de faiblesse et d'abattement. Pour l'amour, puisque c'est un mal nécessaire, il serait à souhaiter que les pièces de Corneille ne l'inspirassent aux spectateurs que tel qu'elles le représentent.

XLVI. Nous avons vu que ce qui rend les personnages intéressans, ce sont ou leurs malheurs ou leur vertu, et qu'ils le sont encore davantage quand ils ont tout ensemble et de grands malheurs et beaucoup de vertu. Mais que serait-ce si la vertu même produisait les malheurs? Sans doute l'amour du spectateur irait encore bien plus loin. Un malheur est d'autant plus touchant, que celui qui y tombe en est moins digne. Si Rodrigue, plein de vertu et de générosité comme il est, venait à perdre une maîtresse dont il est aimé, on le plaindrait : mais il la perd, parce qu'il s'est acquitté de ce qu'il devait à son père. Quelle pitié le spectateur ne lui doit-il pas! Chimène est dans la même situation : aussi ce sujet là est-il le plus beau qui ait jamais été traité.

XLVII. Après les malheurs où l'on tombe par sa propre vertu, les plus touchans sont ceux où l'on tombe par le crime ou par l'injustice d'autrui. L'innocence opprimée est toujours aimable, et l'amour qu'on a pour elle est redoublé par la haine qu'on a pour le persécuteur. Dans ces sortes de sujets, on ne saurait peindre les tyrans avec des couleurs trop noires, puisque l'horreur qu'on a pour eux tourne au profit des héros. Cléopâtre et Néron font aimer Rodogune et Britannicus. L'amour de la vertu ou la haine du crime, c'est le même sentiment sous deux formes différentes ; et pour la variété et le contraste du théâtre, il est bon qu'il les prenne toutes deux.

XLVIII. Il y a encore une sorte de malheurs touchans ; ce sont ceux où le héros tombe par une faiblesse pardonnable, et la seule que l'on pardonne aux héros : nous l'avons déjà dit ; c'est l'amour. On plaint presque autant ceux qu'il rend malheureux, que ceux qui le sont par leur vertu ; témoin Ariane et Bérénice : il faut pourtant se souvenir que ces mêmes spectateurs si favorables à l'amour, seraient blessés, s'il triomphait de quelque sentiment plus noble. Il est permis à l'amour d'attirer des malheurs aux héros, mais non pas de la honte.

XLIX. Enfin, ceux où l'on ne tombe, ni par sa vertu, ni par le crime d'autrui, ni par une faiblesse pardonnable, mais par une pure fatalité, comme le malheur d'OEdipe, paraissent les moins touchans. Ce n'est pas qu'ils ne causent une certaine horreur ; mais ils n'intéressent point pour les personnes. Que l'on vous conte l'histoire d'un homme empoisonné par celui qu'il a comblé de bienfaits, qu'il a choisi dans son testament pour son héritier, à qui il dit encore des choses tendres en mourant, ou que l'on vous rapporte la mort d'un homme écrasé d'un coup de foudre, quelles impressions vous font ces deux événemens? Il est vrai que, d'un côté, la noirceur de l'ingratitude; de l'autre, ce coup de tonnerre, vous font frémir; mais cette affreuse ingratitude vous met dans les intérêts de celui qui l'a essuyée, vous le plaignez tendrement, au lieu que le coup de tonnerre vous laisse assez indifférent pour celui qui en a été tué; sa personne ne vous en devient pas plus chère : vous haïssez, vous détestez l'empoisonneur; mais vous ne haïssez ni ne devez haïr celui qui a envoyé le coup de foudre. Enfin, ce dernier événement présente une idée affreuse, dont on détourne son imagination le plus vite que l'on peut; au lieu que l'autre fait naître une pitié que l'on entretient dans soi-même avec quelque sorte de complaisance; et, ce qui en est une marque, c'est que l'on appuiera volontiers sur toutes les circonstances de la mort de cet homme empoisonné, on les fera toutes valoir avec une espèce de plaisir. Il est aisé de voir que le malheur d'OEdipe est la même chose qu'un coup de tonnerre, et qu'il ne doit produire que le même effet. On ne remporte d'OEdipe, et des pièces qui lui ressemblent, qu'une désagréable et inutile conviction des misères de la condition humaine.

.L. Quand les personnages sont une fois aimables, ou par leur vertu, ou par leurs malheurs, ou par tous les deux ensemble; quand notre cœur est une fois gagné, tout ce qui leur arrive nous touche, leur joie et leurs douleurs sont les nôtres. Cependant, quelque tendresse que nous ayons pour eux, nous n'aimerions pas à les voir long-temps dans la joie; et on peut pendant tout le cours de la pièce nous les faire voir dans la douleur. Quelle est cette bizarrerie? Elle vient apparemment de ce que tous les hommes sont plus sensibles à la douleur qu'à la joie ; et comme le théâtre diminue tous les sentimens de la manière dont nous l'avons expliqué, ces deux là étant également diminués, il reste à la douleur encore assez de force pour nous remuer vivement, et il n'en reste pas assez à la joie. Ainsi une scène d'amans contens doit passer fort vite ; et une scène d'amans malheureux, qui appuient sur toutes les circonstances de leurs malheurs, peut être assez longue sans ennuyer. Il y a encore une autre raison, mais prise du côté de l'esprit. La curiosité n'a plus rien à faire avec des gens heureux; elle les abandonne, à moins qu'elle n'ait lieu de prévoir qu'ils retomberont bientôt dans le malheur, et qu'elle ne soit appliquée à attendre ce passage. Alors ce contraste diversifie très agréablement le spectacle qu'on offre à l'esprit, et les passions qui agitent le cœur.

LI. Il faut, s'il est possible, que les sentimens qu'on a pour le héros croissent toujours ; du moins serait-il insupportable qu'ils allassent en diminuant. Une faiblesse, quelque légère qu'elle fût dans un caractère qui aurait jusques là paru élevé, un moindre péril, un moindre malheur après un plus grand, tout cela ne pourrait que déplaire. Le cœur une fois accoutumé à une agitation vive et agréable, ne s'accommode plus, ni du repos, ni d'une moindre agitation.

LII. Plus le héros est aimé, plus il est convenable de

le rendre heureux à la fin. Il ne faut point renvoyer le spectateur avec la douleur de plaindre la destinée d'un homme vertueux. Après avoir long-temps tremblé pour lui, il est certain qu'on se sent soulagé de le laisser hors du péril; et quoique ce sentiment soit réservé pour la dernière scène, s'il se peut, et que le spectateur n'en soit touché qu'un moment, ce moment est de grande importance; il semble qu'il ait un effet qui retourne sur le reste de la pièce, quoique déjà passée, et qu'il embellisse ce qu'on a vu. Il y a un certain ordre qui demande que la vertu soit heureuse; et la pièce qui l'a blessé jusques là y doit satisfaire par son dénouement. La plus belle leçon que la tragédie puisse faire aux hommes, est de leur apprendre que la vertu, quoique long-temps traversée, persécutée, demeure à la fin victorieuse.

LIII. Une mort volontaire que choisirait le héros pour éviter un plus grand malheur, une mort telle que celle de Caton, de Sophonisbe ou de Camma, ne doit pas être comptée parmi ces dénouemens malheureux qui renvoient le spectateur mécontent. Le héros meurt, il est vrai; mais il meurt noblement; il fait lui-même sa destinée; on l'admire autant qu'on le plaint; et quoiqu'il donne un exemple très mauvais parmi nous, c'est un mauvais exemple qui n'est point dangereux. Les dénouemens désagréables sont ceux où le héros meurt dans l'oppression, où le crime triomphe de la vertu.

LIV. Quoique nous ayons jusqu'ici considéré la tragédie par rapport à l'esprit et au cœur, nous ne l'avons cependant considérée que par un certain côté; et pour faire entendre quel il est, il faut prendre la chose d'un peu loin. Supposons le contemplateur de Lucien, qui, du milieu des airs, considère ce qui se passe parmi les hommes ; il est certain que cet homme là s'attacherait à de certains objets plutôt qu'à d'autres. S'il voyait quelque chose d'important qui se passât entre des personnes considérables et d'un caractère peu commun ; si dans le cours de cette affaire il n'arrivait rien qui laissât languir sa curiosité, rien de contraire qui ne la réveillât, et qui ne surprît, rien qui n'intéressât vivement ; enfin, si cette action avait toutes les qualités que nous avons jusqu'à présent demandées pour une action tragique, sans doute le contemplateur la suivrait des yeux plutôt qu'une autre ; sans doute aussi elle serait bonne à représenter sur le théâtre.

LV. Mais d'où vient qu'il pourra s'y trouver des choses qui plairaient à notre contemplateur imaginaire, et qui déplairaient à ceux qui la verraient sur le théâtre ? Que dans le moment, par exemple, où cette action est la plus échauffée, où l'événement en est le plus incertain, elle se termine par quelque chose d'absolument imprévu, par un coup de hasard, par une personne qui jusques là n'y avait point été mêlée, le contemplateur verra ce dénouement avec une surprise d'autant plus agréable qu'il s'y sera moins attendu ; au contraire, que ce même dénouement soit mis sur le théâtre, il choquera tout le monde. Que quelqu'un qui aura part à cette action, et qui traversera les autres dans leur dessein, vienne à changer de pensée et de résolution, ou par lassitude, ou par inconstance naturelle, le contemplateur y prendra plaisir. Et quelle ample matière de réflexions pour qui aimerait à étudier les hommes ! Mais au théâtre rien ne serait plus insupportable. Le contemplateur se soucierait-il que l'action se passât toute dans un même lieu, et en vingt-quatre heures? Nullement ; car nous supposons qu'il porterait sa vue partout où il lui plairait avec une égale facilité ; et que quand l'action durerait plus de vingt-quatre heures, elle tiendrait toujours sa curiosité en haleine. Mais au théâtre on veut absolument l'unité de temps et de lieu. Pourquoi cette différence entre le contemplateur supposé et les spectateurs qui voient jouer une tragédie? Pourquoi ce qui satisfait l'un ne satisfait-il pas aussi les autres? Pourquoi n'ont-ils pas le même goût?

LVI. Une action qui se passerait effectivement sous nos yeux, change un peu de nature quand elle est mise sur le théâtre : c'était une chose réelle, ce n'est plus qu'une représentation ; c'était, pour ainsi dire, une production de la nature ; c'est maintenant un ouvrage de l'art. Par là, elle devient susceptible de nouvelles beautés et de nouveaux défauts. Nous n'avons encore examiné que les beautés ou les défauts qu'elle pouvait avoir, prise en elle-même, dans son état réel et naturel, telle qu'elle serait indépendamment du théâtre ; et quoique nous ayons cru que c'eût été un soin inutile et trop gênant, d'éviter, dans tout ce que nous avons dit jusqu'ici, les expressions qui ont rapport au théâtre, et qui semblent le supposer, nous nous sommes du moins exactement renfermés dans des idées qui n'y ont point de rapport nécessaire, et qui ne supposent qu'une action qui se passerait aux yeux du contemplateur de Lucien. Nous allons voir présentement ce qui lui arrive de nouveau, parce que c'est une représentation et un ouvrage de l'art ; et par ces deux points nous répondrons aux questions de l'article précédent.

LVII. Puisque c'est une représentation; le vrai n'y est plus, et il y faut suppléer ; car enfin les hommes veulent du vrai, ou quelque chose qui en ait l'air. D'abord il faut, si l'on peut, prendre des sujets connus, comme Horace, Pompée; s'ils sont peu connus, qu'ils soient du moins vrais et historiques, comme le Cid et Polyeucte; s'ils ne sont ni connus ni historiques, qu'ils tiennent du moins à quelque chose d'historique et de connu, comme Héraclius, qui n'a rien de vrai que les noms. On a quelquefois traité avec succès des sujets absolument inconnus et fabuleux comme Timocrate; mais l'entreprise n'est pas sans quelque péril. Dans les sujets connus, il ne faut rien changer à ce qui est extrêmement connu : on doit respecter le gros de l'événement; mais la manière dont il s'est passé, les motifs qui l'ont produit, les circonstances qui l'ont accompagné, tout cela est abandonné au poète. Rien n'a si bonne grâce qu'une pièce où il a conservé tout ce qui était historique, en y ajoutant des choses qui y convinssent. Il semble qu'il n'ait fait que remplir les vides de l'histoire? et nous l'apprendre mieux que nous ne la savions.

LVIII. Le vrai et le vraisemblable sont assez différens. Le vrai est tout ce qui est; le vraisemblable est ce que nous jugeons qui peut être, et nous n'en jugeons que par de certaines idées qui résultent de nos expériences ordinaires. Ainsi, le vrai a infiniment plus d'étendue que le vraisemblable, puisque le vraisemblable n'est qu'une petite portion du vrai, conforme à la plupart de nos expériences. Le vrai n'a pas besoin de preuves, il suffit qu'il soit, et qu'il se montre. Le vraisemblable en a besoin; il faut, pour être reçu, qu'il se reporte à nos idées communes. Incertains que nous sommes, et avec beaucoup de raison, sur l'infinie possibilité des choses, nous n'admettons pour possibles que celles qui ressemblent à ce que nous voyons souvent. Tout ce que verrait notre contemplateur serait vrai, et par là suffisamment prouvé, quelque extraordinaire qu'il fût : mais au théâtre, où tout est feint, il faut nécessairement que le vraisemblable prenne la place du vrai.

LIX. Il faut donc conserver exactement le vraisemblable, tant dans les événemens que dans les caractères, à moins que celui qui en sortirait ne fût, et constant par l'histoire, et extrêmement connu ; auquel cas le vrai rentre dans ses droits ; et encore est-il périlleux de montrer ce vrai qui n'est pas vraisemblable. Lorsque Horace tue Camille, cette action déplaît, non-seulement par son extrême barbarie, mais par le peu de vraisemblance qu'il y a qu'un frère tue sa sœur pour quelques paroles emportées que lui arrache la douleur d'avoir perdu son amant. L'histoire même paraît avoir de la peine à se charger des vérités peu vraisemblables ; elle adoucit, autant qu'elle peut, les choses trop bizarres ; elle imagine des vues et des motifs proportionnés à la grandeur des événemens et des actions ; elle travaille à rendre les caractères uniformes et suivis, et cet amour du vraisemblable la jette très souvent dans le faux. Il s'en faut bien que la nature ne soit renfermée dans les petites règles qui font notre vraisemblable, et qu'elle s'assujétisse aux convenances qu'il nous a plu d'imaginer : mais c'est au poète à s'y assujétir, et à se tenir dans les bornes étroites où la vraisemblance est resserrée.

LX. Les caractères une fois établis, doivent être toujours semblables à eux-mêmes; et le théâtre n'y admet pas les inégalités et le mélange que la nature y admettrait. Si l'on fait des caractères bizarres, il faut que cette bizarrerie elle-même ait sa règle et son uniformité. Du moment que l'esprit cesserait d'y sentir une certaine suite, entrerait en défiance de la vérité, le spectateur s'apercevrait qu'il est à la comédie. Par la même raison, si les personnages ne sont pas connus par l'histoire, les caractères doivent être pris sur l'idée que l'on a communément de leur condition, de leur âge, de leur pays, etc. Enfin, que le poète songe toujours qu'il a le spectateur à tromper, et qu'il n'y peut parvenir que par une espèce de complaisance pour toutes ses opinions.

LXI. Les caractères nobles et élevés sont les plus exposés au péril de sortir quelquefois du vraisemblable. L'excès y est à craindre; et les héros de Corneille ne s'en sont pas toujours garantis. Ce n'est pas qu'il n'y ait un vraisemblable pour les héros, fort différent de celui qui n'est que pour les hommes du commun : mais enfin ce vraisemblable a ses bornes assez aisées à sentir, et très difficiles à marquer. Sabine déplaît fort dans le second acte d'Horace, quand elle vient proposer à son mari et à son frère, que l'un des deux la devrait tuer, afin que l'autre la vengeât, et qu'ils devinssent par là ennemis légitimes. Au contraire, Pauline charme, ravit, quand elle exige de Sévère, qu'elle aime et qu'elle pourrait épouser par la mort de Polyeucte, qu'il se serve de tout son crédit pour obtenir la grâce de Polyeucte qu'elle n'aime pas. De ces deux traits, dont l'un et l'autre demandent de la grandeur d'âme, l'un est naturel et très beau, l'autre est faux et insupportable. Pour découvrir la source de cette différence, et déterminer en même temps jusqu'où s'étend la générosité bien entendue, il faudrait entrer dans des réflexions trop particulières à la morale. Tout ce que j'en puis dire ici, c'est qu'une action de générosité, pour être incontestablement naturelle, doit être produite, ou par l'espérance bien fondée d'une grande gloire, ou, ce qui est du moins aussi puissant dans les belles âmes, par une crainte délicate de quelque léger déshonneur, ou enfin par un extrême amour de la vertu, plus rare encore et plus noble que ces deux motifs. Sabine n'est dans aucun de ces trois cas ; elle n'acquiert aucune gloire, elle n'évite aucun déshonneur, elle ne fait rien pour la vertu. Pauline, au contraire, fait toutes ces trois choses à la fois. A la vérité, le mépris que Sabine marque pour la vie, a l'air noble; mais dans la manière dont elle veut mourir, elle ne propose aucune vue raisonnable. La proposition qu'elle fait a encore un grand inconvénient ; c'est qu'elle ne peut jamais être acceptée, ni de son mari, ni de son frère ; et rien n'a plus mauvaise grâce que des offres généreuses et hardies, faites sans péril. C'est peut-être en partie ce ridicule qui a banni l'ancienne coutume des amans de théâtre, qui, dans leur désespoir, présentaient leur épée à leurs maîtresses, et les priaient à genoux, de la leur passer au travers du corps.

LXII. A l'égard des événemens comme à l'égard des caractères, il y a deux sortes de vraisemblable ; l'un ordinaire, simple ; l'autre extraordinaire, singulier tel que celui des aventures de romans, qui sont à la vérité possibles, mais qui n'arrivent jamais. Le singulier dans les caractères est excellent sur le théâtre; mais pour les événemens, c'est autre chose. Le singulier, du moins le singulier romanesque, ne convient pas bien à la tragédie ; c'est qu'elle vise plus au cœur qu'à l'esprit : elle aime mieux toucher par les caractères et par les sentimens qu'ils produisent, que surprendre par des aventures imprévues; et ces aventures mêmes auraient le défaut, à l'égard de l'esprit, de l'avertir trop de la fiction. Y a-t-il rien sur la scène de plus étonnant, de plus propre à exciter la curiosité, que Timocrate, qui est en même temps à la tête de deux armées ennemies, et qui est nommé pour combattre contre lui-même, Mais c'est là du romanesque tout pur, et qui se donne trop pour ce qu'il est. Un trait non pas tout-à-fait de cette espèce, mais un peu hardi, unique dans la pièce, placé à propos, ne laisserait pas de réussir. Mais pour l'ordinaire il faut des événemens simples qui produisent des sentimens vifs. Il est même très agréable d'y ménager des surprises; mais elles doivent naître de la disposition des personnages plutôt que de la bizarrerie des aventures.

LXIII. Puisque la fonction du vraisemblable, dans la tragédie est d'empêcher l'esprit de s'apercevoir de la feinte, le vraisemblable qui le trompe le mieux est le plus parfait, et c'est celui qui devient nécessaire. Un caractère étant supposé, et étant vraisemblable tel qu'il est supposé, il y a des effets qu'il doit nécessairement produire, et d'autres qu'il peut produire ou ne pas produire. Un prince sage ne peut négliger l'avis d'une conjuration qui se trame contre lui ; mais il peut par différentes vues de politique, ou la pardonner, ou la punir. Si dans le caractère du prince le choix de ces deux partis est indifférent, celui auquel le poète le déterminera, ne satisfera pas pleinement les spectateurs. Il est vrai qu'ils ne condamneront pas le parti qu'il aura pris, mais ils ne sauront pourquoi il l'a préféré : ils n'en verront point d'autre raison que le besoin de la pièce; et c'est ce qu'il ne leur faut jamais faire sentir. Ainsi, la clémence d'Auguste pour Cinna, quoique vraisemblable, serait très vicieuse, parce qu'elle n'est pas plus vraisemblable que la rigueur qui lui est opposée. Mais, ce qui la justifie entièrement, elle est historique et vraie. Il n'y a guère d'apparence que des scélérats, tels que la Cléopâtre de Rodogune, et le Mathan d'Athalie, aient des confidens, à qui ils découvrent sans aucun déguisement, et sans une nécessité absolue, le détestable fond de leur âme.

LXIV. La perfection est de faire agir les personnages, de manière qu'ils n'aient pas pu agir autrement : leur caractère supposé, et cette nécessité qu'emportent les caractères pour les résolutions et pour les partis, n'exclut pas les délibérations et les combats, qui sont les plus beaux jeux du théâtre; au contraire, ces combats et ces délibérations mêmes deviennent nécessaires. Rodrigue étant ardemment amoureux, et passionné pour la gloire, il est d'une égale nécessité, et qu'il soit violemment combattu par les intérêts de son amour, avant que d'attaquer le père de Chimène, et qu'à la fin sa gloire l'emporte. Quand le parti que prennent les personnages n'est pas tout-à-fait nécessaire, il faut du moins que, dans leur caractère, il ait quelque avantage sur tous les autres. La vraisemblance qui se change en nécessité, ne permet au spectateur aucune incertitude sur la *vérité* de ce qu'il voit ; mais il en découvre trop aisément la *fiction* au travers d'une vraisemblance faible et douteuse.

LXV. Cette nécessité que nous souhaitons n'est que pour les événemens produits par les caractères des personnages ; les autres événemens de la pièce de doivent ni ne peuvent être sujets à cette loi. Qu'une nouvelle arrive dans un temps ou dans un autre, qu'un combat dure plus ou moins, qu'un poison agisse quelques momens plus tôt ou plus tard, tout cela est purement fortuit, et de nature à l'être toujours ; et alors le poète est en liberté de ne consulter que ses intérêts, et de choisir ce qui l'accommode, sans être obligé à rendre compte de son choix. Il n'y a aucune nécessité qu'Auguste mande Cinna, justement dans le temps qu'il est avec Emilie, et qu'il l'instruit de l'état où est la conjuration. Il était aussi vraisemblable que l'ordre arrivât dans un autre temps ; mais il suffit qu'il puisse arriver dans celui-là. Le spectateur est assez équitable pour ne demander de la nécessité qu'aux événemens qui partent d'une cause qui aurait pu les rendre nécessaires.

LXVI. Dans l'exacte vraisemblance de la représentation d'une action, sont comprises les deux circonstances de temps et de lieu. Nous avons vu qu'il serait fort indifférent au contemplateur de Lucien, que l'action se passât toute dans un même lieu, et en vingt-quatre heures : mais quand cette même action est sur le théâtre, il est sans doute à souhaiter qu'elle ne dure en elle-même qu'autant de temps que la représentation occupe les yeux du spectateur, et qu'elle se passe toute dans le lieu où le spectateur a été d'abord transporté. Autrement, si on le promenait d'un lieu en un autre, ou si on lui voulait persuader qu'il a vu en deux heures ce qui ne s'est passé qu'en un an, il reconnaîtrait sans peine l'illusion, et le charme se dissiperait. Voilà ce qui s'appelle l'unité de temps et celle de lieu; et à les prendre dans leur grande perfection, l'action de la tragédie ne doit durer que deux heures, et toutes les scènes se doivent passer précisément dans le même lieu où la première s'est passée. Si les sujets sont susceptibles de cette perfection, à la bonne heure; sinon, il ne faut s'en écarter que le moins qu'il est possible, et se consoler de ne la pouvoir attraper, sur ce qu'elle n'est pas en elle-même fort importante. Ne nous passons-nous pas sans peine de l'unité de lieu dans tous les opéras, et de l'unité de temps, j'entends l'unité exacte, dans presque toutes les tragédies?

LXVII. La règle des vingt-quatre heures n'est point une règle; c'est une extension favorable de la véritable règle, qui n'accorde à l'action de la tragédie que la durée de sa représentation. Mais pourquoi cette extension va-t-elle si loin que vingt-quatre heures, ou pourquoi ne va-t-elle pas plus loin? Fixation purement arbitraire, et qui ne doit avoir nulle autorité. Cependant la règle des vingt-quatre heures est la plus généralement connue de toutes celles du théâtre, même la plus respectée; et celle qui, dans le temps que les règles reparurent au monde, sortit la première des ténèbres de l'oubli. Elle peut servir d'exemple de la facilité qu'ont les hommes à recevoir des maximes qu'ils n'entendent point, et à s'y attacher de tout le cœur.

LXVIII. Il semble que l'unité de temps doive être plus importante que celle de lieu. On vient à un spectacle, prévenu que ce qu'on va voir se passe dans un autre lieu que celui où l'on est ; la décoration du théâtre aide à cette illusion ; quand elle change, nous croyons sans peine que les acteurs ont aussi changé de lieu : et comme nous n'avons jamais cru être avec eux, ce sont eux que l'on transporte et non pas nous. Mais, à l'égard du temps, nous n'arrivons point, persuadés que ce que nous verrons se passera dans un temps plus long que celui que nous mettrons à le voir ; rien ne nous met dans cette erreur ; et la durée de deux heures est nécessairement la mesure de ce qui se fait sous nos yeux pendant ce temps là. Cependant l'unité de lieu, quoique peut-être un peu moins importante, est plus observée que celle de temps. Il est plus aisé de mettre tous les personnages, non pas, à la vérité, dans le même appartement, mais dans le même palais, que de renfermer en deux heures un grand événement.

LXIX. Quand ces deux unités ne peuvent s'accorder avec la constitution naturelle des sujets, il faut empêcher le spectateur de s'apercevoir qu'elles y manquent, et détourner son attention des circonstances du temps et du lieu. Ce qui est seulement à observer, c'est que chaque acte se doit passer exactement dans un même lieu, et en aussi peu de temps que sa représentation dure : mais si les personnages changent de lieu, s'il arrive quelque chose qui tienne plus de temps que la représentation, tout cela doit être jeté entre deux actes. Ce vide est un temps de grâce dont les spectateurs ne demandent pas compte à la rigueur. Il ne dure que quelques minutes, et on vous le passe pour plusieurs heures, quelquefois pour une nuit entière. Par la même raison, quand on veut ménager des changemens de lieu, il les faut mettre dans cet intervalle, à la faveur du peu d'attention que le spectateur y apporte.

LXX. Nous nous sommes proposé de considérer la tragédie, non-seulement comme représentation, mais comme ouvrage de l'art; et en cette qualité, elle peut encore avoir et des beautés et des défauts. La seule idée de l'adresse de l'art ou du manque d'art embellit ou gâte les mêmes choses, qui n'ont d'elles-mêmes ni beauté ni désagrément. Peu de gens font réflexion, par exemple, pourquoi les rimes, qui font une partie de l'agrément des vers, sont insupportables dans la prose ; pourquoi la plus belle période du monde est défigurée par la chute de deux membres qui riment. Avons-nous d'autres oreilles pour la prose que pour les vers? D'où peut venir cette différence? La raison en est, que les rimes sont dans les vers une difficulté qu'il a fallu surmonter avec art; et dans la prose, ce n'est qu'une négligence qu'on n'a pas pris la peine d'éviter. Elles plaisent sous l'une de ces formes, et déplaisent sous l'autre. Il est donc vrai que la seule idée de la difficulté donne de l'agrément aux rimes, qui naturellement n'en ont aucun, et qu'on aime à voir que l'art tienne le poète en contrainte. D'un autre côté, ce qui paraît un effet de la contrainte de l'art, est désagréable; un vers supportable en lui-même, que la prose aurait pu recevoir, mais dont on voit que la principale fonction est de rimer, ne manque point de s'attirer des railleries. Tout cela semble assez bizarre : on aime les rimes pour leur difficulté ; on n'aime point ce que produit la difficulté des rimes. Il faut que l'art se montre : car si l'on ignorait que la rime est affectée, elle ne ferait nul plaisir, et peut-être même choqueraitelle par son uniformité. Il faut que l'art se cache; et dès qu'on s'aperçoit de ce qui est affecté pour la rime, on en est dégoûté. Voilà une belle matière pour une de ces questions où le pour et le contre paraissent également vrais, faute d'être bien entendus.

LXXI. On sait assez ce qui fait la beauté naturelle du discours; c'est la justesse et la vivacité des pensées, l'heureux choix des expressions, etc. A tout cela l'art de la poésie ajoute, sans aucune nécessité, sans aucun besoin pris dans la chose, les rimes et les mesures. Les voilà devenues une beauté par ce seul caprice de l'art, et par la seule raison qu'elles gêneront le poète, et que l'on sera bien aise de voir comment il s'en tirera. Si cette nouvelle sujétion fait dire au poète des choses forcées ou inutiles, comme elles sont contraires à la beauté naturelle du discours, on en est plus choqué que l'on n'est touché de ce qu'il a satisfait à la contrainte de la rime. Mais si, malgré cette contrainte, il pense et s'exprime aussi bien que s'il eût été entièrement libre; alors, au plaisir naturel que fait la beauté du discours, se joint le plaisir artificiel de voir que la contrainte n'a rien gâté. L'art est un tyran qui se plaît à gêner ses sujets, et qui ne veut pas qu'ils paraissent gênés; et je me souviens sur cela des Maldives, où les rois avaient poussés le raffinement de la tyrannie jusqu'à établir que c'était un crime d'état de paraître triste. Il faut que ceux qui ne sauraient pas que le poète a été obligé de rimer, ne s'en aperçoivent pas; et que ceux qui le savent, soient surpris de ne pas s'en apercevoir.

LXXII. Tout cela est aisé à appliquer à la tragédie. Qu'une action soit en elle-même attachante et intéressante, que la représentation en ait toute la vraisemblance possible, ce n'est pas assez; l'art lui impose encore de nouvelles lois. De ces lois, les unes sont purement arbitraires, comme la rime dans les vers; les autres ont quelque fondement. Que toute action soit divisée en cinq parties, qu'elles soient à peu près égales, assurément cela n'est point pris dans la nature de la chose, pure fantaisie de l'art. Mais voici d'autres établissemens plus fondés. Il est également naturel qu'une action se dénoue par quelque accident qui vienne de dehors, par quelque chose d'étranger, ou par un événement dont les principes soient dans cette action même. Cléopâtre, dans Rodogune, a fait tant de crimes, qu'il pourrait fort bien se trouver, hors de la pièce, quelqu'un qui, pour une vengeance particulière, conspirât contre elle, et la fit mourir; et alors finiraient tous les malheurs qu'elle cause à Antiochus et à Rodogune. Il est vraisemblable aussi qu'ayant préparé à Antiochus et Rodogune un poison qu'ils refusent de prendre, elle le prenne elle-même pour leur ôter toute défiance, et meure dans le moment qu'ils allaient suivre son exemple. Mais entre ces deux dénouemens, tous deux naturels et vraisemblables, l'art choisit le second, qui est une suite de tout ce que la pièce renferme, et exclut absolument le premier, qui est pris hors de la pièce. De là se forme une règle générale et sans exception. En effet, il est agréable de voir une action qui contient en elle-même les semences de son dénouement, mais imperceptibles et cachées aux yeux; et qui, se développant peu à peu, et sans aucun secours étranger, vient enfin à faire éclore ce dénouement. Par la même raison, à peu près, l'art a déterminé que toutes ces semences de dénouement seraient renfermées dans le premier acte, que tous les personnages y paraîtraient, ou y seraient annoncés ; et il est clair que, selon le train naturel des choses, il peut fort bien entrer dans la fin d'une affaire des personnes qui n'ont pas eu de part au commencement. Mais moyennant cet établissement de l'art, la pièce forme un tout plus agréable à considérer, parce qu'il a plus de symétrie, qu'il est plus renfermé en lui-même, mieux arrondi.

LXXIII. Encore une raison, mais plus générale. Si les pièces se dénouaient par quelque chose d'étranger, ou par des personnages qui ne fussent pas connus d'abord, le besoin où est le poète de trouver un dénouement et la difficulté de le trouver, se feraient trop sentir. De cette même source sont encore venues d'autres règles, ou des usages qui valent des règles. Pourquoi un acteur détaché de la pièce, ne viendra-t-il pas nous en apprendre le sujet à l'antique? Pourquoi, ce qui est sans comparaison moins grossier, n'introduira-t-on pas dans le premier acte quelque personnage qui ignorera l'histoire qu'on aura prise pour sujet, qui, en s'en faisant instruire, instruira en même temps les spectateurs comme dans Rodogune? C'est que tout cela a trop l'air d'avoir été affecté par le poète pour sa commodité. Il ne faudrait pas, s'il était possible, qu'il parût avoir songé à faire une pièce. Il doit, comme un politique habile, couvrir si adroitement ses intérêts du bien de la chose, qu'on ne puisse le convaincre de les avoir eu uniquement en vue.

LXXIV. Voilà à peu près quelles sont les principales sources de toutes les règles de la tragédie. Elles sont prises dans l'action que l'on considère, ou en elle-même, ou comme étant mise sur le théâtre. Si on la considère en elle-même, elle a rapport à l'esprit et au cœur. Si on la considère comme étant mise sur le théâtre, c'est une représentation et un ouvrage de l'art; autant de faces différentes, autant de vues et de règles différentes. Il serait maintenant de notre dessein de comparer ensemble toutes ces règles, de déterminer lesquelles sont les plus importantes, lesquelles, dans la nécessité du choix, doivent être préférées; et pour en faire cette comparaison, ce serait un grand secours que d'en avoir découvert les véritables sources. Mais j'avoue que les forces et le courage me manquent au milieu de la carrière; d'autres pourront la fournir heureusement, si cependant cette route que j'ai ouverte, mérite d'être suivie. Ces sortes de spéculations ne donnent point de génie à ceux qui en manquent; elles n'aident pas beaucoup à ceux qui en ont, et le plus souvent même les gens de génie sont incapables d'être aidés par les spéculations. A quoi donc sont-elles bonnes? A faire remonter, jusqu'aux premières idées du beau, quelques gens qui aiment le raisonnement, et qui se plaisent à réduire sous l'empire de la philosophie les choses qui en paraissent le plus indépendantes, et que l'on croit communément abandonnées à la bizarrerie des goûts.

REMARQUES

SUR

QUELQUES COMÉDIES D'ARISTOPHANE,

SUR LE THÉATRE GREC, ETC.

Les Grecs sont harangueurs et rhéteurs jusques dans leurs tragédies. Vous voyez presque toujours deux personnages qui devraient se dire des choses vives et souvent interrompues, faire chacun un long discours qui a exorde, preuves et péroraisons, et où l'un résume tranquillement tout ce qu'a dit l'autre.

Ces mêmes tragiques ont des lieux communs sans fin, et souvent mal placés, et qui ne s'appliquent pas si bien aux personnages qu'aux Athéniens, pour lesquels je ne doute point qu'ils ne fussent faits : mais ils n'y avait pas beaucoup d'art à cela.

Je voudrais bien savoir comment on me justifierait les reproches violens qu'*Admète*, dans *Alceste*, fait à son père *Phérès*, sur ce qu'il n'a pas voulu mourir pour lui. Il fallait que les Grecs fussent encore bien barbares, du temps qu'ils trouvaient cela beau.

Encore dans *Alceste*, il y a une description d'*Hercule* arrivé chez *Admète*, et qui aussitôt se met à faire bonne chère. Cette description est si burlesque, qu'on dirait d'un crocheteur qui est de confrairie. Je ne sais quelle idée les Grecs avaient d'*Hercule*, ou comment étaient faites leurs réjouissances.

On ne sait ce que c'est que le *Prométhée* d'*Eschyle*. Il

n'y a ni sujet ni dessein, mais des emportemens fort poétiques et fort hardis. Je crois qu'*Eschyle* était une manière de fou qui avait l'imagination très vive et pas trop réglée.

Le *Plutus* est fort bon. Il y a des choses aussi plaisantes que *Molière* en ait fait.

Aristophane paraît en un endroit s'y plaindre de ce qu'il n'y avait point de médecins à Athènes, parce que la médecine n'y était pas estimée.

Il fallait que les Athéniens ne fussent pas trop dévots; car cela se jouait devant eux, et les dieux sont traités dans cette comédie assez cavalièrement. *Mercure* vient se plaindre de ce qu'ils meurent tous de faim, depuis que *Plutus* a recouvré la vue, parce que tout le monde étant riche, on ne fait plus de sacrifices. Il pousse la chose jusqu'à demander un emploi chez *Chremile*, quel qu'il soit, du moins pour avoir de quoi manger. Il y a encore un endroit où *Aristophane* décrit fort plaisamment la friponnerie du prêtre d'*Esculape*, qui ayant éteint les lumières dans le temple, venait ramasser et mettre dans un grand sac tout ce qu'on avait offert au dieu; et *Carion*, pour imiter le prêtre, mange la bouillie d'une vieille qui était auprès de lui. Les scènes de cette autre vieille qui entretenait un jeune homme, sont merveilleuses. Les scènes de la *Pauvreté* ne me plaisent guère; elles font même un mauvais effet, a quoi *Aristophane* n'a pas pris garde; car la *Pauvreté* fait voir des inconvéniens très solides à l'égalité des biens, et on ne répond point à ses raisons: cela est cause que je ne suis pas si aise que *Plutus* ait recouvré la vue. Je le serais tout-à-fait sans cela; tous les effets qu'on en voit sont agréables.

Les *Nuées* eussent été bonnes contre un sophiste; mais non pas contre *Socrate*, qui n'était rien moins que sophiste. Le dessein de cette pièce est pourtant fort plaisant. *Strepsiade* est le vrai *Gentilhomme Bourgeois*, par la difficulté qu'il a d'apprendre, par ses méprises continuelles, et par la naïveté avec laquelle il rend ce qu'il a appris. Il ressemble fort aussi à *George Dandin*, quand il se plaint d'avoir épousé une femme de la ville, lui qui était un homme de la campagne. Les niaiseries qu'on fait faire à *Socrate* sur la mesure du saut de la puce, sont très ridicules ; mais je ne crois pas que cela fût fondé. *Aristophane* dit beaucoup de bien de lui dans un chœur, et se plaint de ce que tous les comiques ne savaient point d'autre chanson que d'attaquer ce pauvre *Hyperbolus*. Je n'aime point ces deux personnages, dont l'un est le discours véritable, et l'autre le discours sophistique. Les personnages allégoriques ou méthaphysiques ont fort mauvaise grâce parmi ceux qui sont vivans, mais principalement ces deux discours là ; ils disent pourtant de bonnes choses. *Aristophane* reproche à son siècle la délicatesse de se servir de bains chauds.

Les *Grenouilles* sont faites de deux morceaux, qui ne se ressemblent point: L'un est tout de plaisanteries et de jeux de théâtre sur le voyage de *Bacchus* aux enfers ; les différentes réceptions qu'on lui fait, et ses continuels changemens d'habits avec *Xanthias*, font un effet fort agréable : ce serait encore toute autre chose dans l'action ; je n'ai rien vu de meilleur pour le jeu du théâtre. L'autre morceau des *Grenouilles* est tout de critique. *Euripide* reproche à *Eschyle* ses grands mots forgés à plaisir, l'enflure et l'obscurité de son style, une *Niobée* qui était tout un acte sur le théâtre, sans parler. *Eschyle* reproche à *Euripide* qu'il est grand causeur et sophiste; qu'il a un style mou; qu'il n'a pas fait comme lui des *Perses* et des *Sept Chefs devant Thèbes*, qui étaient des tragédies mâles, et capables d'animer les citoyens aux grandes choses; mais qu'il a représenté des *Sténobées* et des *Phèdres*, caractères vicieux et de mauvais exemple. Il dit que quoique ces histoires, à la vérité, soient connues de tout le monde, un poète n'en doit pourtant pas réveiller le souvenir; que pour lui, il ne croit pas avoir mis sur le théâtre une femme amante. Il me semble que *Corneille* et *Racine* pourraient à peu près faire ensemble les mêmes scènes que font *Eschyle* et *Euripide*. *Euripide* est encore bien blâmé par *Eschyle*, de ce qu'il habillait quelquefois ses héros de haillons, afin qu'ils fissent plus de pitié au peuple. Ensuite ils vont jusqu'à critiquer quelques vers l'un de l'autre. *Eschyle* prétend faire voir que tous les prologues d'*Euripide* sont sur le même ton. *Euripide* en commence vingt, et à tous *Eschyle* leur fait convenir le ληχύθιον ἀπώλεσεν. On ne sait bonnement ce que cela veut dire. M. *Blondel* m'a dit qu'il soupçonnait que ληχύθιον ἀπώλεσεν était le refrain de quelque chanson de ce temps là, comme *landeriri*, *landerirette*; et que comme cela revenait toujours à la fin de la chanson, *Eschyle*, en remettant toujours partout ληχύθιον ἀπώλεσεν, marquait l'uniformité des prologues d'*Euripide*.

Selon *Aristophane*, voici l'ordre des tragiques grecs; *Eschyle*, *Sophocle*, *Euripide*. Il est fort plaisant de faire mettre dans des balances des vers d'*Eschyle* contre des vers d'*Euripide*, et de faire que ceux d'*Eschyle*, qui sont forts et nombreux, et composés de grands mots, l'emportent sur ceux d'*Euripide*, qui sont faibles et minces, mais plus peignés.

Les *Cavaliers* sont un peu ennuyeux, parce que c'est toujours la même chose; toujours la dispute de *Cléon* et d'*Agoracrite*, toujours des scènes d'injures de l'un contre l'autre. Mais, à cela près, cette pièce là est une satire fort plaisante de la facilité qu'avait le peuple d'Athènes à se laisser gouverner par des gens de rien, et par des fourbes; car *Cléon*, qui gouvernait alors, était tanneur; et *Aristophane*, pour lui donner un rival digne de lui, lui oppose un charcutier. Toutes les qualités qu'il trouve à ce charcutier pour être le premier homme de la république, comme d'être ignorant, accoutumé à couper et à trancher de tort et de travers, à survendre sa marchandise, à brouiller tout dans les boudins qu'il fait, tout cela est tres bien imaginé. J'aime bien encore les contestations de *Cléon* et d'*Agoracrite*, à qui criera le plus haut et sera le plus méchant, les caresses et les présens qu'ils font au peuple, etc. L'un lui apporte une casaque, l'autre un habit entier; l'un des gâteaux, l'autre une soupe, etc. Ce gâteau à la lacédémonienne que *Démosthène* dit qu'il avait préparé, et que *Cléon* lui a dérobé, représente fort bien l'affaire de *Pyle*. *Cléon* est encore bien comparé aux nourrices qui mâchent du pain pour leurs enfans, mais qui en avalent trois fois plus qu'elles ne leur en donnent. Je m'étonne que le peuple d'Athènes, qui était maître absolu, souffrît qu'on le jouât en sa présence, qu'on l'appelât mille fois sot et imbécille, et qu'on lui fît voir qu'on le menait par le nez tant qu'on voulait, et qu'on le prenait par des niaiseries comme un enfant. Bon pour lui en faire des remontrances sérieuses, à la manière de celles que lui faisait l'orateur *Démosthène* : mais des plaisanteries de théâtre, c'est autre chose.

Ce vers d'*Euripide* :

Η γλώσσ' όμμοχ, ή δεφ Βήν ανάμοτος,

a été repris par les comiques de ce temps là, et *Platon* a paru en plaisanter d'une manière qui le condamne. Cette distinction de la langue et de la volonté, et cette adresse du détour de l'intention, paraissait une chose dangereuse à enseigner au peuple, quoique ce ne fût que dans une tragédie. Ces casuistes anciens étaient bien plus rigoureux que les nôtres.

A propos de cas de conscience, *Cicéron*, dans les *offices*, dit que s'il y a cherté de blé à *Rhodes*, et qu'un marchand qui y en porte d'*Alexandrie*, rencontre sur la mer d'autres vaisseaux chargés de blé qui vont à *Rhodes*, et qu'il arrive plus tôt qu'eux, il est obligé de dire aux *Rhodiens* qu'il leur vient encore du blé, et de ne vendre le sien que sur ce pied là. Ces décisions là sont pis que jansénistes.

Les *Arcananiens* ne me plaisent point trop. Le meilleur est l'opposition des préparatifs que fait *Lamachus* pour s'armer, et de ceux que fait *Dicéopolis* pour un repas. C'est encore un endroit fort plaisant que celui où ce *Dicéopolis*, qui veut haranguer le peuple, va prier *Euripide* de lui prêter les haillons dont il avait habillé *Télèphe*, afin que la harangue fît plus d'effet. *Euripide*, à qui on demande l'une après l'autre toutes les pièces de l'équipage d'un gueux, se plaint qu'on lui ôte toute une tragédie. Il est remarquable que, selon *Aristophane*, la guerre du *Péloponnèse* vient de ce que de jeunes Athéniens, qui avaient bu, allèrent à *Mégare* enlever la courtisane *Simœtha*; et que ceux de *Mégare*, pour se venger, enlevèrent deux demoiselles d'*Aspasie*; ce qui fut cause que *Périclès*, qui était tout-à-fait dans les intérêts d'*Aspasie*, fit traiter *Mégare* d'une manière si dure, que cette ville fut obligée d'implorer le secours des Lacédémoniens. *Aristophane* dit que le roi de Perse, après avoir demandé aux ambassadeurs de Lacédémone, lesquels, de tous les Grecs, étaient les plus puissans sur mer, s'informa à eux de lui *Aristophane*, et leur dit que, s'ils l'en croyaient, ils seraient bientôt les maîtres. C'est bien de la vanité pour un poète comique : il est vrai pourtant que les comédies de ce temps là faisaient partie du gouvernement, et avaient un grand pouvoir sur le peuple. Je n'aime point toute la foire de *Dicéopolis*, ni les filles du marchand de *Mégare* déguisées en truies, et vendues pour telles, à moins qu'il n'y ait à cela quelque mystère que je n'entends pas.

Les *Guêpes* sont assez médiocres. C'est une satire de la passion que les Athéniens avaient pour juger. Hormis le caractère de *Philocléon*, qui est *Perrin Dandin* des *Plaideurs*, et le jugement du chien qui avait mangé un fromage, tout le reste n'est guère plaisant. A quoi aboutissent toutes ces sottises que fait *Philocléon* quand il est soûl, et qu'il s'est mis à aimer la joie ?

Je ne vois point le mot pour rire des *Oiseaux*. Cela seulement me paraît bien libre contre les dieux ; car presque toute la pièce roule sur ce que cette ville de *Nephelococcigie* les réduirait à mourir de faim, parce qu'elle interrompait le commerce entre eux et les hommes, et que les oiseaux seraient maîtres de tout. Les

Athéniens n'étaient pas assurément trop dévots, puisqu'ils souffraient de pareilles comédies. Otez de celle là la plaisanterie sur les dieux, ce n'est plus rien; encore cette plaisanterie ne me paraît-elle guère bonne. Les oiseaux environnent l'air de murailles; et c'est à eux désormais qu'il faut que les hommes sacrifient, sans s'embarrasser des dieux. Ce dessein là n'a rien d'agréable. Toute la pièce, en général, est fort froide. Le meilleur morceau est celui du poète, du sacrificateur, du géomètre et du législateur qui se viennent faire de fête à la nouvelle ville de *Nephelococcigie*, et offrir chacun un plat de son métier, dont on les remercie.

La *Paix* est assez agréable par le sujet. Ce sont des réjouissances sur le retour de la paix, que les Grecs croyaient assurée après la mort de *Cléon* et de *Brasidas*. Mais cette pièce là n'a rien de plaisant par la manière dont elle est tournée, si ce n'est la scène des vendeurs de casques, de cuirasses et de trompettes, qui sont ruinés. J'aime assez encore ces deux pilons, *Cléon* et *Brasidas*, dont la guerre se servait pour broyer les villes de Grèce dans un mortier; et ces esprits de poètes dithyrambiques, que *Trigée* avait rencontrés dans les airs, en y faisant son voyage sur l'escargot. Tout le reste n'a rien de vif; ce sont toujours des répétitions sur les biens de la paix. Peut-être cependant le peuple d'Athènes avait-il besoin qu'on les lui fît connaître. *Aristophane* se vante dans un chœur, qu'il a le premier traité des sujets importans dans la comédie, au lieu que ce n'était auparavant que de mauvaises plaisanteries d'esclaves sur les coups de fouet qu'on leur avait donnés.

Les *Harangueuses* sont assez plaisantes. Ce dessein

de donner le gouvernement aux femmes, me paraît une satire assez fine du mauvais gouvernement des hommes; et je crois que la pièce eût été meilleure, si elle eût roulé tout entière sur cette satire. Mais je ne vois point à quoi aboutit cette communauté de biens que les femmes veulent établir; cela ne produit rien d'agréable. Il n'en est pas de même de la loi par laquelle elles ordonnent qu'il faudra passer par une vieille pour parvenir à une jolie personne; les scènes qui sont sur cela sont plaisantes. A la vérité, il y a bien des ordures, tant dans la bouche des hommes que dans celle des femmes. Mais le siècle était naïf. C'est encore pis, ce me semble, quand il y a des scènes où *Arisophane* ne parle que de péter, de chier, etc. Je crois qu'il n'y avait alors que les hommes qui allassent à la représentation des comédies, car les femmes grecques étaient fort resserrées. C'est là peut-être la cause de la grossièreté qui est quelquefois dans le style des comiques.

La *Fête de Cérès* est fort bonne. Il y a de la satire sur les mœurs en général, sur deux ou trois personnes en particulier, sur quelques pièces d'*Euripide;* et outre cela le jeu de théâtre m'en paraît aussi agréable que d'aucune autre comédie d'*Aristophane*. Tout ce que dit *Mnesiloque*, déguisé en femme, pour justifier le mal que son gendre *Euripide* a dit de tout le sexe, est fort plaisant, et très satirique dans les mœurs de ce siècle là. L'apologie des femmes contre les hommes a quelque chose de bien joli. « Vous nous appelez un mal, disent-
» elles : mais pourquoi donc gardez-vous ce mal avec
» tant de soin? Si vous ne trouvez pas ce mal chez
» vous, quand vous y entrez, que n'en êtes-vous bien
» aises? Si ce mal met la tête à la fenêtre, pourquoi

» prenez-vous tant de plaisir à le voir, etc. »? On ne saurait mieux se moquer des mœurs efféminées d'*Agathon*, le faiseur de tragédies, qu'en le faisant prier d'aller à la *fête de Cérès*, déguisé en femme, parce qu'on le prendra aisément pour une d'entre elles. Il s'en défend fort bien par ce vers d'*Euripide* que *Phérès* dit à *Admète* :

Χαίρεις ὀρχοῦ φῶς. Πατέρα; οὐ χαίρειν δοχεῖς ;

Mais il est plaisant que, sur son refus, *Mnesiloque* lui emprunte du moins son équipage pour se déguiser lui-même en femme. Toute cette cérémonie, qui se faisait sur le théâtre, devait être fort bouffonne. Il est encore bien imaginé que ce soit *Clisthène* qui apporte aux femmes la nouvelle qu'il y a un homme déguisé parmi elles, parce que ce *Clisthène* était fort efféminé, et par conséquent s'intéressait aux affaires des femmes. Je crois que ces rôles de *Ménélas* et de *Persée* qu'*Euripide* joue pour tirer *Mnesiloque* d'affaire, et auxquels *Mnesiloque* répond comme *Hélène* et comme *Andromède*, devaient faire un effet aussi plaisant que quand les Italiens, parmi nous, contrefont ainsi des pièces sérieuses. Ce ridicule là qui, le plus souvent, n'est point fondé sur la chose, et qui ne dépend que du ton et de l'action, ne laisse pas d'être un ridicule. Ce satellite Scythe, qui parle un mauvais grec, est la même chose que nos Suisses qui baragouinent. Il y a dans cette pièce de beaux chœurs sur *Cérès* et *Proserpine*; tout cela sans doute se chantait, et faisait une diversité fort agréable. Toutes ces comédies ressemblaient au *Malade Imaginaire* et au *Gentilhomme Bourgeois* : elles étaient mêlées de chants et de danses; et dans l'état où nous les voyons, elles ont bien perdu de leurs agrémens. *Aristophane* en voulait bien à *Euripide*. Il va dans cette pièce jusqu'à lui reprocher qu'il était fils d'une vendeuse d'herbes.

Lisistrate est une idée très folle. Rien n'est plus plaisant que de faire terminer la guerre du Péloponnèse par les femmes, tant athéniennes que lacédémoniennes, qui ont conjuré de ne point coucher avec leurs maris, s'ils ne se résolvent à faire la paix. Je ne sache point de pièce si pleine d'ordures, ni plus propre à faire voir combien les anciens étaient libres. A peine puis-je croire qu'on ait joué la scène où *Cinésie* prie *Mirrine* sa femme de lui accorder ce qu'elle lui doit. On ne se peut rien imaginer de plus gaillard. C'est quelque chose de fort bon que la peine qu'ont toutes ces femmes à faire le serment que *Lisistrate* exige d'elles; que les efforts qu'elles font pour lui échapper dans la citadelle d'Athènes, où elles se sont cantonnées contre les hommes, et cet ambassadeur lacédémonien qui vient dire que tout Sparte...... et n'en peut plus, et qu'il faut absolument faire la paix. Mais je trouve tout le combat des vieillards et des femmes assez froid.

En général, *Aristophane* est plaisant, et a de fort bonnes choses. La plupart de ses pièces sont sans art; elles n'ont ni nœud ni dénouement. La comédie était alors bien imparfaite. Il ne connaissait point ce que nous appelons intrigue, et ce que les Espagnols entendent si bien. Le théâtre était fort simple chez les Grecs. Enfin on voit bien que les pièces d'*Aristophane* ne sont encore que la naissance de la comédie : mais on voit bien en même temps qu'elle prenait naissance chez un peuple spirituel. Vous ne trouverez jamais dans

Aristophane de ces jeux de théâtre fins et agréables, comme les confidences d'*Horace* à *Arnolphe*. Vous n'y trouverez encore presque pas de caractères, hormis ceux de *Socrate*, de *Cléon* et de *Philocléon*. Je crois pourtant que ce n'est pas sa faute; car il semble qu'en ce temps là les comédies devaient avoir rapport au gouvernement et aux affaires publiques; et cela ne donne pas lieu de faire connaître tant de caractères différens. Mais nous, nous ne prétendons peindre dans nos comédies que la vie civile sans aucun rapport au gouvernement, et toutes les conditions s'offrent pour être jouées.

C'est ainsi, à proportion, qu'il faut penser d'*Euripide*. Il ne connaît point du tout l'intrigue, et les jeux de théâtre sont rares dans ses pièces. Le théâtre grec est fort simple. *Euripide* ne traite presque ses sujets qu'historiquement; il met peu du sien dans la disposition de sa fable. Il cherche le naturel, et souvent il y réussit en perfection; quelquefois aussi, pour vouloir être trop naturel, il tombe dans des détails tout-à-fait bas. Il mêle souvent des lieux communs dans des discours qui ne devraient être que de passion; et ces morceaux, qui seraient beaux ailleurs, deviennent froids. Les Grecs ne finissaient pas tout court comme nous, quand l'action était finie; il se trouve dans beaucoup de leurs pièces bien du discours après l'action terminée. Témoin l'*Hécube*, où après que *Polimestor* a les yeux crevés, ce qui est la vraie fin de la pièce, *Hécube* et *Polimestor* font, devant *Agamemnon*, deux plaidoyers inutiles; l'un pour se plaindre de ce qu'on lui a crevé les yeux; l'autre pour prouver qu'elle a eu raison de le faire. Le prologue de cette pièce est sans aucun art, comme tous les autres. La scène d'*Hécube*, qui prie

Ulysse pour *Polixène*, est fort belle. *Polixène* prend la chose d'un air digne du théâtre de *Corneille*. Véritablement cela est bas, quand elle dit qu'elle ne peut plus vivre qu'esclave pour faire du pain ou de la toile à son maître, et balayer sa maison. Elle se plaint de mourir fille : mais depuis la fille de *Jephté*, toutes les filles des vieux temps l'ont fait, *Antigone*, *Electre*, etc. C'était la coutume, et on était alors plus naïf. La narration de la mort de *Polixène* me plaît fort. Je m'étonne seulement qu'*Euripide* n'ait donné aucun sentiment de pitié à l'armée grecque qui voit immoler cette jeune princesse. Le soin qu'elle eut de tomber décemment, est peut-être un peu petit pour entrer dans cette narration. *Hécube* conjure *Agamemnon*, par les nuits que lui donne *Cassandre*, de venger *Polidore*; cela est encore bien du vieux temps. *Polimestor*, en feignant d'avoir pitié d'*Hécube*, dit assez plaisamment, que les dieux renversent toutes les fortunes et brouillent tout, afin qu'on les adore toujours par l'ignorance où l'on est de l'avenir. L'action d'*Hécube* est manifestement double. La mort de *Polixène* et la vengeance.....

(*Le reste manque.*)

FIN DES REMARQUES.

LETTRES
GALANTES
DU CHEVALIER D'HER...

AVERTISSEMENT

De la seconde édition des Lettres du Chevalier d'Her..., et de quelques unes des suivantes.

Voici une nouvelle édition des *Lettres galantes* de M. le chevalier *d'Her...* On en a retranché celles qui n'ont pas paru si agréables que les autres ; et par là on a prétendu rendre cette édition beaucoup meilleure. Ce n'est pas que dès la première impression, l'on n'eût déjà fait un choix sur toutes les lettres manuscrites du chevalier *d'Her...* que l'on avait entre les mains ; mais enfin ce choix n'avait pas été tout-à-fait exact ; et cette fois-ci qu'on n'a voulu faire qu'un volume au lieu de deux qu'on avait imprimés, on a été plus rigoureux que jamais. Ainsi, si ces lettres ont déjà été reçues si favorablement du public, on peut espérer qu'elles le seront encore davantage dans l'état où elles paraissent présentement. La plupart même de celles qui ont été conservées, et qui le méritaient le mieux, ont été retouchées par l'auteur. Quant à cet auteur, il n'est pas si aisé à deviner qu'on le croirait bien ; et ce qui a servi à le cacher, c'est que ceux à qui on a faussement attribué cet ouvrage, n'ont pas cru qu'il leur fît assez de tort pour s'en défendre bien sérieusement.

LETTRES
GALANTES
DU CHEVALIER D'HER...

A Madame DE G.

Il y a long-temps, Madame, que j'aurais pris la liberté de vous aimer, si vous aviez le loisir d'être aimée de moi : mais vous êtes trop occupée par je ne sais combien d'autres soupirans, et j'ai jugé plus à propos de vous garder mon amour. Il pourra arriver quelque temps plus favorable où je le placerai. Peut-être votre cour sera-t-elle moins grosse, pendant quelque petit intervalle; peut-être serez-vous bien aise d'inspirer de la jalousie et du dépit à quelqu'un, en faisant paraître tout-à-coup un nouvel amant. Comptez que vous en avez un de réserve, dont vous pourrez vous servir quand il vous plaira. Je tiendrai toujours mes soins et mes vœux tout prêts : vous n'aurez qu'à me faire signe que je commence, et je commencerai. Ne dites point que vous n'aimez de l'amour que la foule des amans, et qu'ainsi il est temps que je vienne, parce que je ferai toujours nombre. Ayez plus d'économie et de ménage. Les belles ont souvent vingt conquêtes à la fois; et quand tout cela vient à manquer en même temps, figurez-vous la désolation. Gardez quelque chose pour l'avenir; j'attendrai quinze ou vingt ans si vous voulez. Je me passerai à un peu moins d'éclat que vous n'en avez aujourd'hui : je vous relâche cette extrême vivacité dont est votre teint; aussi bien il y a beaucoup de superflu dans votre beauté. Je ne veux que le nécessaire, que vous aurez toujours. Quand vous me donnerez le temps que je vous demande, ce n'est qu'un temps que vous auriez donné aux réflexions. Encore puis-je me flatter que je vaux mieux qu'elles, et que je vous occuperai plus agréablement. Les plus petits sentimens valent mieux que les plus belles réflexions. Au lieu de rêver creux, ou de ne rêver à rien, vous pourrez rêver à moi. Adieu, Madame, jusqu'à nos amours.

A Monsieur DU T.

On dit qu'outre votre procès, vous avez de l'amour, et que vous aimez la femme de votre rapporteur. On ne prend ordinairement dans la maison de ses juges que du chagrin, de la haine, du dépit; et vous, vous y avez pris de la tendresse. Je ne conçois pas comment, dans un homme qui plaide, il reste encore quelque chose qui puisse aimer ; mais peut-être aussi n'aimez-vous que pour plaire mieux. Il vous est plus commode d'attendre dans la chambre de Madame, que dans l'antichambre de Monsieur, où vous vous promeneriez avec d'autres plaideurs, qui vous conteraient leurs affaires, et ne vous donneraient pas la consolation d'écouter la vôtre attentivement. Vous avez bien fait de convertir en assiduités amoureuses les fâcheuses assiduités qu'il fallait avoir dans cette maison là ; et encore vaut-il mieux faire sa cour à la dame du logis qu'au secrétaire. Il ne vous coûtera pas plus pour l'un que pour l'autre; au contraire, je crois que vous y gagnez, et que les rigueurs du secrétaire auraient passé celles de la dame, quelque vertueuse qu'elle soit. Je ris, quand je songe que vos tendres soins ne lui demandent apparemment qu'une bonne sollicitation auprès de son mari, et qu'elle s'applique les soupirs que vous poussez pour le gain de votre cause. Je ne doute point que vous ne mettiez sur son compte les nuits que vos affaires vous font passer sans dormir. C'est assurément un beau secret, que de rendre toutes les inquiétudes d'un plaideur méritoires en amour. Mais si vous êtes amoureux tout de bon, que vous êtes occupé! Conter vos raisons au mari et à la femme tour-à-tour! Parler procès à l'un, et galanterie à l'autre ! Au sortir d'un cabinet où l'on a crié avec une espèce de fureur, aller soupirer tendrement dans une chambre! N'avoir que la distance de deux appartemens, pour quitter le hideux personnage de plaideur, et prendre l'agréable personnage d'amant! La tête ne vous tourne-t-elle pas quelquefois? Ne vous méprenez-vous point, et ne parlez-vous point de galanterie au mari et de procès à la femme? Vous vous allez faire une grande habitude de vigilance. Vous avez des rivaux d'un côté, et de l'autre des parties, et ce sont autant de personnes dont il faut éclairer la conduite. Vous serez bien habile, si vous empêchez que les uns ne vous fassent quelque supercherie ; tandis que vous songerez aux autres. Vous verrez qu'ils se ligueront ensemble, et que tantôt on fera un faux rapport de vous à la dame, tantôt on mettra une fausse pièce dans le procès. Adieu, Monsieur. Si vous n'aimez pas tout de bon, vous entendez bien vos affaires; si vous aimez, vous vous êtes fait bien des affaires nouvelles.

AU MÊME.

Je ne doute point que le compliment de condoléance qu'il faut vous faire sur la perte de votre procès, ne doive être accompagné d'un compliment de congratulation. Votre affaire était fort bonne, et vous l'avez perdue. Cela veut dire que vous plaisiez à madame de L. Vous n'avez que trop bien sollicité votre rapporteur, et que trop engagé dans vos intérêts une personne qui le touchait. La justice que l'amour vous a rendue, vous a attiré l'injustice du palais. Je vous crois consolé de reste ; car l'homme galant l'emporte bien chez vous sur le plaideur. Il n'y a que six mois que vous plaidez, et il y a vingt ans tout au moins que vous êtes galant. Il était bien raisonnable que vous réussissiez mieux dans le métier où vous avez plus d'expérience. Songez que vous étiez déshonoré, si vous aviez gagné le procès, et manqué la dame. C'est comme si un homme d'épée avait bien résolu une question de philosophie, et s'était mal battu. Tous ceux qui perdent leur cause, ne sont pas vengés comme vous ; et la femme du rapporteur ne répare pas toujours les torts que le mari leur a faits. Vous allez être plus amoureux de cette belle dame que vous ne l'avez encore été ; la haine que vous avez pour son époux tournera à son profit. Au reste, vous qui avez toujours été discret à l'égard des belles, gardez-vous bien de vous plaindre du procès perdu. Vous ne sauriez parler de l'injustice du mari, sans publier les faveurs de la femme ; surtout une requête civile serait la chose du monde la plus indiscrète et la plus contraire aux lois de l'amour. N'y songez seulement pas ; prenez votre parti doucement, et comptez ce que votre rapporteur vous fait coûter, au nombre des dépenses que vous avez faites pour les dames.

A Monsieur le M. DE V.

Pourquoi vous moquez-vous tant de notre ami le chevalier, sur ce qu'il aime une grisette? Vous voudriez donc qu'on ne pût entrer dans un cœur que comme on entre dans l'ordre de Malte, en faisant ses preuves? Pour moi, je trouve deux beaux yeux aussi nobles que le roi, et je ne demande point qu'ils me produisent d'autres titres, que de la vivacité et de la douceur. Croyez-vous que je pardonne la laideur d'un visage, parce que ce visage là sera descendu de vingt ducs? Point du tout. Je compte toutes les laides pour roturières. J'ai pourtant vu des gens qui, dans des personnes assez éloignées d'être belles, aimaient seulement leurs illustres ancêtres, et les titres de leur maison : mais je vous avoue que je n'aurais pas les sentimens assez élevés pour être amoureux d'un arbre généalogique. Si notre chevalier était dans le pays, où l'on choisit les rois à la bonne mine, il aimerait présentement une princesse : mais parce qu'il est en France, il n'aime qu'une grisette. Hé bien! il n'a qu'à la prendre pour une princesse étrangère, qui n'est pas reconnue. Sérieusement, si vous sentiez votre cœur sur le point de s'aller rendre à une jolie personne, l'arrêteriez-vous pour dire : *Attendons; nous sommes contens de la beauté, mais nous n'avons pas encore examiné la noblesse.* Je suis sûr que votre cœur préviendrait bientôt votre examen. Le goût du chevalier me semble fort bon. Il n'y a presque plus rien de naturel chez beaucoup de dames du grand monde, ni teint, ni taille, ni sentimens; la nature s'est réfugiée chez les grisettes, et il l'y va chercher. Tout le malheur est qu'il ne soupirera point dans des appartemens de sept pièces de plein-pied, et superbement meublés, et que dans toute la maison où sa maîtresse sera, il ne verra rien de si beau qu'elle: mais s'il a dessein de la tromper, je le condamne tout-à-fait. Les gens comme lui font entendre d'ordinaire à ces belles là, qu'il n'est pas du bon air de se défendre; que ce n'est point là comme en usent les femmes de qualité; et là-dessus, ces pauvres créatures se rendent, seulement pour montrer qu'elles savent vivre. Je veux qu'on respecte la simplicité; si l'on veut être fourbe, qu'on le soit dans le grand monde, où le commerce de la fourberie est établi.

A Mademoiselle DE C*,

Qui était nouvellement venue d'Angleterre en France.

Je vous écris, Mademoiselle, dans une langue que vous n'entendez pas encore beaucoup; mais en récompense, je vous écrirai sur une matière que vous n'aurez pas de peine à entendre. Quand je vous dirai que je vous trouve la plus aimable personne du monde, je crois que vous n'aurez pas besoin d'interprète. Vous devriez m'entendre, même en chinois; car après qu'on vous a vue, que peut-on vous dire autre chose? J'ai bien vu des vaisseaux, qui ayant presque fait le tour du monde, revenaient en France, chargés de curiosités étrangères: mais ils n'ont jamais rien rapporté de si curieux que ce que le vôtre a apporté, quoiqu'il n'ait pas fait un grand voyage. En vérité, ce n'est pas parce que vous venez d'un autre pays que je vous estime tant. Fussiez-vous Française, je vous estimerais encore beaucoup. Cependant, il me semble que votre petit jargon étranger contribue un peu au plaisir que je me fais de vous voir. Vous ne sauriez coire combien votre visage s'anime, et combien il naît de grâces au moment que vous cherchez un mot. Toute l'éloquence qui manque alors à votre bouche, est dans vos yeux. Je ne sais plus comment on peut aimer des personnes qui parlent français sans aucune difficulté. Au nom de Dieu, ne l'apprenez point mieux que vous ne le savez; ce serait mille petits amours perdus. Il ne vous faut que trois ou quatre mots, qui sont d'un usage indispensable. *Aimer*, par exemple, *soupirer*, *tendresse*; avec cela vous irez loin. Que j'envie, Mademoiselle, le bonheur de celui pour qui vous bégayerez ces mots là.

A Mademoiselle DE I.

Mon devoir m'oblige, Mademoiselle, à vous parler d'une chose qu'il y a long-temps que je vous cache. Je suis bien fâché de ne vous la pouvoir plus dissimuler, et d'être réduit à vous apprendre une nouvelle qui vous déplaira peut-être; mais enfin, je me reprocherais de ne vous l'apprendre pas, et ma conscience en murmurerait trop. Il y a aujourd'hui justement un mois, Mademoiselle que je vous aime. Vous prendrez cela comme il vous plaira; vous vous fâcherez, vous vous mettrez en colère : pour moi, je n'ai voulu que faire l'acquit de ma conscience; après cela je ne m'inquiète de rien. Je tiens qu'il n'y a rien de plus injuste que de voir une aussi aimable personne que vous sans l'aimer. L'amour est le revenu de la beauté, et qui voit la beauté sans amour, lui retient son revenu d'un manière qui crie vengeance. Je ne pourrais pas dormir, si je me sentais l'âme chargée de ce péché là. Vous me direz que je dois vous aimer sans vous le dire. J'entends bien votre expédient, Mademoiselle; mais vous savez que quand on paie, on est bien aise d'en tirer quittance, ou de prendre acte comme on a payé. Je m'acquitte de l'amour que je vous dois, mais je déclare en même temps que je m'en acquitte. Que sais-je? Vous viendrez peut-être quelque jours m'inquiéter là-dessus; il n'est rien tel que de prendre ses sûretés. Vous auriez beau me dire que je n'aurais rien à craindre. Mon Dieu, on ne sait ce qui peut arriver; vous changerez peut-être d'humeur. Enfin, il est sûr que quand vous saurez que je vous aime, il n'y aura rien de gâté.

A LA MÊME.

Vous vous êtes bien gendarmée de ma déclaration; vous êtes bien satifaite de vous-même; votre vertu a fait son tintamarre; mais voulez-vous gager qu'au bout du compte vous m'aimerez? Oui, je sais bien ce que je dis; je sais bien ce que je sens, qui me répond que je me ferai aimer. N'ayez point si bonne opinion de votre indifférence; j'ai de la constance pour vaincre quatre indifférences comme la vôtre. Le temps ne me coûte rien, en fait d'aussi jolies personnes que vous. Faut-il des années? et bien, des années soit. Je n'ai rien de plus agréable à faire. Vous ne m'accorderez aucune grâce? je vous jouerai le tour d'aimer jusqu'à vos duretés. Vous ne me ferez que des grâces très légères? elles me paraîtront d'un très grand prix, parce qu'elles partiront de vous. Vous m'opposerez des rivaux? je les ferai tous déserter par mes assiduités et par le désespoir où je les mettrai de ne vous pouvoir rendre autant de soins que moi. Enfin, prenez tel parti qu'il vous plaira : je ferai enrager votre lassitude, et après bien du temps, comblée de services, de fidélité, de tendresse, de respect, vous ne saurez plus de quel côté vous tourner, et il faudra m'aimer par lassitude. Ce qu'il y aura d'admirable, c'est que quand vous m'aimerez je ne vous en aimerai pas moins. Vous allez compter cela pour rien ; mais sachez que c'est une grande promesse que je vous fais. Vous vous imaginez, vous autres belles, qu'il ne faut faire aucune difficulté de laisser là vos amans des années entières sans les aimer ; et après cela, vous vous avisez, quand il vous plaît, d'aimer à votre tour ; mais qu'arrive-t-il ? ils ont commencé d'aimer plus tôt, et vous achevez la carrière toutes seules. Vous n'aurez point cet inconvénient là à craindre avec moi. J'aime fort bien, quoique je sois aimé. Si vous ne m'en croyez pas, c'est un point de fait qui gît en expérience : éprouvez-le.

A LA MÊME.

Depuis que je suis votre amant déclaré, j'ai fait bien du progrès auprès de vous. Vous ne voulez plus être un moment seule avec moi ; vous ne me recevez plus à votre toilette ; vous ne souffririez pas que je vous eusse pris le bout du doigt. Bon, Mademoiselle, cela va bien ; j'avance. Vous me retranchez toutes les faveurs que vous m'accordiez par nonchalance ou par mégarde : je n'aurai plus rien qui ne signifie quelque chose. Il est vrai qu'il faut retourner sur mes pas, et que vous me remettez au beau commencement ; mais n'importe.

Par la voie que j'avais prise on avance beaucoup d'abord, et on est après tout étonné qu'on n'avance plus du tout ; au lieu que par la nouvelle voie que vous me faites prendre, on avance très lentement, mais on avance toujours. Il n'est rien tel que les méthodes régulières. Voyez où en sont Cyrus et Aronce au commencement du premier tome ; cependant, ces héros là, avec leurs pas de tortue, ne laissent pas d'arriver ou douzième. J'ai seulement un petit conseil à vous donner. On voit que vous me traitez plus mal qu'à l'ordinaire, et on devine par là que je vous aime, et qu'il doit y avoir quelque chose entre vous et moi. Vous pourriez même me traiter si mal, qu'on croirait que vous m'aimeriez. Ne publiez point notre commerce, Mademoiselle, je vous en conjure. Ayez devant le monde plus de discrétion que vous n'en avez, et faites-moi quelques faveurs qui sauvent votre réputation. Est-ce à moi à être plus discret que vous ? Est-ce aux hommes à faire ces sortes de prières là aux dames ? Admirez, s'il vous plaît, combien je suis éloigné d'avoir les maximes ordinaires. D'autres, qui ménageraient moins l'honneur des belles, vous prieraient de leur continuer vos rigueurs ; mais pour moi, je ne suis point de ces fanfarons là.

A LA MÊME.

Je vais m'éloigner de vous pour quelque temps, Mademoiselle, c'est-à-dire que je vais vous aimer plus que je n'ai encore fait. L'absence a pour moi cette propriété là, qu'elle n'a, je crois, pour personne ; elle m'attendrit. Je me figure toujours les gens que je ne vois point, les plus aimables du monde, et je ne manque point à être content d'eux. Vous vous présenterez à moi sensible, reconnaissante. Je m'imaginerai que si je vous voyais, vous auriez cent petites bontés pour moi ; je serai plus charmé de votre idée sur cet article là, que je ne l'ai été de vous-même. Si vous prétendiez, par votre sévérité, vous établir chez moi un caractère d'héroïne, en vérité, vous perdriez bien votre peine : dès que je ne vous vois plus, il ne me souvient point de vos rigueurs. J'ai une imagination douce qui ne s'accoutume point à se les représenter ; il faut que je les voie pour les croire. Je sais bien qu'à mon retour, vous travaillerez fortement à redresser le mauvais pli que mon imagination aura pris ; mais toujours j'aurai eu, malgré vous, un peu de bon temps pendant l'absence. Je serai trop heureux, si je ne fais pas la folie de revenir le plus tôt que je pourrai. Si vous voyez ma fidélité avec quelque plaisir, je vous promets que je vous serai encore plus fidèle, absent que présent. Je ne puis rien voir de si aimable que votre idée, purifiée de vos défauts, et je n'aurai qu'elle dans la tête ; mais quand je vous vois rigoureuse au dernier point, je puis voir quelque chose, qui par cet endroit là vaille mieux que vous. Je ne veux point vous tromper, je ne vous aime que parce que je ne connais rien de plus digne d'être aimé, et du jour que j'aurai découvert ailleurs plus de mérite, ne comptez plus sur moi. J'ai bien exactement calculé si ce que vous avez d'esprit et de beauté par-dessus les autres, récompensait le moins de tendresse que vous avez. J'ai trouvé qu'il le récompensait, et sur cela je me suis mis à vous aimer. Je ne sais pourtant s'il ne se pourrait pas rencontrer quelque personne qui aimât assez bien, pour regagner par là les autres avantages que vous auriez sur elle : en ce cas là, je vous avertirais qu'il faut prendre garde à vous ; car enfin, il ne faut pas vous imaginer qu'il n'y ait au monde que la beauté et l'esprit qui touchent : la tendresse vaut encore son prix ; et il est écrit en grosses lettres sur mon cœur, comme sur la pomme de discorde : *A la plus aimable.*

A LA MÊME.

Ne savais-je pas bien que l'absence était fort contraire à la tranquillité de mon cœur? Je n'ai jamais été plus rempli de vous. Je veux en parler à quelque prix que ce soit, et sur le chemin même je mourais d'envie de trouver quelqu'un qui vous connût. Le premier jour de mon voyage, je ne rencontrai personne, et je ne pus faire autre chose que semer toute la route de soupirs, qui retournaient sur mes pas. Le lendemain, je joignis un cavalier, dont le bon air et la bonne mine me firent espérer qu'il serait homme à vous connaître. Après que nous eûmes épuisé les lieux communs des voyageurs, je lui demandai d'où il venait ; il venait de....., aussi bien que moi. J'espérai beaucoup. Je le mis, en termes généraux, sur le chapitre des dames de la ville : je me plaignis qu'il n'y en avait pas une seule qui pût passer pour belle ; et cela, comme vous voyez, pour l'engager à me dire le contraire et à vous nommer : mais mon homme ne voulait entrer dans aucun détail. Il est vrai qu'il me parlait toujours agréablement, et avec beaucoup de politesse. Enfin, plein de l'impatience de venir à mes fins, je lui nomme comme une belle personne mademoiselle de V....., et lui demande s'il la connaissait. Il me dit qu'il l'avait vue. Me voilà plein d'espérance. Je vous nomme ; il ne vous connaissait point, et il me dit pour ses raisons qu'il n'avait fait que passer par....., et n'avait vu que par hasard mademoiselle de V..... Alors je donne un coup d'éperon, et le laisse là. Il vint dîner à la même hôtellerie où j'étais déjà arrivé; je ne voulus point le revoir. J'avais bien affaire de sa conversation, quelque agréable qu'elle fût, puisqu'il ne parlait point de vous. J'ai été plus heureux à ma campagne : j'ai trouvé dans ces déserts éloignés le baron de....., que vous connaissez un peu. Je lui ai fait croire qu'il était amoureux de vous, pour avoir occasion de lui en parler souvent. Je lui porte votre santé avec un souris fin et malicieux, et il la reçoit de même. J'avoue que j'achète un peu cher le plaisir de parler de vous. Tout le mérite de cet homme là consiste à se connaître en bêtes. Il n'a dans l'esprit que ses chiens et ses chevaux; et je vous assure que j'ai souvent peine à lui faire quitter cette matière là, pour le mettre sur votre chapitre. Aussi je ne lui demande presque pas de réponse : il me suffit qu'il m'écoute; et, au fond, le baron vaut encore mieux qu'un écho, ou un autre sourd. Quand je ne l'ai point, j'ai de grandes allées sombres, qui sont extrêmement dangereuses pour un amant; elles inspirent des rêveries pernicieuses, et c'est une chose mortelle que le souvenir de votre beauté, fortifié de ces allées là. Il est encore venu des rossignols, avec qui assurément vous vous entendez. Vous me les avez envoyés, afin qu'ils m'enfonçassent encore la tendresse dans l'âme par leurs chansons. Ils les chantent si bien, qu'il faut qu'ils les aient apprises de vous. Je suis d'une faiblesse étrange; je n'oserais plus entendre un ruisseau qui gazouille, que cela ne m'aille au cœur. Quelquefois dans mes promenades, en m'entretenant avec votre idée, je la tutoie. N'en soyez pas scandalisée. Votre idée m'est devenue extrêmement familière.

A Monsieur C.

Est-il vrai, Monsieur, que vous perdez l'esprit? On nous a dit que vous devenez philosophe, mais d'une philosophie la plus extraordinaire du monde. Vous ne croyez plus qu'il y ait des couleurs; vous soutenez que les bêtes sont des machines comme des horloges; enfin, vous renversez tellement toutes choses, que l'on ne sait plus où l'on en est. J'en parlais l'autre jour à madame de B....., qui est fort de vos amies, et qui en vérité a bien regret à votre raison. Elle étranglerait Descartes si elle le tenait. Aussi faut-il avouer que sa philosophie est une vilaine philosophie; elle enlaidit toutes les dames. S'il n'y a donc point de teint, que deviendront les lis et les roses de nos belles? Vous aurez beau leur dire que les couleurs sont dans les yeux de ceux qui les regardent, et non dans les objets; les dames ne veulent point dépendre des yeux d'autrui pour leur teint : elles veulent l'avoir à elles en propre; et s'il n'y a point de couleur la nuit, M. de N..... est donc bien attrapé, qui est devenu amoureux de mademoiselle D. L. G. sur son beau teint, et l'a épousée? Il serait fort fâcheux pour lui de croire tenir le plus beau blanc et le plus bel incarnat du monde, et de ne tenir rien. Nous fîmes encore un raisonnement, madame de B..... et moi, qui assurément vous embarrassera. Vous dites que les bêtes sont des machines aussi bien que des montres. Mais mettez une machine de chien et une machine de chienne l'une auprès de l'autre; il en pourra résulter une troisième petite machine; au lieu que deux montres seront l'une auprès de l'autre toute leur vie, sans faire jamais une troisième montre. Or, nous trouvons par notre philosophie, madame de B..... et moi, que toutes les choses qui étant deux, ont la vertu de se faire trois, sont d'une noblesse bien élevée au-dessus de la machine. Nous vous donnons du temps pour nous répondre; nous savons bien qu'il faudra que vous consultiez vos livres. Madame de B..... vous avertit par moi que quand vous viendrez ici, elle ne vous recevra point chez elle si vous ne faites réparation à son teint; et moi je vous assure que je suis une machine montée à vous estimer et à vous aimer toujours.

A Madame D.....,

Qui prétendait avoir entretenu quatre heures un esprit familier, qui parlait par la bouche d'une petite fille, à laquelle il s'était attaché.

Je commence, Madame, à connaître les gens de l'autre monde : ils ont les mêmes goûts que ceux de ce monde-ci; ils recherchent votre conversation aussi bien que nous. Nous pourrez-vous bien souffrir, nous autres simples mortels, après vous être accoutumée aux esprits? Ils vous distinguent de la manière du monde la plus honnête. D'ordinaire ces messieurs là sont brusques; ils ouvrent vos rideaux, tirent votre couverture, vous donnent quelques soufflets; et on ne sait ce qu'ils deviennent. Ils démeubleront toute une chambre sans dire pourquoi. Enfin, je n'avais jamais été content de leur procédé, et je trouvais qu'ils ne venaient ici que pour faire des tours de laquais, où le plus souvent il n'y avait pas le mot pour rire. Aussi y en a-t-il quelques uns d'entre eux qui se rangent volontairement à l'écurie, et ne se jugent dignes que de panser les chevaux. Mais enfin il s'est trouvé un honnête esprit qui, sans battre, ni faire de vacarme, a bien voulu entrer dans une conversation réglée. Et dans quelle conversation? dans une conversation de quatre heures. Il faut que vous ayez bien du mérite. Ces gens là n'ont jamais dit quatre paroles suivies. Ils ne font que donner des nasardes, parce qu'ils ne daignent entretenir personne; et vous ils vous entretiennent quatre heures. Vous êtes la première qui ayez eu un tête-à-tête tranquille avec un esprit, lui dans son fauteuil, et vous dans le vôtre. Mais voyez comme cet esprit sait vivre : il n'a osé d'abord s'adresser à vous; il s'est attaché à une petite fille, par la bouche de qui il vous a entretenue. Il me semble que je vois quelqu'un de vos amans qui commence par gagner votre demoiselle. Assurément l'esprit a de grandes déclarations à vous faire puisqu'il prend ces voies là. Il ne vous a encore parlé que de matières générales, pour ne vous pas effrayer. Vous dites que vous n'avez rien su tirer de lui sur les affaires de l'autre monde : eh! mon Dieu, je vois bien sa politique. Vous êtes assez aimable pour lui faire trahir tous les secrets du pays d'où il vient : mais il veut vous vendre ces confidences là un peu cher : j'avoue que j'en ferais autant en sa place. Du moins vous l'aurez bien interrogé sur ce monde-ci. Je crois vous tenir assez au cœur, pour me flatter que vous lui aurez demandé de mes nouvelles, et que vous aurez voulu savoir de lui la vérité de tout ce que je vous proteste. Il n'aura pas manqué de vous dire que j'en proteste autant à bien d'autres; qu'une véritable passion et moi, nous sommes des choses incompatibles; que je ne saurais aller au-delà de l'amitié un peu égayée : mais je vous prie très humblement de ne l'en croire pas. L'esprit est jaloux de moi ; il sait que je vous aime plus qu'il ne veut, et il veut me détruire. On est bien malheureux, quand on a des ennemis cachés comme lui. Je ne doute point qu'il n'oublie pour moi la politesse qu'il a eue pour vous ; et qu'après vous avoir entretenue fort galamment, il ne vienne m'insulter avec toute l'incivilité qu'ont accoutumé d'avoir ceux de son espèce. Mais j'espère du moins que vous reconnaîtrez bien ce qui le fera agir, et que les coups qu'il me donnera prouveront autant à mon avantage que mes soins et mes assiduités. Je ne m'attendais pas que vous me fissiez des rivaux qui pussent venir déménager ma chambre toutes les nuits, jeter tous les meubles par les fenêtres, et me rouer peut-être de coups, sans que je fusse en pouvoir de m'y opposer : voilà ce que c'est que de m'être adressé à une dame trop aimable. L'esprit quittera bientôt assurément la petite fille qui lui sert de prétexte, et s'attachera à vous-même; mais, fût-il ici, je lui dirais en sa présence, que quand il parlera par votre bouche, on ne s'apercevra point que vous y ayez rien gagné.

A Mademoiselle DE I.

On a bien raison de dire, Mademoiselle, que le mystère est un assaisonnement très nécessaire à l'amour. Si la passion que j'ai pour vous était moins connue, un procès que j'ai ici en irait bien mieux. Je plaide contre mon receveur, et je vois bien qu'il se moque de mes poursuites. Il cherche à gagner toujours du temps, parce qu'il connaît que je vous aime, et qu'il est persuadé que j'aurai la faiblesse de retourner bientôt à..... pour vous voir. J'ai beau faire le méchant, il n'en tient compte. C'est grand'pitié, Mademoiselle, qu'il faille essuyer vos mépris et ceux de mon receveur! Il faut que cet homme là ait pris de vos mémoires, tant il vous imite en tout. Il sait bien en sa conscience ce qu'il me doit, et il a pris une forte résolution de ne rien payer. Il me chicane de toutes manières sur les moindres choses; il m'engage dans des procédures qui ne finiront de dix ans, suivant le train qu'elles prennent. La bonne foi que j'ai avec lui ne le touche point; il ne songe qu'à trouver l'occasion de me faire une tromperie. Du moins ce que j'espère, c'est que le jugement que j'obtiendrai contre lui, sera valable aussi contre vous ; il sera tout-à-fait en cas pareil, et vous n'aurez rien à y répondre. Je m'en vais presser mon homme vivement, non pas à cause des quatre mille écus qu'il me doit, mais à cause de la tendresse que vous me devez. Je m'animerai beaucoup davantage contre lui, et lui ferai moins de quartier, par ce qu'il vous représente.

A LA MÊME.

Je m'aperçois de ce que vous m'avez mandé, Mademoiselle, que vous entreriez dans les intérêts de mon receveur, et que vous solliciteriez pour lui. Comme vous ne cherchez tous deux qu'à prolonger les affaires, vos juges viennent de vous accorder un délai d'un temps infini. Vous allez triompher; mais j'ai trouvé un moyen de me venger de vous. Je pars, et dans deux jours je vous reverrai. Je vais désormais partager mon temps entre mon chicaneur et ma chicaneuse. Le loisir que l'un me laissera, je l'emploierai à agir contre l'autre. Je prévois que vous m'allez donner bien de l'exercice. Dès que je serai auprès de vous, vous me ferez rappeler par votre associé, qui me donnera quelque assignation; et quand j'en serai à poursuivre l'associé, il saura bien me faire lâcher prise, en vous obligeant à me mander quelque chose de tendre qui me fera aussitôt voler vers vous. Mais il n'importe, je m'aguerrirai, et deviendrai un si impitoyable plaideur, que vous aurez sujet de trembler au moindre avantage que j'aurai sur l'un de vous deux. J'aimerais mieux que ce fût vous sur qui je commençasse à en avoir, car je vous trouve encore plus obstinée que mon receveur ; et je crois que votre exemple aurait plus de pouvoir sur lui, que le sien n'en aura sur vous. Si vous me payez mes soins que vous avez reçus, il verrait bien qu'il ne pourrait pas se dispenser de me payer mon argent qu'il a reçu aussi. Ainsi je vais travailler à obtenir de vous quelque chose qui le puisse convaincre, et je lui ferai aussitôt signifier les faveurs que vous m'aurez faites. Il me serait commode de terminer les deux affaires tout d'un coup, tandis que je serai auprès de vous, et de n'être plus obligé de retourner plaider à une juridiction de campagne. Je vous assure que vous m'allez retrouver par cette raison là plus ardent et plus passionné que jamais ; et vous serez peut-être la première qui serez contente des effets de l'absence.

A LA MÊME.

Je vous trouvai hier, Mademoiselle, plus belle et plus brillante que jamais. Je ne sais si vous êtes embellie en effet, ou si c'est mon imagination qui vous a embellie. Voilà ce que c'est que d'aimer trop, on ne sait jamais bien au juste la vérité des choses. De bonne foi, je douterais quelquefois que vous fussiez aussi aimable que vous me paraissez, si je n'entendais dire à bien des gens que vous l'êtes véritablement. Vous pourriez être laide, que je ne m'en apercevrais pas, car je vous aime jusqu'à la folie : aussi, quand je commençai à vous aimer, comme je sentais que je devais me défier de mon jugement sur votre chapitre, j'allai demander à tout le monde s'il était vrai que vous eussiez les grands yeux vifs, l'agréable bouche, et l'air fin que je vous voyais : on me dit qu'il n'y avait à tout cela aucune illusion ; et sur cette réponse, je laissai faire à mon cœur ce qu'il voulut. Quand j'y songe pourtant, je trouve qu'il vaudrait mieux pour moi que vous ne fussiez belle que par mon imagination, plutôt que de l'être effectivement. Dieu sait avec combien de plaisir vous recevriez un amour qui vous embellirait. Si vous ne m'aimiez pas, je vous rendrais tout d'un coup votre première laideur, en cessant de vous aimer. Mais vous seriez bien fâchée de me devoir votre beauté, car il faudrait que vous n'en fissiez d'usage que pour moi, et ce n'est pas là votre compte. On est bien malheureux que vos agrémens ne doivent rien à personne : cela vous rend trop fière. Je ne sais pourtant si ceux que je vous trouvai hier, ne vous étaient point inspirés par quelqu'un. Il est sûr que vos yeux n'étaient pas tout-à-fait au même état que je les avais laissés, quand je partis. Il y avait quelque chose de changé, un certain brillant, un feu plus doux, qui me parut de fort mauvais augure pour ma passion ; car ce feu et ce brillant étaient venus pendant mon absence. Je vous défie d'aimer que je ne m'en aperçoive. Hélas! on dit que l'œil du maître est nécessaire partout : mais l'œil de l'amant l'est encore bien davantage. J'ai été éloigné deux mois, et voilà le fruit de mon éloignement. Si j'eusse été ici, j'eusse bien empêché vos yeux de devenir plus vifs; il me semble même que je les surpris en flagrant délit avec un cavalier qui était chez vous, il vous regardait, et vous le regardiez. Je veux un peu examiner cette affaire là. Mon cœur m'a dit que j'ai un rival, mais je ne crois pas légèrement mon cœur ; car il me dit, par exemple, que vous devriez m'aimer, et cependant m'aimez-vous?

A LA MÊME.

Je ne doute plus que je n'aie un rival; il se déclara hier, par la mauvaise humeur où il fut de me voir long-temps chez vous. J'admire comme vous avez pris votre temps juste, pendant mon absence, pour vous faire aimer de lui. Je gage que si j'eusse été présent, il n'eût jamais osé songer à vous; il eût vu de quelle manière je vous aime, et il n'eût pas cru pouvoir vous aimer autant. Aussi, comme vous savez que j'épouvante ceux qui voudraient s'engager à vous, vous profitez de mon éloignement pour faire des conquêtes; mais je vais me montrer à mon rival avec toute ma passion. Du moins s'il a votre cœur, j'empêcherai qu'il ne l'ait à bon marché. Peut-être l'inclination que vous eussiez eue pour lui, eût été cause que vous n'en eussiez exigé qu'une tendresse légère, et que vous eussiez suppléé par votre bonté ce qui eût manqué à son amour. Mais quand il verra le mien, il faudra bien qu'il tâche de l'égaler, et il aurait honte d'être préféré à un homme qui vous aimerait plus que lui. Ainsi par mes soins et mes assiduités, je pousserai votre cœur au plus haut prix qu'il se pourra, et vous m'aurez l'obligation d'être plus tendrement aimée par le rival que vous venez de me donner. Si vous étiez bien raisonnable, vous me tiendriez compte, non-seulement de mon amour, mais encore du sien. J'aurais droit de vous demander cette double reconnaissance. Cependant, comme je veux être généreux, je consens que vous ne me payiez que ma tendresse, et que pour celle de mon rival, vous n'y songiez point du tout.

A LA JEUNE ANGLAISE.

Il court un bruit de vous, Mademoiselle : on dit que vous êtes aimée d'un cavalier Anglais, et que vous n'êtes pas mal disposée pour lui. Vous moquez-vous ? Fallait-il passer la mer pour venir aimer un Anglais en France? quel profit tirez-vous de votre voyage ? Voilà ce qui fait souvent qu'on perd la peine qu'on a prise d'aller dans des pays étrangers; on n'y voit que des gens de sa nation. Eh ! du moins donnez-nous le temps que vous passerez chez nous. Je vois bien que l'Angleterre a grand'peur que vous ne lui échappiez, puisqu'elle vous tient toujours par un amant Anglais. Mais vous faites une insulte cruelle à la France, dont vous méprisez tous les cavaliers. Prenez garde à vous, la France n'est point aujourd'hui sur le pied qu'on se moque d'elle ; et moi qui vous parle, j'ai tant de zèle pour ma patrie, que je n'épargnerai rien pour la venger de vous. Je puis vous dire ce que dit Scévole à Porsenna : *Si je manque mon dessein, nous sommes encore trois cents de la même conjuration.* Soyez sûr qu'on ne vous laissera point de repos. Vous avez répondu à ceux qui vous reprochaient le cavalier Anglais, que vous l'aimiez pour la commodité de lui parler et de l'entendre; mais, en vérité, cette raison là n'est pas valable. Votre Anglais n'entend que ce que vous lui dites : mais un Français entendrait cent choses que vous ne lui diriez pas; il lirait dans vos yeux ce que l'autre attend que votre bouche lui dise. D'ailleurs, je vous donne ma parole, qu'en moins de rien vous sauriez notre langue; elle n'est fort difficile que pour les personnes qui n'aiment point : mais dès qu'on aime un Français, la langue française est aisée. Les étrangers l'en estimeraient moins, s'ils savaient cela; c'est pourquoi on ne dit pas ce secret à tout le monde : on les fait passer par des grammaires et par des méthodes qui ne finissent point. Mais pour vous on vous eût fait la grâce de vous abréger ce chemin. Écoutez, il est encore temps; apprenez un peu de français avec moi.

A Mademoiselle DE L. M.

J'apprends avec bien du plaisir, Mademoiselle, que vous êtes sur le point de quitter votre religion. Nous regardons avec beaucoup de pitié nos pauvres frères errans; mais j'en avais une toute particulière pour une aimable petite sœur comme vous. J'étais tout-à-fait fâché de croire que votre âme, au sortir de votre corps, ne dût pas trouver une aussi jolie demeure que celle qu'elle quittait; mais enfin, vous me délivrez de cet article de ma créance, et de bonne foi je me sens soulagé. Je vous assure que le troupeau d'où vous étiez égarée, vous recevra fort agréablement, et que vous y tiendrez bientôt le rang de brebis favorite. On m'a mandé qu'après avoir abjuré votre hérésie, vous abjuriez aussi votre indifférence en faveur du marquis de C..... C'est bien fait de quitter toutes vos erreurs en même temps, et de prendre tout d'un coup toutes les opinions saines. Après cela, vous serez toute renouvelée, nouvelle catholique, nouvelle mariée, nouvelle doctrine dans l'esprit, nouveaux sentimens dans le cœur. Voyez l'obligation que vous aurez à l'Eglise; dès que vous l'aurez reconnue pour votre mère, elle vous fera voir par expérience ce que c'est que le sacrement de mariage, que vous autres hérétiques vous obstinez à ne pas reconnaître pour un sacrement. Elle ne peut pas vous convaincre de vos erreurs d'une manière plus douce, ni en même temps plus forte. Vous avouerez sans doute que vous aviez grand tort de contester au mariage la dignité que nous lui donnons; et que quand il n'y aurait que cet article là, il ne serait pas pardonnable d'être calviniste. Je ne veux pas entrer plus avant dans ce point de controverse; M. le marquis est plus savant théologien que moi, et il vous instruira mieux. Après ce qu'il vous enseignera, vous pourrez disputer en Sorbonne. Il a fait, en vous convertissant, un trait d'une grande habilité : il a accommodé les intérêts de la religion et les siens; il s'assure mille plaisirs avec vous, et il faudra encore qu'en l'autre monde on lui tienne compte de ces plaisirs là. On le récompensera d'avoir passé sa vie avec une très jolie personne. J'attends avec impatience, Mademoiselle, les deux cérémonies, après quoi vous serez à nous et à M. le marquis. Je le nomme le dernier ; car, ne lui en déplaise, vous appartiendrez à tous les catholiques avant que de lui appartenir. Il est vrai que le dernier à qui vous appartiendrez, sera celui à qui vous appartiendrez le mieux. Nous autres, nous ne vous regardons que du côté de votre âme : mais lui, il n'est pas persuadé qu'une personne consiste en une âme toute seule ; et il croirait ne vous aimer qu'à demi, s'il ne vous aimait que par là. Je ne tiens pas son opinion mauvaise ; et s'il était permis, bien d'autres vous aimeraient d'une manière aussi parfaite que lui.

A Madame DE P.

Vous êtes bien rigoureuse, Madame, de ne vouloir point consentir au dessein de M. de S..... pour mademoiselle votre fille. Vous dites que vous n'approuvez point un mariage entre deux personnes qui sont issues de germain : mais croyez-vous que ce soit là un obstacle pour la tendresse? Quoi! voulez-vous que M. de S..... trouve mademoiselle de P..... moins aimable, parce qu'il est fils du cousin germain du père de mademoiselle de P....? Ce raisonnement là vous paraît bien fort, mais la beauté n'est-elle pas encore plus forte? A-t-on toujours sa généalogie devant les yeux? Et lorsqu'on voit une personne touchante, s'avise-t-on de penser qu'on a un bisaïeul commun avec elle? En vérité, le souvenir du bisaïeul est bien loin, quand l'arrière-petite fille est présente avec tous ses agrémens. Que reprochez-vous à M. de S....? Il est trop bon parent, au lieu d'amitié, il a de l'amour : il s'est mépris, voilà un grand malheur? Si c'est la dévotion qui vous tient, songez que tous les gens de l'ancien testament n'étaient amoureux que dans leur tribu, et que mille six cent soixante-quinze ans plus tôt, M. de S..... eût été obligé en conscience d'aimer mademoiselle votre fille. Il est vrai que les choses ont changé; mais aussi on vous prie seulement de trouver bon que l'on demande le consentement de Rome sur cette affaire. Vous savez qu'on y permet les mariages entre des parens, quand leurs biens sont tellement embrouillés les uns avec les autres, qu'ils ne se pourraient séparer sans de grands procès Véritablement M. de S..... et mademoiselle de P..... n'auront pas cette raison à alléguer : mais ce qui vaut bien autant, ils diront que les affaires de leurs cœurs sont tellement embrouillées les unes avec les autres, qu'il n'y a pas moyen de les séparer. Si mademoiselle votre fille était une héritière en laquelle le nom finît, et qu'elle eût tout le bien de la maison de S....., vous auriez regret que ce bien là sortît de la famille, et vous tâcheriez d'obtenir une dispense pour la faire épouser à un parent d'une autre branche. Mais présentement elle a de la beauté et des agrémens, qui sont plus rares que le bien, et qui sortiraient de la famille, pour n'y rentrer peut-être jamais. Pour moi, qui ai l'honneur de vous appartenir, quoique ce ne soit que par des femmes, je ne laisse pas de m'intéresser extrêmement à la beauté de la maison de P..... N'allez point, je vous prie, embellir une famille étrangère, en donnant mademoiselle de P..... à un autre qu'à M. de S....., ni peut-être enlaidir votre famille, en obligeant M. de S..... à faire un autre choix. Voyez combien toute la maison de L..... est laide; il lui faut plus d'un siècle pour en revenir. Profitons de cet exemple; puisque nous tenons de la beauté chez nous, prenons soin de l'y conserver.

A Monsieur DE S.

J'apprends avec toute la joie imaginable, mon cher cousin, que votre dispense est obtenue; il ne vous en a coûté que quelque petite somme d'argent, avec laquelle vous avez réparé le malheur d'être parent de mademoiselle de P..... On a déclaré qu'elle pouvait désormais ne vous regarder plus comme un homme de sa famille, et vous traiter en étranger. Mais qu'est-ce que vous traiter en étranger? C'est être tout à vous, et ne vous refuser rien. Je voudrais bien être étranger à ce prix là. Vous qui n'êtes plus son parent, vous serez bien distingué de ces malheureux qui le sont encore. Jouissez de la dispense que Rome vous a donnée, mon cher cousin; mais songez à quoi elle vous engage, et faites bien voir que ce n'est pas en vain que la capitale du monde s'est mêlée de vos affaires. Une permission venue de si loin, doit opérer de grands effets ici. Surtout levez à madame de P..... tout le scrupule qu'elle pourrait avoir de vous donner mademoiselle sa fille, et persuadez-la qu'elle ne pouvait trouver un autre gendre qui fît aussi bien l'acquit de sa conscience dans le sacrement, car il la faut prendre par les endroits de dévotion.

A Monsieur le C. D. L. R.

Ne me demandez point par où j'ai su tout ce que je vais vous dire; il suffit que je le sais, et que je puis vous donner de bons conseils. Vous aimez, et vous êtes aimé; mais vous avez une sorte de tendresse si propre à faire finir bien vite celle que l'on a pour vous, que je vous assure que vous ne serez pas encore aimé dans deux mois. Vous ne perdez pas de vue votre maîtresse, vous ne la quittez pas un moment; s'il vient quelqu'un chez elle, vous lui faites bien sentir qu'il vous interrompt. Pendant des journées entières que vous la voyez, vous ne lui parlez que de votre amour, et vous lui en parlez d'une manière toujours languissante et passionnée. Encore un coup, si vous êtes aimé dans deux mois, je crierai miracle. La dame a présentement des forces pour vous suivre; mais vous aurez bientôt épuisé tout ce qui est dans son cœur, et vous serez tout étonné qu'il ne lui fournira plus rien pour vous. On n'a de part et d'autre qu'une certaine mesure de tendresse; il la faut ménager : ceux qui ne savent pas aimer la prodiguent imprudemment. On se plaint des absences, et on ne fait que son devoir, quand on s'en plaint. Cependant, pourvu qu'elles ne soient pas trop longues, elles font tous les biens du monde aux amans : elles renouvellent un amour qui vieillirait; et s'il languissait, elle le réveillent. Ce serait à la vérité pousser la chose un peu loin, que de se procurer des absences tout exprès : mais enfin, lorsque le hasard nous en procure, nous devons pester contre elles, et soupçonner en même temps que nous pourrions bien leur avoir de l'obligation. Vous faites mal de vous servir de toute la liberté que vous avez de voir votre aimable maîtresse à toute heure, et des journées entières. Ce que vous gagnez par une si grande assiduité, vous le perdrez sur la durée de votre commerce. Vous ramasserez en un jour ce qui pourrait être répandu dans toute une semaine. C'est une autre faute de la même espèce, de ne parler que d'amour à ce que vous aimez. Quelque plaisir qu'on prenne à entendre le détail de vos sentimens, il est impossible que vous ne tombiez dans une infinité de redites, et les redites ont un droit d'ennuyer qu'elles ne perdent jamais. Je gage qu'au sortir d'avec vous, la dame, peut-être sans s'en apercevoir, respire et reprend haleine. L'art des conversations amoureuses, est qu'elles ne soient pas toujours amoureuses. Il faut faire de petites sorties, après quoi les retours vers ce qu'on aime sont beaucoup plus agréables. Mais ce que je ne puis du tout vous pardonner, c'est d'être toujours langoureux. Mettez-vous dans l'esprit que les femmes veulent qu'on les aime, mais en même temps qu'on les divertisse; et que qui fait l'un sans l'autre, ne fait presque rien : et peut-être choisiraient-elles plutôt d'être diverties sans qu'on les aimât, que d'être aimées sans qu'on les divertît. La langueur a ses usages ; mais quand elle est perpétuelle, c'est un assoupissement. La conduite d'un amant doit être sérieuse et appliquée, mais sa conversation en vaut mieux d'être quelquefois badine. On persuade par l'une, et on plaît par l'autre, et le plus souvent il vaut mieux plaire que persuader. L'agrément a plus fait de conquêtes que la fidélité. Je ne sais même si avec le temps, la pauvre fidélité ne viendra point à être comptée pour un défaut. Il est toujours certain qu'elle ne suffit pas, et qu'elle a besoin d'être assaisonnée. Il vous en coûtera peu de chose pour cet assaisonnement. Soyez tel à peu près que vous étiez avant que d'aimer. Vous avez le vice de vous jeter trop profondément dans l'amour, et de n'être plus qu'amoureux, quand vous l'êtes une fois. Il faut aimer et ne laisser pas de vivre. Adieu, mon cher comte : sachez moi gré des conseils que je vous donne ; car si je suivais mes intérêts, je laisserais finir un amour qui vous dérobe à vos amis.

AU MÊME.

Ce n'est pas fait, mon cher comte, et vous n'êtes pas quitte de mes conseils. J'ai appris depuis peu que vous vous plaignez toujours, et que vous avez de la disposition à la jalousie. Ne croyez pas que je vous laisse passer ces deux choses là. Vous êtes aimé, sans doute, et fort tendrement. Sur quoi vos plaintes sont-elles fondées? sur ma délicatesse, direz-vous. Il est bon d'être délicat, mais il ne faut pas être chicaneur. Les plaintes de délicatesse réveillent, mais celles de chicane fatiguent. Vous êtes de ceux qui ne croient pas qu'on doive jamais convenir de son bonheur avec la personne qui le fait, et qui ne savent quel nom donner à celles qu'ils n'ont pas lieu d'appeler cruelles et inhumaines. Mais prenez garde aussi qu'on ne se fâche du peu de confiance que vous avez aux marques de tendresse qu'on vous donne, et qu'on ne trouve mauvais de n'être pas crue sur sa parole, quand on vous dit qu'on vous aime. Il faut qu'un amant tombe d'accord qu'il est aimé, lorsqu'il l'est; mais s'il veut absolument se plaindre, il peut se réserver une petite matière de plaintes sur le plus ou le moins de tendresse. Encore faut-il faire ces sortes de reproches avec des transports doux, et non pas avec des airs de chagrin. C'est toujours un mauvais personnage que celui d'un homme qui se plaint : on se montre par des endroits faibles, dont on doit tâcher d'épargner la vue aux gens de qui on veut être aimé. Les plus insupportables de toutes les plaintes, ce sont celles qui partent d'un caractère jaloux. Si j'étais femme, toutes ces petites jalousies qui ne signifient rien, me feraient jeter un homme par les fenêtres. Pour moi, ou j'estime assez celles que j'aime pour ne point croire qu'elles puissent partager leur cœur, ni changer, ou je les estime assez peu pour ne m'inquiéter point qu'elles le partagent, ni qu'elles changent, et par conséquent je ne suis jamais jaloux. Je sais bien qu'absolument parlant, ce que j'aime peut m'échapper; mais enfin on prend de certaines assurances, et on dort. Si vous croyez que l'amour doive être une frénésie, et qu'il faille que deux personnes, sous prétexte de s'aimer, se tourmentent perpétuellement, et soient des ombres vengeresses attachées aux pas l'une de l'autre, je ne vous conteste plus rien. Mais moi, j'ai des idées plus douces; je voudrais accorder l'amour avec un peu de repos. Et ne croyez point que l'on vous tienne toujours compte de vos inquiétudes, comme d'autant de marques de tendresse. L'amour en aurait l'honneur si elles arrivaient rarement; mais si elles sont fréquentes, on ne les attribuera qu'à votre chagrin naturel. Il faut un certain milieu en toutes choses, même en amour, quoiqu'il ne s'y trouve pas trop de raison.

A Monsieur le M. DE C.

Il faut que je vous confie mes malheurs, mon cher marquis. J'aimais, comme vous savez, madame de L. M., et je ne l'aime plus. Elle m'en fait des reproches; je n'entends que des plaintes perpétuelles. Où sont mes protestations de constance et de fidélité? Que sont devenues mes premières manières? Cela me met au désespoir; car, de bonne foi, est-ce ma faute si je ne l'aime plus? Qu'elle me rende mon amour, je ne demande pas mieux. Je serais trop heureux d'aimer encore. Je me livre, je m'abandonne à ses charmes ; qu'elle fasse des blessures mortelles à mon cœur, j'y aiderai de tout mon pouvoir. Puis-je faire davantage ? J'ai encore pour elle les mêmes soins et les mêmes assiduités que j'avais auparavant. Mais, dit-elle, ce n'est plus le même air. Voilà le malheur. Je ne lui puis dire de nouvelles de cet air là, je ne sais ce qu'il est devenu. Elle m'appelle ingrat, et fort mal à propos, ce me semble. Ce que je fais à présent pour elle me coûte beaucoup, et elle devrait m'en tenir compte, au lieu qu'auparavant elle me tenait compte de ce qui ne me coûtait rien. On ne sait guère en ce monde-ci le véritable prix des choses. Je commençai de l'aimer sans savoir pourquoi, et je fais cent efforts pour recommencer de l'aimer, qui ne partent que d'une considération extrême que j'ai pour elle. Souvent je préviens mes yeux sur sa beauté avant que de la voir ; je la compare à mille et mille femmes qui ne sont pas si belles ; j'étudie l'agrément de ses manières pour y être sensible ; je trouve, ou je mets de l'esprit dans les moindres choses que je lui entends dire ; enfin, après avoir bien excité mon cœur, il me semble que je l'aime ; je sens je ne sais quoi pendant un instant : mais dans l'instant qui suit, il est sûr que je ne sens rien. Mon pauvre marquis, pourquoi faut-il qu'on aime, ou qu'on n'aime pas toujours, ou qu'on n'aime pas tous deux en même temps, pour finir en même temps ? Je suis si chagrin contre l'amour, qu'à l'heure qu'il est je voudrais l'exterminer du monde.

AU MÊME.

Enfin, madame de L. M. et moi, nous avons pris

une forme de vie, nous sommes convenus de ne songer plus l'un à l'autre sur le pied d'amour, et de vivre en bonne amitié. J'étais fort content de ce traité là; cependant je vous assure qu'il n'est pas si aisé à exécuter que je l'avais cru; non que j'aie des intentions de recommencer le personnage d'amant, mais c'est que le personnage d'un homme qui a été amant, et qui ne veut plus être qu'ami, est très difficile. Je ne sais comment parler de nouvelles à une femme à qui j'ai tant parlé de tendresse : nos conversations me paraissent d'un ennui mortel, pour peu que je me souvienne de ces conversations vives que nous avions; et par malheur je ne puis m'empêcher de m'en souvenir. Je ne serais point embarrassé à entretenir une autre sur le beau temps et sur la pluie; et je le suis cruellement quand j'en veux entretenir madame de L. M. La vue seule de son appartement me rappelle des idées qui me font trouver ridicule tout ce que je lui dis. Je vais chez elle par une sorte de devoir qui me gêne beaucoup, quoiqu'elle soit de très bonne compagnie. J'entre dans sa chambre d'un air interdit, et je tiens encore cela des commencemens de mon amour. J'ai le sérieux d'un amant timide, et plein d'une passion qu'il n'ose déclarer. C'est ainsi que l'on finit d'ordinaire par où l'on a commencé, et que les vieillards rentrent en enfance. La dame de son côté a toutes les peines du monde à prendre avec moi les manières qu'elle voudrait. Elle tâche de me traiter comme les autres gens qu'elle voit; mais, sans s'en apercevoir, elle me traite plus froidement, et m'adresse plus rarement la parole. Quand elle me l'adresse, on remarque bien qu'elle s'y est préparée, et ce qu'elle me dit est plus concerté et moins naturel. Je vois bien qu'il lui serait plus aisé et même plus commode de me haïr que de m'aimer à demi, et que les passages les plus difficiles ne sont pas ceux qui se font d'un sentiment à un autre qui lui ressemble. Qu'on m'eût dit, il y a un an, que j'eusse dû craindre un jour d'être tête à tête avec madame de L. M., je ne l'eusse pas cru. Cependant quand je vais chez elle, et qu'il n'y a qu'une personne ou deux, ma plus grande frayeur est qu'on ne se lève, et qu'on ne nous laisse seuls ensemble. Que deviendrais-je, bon Dieu! et de quoi lui parlerais-je! J'ai éprouvé cet embarras une fois, je vous jure que j'en suais : il me prit comme une paralysie d'esprit, qui m'en ôta l'usage tout d'un coup; j'eus des vertiges, la tête me tourna, et je demeurai court, sans pouvoir dire à peine quatre paroles. Aussi pour faire mes visites, je prends le temps que la foule y est, cette foule contre laquelle j'ai autrefois tant pesté. Plût au ciel que madame de L. M. pût s'engager dans quelque passion nouvelle qui l'occupât, et qui lui fît perdre un reste d'attention qu'elle a sur moi! Il me semble que si elle me faisait une infidélité complète, j'en aurais plus de liberté avec elle, et que nous en oublierions bien mieux le passé. Il faut de l'amour pour effacer tout-à-fait des traces d'amour. Je vois chez elle un cavalier de mérite qui la trouve fort aimable; il me ferait plaisir de me succéder. Ce que je crains, c'est que mon exemple ne fasse tort aux autres hommes, et que je n'aie rendu la dame plus difficile à persuader sur la fidélité. Cependant, je veux croire qu'une passion n'épuise pas un cœur, et qu'on n'est pas assez sage pour n'être la dupe de l'amour qu'une fois. A vous dire le vrai, je ne voudrais pas qu'elle eût à me reprocher qu'il a tenu à moi que notre tendresse n'ait été éternelle, et je serais bien aise qu'elle me donnât lieu de lui soutenir qu'elle avait l'âme disposée à d'autres passions, et que je n'ai fait que prévenir son changement ; car je sens quelquefois ma conscience chargée d'avoir abandonné une fort jolie femme, et cependant vous savez combien je suis innocent, et combien je me suis prié moi-même d'être fidèle. Adieu, mon cher marquis ; je vous manderai si je suis assez heureux pour avoir un successeur. Vous êtes mon confident quand je n'ai plus d'amour ; tant que j'en ai, aucun mortel n'entre dans ces mystères.

AU MÊME.

Mes souhaits sont accomplis, j'ai un successeur. Quand je n'aime plus, j'ai autant d'envie de n'être plus aimé, que j'en ai d'être aimé quand j'aime. Je vous assure que j'ai désiré avec un égal empressement la tendresse et l'indifférence de madame de L. M. Enfin, je les ai obtenues toutes deux l'une après l'autre ; c'est tirer d'une personne tout ce qui s'en peut tirer. Je ne sais comment sont faits ceux qui peuvent aimer sans être aimés, ni ceux qui se plaisent à être aimés sans aimer ; l'amour n'est bon que dans le partage. C'est la plus plaisante chose du monde que les dispositions où mon successeur est à mon égard. Tantôt il me hait de ce que je l'ai précédé ; tantôt il me méprise de ce qu'il croit que je n'ai pu me conserver le bonheur dont je jouissais ; tantôt il m'insulte, comme s'il obtenait sur moi une préférence que je lui eusse disputée. Il voudrait bien avoir quelque lieu de croire qu'on m'a donné mon congé; mais il voit trop clairement que je l'ai pris; et cela le désespère. Je gage qu'il voudrait que je fusse son rival et qu'il lui en eût coûté la moitié de son bien, car il est outré du sang-froid avec lequel je regarde ses empressemens et ses soins; d'autre côté, la dame affecte de me faire voir que tout le monde ne l'abandonne pas quand je l'abandonne, et je ne sais si, dans les complaisances qu'elle a pour son amant, il n'y entre point un peu de dépit contre moi, qu'elle veut me faire sentir. Peut-être ma présence vaut quelque chose à mon prétendu rival. Il est toujours certain que la dame voudrait bien qu'il parût qu'elle fait un choix à mon désavantage entre cet homme là et moi; mais le moyen? Je me tiens toujours dans les termes de céder tout. Je suis assez honnête pour être fâché de ne pouvoir pas servir d'assaisonnement à la nouvelle tendresse de madame de L. M. Tout ce que je puis faire, c'est de lui souhaiter une passion moins vive que celle qu'elle a eue, et à mon successeur une constance qui soit plus à l'épreuve du temps que la mienne.

A Mademoiselle DE I.

J'apprends de tous côtés les progrès de mon rival, Mademoiselle, et je tâche à me venger de vous. Il y a ici une dame fort bien faite, jeune, belle, mais Flamande, que je voudrais bien aimer. Ce sont les traits les plus réguliers, le plus beau teint, la fraîcheur la plus vive du monde. Enfin, quand je puis attraper un moment où je ne songe point à vous, elle me paraît tout-à-fait aimable; mais dès que votre idée me revient, je ne sais où s'en vont ces traits, cette fraîcheur, ce teint. Votre air spirituel et vos manières fines m'ont gâté la Flandres; je doute que je puisse désormais être amoureux en ce pays là. Encore si vous me répariez la perte de mes Flamandes! Mais elles sont perdues sans être remplacées. Je ne demanderais que vous pour remplacer toute la nation : mais si vous êtes bien résolue à aimer mon rival, si vous avez trouvé le secret de ne penser plus à moi, donnez-moi aussi, je vous prie, celui de ne penser plus à vous. Ou aimez-moi, ou laissez-moi aimer qui je voudrai aimer dans ma garnison. Ne vous présentez point toujours à mon imagination, pour enlaidir à mes yeux cette pauvre Flamande que je veux aimer. Souffrez qu'elle ait sa beauté telle qu'elle pourra, sans avoir rien à démêler avec la vôtre. Est-ce que je n'aimerai plus rien, parce que je vous ai vue? Cela serait bon si vous m'aimiez. A quoi voulez-vous que je passe ici ma vie? Je m'occuperai de vous, tandis qu'un autre vous occupe à Paris? Y aurait-il de la justice? La Flamande qui pensera à moi, vaudra mieux que vous qui n'y pensez pas. Si vous me fâchez, je ferai en sorte que je la trouverai belle en dépit de votre idée; et à force d'opiniâtreté, j'obtiendrai de moi qu'elle me paraisse aimable, même quand je me souviendrai de vous. Cependant vous me ferez plaisir, Mademoiselle, de ne m'obliger point à des efforts si violens, et de prendre doucement le parti de sortir de mon esprit.

A LA MÊME,

Sur ce qu'elle avait parlé de lui en dormant.

On m'a mandé, Mademoiselle, les faveurs que vous m'avez faites. Vous avez beau vous en défendre, vous m'aimez; le sommeil trahit vos secrets. Voilà ce que c'est que de vouloir renfermer des passions, et les cacher à ceux qui les causent. Si vous m'eussiez avoué la vôtre, je vous assure que vous eussiez été contente de ma discrétion; mais vous n'en avez voulu faire la confidence qu'à vous-même, et vous n'avez pas été assez discrète. Apprenez de là, Mademoiselle, à ne vous fier pas tant à vous. Dites-moi de bonne grâce ce que le sommeil vous fera dire sans que vous le sachiez. Ne vaudrait-il pas mieux que vous m'eussiez fait, en peu de mots, un petit aveu de vos sentimens, que d'en parler la nuit comme une personne insensée? L'amour ne perd rien : vous lui devez cet aveu de tendresse; il faut que vous le fassiez en quelque temps que ce puisse être. Si votre raison vous impose silence, votre raison s'endormira, et alors l'amour ne s'endormira pas. Votre sévère vertu peut répondre de vos jours; mais de vos nuits qui en répondra? Les nuits appartiennent à l'amour. Aussi vous voyez que le secret de tant de jours vous est échappé en une nuit. Mais oserais-je vous demander sous quelle figure je me suis présenté à vous, pour obtenir que vous vous déclarassiez en ma faveur? Il se pourrait trouver des occasions où je serais bien aise de reprendre encore cette figure là. Apparemment j'étais fier et menaçant, car je n'ai jamais rien gagné auprès de vous par des manières respectueuses et soumises. Ne dites point que ce que vous avez dit la nuit, ne tire point à conséquence; c'était vous qui parliez, vous seule : le jour c'est la contrainte, c'est la cérémonie, c'est la dissimulation qui parle. Vous verrez combien je serai désormais insensible à toutes vos rigueurs du jour; je compterai que vous vous en dédierez la nuit. Heureux qui peut vous voir, vous autres belles, telles que vous êtes !

A LA MÊME.

Depuis que vous avez parlé de moi en dormant, je ne dors plus, et de joie et d'inquiétude : je suis ravi de vous tenir si fort au cœur ; mais en même temps je tremble pour les mystères qui sont entre nous. Je suis assez content de votre retenue le jour, mais votre vivacité de nuit m'alarme ; vous découvrirez tous nos secrets. Comment ferions-nous, Mademoiselle, pour conduire nos affaires sûrement ? Je n'y sais qu'un moyen. Soyez le jour un peu moins réservée, vous le serez davantage la nuit ; car il est sûr qu'il y a une mesure de choses tendres qu'il faut dire : ce qu'on en dit le jour est autant de rabattu sur la nuit. Je ne songe plus à vous faire d'infidélités : vos faveurs nocturnes m'ont tout-à-fait raffermi dans votre service ; elles ont effacé pour moi tous les teints que je voyais, amorti l'éclat de tous les yeux, gâté toutes les tailles ; je n'entends plus de choses spirituelles : que peut-on dire, avec tous les efforts d'esprit imaginables, qui vaille ce que vous avez dit sans y penser ? Vos songes ont entièrement ruiné chez moi la pauvre Flamande ; ils lui ont fait un tort que toutes ses veilles et tous ses soins ne pourront jamais réparer. Je suis assuré qu'elle dort fort tranquillement, et que son imagination, qui ne travaille pas beaucoup le jour, est encore la nuit dans un repos bien plus parfait : or, c'est là un défaut que je ne pardonnerais pas à la plus belle personne du monde. Je ne conçois pas à présent comment on aime une femme qui ne rêve point, et qui ne parle point en rêvant. Je refuserais Vénus, si elle n'avait pas ce talent là. Continuez, vos rêveries, Mademoiselle ; l'amour même en est une, mais la plus agréable de toutes.

A LA MÊME.

Les terribles nouvelles que j'apprends, Mademoiselle! Vous allez épouser mon rival! Vous dites que vous voulez me détromper de l'opinion que j'avais conçue de votre tendresse sur ce que vous aviez parlé de moi pendant le sommeil. Ah! ne valait-il pas mieux me laisser dans mon erreur? Songez bien quelles nuits il faudra que vous donniez, pour réparer celle que vous m'aviez donnée. Hélas! la faute et la réparation ne sont pas de la même espèce. Parlez la nuit de M. de..... si vous voulez ; je me résous à en passer par là : mais ne vous enfermez pas seule avec lui dans une chambre ; cela va au-delà des douces rêveries que vous m'accordiez. Si pourtant ce malheur là arrive, j'espère que j'en serai vengé par vous-même, et qu'en dormant vous parlerez de moi à ses oreilles ; mais aussi je crains qu'il n'ait la malice de ne vous laisser guère dormir, de peur de vous entendre parler de moi. Vous voyez, Mademoiselle, qu'il y a bien de l'agitation dans mon esprit ; j'ai des espérances et des craintes ; mais en vérité la partie n'est pas égale entre elles. Quelquefois je me console, dans la pensée que mon rival ne vous a pas tant aimée que moi. Il a vu que ses soins n'approchaient point des miens ; que sa vivacité sur tout ce qui vous regarde était moindre que la mienne ; qu'enfin, tant qu'il ne s'agirait que des sentimens, je l'emporterais sur lui ; et quand il a été poussé à bout par ma tendresse, il a été implorer le secours de votre curé. Or, franchement, je ne m'attendais pas que le curé dût entrer dans cette affaire là. Ce n'est pas là un procédé bien galant : je ne sais si vous qui êtes délicate, vous en êtes contente. On fait venir l'Eglise contre moi; je n'ai rien à dire à l'Eglise. Je ne vous eusse pas fait ordonner en cérémonie de m'aimer; aussi n'eussé-je pas cru que quatre paroles d'un prêtre vous apprissent ce que tous mes soupirs n'ont pu vous apprendre. Mon rival triomphe de moi à présent; mais j'ai bien envie de voir comment lui réussiront les moyens dont il se sert pour votre conquête. Il vous trouvera obéissante, à la vérité, mais bien neuve : le sacrement n'apprend point à aimer; il veut seulement qu'on se laisse aimer. Votre obéissance même lui devra être suspecte, et votre vertu sera cause qu'il se défiera de votre cœur. Les personnes aussi raisonnables que vous ne sont point naturelles; il vaut mieux vivre avec des folles, on sait ce qu'elles pensent. Je souhaite qu'il ait ce scrupule plus d'une fois, et qu'il sente que dans tout ce qu'il obtiendra de plus doux et de plus agréable, il aura toujours quelque chose à démêler avec le curé. Pour moi, tout ce que j'ai obtenu de vous était toujours bien mince; mais en récompense je puis me vanter que cela était bien pur. Il n'y a point de délicatesse si raffinée qui pût y trouver la matière d'un scrupule sur le devoir ou sur l'obligation.

A LA MÊME.

Tout le mal n'est pas que vous vous mariez, Mademoiselle; le pis est que votre mariage ne puisse ébranler ma fidélité pour vous. Je n'ai point ici d'autre instrument de ma vengeance que la belle Flamande, et c'est un instrument dont il n'est pas aisé de se servir. Il ne tient pas à moi que je ne l'aime ; je vais tous les jours chez elle dans cette intention ; je me dispose à la tendresse le mieux qu'il m'est possible : mais de son côté, elle ne seconde point mes desseins ; elle ne s'aide point. Je vois une grande figure, belle et bien taillée, et où l'art ne peut rien disputer à la nature ; mais c'est tant pis. Ses yeux, qui sont grands et noirs, ne savent que regarder fixement ; ils n'ont point ces tours fins et ces mouvemens délicats que donne ou l'envie de plaire, ou la joie d'avoir plu. Sa bouche, qui est et la plus petite, et la plus vermeille, et la mieux façonnée du monde, ne sait que rire ; mais elle ne sourit point : et qu'est-ce que ces ris immodérés et souvent stupides, auprès de la douce retenue et de l'afféterie spirituelle des souris ? Si elle marche, ce n'est que pour aller où elle veut aller, ce n'est point pour se donner des airs plus libres ou des grâces plus nobles. Enfin, elle n'est belle qu'à cause qu'on est belle avec les traits qu'elle a ; et si elle n'est pas laide, ce n'est pas sa faute. Surtout elle dit des choses d'une naïveté qui me fait suer ; et quand je vois qu'elle ouvre la bouche, ou je prends bien vite la parole, ou je détourne la tête pour ne l'entendre point, et me tenir toujours en état d'être amoureux d'elle. Je sais combien mon amour pour elle est tendre, c'est-à-dire, aisé à blesser, et difficile à conserver : aussi je le ménage avec un soin incroyable ; je ne l'expose point à de longues conversations, moins à des tête-à-tête, qui seraient des périls dont il ne se tirerait jamais ; et avec tout cela, le pauvre amour a bien de la peine à subsister. Vous m'allez dire que j'ai grand tort de n'être pas fou de cette Flamande, moi qui ai toujours publié qu'il n'y avait rien de si aimable que la nature. A cela, je ne sais que répondre, sinon que si c'est la nature, je ne croyais pas que la nature fût faite ainsi. Je m'en étais fait une fausse idée, parce que je ne l'avais jamais vue. Ah! que vous avez bien pris vos mesures pour me trahir, et dans le temps de mon absence, et lorsque j'étais dans un lieu où il n'était presque pas possible que je me vengeasse! Vous n'aviez garde de me faire une infidélité dans Paris: je vous l'eusse rendue du jour au lendemain.

A Monsieur R.....

Notre ami est-il fou de songer à épouser madame de.....? Il dit pour ses raisons qu'il est gueux, et qu'elle a quinze mille livres de rentes bien nettes. Hé bien, est-ce assez? Elle n'a trait en sa personne auquel il ne fallût quinze mille livres de rentes pour le réparer. Sur le pied de sa laideur, elle est fort pauvre. Mais, dites-moi, comment a-t-il fait pour la tromper? Premièrement il se fallait résoudre à avoir un mauvais dessein sur elle, et cette résolution ne me semble pas devoir être aisée à prendre; mais puisqu'il l'a prise, comment a-t-il réussi dans ses prétentions? J'ai ouï dire à cette belle personne qu'elle n'avait nulle envie de se marier; mais que si elle était destinée à faire cette folie là, du moins elle saurait bien choisir un mari, qui ne songeât pas seulement à se rendre maître de son bien, mais qui eût une vraie considération pour elle. Ce mot de considération était modeste : mais dans le sens de la dame, il voulait dire de l'amour; et puisqu'elle a une fois pensé à faire distinction entre son bien et sa personne, par quel secret a-t-on pu lui faire croire qu'on en voulait à sa personne, et non pas à son bien? Croit-elle avoir un mérite, dans lequel quinze mille livres de rentes soient indignes d'être comptées? Croit-elle qu'on ne les regarde que comme un simple accompagnement de ses autres perfections? N'y a-t-il plus de miroirs au monde? Cela me met en colère. Rendez-moi raison d'une si étrange duperie. Pour notre ami, il faut qu'il ne soit pas timide, ni déconcerté. Aller dire à cette femme là, qu'il l'aimait, qu'il ferait son plus grand bonheur de passer sa vie avec elle! Je ne crois pas que j'eusse pu avoir la même assurance que lui. J'aurais donné à entendre à la dame, pour la justification des démarches que j'eusse faites, et pour le soulagement de ma sincérité, que c'était son bien qui me tentait; mais que si elle m'en eût voulu rendre maître, j'eusse eu pour elle toute la reconnaissance possible. J'eusse ajouté qu'elle eût dû me choisir, parce que j'eusse empêché qu'un autre ne l'eût prise pour dupe, en lui faisant croire qu'il l'eût aimée pour ses beaux yeux. En vérité, une femme raisonnable aurait dû être plus touchée d'un procédé généreux et franc comme celui-là que de la comédie que notre ami a jouée. Vous m'allez dire qu'il est des femmes bien sottes : il est vrai; mais enfin je suis assez sot moi-même pour ne pouvoir me figurer qu'elles le soient au point qu'elles le sont : et il y a des gens que je manquerais à tromper, parce que je les voudrais tromper par des voies trop fines. Mandez-moi si la dame s'est rendue un peu difficile à persuader. En ce cas là, je romprais avec notre ami, car il faut qu'il soit le plus grand fourbe du monde pour l'avoir persuadée, si elle y a apporté quelque difficulté. Je ne veux point de commerce avec un si bon comédien.

A Mademoiselle DE C...,

En lui envoyant un extrait de son baptême.

Je puis me vanter, Mademoiselle, de vous faire aujourd'hui un présent très considérable. Je vous donne deux années. Vous croyez avoir vingt-deux ans, et voici un écrit en forme qui vous prouvera que vous n'en avez que vingt, car je compte que je vous donne les années que je vous ôte; et dans cette matière là, on ne compte point autrement. Deux années, que vous croyez qui fussent passées, ne le sont point; les voilà que je vous présente encore tout entières. Je meurs de peur que vous ne conceviez pas assez bien de quel prix elles sont; mais, juste ciel, qui en donnerait autant à bien des dames que je vous pourrais nommer, quelle reconnaissance n'en tirerait-il pas ? Où est le blanc et le rouge? où sont les parures et les soins qui vaillent deux années? Il est bien juste, Mademoiselle, que vous ne fassiez usage de celles-ci que pour moi, puisque c'est à moi que vous les devez. Quand elles seront écoulées, vous ferez ce qu'il vous plaira ; je n'aurai plus aucun droit sur votre vie : mais présentement, jusqu'à vingt-deux ans, elle m'appartient; passé cela, je vous remets où je vous ai prise, sauf à nous à nous rengager encore l'un avec l'autre, si nous voulons. Mais s'il arrive que vous ne soyez pas disposée à me rendre justice, sachez, Mademoiselle, que je ne souffrirai point que personne vous aime sur le pied de vingt ans. Je dirai partout qu'à la vérité vous n'en eussiez pas eu davantage, si vous aviez voulu, mais que vous avez refusé d'avoir deux ans de moins ; et que puisque vous ne m'aimez pas, il faut que vous comptiez vingt-deux ans. Vous ne songiez peut-être pas à quoi vous vous exposiez, en me rendant maître du secret de votre âge. C'est pourtant un secret que le beau sexe garde bien inviolablement, et je crois que c'est le seul. Plusieurs femmes m'ont confié les affaires de leur maison, leurs amours même; aucune ne m'a confié son âge. J'en ai vu d'assez raisonnables pour prendre leur parti dans les occasions avec beaucoup de fermeté et de constance; je n'en ai pas vu qui puissent faire un assez grand effort de courage et de raison pour dire leur âge. La vérité est que plus on a d'années, plus on voit de quelle importance il serait de n'en avoir pas tant. Pour vous, Mademoiselle, qui ne vous êtes point ménagée, vous ne savez pas combien vous tremblerez un jour qu'il ne m'échappe quelque indiscrétion. Votre destinée dépendra de moi, et il n'y aura rien à quoi je ne vous contraigne, en vous mettant, au lieu de poignard, l'extrait de votre baptême sur la gorge. Je gage que vous riez à présent de mes menaces, et que vous voyez ce temps là si éloigné, que vous ne croyez pas que je l'atteigne : en vérité, je meurs de peur que vous n'ayez raison.

A Monsieur R.

Décidez-moi un peu, je vous prie, un cas de conscience qui m'embarrasse; j'ai recours à vous comme à un docteur fort éclairé. J'aime, ou si vous voulez, je vois une assez jolie femme, jeune, et qui peut bien inspirer de l'amour par sa personne seule : sa folie est le bel esprit; elle veut voir des gens d'esprit, elle veut avoir des commerces d'esprit, de l'esprit partout. Il est pourtant vrai que si elle en a jamais, elle n'en aura l'obligation qu'à l'art, et nullement à la nature. Elle a un talent de penser faux, et de prendre les choses de travers qui ne paraît pas commun : elle va s'extasier sur un galimatias; dès qu'on parle, elle ouvre de grands yeux qui meurent d'envie d'entendre finesse à tout, et qui n'y en entendent point. Elle a cru que je n'étais pas tout-à-fait bête, et sur ce pied là, elle me reçoit agréablement. J'ai été d'abord touché de sa beauté, et je me persuade que par la voie du bel esprit, je pourrais parvenir à être aimé d'elle. Il ne faudrait que la flatter de ce côté là ; pour peu qu'on la poussât dans le panneau, elle y tomberait bien vite : mais aussi si je l'entête du bel esprit, la voilà gâtée, elle n'en reviendra jamais. Est-il permis, pour m'en faire aimer, d'en faire une précieuse, que tout le monde fuira? C'est la meilleure petite femme que je connaisse; elle donnerait son âme pour ses amis : qui lui ôterait sa chimère, elle serait fort aimable. En vérité, je fais conscience de l'y confirmer. Je sais bien que dès que je la déclarerai bel esprit, elle m'aimera ; mais cela me fâche, la tête va lui tourner. Vous voyez combien j'ai l'âme bonne; il y a une certaine friponnerie établie en amour, que je n'approuve point trop. Mon Dieu, qu'elle me ferait plaisir, si elle voulait m'aimer, sans qu'elle fût bel esprit! Mais je ne crois pas qu'elle le fasse jamais qu'à cette condition là. Tirez-moi, Monsieur, de la peine où vous me voyez, et envoyez-moi au plutôt une réponse décisive.

AU MÊME.

Vous avez décidez pour la tromperie, et j'ai tâché

de suivre votre décision ; mais je ne crois pas que je fasse rien de plus que les premières tentatives. La dame a donné si naïvement dans ce que j'ai commencé à lui dire sur son prétendu bel esprit, qu'il ne m'est pas possible de continuer. Ma sincérité a trop pâti ; j'aime mieux qu'elle ne m'aime point, que de la rendre si sotte. Vous dites qu'un autre n'aura pas la même délicatesse de conscience que moi, et qu'il vaut mieux que je profite d'une folie où quelqu'un la fera tomber tôt ou tard. Mais non, je l'avertirai bien que tous ceux qui la loueront sur le bel esprit, la tromperont, et qu'elle ne souffre pas qu'on lui tienne de pareils discours. Vous qui m'avez conseillé, vous en parliez bien à votre aise ; vous ne sauriez croire quel supplice c'est que de tromper une personne qui n'y apporte aucune résistance. Si elle veut se contenter d'être belle, je vais en être fou ; mais je la prierai de borner là son mérite. Je me reprocherais de lui mettre dans la tête une vision qu'elle y aurait toute sa vie, et je suis sûr que je ne l'aimerais pas aussi long-temps que la vision durerait. Il ne serait pas d'un honnête homme de faire une folle pour la laisser là. Je n'ai pas voulu faire faire des vers pour elle par un de mes amis qui me fournit tous ceux dont je puis avoir besoin dans mes petites affaires ; car je sais combien les vers sont dangereux pour son mal. Enfin si elle savait les obligations qu'elle m'a, il me semble qu'elle devrait m'aimer passionnément. J'ai un soin extrême de la raison qui lui reste ; je ne sais si elle la portera encore loin : mais enfin je ne veux pas l'altérer le moins du monde ; ce peu là lui est d'une trop grande importance. Adieu ; je suis assuré que nos derniers neveux auront de la peine à croire mon désintéressement.

A Madame DE L. S.

Vous eussiez été bien étonnée, Madame, et la vertu de mademoiselle votre fille vous eût été bien suspecte, si vous eussiez vu où nous étions hier elle et moi. Voici quelles étaient nos attitudes. J'avais ôté mon juste-au-corps, j'allais achever de me mettre en chemise, et mademoiselle de L. S. n'attendait que le moment de m'embrasser, et de se jeter à corps perdu sur moi. C'est là le fruit de la sévère éducation que vous lui avez donnée. Si vous voulez pourtant que je vous dise quelque chose pour la justifier auprès de vous, nous passions la rivière à..... l'eau était fort émue, et mademoiselle de L. S. l'était encore davantage. Du milieu de la rivière elle cria qu'on la remît à terre, comme s'il n'y eût pas eu aussi loin et autant de péril qu'à passer à l'autre bord. Vous savez qu'elle n'est jamais si belle que quand elle s'anime, et jamais elle ne fut si animée. Ce n'est pas l'avoir vue, que de l'avoir vue sur terre; l'eau agitée est bien plus favorable à sa beauté. Je tâchai pourtant de la rassurer et de diminuer ses charmes, en lui disant que bien des personnes qui ne la valaient pas, avaient été reçues par des Tritons et par des Naïades, lorsqu'elles étaient tombées à l'eau. Mais la peur lui avait tellement troublé l'esprit, qu'elle n'en crut rien; elle eut plus de confiance en moi qu'aux Naïades et aux Tritons, et elle voulut que je me misse en état de la tirer du péril à la nage. Je me déshabillai donc à demi, et je me repens bien de ne lui avoir pas dit qu'elle se déshabillât aussi bien que moi, pour peser moins sur l'eau ; je suis sûr qu'elle l'eût fait. Je ne sais si elle craignait que je lui fisse une surprise, et que je ne me jetasse à la rivière sans elle, mais enfin elle ne me lâcha point. Comme je me voyais maître de sa destinée, je profitai de l'occasion ; je lui fis faire vœu que si elle échappait, elle m'aimerait, et viendrait en pélerinage chez moi avec madame votre sœur, qui était là aussi, mais moins effrayée. Elle promit tout. Làdessus vint une vague assez forte pour me valoir encore quelque chose de plus que ce que j'avais obtenu ; et sans doute, je pouvais aller loin avec le secours d'un saut que fit le bateau : mais je jugeai que si on m'avait trop promis, on croirait être en droit de ne me tenir rien du tout, et j'eus la générosité ou la politique de me borner. Je vous assure, Madame, que je suis fort content de la petite tempête que nous essuyâmes ; il n'y eut coup de vent qui ne fît plus d'effet que mille de mes soupirs. Les Céladons ne connaissent les rivières que pour s'y jeter de désespoir ; mais je les ai trouvées propres à autre chose, et je suis bien aise d'avoir rectifié le mauvais usage que les amans en faisaient. Je vous prie très humblement, Madame, de vouloir bien tenir la main à l'exécution des vœux que mademoiselle votre fille a faits. Elle est sur terre en pleine santé ; et je crains qu'il ne soit nécessaire de lui rafraîchir bientôt le souvenir de la rivière et de moi.

A LA MÊME.

Je craignais, Madame, d'être le saint dont parle le proverbe italien : *passato il pericolo, gabbato il santo*;

mais du moins on ne s'est pas moqué de moi tout-à-fait. Madame votre sœur et mademoiselle votre fille, vinrent avant-hier chez moi en pélerinage. Comme elles faisaient une action de devoir, je ne voulus pas qu'elle fût accompagnée de trop de plaisirs, de peur qu'elles en perdissent le mérite. Les deux pélerines qui ne comptaient pas sur cela, et qui s'attendaient à être reçues magnifiquement, furent bien surprises de trouver un petit repas en poisson, quoique ce fût un jour gras. Mon dessein était que tout leur représentât le péril dont elles étaient échappées; on ne leur servit que des poissons de cette même rivière qui leur avait fait tant de peur, et on avait choisi des brochets et des truites d'une grosseur à leur faire avouer qu'elles étaient bien heureuses de n'avoir pas été mangées par ces animaux là. Sur ce qu'elles doutaient que le moindre petit poisson qui fût là eût été de ceux qui les avaient attendues avec plaisir au fond de l'eau, je leur fis venir quatre pêcheurs qui l'attestèrent : et aussitôt ces pêcheurs se mirent à danser au son de quelques violons qu'on ne voyaient point, mais qui ne paraissaient pas mauvais pour des violons de campagne. Les dames trouvèrent la danse des pêcheurs assez jolie pour se joindre avec eux, et nous fîmes un petit bal rustique. Je ne sais comment la nuit vint : peut-être les pélerines le savent bien ; mais enfin elle vint. Madame votre sœur ne voulait point coucher au logis, mais mademoiselle de L. S. y consentait volontiers ; apparemment elle n'en voyait pas le péril, ou elle ne craint pas les périls sur terre. Son avis l'emporta ; les dames demeurèrent, et elles firent encore vœu, l'une pourtant avec moins de frayeur que l'autre, que si leur réputation ne recevait aucune atteinte de ce qu'elles auraient passé une nuit chez un homme, elles recommenceraient leur pélerinage. Il reste à présent que mademoiselle votre fille accomplisse l'autre moitié du vœu qu'elle fit sur la rivière. Elle dit qu'elle l'accomplit et qu'elle m'aime; mais elle ne m'en apporte aucune preuve. Il me semble qu'il faut prouver ce qu'on avance. Croira-t-on des filles en ces matières là sur leur parole? Plus elles sont aimables, et moins on les doit croire légèrement.

A Madame DE V.,

En lui envoyant un More et un Singe.

L'Afrique s'épuise pour vous, Madame; elle vous envoie les deux plus vilains animaux qu'elle ait produits : rien ne manquerait à mon présent, si je vous donnais aussi un crocodile. Voilà le plus stupide de tous les Mores, et le plus malicieux de tous les singes. Je vous assure qu'il y a une de ces bêtes là qui respecte fort l'autre, et qui en admire tous les traits d'esprit. Vous jugez bien que l'admirateur est le More. Outre que tous ceux de sa nation croient fermement que les singes ont autant d'esprit qu'eux, mais qu'ils s'en cachent le plus qu'ils peuvent en ne parlant point, de peur qu'on les fît travailler; ce More-ci a conçu une estime particulière pour le singe, par la longue habitude qu'il a eue avec lui, et il n'a de raisonnement qu'autant qu'il en a acquis dans ce commerce. Je suis bien aise que vous ayez toujours en votre présence un esclave qui me représentera. Il n'est pas plus à vous que moi. S'il a quelquefois besoin de quelques coups de bâton qui l'avertissent de son devoir; il m'arrive souvent aussi de ne vous pas servir trop volontiers, et d'être tenté de me révolter. Pour le singe ne soyez pas surprise si vous l'entendez soupirer, si vous lui voyez passer les nuits sans dormir, s'il a des inquiétudes continuelles quand il ne vous verra pas, s'il mange peu, s'il ne se divertit à rien; il ne se peut pas qu'il n'ait appris toutes ces choses là à me les voir faire.

A LA MÊME,

Sur la mort du singe.

Le singe est mort, Madame, j'y perds beaucoup; il n'y a plus que le More qui puisse vous faire souvenir de moi. Ce pauvre animal apparemment a pris du chagrin de ce qu'il ne pouvait pas m'imiter assez bien auprès de vous; il n'y avait rien qu'il n'eût pu contrefaire plus aisément que ma tendresse. Ainsi puissent crever tous ces rivaux que vous m'avez faits, et qui veulent être les singes de mon amour! Peut-être aussi parce qu'il imitait ma passion, il s'est attiré vos rigueurs, et en est mort de désespoir. En ce cas là, c'est à moi à l'imiter à mon tour, à mourir après lui. On dit que vous le pleurez; il est un peu tard de vous repentir des mauvais traitemens que vous lui avez faits; mais prenez vos mesures là-dessus, je vous prie, et ne m'obligez point à mourir, si vous avez à me regretter après ma mort. Il y a apparence que si vous pleurez celui qui ne faisait que m'imiter, vous me pleureriez bien davantage. Je suis un original de tendresse, que vous auriez peine à recouvrer; il ne s'en retrouverait que de mauvaises copies. Ne désespérez point le More, parce qu'il me représente; il serait fâcheux qu'il eût encore, par cette raison, la destinée du singe. Ne sauriez-vous laisser en paix tout ce qui a le malheur d'avoir du rapport avec ma fidélité et mon attachement pour vous. Je verse, pour la mort du singe, des larmes bien mieux fondées que les vôtres; son aventure m'apprend ce que je dois espérer. Adieu, Madame; songez, s'il vous plaît, que vous ne sauriez ressusciter le singe, mais que vous pouvez me conserver.

A Monsieur R...,

En lui envoyant du quinquina.

Je vous envoie le remède anglais : il n'y a point de fièvre à présent qui ose tenir contre lui ; et s'il ne vous guérit pas, apprenez que vous ne serez guère à la mode. Je ne sache point d'honnête homme qui, s'il avait pris du quinquina sans effet, eût la hardiesse de le dire. Cependant votre fièvre, à ce que j'ai appris depuis peu, est d'une nature particulière; je ne sais s'il la chassera. On dit qu'elle vient du chagrin que vous avez de ce que Mad..... vous a fait une trahison. Êtes-vous fou ? Où avez-vous trouvé qu'il faille tomber malade, parce qu'on est abandonné d'une femme ? Cela est-il de ce siècle-ci? Vous deviez naître trois ou quatre mille ans plus tôt que vous n'avez fait, avec les talens de fidélité et de constance que vous possédez. Je vous assure que si le quinquina ne servait qu'à guérir les fièvres qui sont causées par des chagrins d'amour, le médecin anglais qui gagne ici tout ce qu'il veut, ne s'enrichirait pas tant. Mais enfin puisque vous voulez être un malade extraordinaire, il faut vous traiter sur ce pied là. J'ai à vous avertir d'une préparation que vous devez apporter avant que de prendre votre remède. Il ne vous servira de rien, s'il n'est précédé de quelques réflexions mûres et solides sur le caractère de la plupart des femmes, et même sur le caractère de l'amour. Vous demandez de la fidélité à votre maîtresse; vous seriez peut-être bien fondé, si elle n'avait jamais aimé que vous, et si vous n'aviez jamais aimé qu'elle : mais elle a eu déjà des passions qui ont fini; et malgré une expérience si convaincante, vous vous imaginez que la passion que vous lui inspirez ne finira point! Et quel privilége avez-vous, s'il vous plaît, par-dessus les autres? D'ailleurs, si vous avez déjà aimé, vous devez savoir qu'on aime plus d'une fois. Pourquoi la belle sera-t-elle à son dernier attachement? Vous n'avez qu'un sujet légitime de vous plaindre d'elle, c'est qu'elle vous a prévenu, et qu'en matière de commerce amoureux, il y a de l'avantage à finir le premier. Il faut lui pardonner de s'en être saisi; une autre fois, vous vous en saisirez sur quelqu'autre. Vous en serez plus appliqué à ne vous pas laisser surprendre par une infidélité trop prompte. Malheur à la première femme que vous aimerez! Enfin, ce n'est pas l'intention de l'amour, que les attachemens durent si long-temps : il tire des cœurs tout ce qu'il y a de plus vif; et ensuite, pour renouveler cette vivacité, il en change les objets. Il ne faut compter pour des plaisirs fort sensibles que les commencemens des passions, et il serait triste que l'on commençât une fois pour ne finir plus. Prenez toutes ces pensées avec votre quinquina, et j'espère que vous vous guérirez. Quand vous serez un peu tiré d'affaire, nous vous ordonnerons un engagement nouveau, pour affermir entièrement votre santé.

A MADAME...

Monsieur de..... a voulu, Madame, que je lui donnasse une lettre de recommandation auprès de vous. Je ne sais s'il ne présume point trop de mon crédit, mais je veux bien m'exposer pour lui à vos refus; jugez par là combien j'entre dans ses intérêts. Il veut que je vous prie de l'aider un peu dans ses affaires, et moi, je vous prie seulement de n'y pas nuire; je crains qu'il n'y songe plus guère quand il vous aura vue. Il cherche un accès chez vous, et je vous conjure d'avoir dans l'occasion la bonté de le chasser de votre chambre pour l'envoyer chez son avocat et chez son rapporteur. Je vous recommande, non pas son procès, mais sa liberté : s'il perdait une fois l'un, il pourrait bien aussi perdre l'autre. Surtout, je vous supplie, Madame, de vouloir bien ne sourire jamais devant lui; je connais son cœur et vos souris, il n'y résisterait jamais. De grâce, laissez-lui faire ses affaires; il ne va point à..... pour vous aimer. Ne prenez point avec lui ce tour de conversation badine et enjouée, que vous entendez si bien; il n'y répondrait que trop; mais entretenez-le de l'importance d'un grand procès, des caractères de ses juges, de la vigilance qu'il faut avoir; enfin, de choses solides et non dangereuses. Je sais qu'en vous priant de ne vous point faire aimer de lui, je vous demande quelque chose de plus difficile que si je vous priais de solliciter tout le parlement en sa faveur. Vous n'auriez pas besoin d'efforts pour être très bonne amie, et vous en aurez besoin pour paraître moins aimable que vous ne l'êtes naturellement. Mais aussi que ma vanité serait flattée, si vous m'accordiez des grâces qui vous doivent tant coûter.

A Monsieur D'A...

Puisque vous êtes destiné à passer quelque temps à....., vous faites bien de me demander des conseils sur votre conduite ; je connais la ville, je puis vous en donner d'assez bons. Je vais tâcher à vous peindre les choses, de sorte que vous pourrez tout reconnaître avec ma lettre à la main. La ville est petite, et votre mérite est grand, cependant, je doute que votre mérite puisse être estimé dans toute la ville. Elle est divisée en deux partis, qui ressemblent pour l'animosité aux Guelphes et aux Gibelins. On siffle dans l'une de ces cabales ce qui est adoré dans l'autre. Je crois que bientôt elles se distingueront par les couleurs et par les armoiries. La source de cette grande haine, fut un habit que madame du T..... avait pris beaucoup de peine à inventer. Madame de S..... en fit des plaisanteries, et sur cela elles en vinrent au point de faire déclarer tous leurs amis, et de n'en laisser aucun dans la neutralité. Les deux dames sont à la tête des deux partis. S'il y a une fête chez l'une, dans le même temps on en fait la critique chez l'autre : on n'a de l'esprit auprès de l'une, qu'autant qu'on sait tourner l'autre en ridicule. Dès que vous arriverez, les deux factions n'épargneront rien pour vous attirer chacune à elle ; car un étranger qui se détermine pour l'une ou pour l'autre, est d'un grand poids, et principalement un homme de Paris : on croit qu'il représente le goût de Paris entier. Quand je dis qu'on le croit, je veux dire qu'on le croit dans la faction victorieuse ; dans l'autre, on n'en croit rien : on soutient que cet homme là ne se connaît pas en gens ; et fût-il de Paris, on avance hardiment qu'il y a à Paris, les plus mauvais connaisseurs de France, aussi bien que les meilleurs. Ainsi, comptez que d'abord vous serez extrêmement couru ; mais que si vous faites choix d'un des deux partis, l'autre se mettra à vous examiner par tous les endroits imaginables, et même par votre noblesse. Si elle passe là, elle passera bien à Malte. Il n'y aura trait dans votre vie qu'on ne rappelle : on écrirait plutôt dans tous les lieux où vous avez été, pour avoir des mémoires de vos dits et gestes. Le meilleur serait de vous conserver toujours neutre, en faisant espérer à l'une et à l'autre faction que vous vous déclarerez pour elle ; mais j'avoue que cette conduite est très difficile à tenir, peu de négociateurs au monde en seraient capables. S'il faut que vous vous déterminiez, voici du moins les portraits des deux chefs de parti que je vous envoie, afin que vous vous déterminiez plus aisément. Il n'est point question de beauté chez l'une ni chez l'autre des dames ; il ne s'agit que de l'esprit, des airs du monde, et principalement des habits. Il n'appartient de parler de leurs habits qu'à leurs marchands, qui profitent de la noble émulation qu'elles ont l'une contre l'autre sur cette matière là. Pour l'esprit, madame du T..... l'a plus vif et plus étourdi, et madame de S..... plus lent et plus reposé. Aussi elles tâchent bien à profiter de leurs avantages : l'une par un ridicule perpétuel, et quelquefois assez juste, qu'elle jette sur l'autre ; et l'autre, par un mépris affecté, qui se contente de peu de paroles, mais fort empoisonnées. Ceux qui se piquent de bel esprit sont entrés dans le parti de la première, et la dernière a mis dans le sien ceux qui se piquent davantage d'être honnêtes gens. Si vous voulez être d'une cohue souvent fort confuse, mais aussi assez réjouissante, allez chez madame du T..... Si vous voulez voir des gens plus sérieux, et lier des conversations plus régulières, et en récompense plus fatigantes et plus guindées, allez chez madame de S..... Mais enfin, avant que de vous déclarer pour l'une d'elles, faites provision de plaisanteries sur l'autre. Je crois déjà deviner le parti que vous suivrez; la cohue vaut mieux pour peu de temps : j'aimerais mieux l'autre maison pour un commerce qui devrait avoir de la suite. Adieu; mandez-moi au plus tôt comment vous vous serez gouverné.

A Monsieur D'O...

Vous m'embarrassez fort, mon cher cousin, en me demandant conseil sur vos affaires. D'un côté, vous êtes fort amoureux, et de l'autre, votre père vous menace très sérieusement de vous déshériter, si vous épousez la demoiselle dont vous êtes amoureux. En vérité, je ne sais que vous dire. Il y a sur cette matière là deux partis à prendre; le parti héroïque, qui est de préférer la belle tendresse à tout; et le parti bourgeois, qui est de ne vouloir pas perdre vingt mille de rentes pour une maîtresse. C'est à vous à vous consulter. Vous avez sans doute beaucoup plus d'inclination à faire le héros; mais la difficulté n'est pas de l'être à présent, c'est de l'être à l'avenir. Je vous conseillerais de suivre votre grandeur d'âme, si vous étiez sûr qu'elle ne vous abandonnât point; mais vous ne sauriez compter sur elle ; peut-être ne la retrouverez-vous plus dès que l'affaire sera finie. En un mot, on se lasse d'être héros, et on ne se lasse point d'être riche. Vous n'avez point vu vingt mille livres de rentes faire des inconstans, comme toutes les belles en font. Je sais que ces raisonnemens vous paraîtront assez grossiers, et qu'ils sont démentis par toute la métaphysique amoureuse. Je suis fâché que l'expérience que j'ai du monde ne me permette pas de conserver des idées, que je trouverais, aussi bien que vous, plus nobles et plus délicates. Ce n'est pas ma faute, si je ne crois pas que l'amour suffise pour le bonheur de quelqu'un ; j'aurais assez d'envie de le croire : mais pourquoi l'amour a-t-il trompé à mes yeux mille gens à qui il avait promis qu'il les mettrait seul en état de se passer de tout ! Et si l'amour trompe, à plus forte raison, l'amour qui devient ménage. Vous vous figurez peut-être que vous trouverez mille agrémens et mille complaisances dans la personne que vous aurez épousée, parce qu'elle devra tout à un homme qui lui aura sacrifié sa fortune ; mais prenez garde que ce ne soit là justement ce qui gâtera votre mariage. Il pourra arriver fort aisément qu'on ne répondra pas à l'idée que vous concevrez de l'obligation que l'on vous aura. Je serais bien fâché d'avoir une femme à qui je fusse en droit de faire les reproches que vous pourrez faire à la vôtre. Il me semble qu'on est bien malheureux d'avoir des matières de plaintes, outre celles que le mariage fournit naturellement. Une femme ne doit déjà que trop à son mari ; pourquoi en voulez-vous une qui vous devra encore davantage ? Songez que par là elle sera plus mariée avec vous qu'une autre ne l'eût été, et que par conséquent elle vous rendra moins heureux. Vous ne savez pas quel supplice ce sera pour vous, que de n'oser jamais vous plaindre d'elle ; il faudra, pour soutenir avec honneur ce que vous aurez fait, que vous paraissiez toujours charmé de ses manières pour vous, même quand elles vous feront enrager dans l'âme. Pour moi, je vous avoue que je ne voudrais pas me priver de la liberté de pester hautement contre ma femme, quand j'en aurais envie. Faites un peu de réflexions sur ces raisons, mon cher cousin ; mais avant que de vous déterminer tout-à-fait, abstenez-vous de la lecture des romans. Je ne vous ai point fait un sermon à la manière d'un père ou d'un oncle farouche ; je ne suis pas assez sage pour avoir droit de prendre ce ton : cependant je crois vous avoir dit à peu près tout ce que vous pourraient dire des gens ou plus sages ou plus chagrins que moi.

AU MÊME.

Vous m'avez écrit en vrai style d'amant. Selon le portrait que vous me faites de votre maîtresse, Vénus serait bien heureuse si elle lui ressemblait ; mais ce qui vous touche le plus en elle, est justement ce qui me serait le plus suspect ; je veux dire son esprit. Si elle en avait moins que vous ne dites, je vous pardonnerais de vous attacher autant que vous faites ; mais je meurs de peur qu'avec l'esprit qu'elle a, elle ne connaisse trop les avantages qu'elle peut tirer de votre passion, et n'entende trop bien ses intérêts. Vous serez toujours riche, quoi qu'il arrive, du moins assez riche pour elle qui n'a rien : cela peut donner de l'amour à une personne d'esprit. Vous devriez bien démêler ses véritables sentimens. Vous gouverne-t-elle ? Prend-elle de l'empire sur vous? Se sert-elle de son pouvoir pour vous disposer au mariage et pour vous affermir dans le généreux dessein d'être déshérité? Il est vrai que je suis fou de vous faire toutes ces questions. On mène comme on veut un homme aussi amoureux que vous l'êtes, et il ne s'en aperçoit pas. Mais ne pourriez-vous point quitter pour quelques momens les yeux de votre amour, et examiner le procédé de votre maîtresse? Ne soyez pas charmé pour lui entendre dire qu'elle est bien malheureuse de mettre de la division entre votre père et vous; qu'elle ne mérite point que vous lui fassiez le sacrifice d'un bien considérable; qu'il vaut mieux que vous rompiez avec elle et que vous ne la revoyez jamais : ce ne sont là que des discours; et quand même ils seraient soutenus par quelques larmes, ces discours ne seraient encore rien. Mais observez si, quand elle vous représente l'inconvénient de perdre vingt mille livres de rentes pour elle, elle n'évite point d'approfondir trop la matière; si elle ne coule point sur cela légèrement; si dans le même temps qu'elle vous exhorte à suivre votre intérêt, elle ne vous insinue point adroitement des raisons de n'en rien faire; si elle se rend aisément aux prières que vous lui faites de ne vous parler plus sur ce ton; enfin, si elle n'est point généreuse seulement pour le paraître, et si elle ne cherche point à en avoir l'honneur auprès de vous, sans en essuyer le danger. Elle est dans une situation où elle ne peut donner des louanges à la grandeur d'âme, qui ne soient des preuves presque sûres qu'elle vous trompe; et toutes les fois qu'en termes généraux elle vous anime à un amour sincère et désintéressé, cela veut dire que le sien ne l'est pas. Elle ne vous aime point, à moins qu'elle ne fasse de vrais efforts pour vous bannir de sa vue; et je crois qu'elle ne saurait mieux vous marquer son peu de tendresse pour vous qu'en vous épousant. Je vous plains, mon pauvre cousin, d'avoir à vous précautionner contre une personne que vous aimez; mais quand il ne serait question que d'amour, la délicatesse seule vous engagerait à étudier avec soin les manières que l'on a avec vous; et, outre cela, il est question de votre fortune, qui est une fort bonne raison pour vous faire redoubler votre délicatesse.

AU MÊME.

Vous vous plaignez de la persécution de M. votre père, qui, par les affaires qu'il vous fait et par les chicanes où il vous embarrasse, vous met hors d'état de vous marier de long-temps: mais pour moi, mon cher cousin, je trouve que vous lui devez être fort obligé; il favorise votre amour et votre raison. Vous allez être, par les obstacles, plus amoureux et plus tendrement aimé; et peut-être, par la longueur du temps, deviendrez-vous plus raisonnable. Ou votre passion se fortifiera, ou votre bon sens aura le loisir de renaître. Ou vous vous marierez avec plus de joie et plus de transports, ou vous ne vous marierez point du tout. De quelque manière que l'affaire tourne, M. votre père vous aura rendu un bon office. Quand vous devriez vous marier, il serait à propos de garder pour le plus tard qu'il se pourrait les plaisirs du mariage, qui ne vous manqueront pas, et de faire durer ceux que vous goûtez à présent, car vous ne les recouvrerez jamais. Comme le sacrement finit tout, il faudrait, s'il était possible; ne le placer que vers la fin de sa vie. Je ne sais quels souhaits je vais faire pour vous. Si je vous en consultais, je ne balancerais pas à vous souhaiter qu'on vous aimât toujours avec beaucoup de tendresse; mais il me semble qu'une infidélité qu'on vous ferait vous accommoderait mieux; elle vous dégagerait de votre amour avec honneur. Vous auriez auprès des dames le mérite d'avoir été homme à mépriser vingt mille livres de rentes pour leurs beaux yeux, et vous auriez réellement le profit de les avoir conservées. Si votre maîtresse vous aime, j'espère que son amour diminuera peu à peu au bout d'un certain temps, selon la destinée de toutes les passions, et qu'alors le changement que vous apercevrez en elle vous guérira; mais si elle ne vous aime pas, et qu'elle ne fasse que jouer un personnage d'amante, elle aura assez d'esprit pour le jouer toujours. Ainsi, prenez garde à n'être pas la dupe d'une constance que vous aurez lieu de soupçonner dès qu'elle ira trop loin. Adieu, mon cher cousin. Vous êtes dans des conjonctures bien délicates; mais vous ne le sentez peut-être pas assez. On dirait que votre destinée vous a fait exprès une situation la plus embarrassante qu'on puisse imaginer. Vous n'êtes ni assez gueux, ni assez riche. Si vous étiez plus gueux, vous n'auriez aucune matière de soupçons du côté de l'amour, vous seriez sûr qu'on n'aimerait que votre personne; et si vous étiez plus riche, vous n'auriez rien à ménager du côté de la fortune.

A Madame D'O...

Il est vrai, Madame, qu'avant votre mariage, j'ai tâché par toutes sortes de moyens d'ébranler la fidélité de M. d'O.... à votre égard; mais faites réflexion, s'il vous plaît, que pour être toujours en état de parler contre vous, j'ai eu l'esprit de me tenir éloigné de vous, et de n'aller point dans le lieu où vous êtes. J'avais ouï dire à tout le monde que cette précaution là était nécessaire pour être votre ennemi. Le bruit commun était qu'il n'y avait pas de comparaison entre vous et vingt mille livres de rentes; mais comme je ne vous ai pas vue, j'étais en droit de ne le pas croire, car vous m'avouerez qu'un mérite qui l'emporte sur vingt mille livres de rentes est rare. Je suis ravi d'avoir écrit à M. votre époux je ne sais combien de lettres, où je lui empoisonnais l'esprit sur votre chapitre le plus adroitement que je pouvais; sans cela je tremblerais que sa passion ne pût pas tenir contre le mariage : mais je sais à présent de quel caractère elle est, et je suis sûr que l'estime solide sur laquelle elle est fondée, durera toujours. Voyez comme je suis bon parent, Madame; c'est l'avoir bien marqué, que de m'être déclaré contre une si aimable personne que vous êtes. Jugez ce que je ferais, si ce zèle de parent avait présentement lieu d'agir pour vous. Je ne puis vous dissimuler une crainte que j'ai, et qui part peut-être d'une mauvaise conscience qui me reproche ce que j'ai fait. J'ai peur que quand je vous verrai, vous ne vous mettiez en tête de me prouver trop bien que l'attachement de mon parent pour vous était très raisonnable. Au nom de Dieu, Madame, point de vengeance, faisons une paix sincère; je ne me présenterai point à vous, que vous ne m'ayez donné parole de n'être point trop belle, ni trop pleine d'esprit.

A MADEMOISELLE DE...

Vous venez donc à Paris, Mademoiselle, j'en suis

ravi; il était tout-à-fait mal que les deux plus belles choses du monde ne se connussent point. Je vous assure que vous vous causerez une admiration réciproque. Vous prétendez peut-être cacher ici que vous soyez provinciale, parce que vous n'avez ni l'accent, ni l'air, ni les manières de province : mais je vous avertis que j'ait dit à tout le monde que vous n'êtes jamais venue à Paris; je suis de la même province que vous, j'aime ma patrie, et je ne consentirai point que vous lui ôtiez l'honneur de vous avoir produite, et de vous avoir élevée aussi bien qu'elle a fait. Je vous attends avec impatience pour confondre des Parisiennes, qui croient que s'il se trouve de la beauté hors de Paris, il ne s'y trouve du moins ni agrément, ni politesse. Je ne sais si quand elles vous auront vue, elles voudront bien exposer leurs amans aux yeux d'une provinciale comme vous. Au reste, Mademoiselle, ne songez pas à conserver votre tranquillité et votre froideur en ce pays-ci. Il entre des indifférentes dans Paris, mais il n'en sort point. Vous n'avez qu'à nous dire quelle sorte de mérite il faut pour vous toucher, nous vous le trouverons; et même si vous ne voulez par perdre ici de temps à attendre un amant qui vous convienne, envoyez-moi un mémoire des perfections que vous souhaitez qu'il ait, et vous verrez à votre arrivée un cavalier de ce caractère qui ira vous offrir ses soins.

A Madame DE...

Je vous jure, Madame, que si je ne savais très certainement que mademoiselle votre fille n'était jamais venue à Paris, je croirais qu'elle y aurait passé toute sa vie. Il semble qu'elle se soit fâchée de ce qu'on lui a dit qu'elle aurait ici bien des sujets de surprise et d'admiration : et elle regarde toutes choses avec une espèce de fierté et de dédain qui me charme ; car ce sentiment est tout-à-fait aimable dans une jeune personne qui se sent belle, et qui ne veut pas que rien soit en droit de lui causer de l'étonnement. C'est parce qu'on lui avait trop vanté Paris, qu'elle se fait un honneur de le voir avec cette indifférence ; mais en vérité Paris n'en use pas de même à son égard ; je l'y avais extrêmement vantée, et on ne laisse pas de l'y trouver très accomplie. Je ne me fusse pas hasardé à annoncer une autre qu'elle avec tant d'éloges, tant à cause de mon propre intérêt, que de celui de la personne que j'aurais annoncée ; mais je savais que mademoiselle de N..... était si propre à plaire à tout le monde, que le bien que je dirais d'elle avant qu'on l'eût vue, ne lui ferait point de tort. Tout ce que je crains, c'est qu'elle ne se fasse des affaires avec des femmes, dont elle aura engagé les amans à son service sans y penser ; je lui ai déjà bien recommandé qu'elle y prît garde, et qu'elle ne s'amusât pas à faire étourdiment des conquêtes de tout ce qui s'offrirait. Je serais bien aise que, pour éviter cet inconvénient, elle eût choisi quelqu'un sur qui elle jetât tout l'effet de sa beauté : mais je ne sais si les avis que vous lui avez donnés à son départ, ne seraient point par malheur contraires aux miens ; elle n'a encore voulu faire choix d'aucun amant, non pas même pour se donner le plaisir de le tourmenter.

A LA MÊME.

C'est sans doute, Madame, à mademoiselle de N.... que nous avons l'obligation des plus grands plaisirs que nous ayons eus ce carnaval. Vous en conviendrez, quand je vous aurai fait une petite relation de ce qui se passa le mardi-gras. Nous avions imaginé une assez jolie mascarade. Notre dessein était de représenter les Amadis, et mademoiselle votre fille avait obtenu de madame sa tante, qu'elle se masquerait aussi bien que nous. Nous nous fîmes un vrai plaisir de la seule idée d'être habillés comme ces vieux fous qui couraient les champs pour réparer les torts, et comme ces demoiselles scrupuleuses qui montaient en croupe derrière eux, et les suivaient dans leurs aventures. Nous consultâmes toutes les tapisseries anciennes, pour prendre les vrais habits de ce siècle là, et pendant dix ou douze jours il ne fut parlé d'autre chose parmi nous. Aujourd'hui l'un ajustait la figure d'un heaume, demain l'autre réformait un vertugadin. Jamais rien ne nous a plus divertis que les soins que nous donnâmes à faire faire notre équipage romanesque. Enfin le mardi-gras vint, ce jour qué nous avions tant désiré pour notre mascarade. Nous nous assemblâmes le soir chez madame de..... pour nous habiller. Je pris le harnois de paladin avec MM. de..... qui étaient aussi destinés à être chevaliers errans. Mademoiselle de N..... ne nous a jamais paru si belle que quand elle fut habillée en Oriane. En vérité, c'est une beauté de tous les siècles; elle était charmante avec la parure de sa trisaïeule. Nous nous préparions à partir tous pleins de joie et bien disposés à courir tous les bals de la ville. Nous nous promettions mille plaisirs pour toute notre nuit. Sur cela, mademoiselle de N.... nous dit avec un air d'enjouement, que je tâcherais de vous exprimer si vous ne le connaissiez pas : *Je vais vous paraître folle, et je le suis peut-être;*

mais si j'en suis crue, nous nous déshabillerons tous, et au lieu d'aller au bal, nous nous irons coucher. J'ai déjà remarqué dans beaucoup de parties de cette nature, que toutes les fois qu'on s'est attendu à y avoir bien du plaisir, on n'y en a point eu du tout; et que quand le dessein en a été fort agréable, l'exécution ne l'a pas été. Tout le monde condamna d'abord son avis : mais quand on y eut donné un moment de réflexion, on trouva qu'elle disait vrai, et aussitôt chacun jeta une pièce de son équipage d'un côté, une autre d'un autre ; enfin nous nous déshabillâmes avec un tel emportement de joie causé par la bizarrerie de ce que nous faisions, qu'il eût été impossible qu'aucun bal nous eût réjouis autant. Dieu sait combien nous plaisantâmes sur notre dépense perdue, et sur notre chevalerie avortée; ces folies nous menèrent si loin, que nous ne nous séparâmes qu'à cinq heures du matin, c'est-à-dire, aussi tard que si nous eussions bien couru. Voilà, Madame, ce que nous avons eu de plus agréable pendant notre carnaval. Nous avons résolu de donner désormais tous nos projets à renverser à mademoiselle votre fille.

A Monsieur D'U...

Croirez-vous ce que je vais vous dire? Notre ami le marquis de..... est aimé de sa femme. Vous savez avec quelle répugnance elle l'a épousé, et combien elle a eu de peine à prendre la résolution d'avoir vingt-cinq mille livres de rentes. Cependant il y a deux mois qu'ils sont mariés, et la voilà qui l'aime à la folie. D'abord elle n'en a rien marqué; apparemment elle n'a pas voulu se dédire sitôt de ce qui avait paru aux yeux de tout le monde, et peut-être avait-elle quelque honte de ses nouveaux sentimens. Mais enfin elle ne s'en cache plus; elle a renoncé à toute pudeur, elle lui dit publiquement mille choses tendres, et lui donne de petits noms. Vous ne sauriez croire la mauvaise grâce qu'a cet homme là à être aimé d'une jolie femme. Cela ne lui sied point du tout, et c'est un ridicule pour lui que d'être appelé *mon cœur* par une belle bouche, et regardé amoureusement par de beaux yeux. Du temps qu'il ne faisait que se plaindre des duretés qu'on avait pour lui, il est vrai qu'il se plaignait d'une manière brutale, et souvent impertinente : mais on trouvait bon qu'il se plaignît, c'était le personnage qui lui convenait, on le lui laissait faire : mais qu'il soit aimé, on n'y saurait consentir. N'allez pas vous imaginer que je sois jaloux de son bonheur, et amoureux de la dame; je vous proteste que non : c'est seulement qu'on serait bien aise de voir un certain ordre raisonnable dans les choses, et qu'on est blessé de ne l'y trouver pas. Quelquefois il répond à une chose trop douce et trop obligeante qu'on lui dit, par un gros ris qui retentit dans sa vigoureuse poitrine; et quelquefois, ce qui paraît plus insupportable, il prend un air sérieux qui avertit sa femme qu'il faut modérer un peu sa passion devant le monde. Je voudrais que vous l'entendissiez présentement parler sur la galanterie. Depuis l'heureux succès de son mariage, il se croit né pour l'amour; il se mêle de débiter de certains lieux communs, dont tous les gens à bonne fortune se parent : que c'est toujours la faute des hommes, s'ils sont maltraités, et qu'il n'y a point de rigueurs éternelles; qu'on ne manque point de cœurs, quand on les sait bien attaquer; et enfin tout ce qu'on a coutume de dire en général pour se le faire appliquer en particulier. Vous jugez bien que de sa vie il n'avait encore tenu de pareils discours. Cependant je doute fort qu'il ait autant de sujet d'être content qu'il s'imagine; sa femme est folle de lui, elle le sera bientôt de quelque autre. C'est la plus dangereuse chose du monde pour un mari qui n'est pas aimable, que d'être aimé dès qu'il est mari; il faut qu'il ait plu par des agrémens qui ne peuvent pas lui être particuliers. Je vous réponds que Madame..... doit avoir un tempérament sur lequel la vertu du sacrement a opéré tout aussitôt; et si ce tempérament favorable a trouvé un certain mérite au mari, il est à craindre qu'il ne le trouve aussi à bien d'autres. Voilà ce que c'est que le mariage. Qu'une femme n'ait pour vous que les sentimens qu'elle prend dans son devoir, cela est sûr, mais peu agréable; qu'elle en ait de plus tendres, mais que le mariage ait causés trop soudainement, cela est plus agréable, mais peu sûr. On serait bien embarrassé à choisir; le meilleur est, je crois, de ne choisir point.

AU MÊME.

Je vous l'avais bien prédit, c'en est fait, le pauvre mari n'est plus aimé: on ne l'appelle plus que *monsieur*, quelquefois *mon cher*, mais rarement et languissamment; et je vois un jeune homme bien fait et assidu, qui a bien la mine d'emporter les petits noms. Je prévois même que le mari n'en sera que mieux trompé, parce qu'il a été aimé pendant quelque temps: on l'a rempli d'une opinion de son mérite qui ne lui permettra pas d'être jaloux; ou s'il vient à l'être, Dieu sait comme on lui reprochera qu'il n'aura pas rendu justice à la tendresse qu'on lui a marquée. Ces trois ou quatre mois qu'on lui a donnés, ou l'empêcheront de se plaindre, ou serviront de réponse à toutes ses plaintes ; et je vous assure qu'il les paiera bien. Mon Dieu ! que cet homme là paraîtra haïssable à des yeux désabusés ! car il le leur paraîtra beaucoup plus qu'à d'autres, par le dépit qu'on aura de ne l'avoir pas toujours trouvé aussi sot qu'il est. Croyez qu'on lui demandera bien compte, et qu'on le punira bien sévèrement de ce qu'il aura pris la liberté d'imposer à une jolie femme, et eu la hardiesse de jouir de son amour. Tout ce qu'il pourra dire pour sa justification, c'est qu'il a été assez naturel qu'elle commençât par lui la carrière de galanterie où elle va entrer, puisqu'il a été le premier, quoique indigne, qui se soit présenté à elle. En effet, il semble qu'il faille expédier promptement un mari, et aller de là aux autres : c'est une affaire faite, et on n'y revient plus. Je crois celle-ci bien finie ; si toutes les autres vont si vite, l'histoire de Madame..... sera fort remarquable par le grand nombre des amours. Peut-être est-il à souhaiter pour le mari qu'il soit bien grand ; il aurait du moins la consolation de voir que personne n'aurait fait sur le cœur de cette belle personne des impressions plus durables que celles qu'il y a faites.

A Monsieur D'A...

Il faut que je vous satisfasse, et que je vous mande tout au long ce qui se passe chez madame de L..... depuis qu'elle est veuve. Elle ne songe, comme vous devez savoir, qu'à prendre un second mari ; mais quel mari ? Elle veut qu'il ait de l'amour pour elle. Elle craint que l'on n'ait des desseins sur son bien plus que sur sa personne ; délicatesse très fondée et très raisonnable, mais qu'elle ne devrait pourtant pas écouter. Elle observe dans ses discours de diminuer son bien autant qu'elle peut, pour empêcher les vœux et les soupirs de ses amans d'aller de ce côté-là ; et en même temps elle diminue aussi son âge ; mais elle ne peut faire de tort ni à l'un, ni à l'autre ; on sait que le bien est grand, et l'âge aussi. Je voudrais que vous vissiez avec quel mépris elle traite le beau teint de mademoiselle sa fille. Aussitôt qu'on en parle, elle prend la parole pour dire que ce n'est pas là ce qui durera dans cette jolie personne, mais que ce qui la rendra long-temps aimable, sera sa taille et sa figure. Et pourquoi cette distinction? C'est que sa mère est encore d'une figure assez noble, et d'assez belle taille. Pour le teint, vous voyez bien qu'elle n'y peut plus prétendre. La demoiselle, de son côté, a un grand intérêt à empêcher que sa mère ne se remarie ; aussi elle s'y emploie avec toute l'adresse possible. S'il arrive que quelqu'un prenne des manières propres à séduire madame de L....., et commence à faire quelques progrès auprès d'elle, tous les charmes de la fille se jettent à la traverse; on a, pour lui faire lâcher prise, et pour l'attirer à soi, des secrets infaillibles, que la beauté et la jeunesse fournissent : on rend la mère jalouse, et il n'en faut pas davantage ; car quand elle l'est une fois, elle fait autant de bruit, et est aussi difficile à apaiser, que si elle n'avait que vingt ans. Il serait à craindre pour la demoiselle qu'il ne se trouvât quelque homme de bon sens qui allât droit à son but, et qui ne se laissât point donner le change. Mais heureusement madame de L..... n'admet que de jeunes gens à soupirer pour elle, et de jeunes gens seront toujours les dupes de sa fille. Je vous avouerai que je lui ai fait pendant quelque temps une méchanceté. J'ai fait semblant d'être amoureux de la mère, qui ne le trouvait point trop mauvais. Aussitôt voilà la fille qui met en usage toute la plus fine coquetterie pour faire une diversion. J'avais dessein de l'alarmer un peu, et je ne donnai pas dans le piége; mais enfin je la tirai de peine il y a quelques jours, par une lettre que je lui écrivis. En voici une copie. Je vous l'envoie, parce que cette pièce peut servir à l'histoire du veuvage de madame de L..... que vous aviez envie de savoir.

A Mademoiselle DE L...

Dites la vérité, Mademoiselle, n'êtes-vous pas bien aise que je prenne la peine de vous écrire? Vous avez si fort éprouvé ma fierté, que vous devez être infiniment sensible aux moindres grâces que je vous fais. Ne souhaiteriez-vous pas même de trouver cette lettre-ci pleine de tendresse, et, pour tout dire, d'amour? Je sais l'usage que vous en feriez, et je devine fort bien comme en allant porter vos plaintes à madame votre mère, de ce que j'oserais vous écrire de pareilles choses, vous seriez ravie de la désabuser de ma fidélité. Mais n'espérez rien, je ne vous parlerai point encore d'amour; il s'agit seulement de savoir ce que vous voulez bien qu'il vous en coûte, afin que je renonce à devenir votre beau-père. Je me contenterai que vous fassiez, pour me récompenser de ne l'être point, ce que vous avez fait jusqu'ici pour m'empêcher de l'être. Souvenez-vous, Mademoiselle, de toutes les bontés que vous m'avez marquées; vous m'y avez accoutumé, il m'est impossible de m'en passer à l'avenir : je vous connais des regards et des façons de parler que je vous redemanderai toute ma vie. Il vous sera d'autant plus aisé de me continuer toutes ces faveurs, que je vous donne ma parole de les recevoir mieux que je ne faisais. J'ai admiré votre persévérance à mon égard; rien ne rebutait la bonne volonté que vous aviez pour moi : mais soyez sûre que vous me trouverez désormais moins fier et moins insensible. Je ne laisserai plus sans réponse les choses obligeantes que vous me direz; et quand vous ferez des pas vers moi, je commencerai à en faire vers vous. Si vous changez de manières le moins du monde, je redeviens beau-père; et je saurai bien m'attirer votre tendresse, par les soins que j'aurai pour madame votre mère, lorsque je ne me l'attirerai pas par ceux que j'aurai pour vous-même. Mais, Mademoiselle, pourquoi faudrait-il prendre ces voies détournées? pourquoi ne pourrait-on réussir auprès de vous qu'en faisant sa cour à une autre? Dès qu'on a de l'attachement pour madame votre mère, vous vous chargez de le payer : qu'on en ait pour vous, vous n'y songez pas. Il vaudrait mieux, ce me semble, remettre les choses dans leur ordre naturel; madame de L..... récompenserait ses amans, et vous les vôtres, et en ce cas là je vous promets fidélité.

A Madame...

Je vous prie, Madame, que je vous fasse une histoire assez extraordinaire, mais dont je vous garantis la vérité, et qui est nouvellement arrivée. Elle vous donnera une frayeur salutaire des forces de l'amour, et servira à vous faire voir que, dès qu'un amant est d'une certaine persévérance, il n'y a rien de mieux à faire que de s'accommoder avec lui. La L..... était amoureux depuis deux ans, et n'avait pu trouver moyen de plaire; soins, assiduités, respects, plaintes, larmes, fureur, tout avait été inutile. A la fin, un beau jour qu'il était dans le cabinet de la dame, seul avec elle, il lui déclara que puisque rien n'avait été capable de la toucher, il était résolu de mourir. Jusques là il ne tenait qu'un discours fort commun; mais voici ce qu'il y eut de particulier: *Et afin*, lui dit-il, *que vous jouissiez pleinement de ma mort, et que vous ayez le plaisir de la voir arriver par degrés, je veux mourir de faim ici dans ce cabinet;* et sur cela il se jette à terre pour commencer de ce moment là à mourir. La dame ne fit que s'en moquer, et le laissa là, fort sûre qu'il n'y serait pas encore dans un quart d'heure. Cependant le soir arrive, la nuit vient, et il est encore dans le cabinet. On va le trouver, on lui demande s'il est fou, s'il veut passer là la nuit. Il ne répond pas un seul mot, et oblige la dame à sortir. La nuit se passe. Le lendemain on retourne de bon matin l'exhorter à résipiscence; il n'ouvre la bouche que pour répondre: *Madame, j'ai eu l'honneur de vous dire mes dernières paroles.* Il jette un regard languissant sur elle, pousse un soupir, et tourne la tête d'un autre côté. Le troisième jour, la dame, plus embarrassée que jamais, lui porte elle-même un bouillon. Dieu sait avec quel souris dédaigneux il le regarda. Il paraissait considérablement affaibli; il y avait déjà je ne sais quoi d'égaré dans l'air de son visage, et quelque chose d'éteint dans ses yeux. Le quatrième jour, la dame fit des réflexions profondes sur le scandale qui allait arriver.

Un homme mort dans mon cabinet! mort par un désespoir! mort de faim! je suis perdue; cela va faire un éclat horrible dans le monde; on ne croira point la vérité, et on fera mille plaisanteries. Peut-être aussi fut-elle touchée d'une marque de passion si extraordinaire. Pourquoi non? Je croirais bien que cela fit autant d'effet sur elle que la crainte du scandale. Quoi qu'il en soit, elle l'alla trouver, et après une dernière exhortation, qu'il paraissait même n'entendre pas, parce qu'il était déjà mourant, elle lui dit que puisqu'on ne pouvait le faire sortir de là par aucune bonne raison, il en sortît à tel prix qu'il voudrait. Le pauvre moribond tourna languissamment les yeux vers elle, et demanda s'il avait bien entendu, ou si ce n'était point un songe qui se formât dans un cerveau malade et épuisé. On lui confirma ce qu'on lui avait dit : aussitôt la vie revint en lui; et non-seulement la vie, mais une vivacité surprenante, avec laquelle il se fit payer de ce qu'il allait sortir du cabinet. Jamais il ne se fit une retraite plus honorable. Apparemment la dame sut assez bon gré à ses charmes de ce qu'ils avaient le pouvoir de ranimer les mourans, et je ne doute pas qu'en effet ils n'aient eu bonne part au miracle : mais il est constant qu'ils doivent partager la gloire avec un grand pain et quelques bouteilles de vin, que l'amant avait fait cacher adroitement sous un lit de repos qui était dans le cabinet; car comme il avait prévu sa mort, il avait fait quelques préparatifs. Certainement, Madame, une pareille fourberie vous fait dresser les cheveux à la tête. O siècle! ô mœurs, dites-vous. Heureuse cependant, et trois fois heureuse, celle qui a des amans qui savent fourber ainsi! on a l'honneur d'avoir fait l'inexorable, et le plaisir de ne l'avoir pas été. Je gage qu'on a bien senti l'obligation qu'on avait à notre ami la L..... et que pour la reconnaître, on l'a renvoyé d'autres fois avec autant de contentement et moins de faim. Que ne mérite point aussi la gentillesse de son invention? D'autres emportent les places qu'ils assiègent en les affamant : lui a emporté celle à qui il en voulait, en s'affamant lui-même. Le stratagême est le plus joli du monde. Tout ce qu'il y a à craindre, c'est qu'une autre fois les dames ne laissent crever les hommes qui voudront mourir ; je ne crois pourtant pas que ce péril là soit bien grand. Vous voyez dans cette histoire qu'il eût fallut que le cavalier se fût retiré honteusement, si les provisions eussent manqué ; mais les rigueurs de la belle ne durèrent pas aussi long-temps que le pain et les bouteilles de vin.

A Monsieur DE...

La jolie chose, Monsieur, que votre petite parente, et que je vous suis obligé de m'avoir fait voir ce trésor avant qu'il paraisse dans le grand monde! C'est la plus aimable figure que j'aie jamais vue ; et il me semble que la simplicité dans laquelle l'ont élevée les religieuses qui ont eu jusqu'à présent soin d'elle, relève beaucoup ses agrémens. Moi, qui n'estimais pas l'éducation des couvens, je commence à en être charmé, et je ne sais plus comment on peut aimer une jeune personne déjà toute dressée aux manières du monde. Mademoiselle de V..... a sans doute beaucoup d'esprit, mais elle n'a point encore entendu parler des gens raisonnables : elle pense plus qu'elle ne peut exprimer, et je vois avec un plaisir extrême et l'effort qu'elle y fait, et le dépit qu'elle a de n'y pas réussir. Elle sent la différence de ses phrases de couvent à celles dont je me sers, et je suis amoureux de la honte qu'elle en a. Ce n'est pas que je n'entrevoie dans cette honte quelque chose de fier, et qui semble me dire que je n'ai sur elle que l'avantage de l'expérience. Je remarque même que, quand je me suis servi de quelque façon de parler qui lui est nouvelle, et qui lui a plu, elle ne la prend pas aussitôt : mais elle attend quelques jours à s'en servir, apparemment pour dissimuler qu'elle ait rien appris de moi. Elle est si fâchée que j'aie présentement plus d'esprit qu'elle, qu'assurément elle en aura plus que moi avant qu'il soit peu. Je n'ai pas pu m'empêcher de faire quelquefois tomber l'entretien sur les choses du cœur ; elle n'en parle que dans un certain style tiré des livres de dévotion qu'elle a lus, et qui, transporté du divin au profane, fait un effet assez plaisant ; mais elle ne laisse pas d'entendre fort bien ce qu'elle dit, et je souhaiterais qu'en ce langage dévot, elle voulût m'exprimer des sentimens qui ne le fussent pas. Elle vient toujours à la grille accompagnée d'une révérende mère qui ne montre point son visage, et qui dessous un voile baissé, pousse mal à propos des sentences sur le mépris du monde et la vanité de nos occupations ; et cependant elle se plaint lorsque je fais mes visites, ou moins fréquentes, ou plus courtes. Ce n'est pas assurément que je lui tienne des discours aussi édifians que pourrait faire son confesseur. Nous sommes déjà en quelque sorte d'intelligence, la jeune pensionnaire et moi, sur les sottises de la révérende mère, et il y a eu quelques signes d'yeux qui ont passé par-devant le voile noir sans être aperçus. Plaise à l'amour que notre intelligence puisse aller loin aux dépens de cette importune figure qui vient se planter devant nous! J'en aurais en vérité un double plaisir.

AU MÊME.

Je commence une éducation de mademoiselle de V..... un peu différente de celle qu'on lui a donnée jusqu'à présent. Je lui ai envoyé le roman de Cyrus, avec la permission de la mère qui la gouverne, et il a été expédié tout entier en quinze jours. Aussi en a-t-elle les yeux tout battus; et je crois que ceux de la révérende mère le sont aussi, car elle a voulu goûter du poisson avant sa pensionnaire. Elle me dit hier avec un certain ton de voix glapissante, où il entrait de la vieillesse, de la tendresse, et outre tout cela, je ne sais quoi de particulier aux religieuses : *Mon Dieu! Monsieur, ne trouvez-vous pas que cette Mandane était bien malheureuse lorsqu'elle avait tant d'angoisses dans le cœur, et qu'elle ne pouvait s'aboucher avec le grand Artamène?* Je trouvai la remarque fort proportionnée au génie d'une religieuse, toujours gênée et captive; et la petite pensionnaire, qui l'entendit bien en ce sens là, répondit brusquement : *Oui, mais Artamène était toujours en campagne pour enlever Mandane; et pour nous, personne n'y songe.* Vous voyez que l'exemple de cette héroïne les a assez mises toutes deux dans le goût des enlèvemens, et qu'un grand Artamène n'y perdait pas ses pas : mais je ne voudrais pas l'être de toutes les deux. Cyrus a fait sur mademoiselle de V..... l'effet que les romans font toujours sur de jeunes personnes qui n'ont rien vu; elle s'imagine le monde fait sur ce modèle. Je tâche de la résoudre à ne pas exiger de ses amans tout le mérite d'Artamène, et à leur relâcher quelque chose, surtout ce respect outré qu'il avait pour sa maîtresse, et en mon particulier je lui avoue, qu'à moins que ce caractère héroïque ne soit un peu mitigé, et amené à ma portée, je n'y puis pas prétendre, et que je serais aussitôt capucin. Mais elle veut prendre à la rigueur et au pied de la lettre, tout ce qu'elle a vu dans son livre. Il n'y a pas grand mal à cela; le monde l'aura bientôt désabusée, et j'espère même qu'elle viendra aisément à goûter la différence qui est entre le romanesque et le naturel. Peu de femmes consentiraient au rétablissement de la discipline amoureuse des romans.

A Mademoiselle DE...

Vous voulez bien souffrir, Mademoiselle, que je me vante de vous donner de l'esprit. J'ai cru d'abord que c'était quelque chose de fort glorieux pour moi : mais je vois que je vous en donne tant en peu de temps, que je n'ai pas grand sujet de m'en faire honneur. La facilité que vous avez à en recevoir, diminue exrêmement le mérite qu'il y aurait à vous en communiquer. Vous qui n'êtes pas ingrate, vous me donnez en récompense ce que je n'oserais nommer dans une lettre qui doit entrer dans un couvent. Si cependant je croyais qu'il n'y eût que vous qui dussiez la voir, je hasarderais le mot d'amour; car je vous avoue que je n'ai pas tant de respect pour vous, que pour la mère de..... Les jolies personnes en inspirent moins, et vous êtes assurément bien plus jolie qu'elle. Je me plains donc à vous, Mademoiselle, de l'échange que vous voulez que nous fassions ensemble. J'aime mieux vous donner de l'esprit *gratis ;* je vous déclare que je n'ai point affaire d'amour. Ce qui me déplait le plus, c'est que votre reconnaissance est si exacte, que vous voulez me donner un amour qui dure autant que durera l'esprit que je vous donne. A ce compte, je vous aimerais toute ma vie. Je vous rends très humbles grâces, je n'ai jamais été amoureux de cette façon là. J'ai promis à chaque belle que j'ai quittée, que je n'en aimerais jamais d'autres plus fidèlement. Voulez-vous que je manque tout d'un coup à tant de promesses, qui étaient les seules que j'espérais de pouvoir tenir? Ne me permettez-vous point de conserver à l'égard de tant d'aimables personnes cette espèce unique de fidélité? Vous me rendrez infidèle à un monde de belles tout à la fois. Il faut pourtant m'y résoudre, si je continue de vous voir : mais du mois récompensez-moi sur le pied de cette multitude et de maîtresses passées, et de maîtresses à venir que je vous sacrifie : car pendant le reste de ma vie, que je vois bien qu'il faut vous dévouer, j'étais un homme à avoir encore quelque douzaine ou deux de passions. Vous étouffez dans mon cœur toute cette belle espérance d'amour à naître. Je n'ai point de regret à la diversité qui se fût trouvée dans ma vie ; j'eusse aimé tantôt une brune, tantôt une blonde, tantôt une personne gaie, tantôt une sérieuse : mais il me semble que vous rassemblez le mérite de tous ces différens caractères. Vous me paraissez gaie et sérieuse ; et ce qui est surprenant, j'ai tant d'envie de trouver tout en vous, que je vous trouve blonde et brune en même temps. Il vaut autant que je vous aime vous seule, que si je m'étais amusé à aimer en détail toutes ces autres personnes qui sont en vous en raccourci : mais aussi, afin que l'empire d'amour ne perdît rien, il faudrait que vous m'aimassiez autant qu'elles auraient pu faire toutes ensemble. Vous êtes jeune, il serait extrêmement glorieux que votre coup d'essai fût quelque chose de grand.

A Monsieur DE...

Je suis perdu, mon cher Monsieur, je me suis brouillé au couvent par une imprudence que j'ai faite. J'écrivais à mademoiselle de V....., et je lui mandais que je hasarderais dans ma lettre quelques mots d'amour, si la révérende mère sa gouvernante ne la devait point lire ; mais que je respectais cette bonne religieuse plus qu'elle, parce qu'elle était assurément moins jolie. Je ne m'aperçus que trop à la première visite, qu'elle avait lu ma lettre, comme cela ne pouvait manquer d'arriver ; et je sentis bien le chagrin où elle était d'avoir été trop respectée. Je crus que, pour remédier à tout, il ne fallait que lui manquer de respect : quoique cela ne fût pas aisé, je lui dis cent folies qui ne s'adressaient qu'à elle, j'attaquai ce voile baissé par les plus impertinentes galanteries dont je pus m'aviser. Je lui dis que nous étions bien heureux qu'elle n'en pût pas mettre un sur son esprit comme sur son visage ; que l'obstination qu'elle avait à ne le pas vouloir hausser, ne pouvait être qu'une marque de sa charité pour le prochain, qu'elle ne voulait pas mettre en péril ; qu'il fallait l'en remercier en même temps qu'on s'en plaignait. Enfin quelles sottises ne furent pas dites, et quelles sottises du moins aussi grandes ne furent pas répondues! Il n'y a que vous qui le sachiez, ô grilles confidentes et témoins de mes peines! Cependant je n'avançai rien; et cette bonne religieuse ne me veut pas moins de mal pour sa beauté méprisée, que Junon en voulut autrefois à Pâris. Il est vrai que j'ai un peu plus de tort que lui; car encore ne condamna-t-il que ce qu'il avait vu : moi j'ai condamné la Junon voilée sans l'avoir vue, heureux pourtant de n'avoir pas jugé autant en connaissance de cause que Pâris. J'ai déjà été refusé deux fois à la grille sur d'assez mauvais prétextes; cela ne m'était point arrivé avant la lettre. Toute mon espérance est qu'il viendra bientôt à la bonne mère quelque menace d'apoplexie qui l'obligera de me pardonner. A vous dire le vrai, je crois qu'une apoplexie tout entière ferait encore mieux.

A Mademoiselle DE V...

Puisqu'enfin vous allez paraître dans le monde, Mademoiselle, je veux me mettre à prophétiser et lire dans l'avenir votre destinée. Imaginez-vous un grand cri qui s'élèvera dans Paris, et mille voix confuses où l'on pourra seulement distinguer : *Qu'elle est jolie! qu'elle est belle!* Jusqu'à présent on vous a vue dans le lieu où vous avez été, mais personne ne vous a encore regardée hormis moi, qui certainement me suis bien acquitté sur cela de mon devoir. Tous les yeux, Mademoiselle, vont être à peu près pour vous comme les miens; vous n'y remarquerez peut-être pas de différence : mais si vous permettez de mêler quelque chose de triste dans mes prédictions, les premiers jours de votre apparition une fois passés, vous ne trouverez plus dans les yeux des autres ce qui sera encore dans les miens. Vous entendrez incessamment autour de vous une sorte de bruit sourd et de murmures confus auxquels vous n'êtes pas encore accoutumée; cela s'appelle des soupirs. Ils seront faits comme quelques uns de ceux que vous avez déjà entendus de moi; peut-être seulement seront-ils poussés un peu plus haut, mais ce ne sont pas là les meilleurs. Surtout il tombera sur vous de toutes parts une grêle de certaines choses agréables, qu'on nomme des fleurettes ou des douceurs; vous en serez si accablée, qu'à peine aurez-vous le loisir de respirer : dès que vous vous en serez défendue d'un côté, elles vous attaqueront de l'autre : mais de peur que vous ne vous accoutumiez trop à ce langage flatteur qui ne sera que dans la bouche des hommes, je m'engage à vous rapporter fidèlement ce que diront de vous les femmes, dont les plus jolies ne manqueront pas à vous trouver les yeux trop grands, ou la bouche trop petite. Pour moi, si vous n'étiez pas présentement la seule personne de votre sexe pour qui je m'intéressasse, je ferais publier dans Paris que toutes les femmes eussent à engager leurs amans de la manière la plus sûre dont elles pourraient s'aviser, et qu'elles veillassent de près à la garde de leurs captifs; car à votre arrivée on ne va entendre parler que de chaînes rompues, et de maîtresses abandonnées. Je suis persuadé qu'après cet avis, il y aurait une partie des amans qu'on se hâterait de favoriser, et une autre partie qu'on traiterait plus mal qu'à l'ordinaire, selon les différentes maximes qu'ont les dames pour conserver leurs conquêtes; je crois pourtant que la plupart des hommes y gagneraient. Enfin, Mademoiselle, il est très certain que votre sortie du couvent est un événement très considérable dans le monde qui aime et est aimé, et qu'il y doit causer une grande révolution. Une jeune divinité de seize ans, comme vous, s'y est bientôt fait connaître pour ce qu'elle est; et dès qu'elle se fait voir, tout tombe à ses genoux. Pour moi, si je ne suis pas tombé aux vôtres avant tous les autres mortels qui vous adoreront, songez que c'est la grille qui m'en a empêché : car ce n'est point la coutume d'adorer de loin de si jolies divinités; on ne tombe point à leurs genoux sans les embrasser.

A M. LE CHEVALIER DU B.

Que direz vous, mon pauvre chevalier, de ce que je vais vous attaquer sur une des plus belles choses que vous ayez jamais faites? Vous êtes amoureux de madame de M..... Assurément ce ne sont pas les sens qui vous la font aimer, je crois qu'il n'y en a pas un seul qui ne dépose contre elle; mais elle a beaucoup d'une certaine sorte d'esprit, et c'est là le mérite qui vous touche. Rien n'est plus louable que ce mépris des beautés sensibles et matérielles, et ce goût vif pour les beautés spirituelles et invisibles. Il y a même beaucoup plus qu'un simple mépris pour les unes, et un goût violent pour les autres; vous allez à ces beautés invisibles et spirituelles, au travers des laideurs matérielles et sensibles qui se présentent en votre chemin. Sans doute votre grandeur d'âme en éclate beaucoup davantage, et je croirais volontiers que vous êtes entré en contestation de spiritualité avec quelque ange. Cependant c'est cela même qui ne peut être approuvé dans un siècle aussi corrompu que le nôtre; ne faites point l'ange à vingt-cinq ans, mon pauvre chevalier, et surtout ne le faites point pour une personne aussi éloignée de l'être. Puisque vous croyez que cette femme là a tant d'esprit, imitez-la; je vous donne ma parole qu'elle ne vous aime pas pour votre esprit. En eussiez-vous autant que feu Voiture, vous auriez encore besoin auprès d'elle de la jeunesse et des agrémens dont elle est accompagnée. Prenez les maximes qu'elle a sur l'amour, et vous n'aurez bientôt plus d'amour pour elle. Vous prétendez que le commerce de cette dame vous fera une réputation d'esprit; détrompez-vous : vous êtes jeune et bien fait, on ne prendra point le change. Peut-être parce qu'elle raille assez généralement de tout le monde, vous vous croyez au-dessus de tous ceux dont elle a plaisanté avec vous, et vous êtes agréablement flatté par l'exception que fait de vous une personne qui sait bien démêler les ridicules. Mon cher chevalier, gardez-vous bien de prendre le paiement de vos soins pour un effet de votre mérite; il y a bien de la différence entre mériter et acheter. Ces manières de distinction qu'on a pour vous, vous les avez achetées, et assez cher. Encore si l'achat une fois fait, c'était pour le reste de votre vie, passe; mais il faut le renouveler bien souvent. Selon que je vous vois possédé de la vertueuse passion d'avoir de l'esprit, je crois que si on vous condamnait à vous mettre dans la philosophie ou dans les mathématiques, vous le feriez. Du moins est-il certain que ce courage là ne doit pas manquer à l'amant de madame de M..... Quelle entreprise peut être au-dessus de lui? Adieu, mon cher chevalier, n'estimez pas tant l'esprit, s'il se peut, et songez à en avoir à meilleur marché.

AU MÊME.

Tremblez à la vue de cette lettre, je vais vous prêcher

plus que jamais. On me mande que vos amours vous brouillent avec tout le monde. Madame de M..... en use avec vous, comme fit Catilina avec ceux qu'il avait engagés dans sa conjuration. Il leur fit boire du sang humain, afin qu'ils ne pussent jamais rompre la liaison qu'un si grand crime formerait entre eux. Madame de M..... vous fait aussi avaler tout le venin qu'elle a contre les humains en général : elle vous remplit l'esprit de ses plaisanteries que vous ne manquez pas de répéter ; et plus vous vous faites d'ennemis, plus vous êtes lié à elle. Voilà de jolis nœuds d'une tendre passion ;

> Vivre avec votre Iris dans une paix profonde,
> Et ne compter pour rien tout le reste du monde.

c'est là apparemment ce que vous vous proposez. J'avoue que rien ne serait plus agréable, si ce n'était l'Iris ; et je n'aimerais pas une paix si profonde avec elle. Je vous assure que vous vous préparez une solitude qui ne différera guère de celle de la Thébaïde, sans compter les austérités que vous aurez à pratiquer. N'allez pas vous imaginer que vous en ayez plus d'esprit, parce qu'elle en a, et qu'elle vous aime ; je voudrais bien savoir si elle en est plus jeune, parce que vous l'êtes, vous qui l'aimez tant. J'avoue qu'on se fait de l'esprit avec les gens qui en ont, et qu'on ne se rajeunit pas avec ceux qui sont jeunes : mais vous ne vous faites pas l'esprit avec madame de M..... ; vous prenez le sien tout fait, parce que comme il vient d'une personne qui vous est extrêmement chère, vous croyez y avoir une sorte de droit, et vous vous parez des jolies choses que vous lui avez ouï dire. C'est ce qui vous trompe ; elles ne prouvent non plus votre esprit, que le fard que madame de

M..... met tous les jours marque sa jeunesse. Tout cela s'applique par dehors, et ne vient point du dedans. Si vous voulez nous prouver que vous ayez profité avec elle, apprenez à dire des choses qui ne soient point d'elle; et même afin qu'on ne vous soupçonne pas de lui rien dérober, apprenez à louer avec agrément et avec délicatesse : c'est ce qu'elle n'a jamais fait. Je gage qu'à vous-même elle ne vous a jamais rien dit de doux ni de flatteur; seulement elle jette sur le reste du genre humain des plaisanteries amères où vous n'êtes pas compris, et vous êtes réduit à vous contenter de cela, comme des plus tendres discours qui puissent sortir d'une bouche chérie. Apparemment c'est ainsi que Tisiphone et Alecto font l'amour, lorsqu'il arrive que ces jolies demoiselles sont en commerce de galanterie, et que les serpens dont elles sont coiffées radoucissent leurs sifflemens et tâchent à faire les yeux doux. J'espère qu'une comparaison si outrée mettra ma lettre en sûreté, et que vous ne la sacrifierez pas à l'objet de votre flamme. Je ne serais pourtant pas fâché que vous le fissiez; je suis sûr qu'on vous haïrait de l'avoir seulement reçue.

AU MÊME.

On me mande que vous avez depuis peu un rival, et que vous ne lui voulez pas céder. Vous moquez-vous ? Connaissez-vous si peu le bonheur que votre fortune vous envoie ? Faites réflexion que vous allez être le dernier amant de madame de M.....; car présentement les amours ne se pressent plus guère autour d'elle : rien n'est, ce me semble, plus désagréable que de porter les derniers encens sur un autel qui tombe en ruine, et je ne me plairais point du tout à finir l'histoire amoureuse d'une dame quelle qu'elle fût. Je vous voyais extrêmement menacé d'essuyer cette honte là, et j'en étais au désespoir pour vous ; mais voici un homme qui se présente pour vous l'épargner, et vous ne profitez pas d'une rencontre si heureuse? En vérité je ne vous comprends pas. Peut-être que de voir la place disputée, c'est ce qui vous excite à la conserver : moi je trouve au contraire que vous devriez prendre adroitement, pour la quitter, le moment où elle est disputée ; il y aurait quelque honneur à avoir joui d'une chose dont un autre eût pu encore être jaloux, et vous rejetteriez sur votre rival le déshonneur d'en être à l'avenir possesseur si paisible. Vous avez encore une petite réflexion à faire, c'est que si vous négligez l'occasion qui s'offre, madame de M..... pourra bien ne la pas négliger; et si vous ne sentez pas l'avantage d'avoir un rival, elle sentira bien celui d'avoir un nouvel amant. Vous avez vingt-cinq ans ; elle en a je n'oserais dire combien, et il serait dit qu'elle vous aurait fait une infidélité? Cela ne serait pas supportable. Cependant il y a bien de l'apparence que ce malheur vous arrivera, si vous n'y donnez ordre. Je crois qu'elle vous trouve présentement l'esprit assez formé, et qu'elle sera bien aise de le former à quelque autre. Vous deviendriez un prodige, et vous seriez trop au-dessus du reste des hommes, si vous étiez plus longtemps le seul qui profitassiez de ses excellentes leçons. Il est juste que ceux qui en ont besoin vous succèdent. Sérieusement, on lui est bien obligé de la bonté qu'elle a de répandre assez également l'esprit.

A Monsieur...

Il faut, mon cher Monsieur, que je vous ouvre mon cœur, et que je vous fasse part d'un chagrin très sérieux que j'ai, dont je crains pourtant que vous ne fassiez que rire. Vous m'avez vu extrêmement touché de Mad..... J'avais fait une exception pour elle au peu d'inclination que j'ai en général pour les personnes mélancoliques; sa mélancolie me paraissait promettre quelque chose de passionné et de piquant : je ne me trompais pas; je suis venu à ne lui point déplaire, mais j'en suis bien puni. Quoique je sois pour elle d'un attachement et d'une assiduité très exemplaires, je n'entends sortir de sa bouche que des plaintes. Il est vrai qu'elle les fait avec beaucoup d'esprit, et qu'il y paraît un grand raffinement de tendresse : mais elle en fait toujours. S'il arrive, ce qui est assez rare, qu'elle soit contente, ne croyez pas qu'elle en parle; elle n'a point d'expressions pour la joie et pour le plaisir, cette langue là lui est tout-à-fait inconnue : et quand par malheur je lui fais apercevoir qu'elle est contente, elle commence aussitôt à se plaindre avec beaucoup d'éloquence, de ce que je lui donne si peu de sujets de satisfaction, qu'il faut que je prenne soin de les lui faire remarquer. Imaginez-vous que c'est une Ariane qui n'eût eu rien à dire à Thésée tant qu'il eût été fidèle, mais qui, dès qu'elle aurait été abandonnée dans l'île déserte, eût fait merveille avec les rochers. J'ai pris la liberté de lui dire quelquefois qu'il fallait qu'on lui fît quelque perfidie signalée, pour faire paraître son génie et le mettre dans tout son jour. Cependant ses chagrins mêmes augmentent sa beauté; ils redoublent l'éclat de ses yeux, la vivacité de son teint, et, en un mot, lui donnent une âme nouvelle. Qu'ils seraient agréables et piquans, s'ils étaient un peu plus rares ! Je ne saurais vivre avec elle, et je ne la saurais quitter. Je suis parfaitement content et de sa beauté, et de son esprit, et de son cœur; il n'y a que sa rate qui me fait enrager. Lui appartient-il, à cette rate, de venir gâter l'effet de tant de belles et bonnes chose? Qui pourrait érater Mad....., ce serait une personne parfaite. On dit que l'opération est possible, et qu'elle n'est pas trop dangereuse ; je m'en informerai mieux, et à cette condition je lui promets une fidélité éternelle.

AU MÊME.

Je suis fort trompé, ou j'ai trouvé un bon expédient pour me démêler d'avec Mad..... sans lui donner sujet de me faire des élégies qu'il me serait impossible de soutenir. J'ai été prendre notre ami S. R. chez madame d'H....., à qui il s'était attaché, je ne sais par quel hasard, car cette cour là est assez ennemie de toute délicatesse de sentimens, et lui, il est homme à réflexions profondes. Il a dans l'esprit de certaines chimères raffinées qui ont besoin de pâture, et je ne crois pas qu'il puisse être content d'une personne qui ne lui donne pas tous les jours sujet de rêver creux, et de se ronger le cœur. Je l'ai donc tiré d'un lieu où il était fort déplacé, et je l'ai conduit chez Mad..... où je ne doute point qu'il ne me fasse grand·tort. Il traitera l'amour sérieusement, méthodiquement, et selon toute sa dignité, au lieu que je n'en ai que des idées communes et superficielles qui m'ont été bien reprochées. A mesure qu'il avancera, je ferai, à la faveur de mon rival, une retraite honorable et imperceptible. L'on n'entendrait point tant de plaintes de femmes abandonnées par leurs amans, si lorsque les amans se sentent eux-mêmes abandonnés par leur amour, ils avaient soin de se donner des successeurs qui empêchassent que leur perte ne fût sentie, et ce ne serait point là du tout une infidélité ; car quand je jure à une belle de l'adorer toute ma vie, cela ne peut-il pas s'interpréter favorablement, que si je ne l'adore pas toujours, un autre l'adorera pour moi, enfin que je ne la laisserai point sans un amant qui lui plaise? C'est là l'essentiel. Qu'importe que cet amant, ce soit moi ou un autre? Je me tiens sûr que Mad..... sera assez raisonnable pour agréer la substitution que je prétends faire. De pareilles substitutions naturellement doivent plaire aux dames, et même je crois que les plus fréquentes seraient les meilleures : mais de plus il me semble que S. R. et Mad..... prennent déjà feu l'un pour l'autre. Je sers extrêmement à mon rival par l'opposition de mes maximes aux siennes. Je demeurerai mêlé dans ce commerce tant que nous aurons besoin de cette comparaison, lui et moi, pour en profiter chacun en notre manière ; après quoi j'irai chercher ailleurs des grâces qui 'rient, et des amours qui folâtrent.

AU MÊME.

Mes desseins ne réussissent point. Mad..... ne goûte plus S. R. Elle m'a dit que cet homme là avait l'esprit tourné de sorte à rendre fort malheureuse toute personne qui s'intéresserait à lui d'une certaine façon. Voilà un étrange cas. Il suffit de lui ressembler pour ne lui pouvoir plaire, et elle ne s'accommode plus d'elle-même, quand elle se trouve dans un autre. Mais est-ce ma faute à moi de ce qu'elle est si peu raisonnable? Je n'ai point songé à faire une désertion criminelle, je lui ai présenté un autre sujet en ma place. Et quel sujet encore? Un homme choisi sur tout Paris, pour le personnage le plus chagrin qui y fût, et qui du moins est aussi capable qu'elle de ne laisser jamais de repos à ce qu'il aime. Elle ne l'accepte pas ; elle l'acceptera si elle veut. Pour moi je prétends avoir fait mon devoir. Je soutiens que tous les gens de ce caractère doivent s'apparier les uns avec les autres, et qu'il leur doit être défendu de venir se mêler dans un monde qui est content, et où l'amour n'est connu que par ses plaisirs. Ils y troubleraient tout, si on leur permettait d'y faire des courses. Je vois pourtant bien qu'ils auraient besoin de trouver des gens qu'ils pussent tourmenter sans être tourmentés, et sur qui ils exerçassent leur triste domination ; mais en vérité ce n'est pas à dire que nous soyons obligés de nous y soumettre. Qu'ils se fassent enrager les uns les autres. Mad..... me regarde comme un trésor en mon espèce. Toute sa bile amoureuse se répand sans péril sur moi qui n'en ai point : aussi elle ne me veut pas lâcher pour S. R. que je lui offre. J'ai pourtant bien envie de lui échapper. Daigne le ciel favoriser mon évasion !

A Monsieur DE...

J'accepte fort volontiers, Monsieur, l'emploi que vous me donnez d'être l'historien de la vie de mademoiselle de V..... J'y suis assurément plus propre qu'à écrire quelque vie de héros pleine de batailles, et autres grands événemens magnifiques et désagréables. Ici il n'y en aura guère de plus considérables que des promenades, des visites, tout au plus quelque souris, ou quelque regard fin et mystérieux. Mais ne sont-ce pas là les choses qui tienne la plus importante place dans les archives de Paphos et d'Amathonte? C'est dommage que nous ne les ayons bien complètes, au lieu de beaucoup d'autres gros livres d'histoire dont je ne me soucie guère. Pour commencer donc celle de votre aimable parente, nous la menâmes hier à *l'opéra* pour la première fois. Figurez-vous ce que c'est que *l'opéra* au sortir d'un couvent. Quelle différence de l'harmonie des religieuses à celle là! enfin quel passage de l'un de ces deux mondes à l'autre! On jouait Psyché; je vous assure que mademoiselle de V..... était Psyché même, enlevée comme elle dans un séjour enchanté, aussi surprise, aussi charmée qu'elle. Pour moi, au lieu de regarder la Psyché du théâtre, je ne regardais que celle de notre loge, qui certainement la représentait mieux, outre qu'elle était bien plus jolie; et si j'avais été l'Amour, j'aurais députe le Zéphir à celle-ci pour me l'amener, et aurais renvoyé l'autre chez ses parens. A l'arrêt de mort de Psyché, et à toute cette pompe funèbre qui le suit, la demoiselle pleura après s'être long-temps contrainte. L'honneur apparemment avait beaucoup combattu dans sa petite âme; mais enfin l'honneur, qui n'est pas accoutumé à être le plus fort, céda, et le mouchoir fut inondé de larmes. Comme tout cet endroit là est long, elle voulut s'en aller, ou se cacher au fond de la loge, parce qu'elle s'imaginait que toute l'assemblée avait les yeux sur elle, et qu'elle était déshonoré pour jamais. Nous eûmes bien de la peine à la rassurer; et tandis qu'on chantait le *Deh! Piangete al pianto mio,* que tous les instrumens de l'orchestre tiraient de longs soupirs, et que les flûtes poussaient mille sanglots, c'étaient des éclats de rire dans notre loge que nous ne pouvions retenir, et qui nous eussent à bon droit fait passer pour fous. Je lui reprochai qu'elle était bien sensible, et elle me répondait que ce n'était que la pitié : mais quand les scènes de Psyché et de l'Amour vinrent, de bonne foi elle ne le fut pas moins, et il n'était plus question de pitié. Un air de joie douce et vive était peint sur son visage, et vous jugez bien que sa beauté n'y perdait pas ; et enfin, pressée par le plaisir qu'elle ressentait, il fallait qu'elle se soulageât par un soupir, peut-être le premier de sa vie, et sans doute d'un trop grand prix pour être donné à une fiction. J'étudiai tous les mouvemens que la nature produisit en elle ; je lui vis faire pendant toute cette pièce, qui est assez variée, comme un petit cours de sentimens, et je n'en connais guère dont son cœur n'ait fait l'épreuve dans les trois heures que nous fûmes là. Je vous le garantis pour être d'une assez bonne trempe, et je ne désespère pas que dans peu nous n'ayons d'autres nouvelles à vous en donner. Au sortir de là, nous la menâmes souper chez madame votre sœur. Le repas fut des plus propres, et la compagnie fort agréable; cependant elle rêva toujours. Elle ne s'était point encore remise de toutes les petites agitations qu'elle avait essuyées ; la musique remplissait encore ses oreilles, Psyché et l'Amour n'étaient point sortis de son esprit. Nous la priâmes bien de ne pas trouver mauvais de se voir servie par des laquais qui ne ressemblaient guère à des Zéphyrs ; et le soir que je la ramenai jusques dans sa chambre,

je lui dis que si je ne la laissais pas dans ce moment
là au milieu d'une troupe de nymphes, du moins je
lui pouvais promettre qu'elle habiterait toute la nuit
dans le palais enchanté, et qu'elle serait Psyché plus
de vingt fois. Elle m'avoua le lendemain qu'elle l'avait été ; mais elle ne voulut point m'avouer qu'elle
eût vu un grand jeune Amour bien fait, qui lui eût
dit les plus tendres choses du monde. Cependant quel
moyen d'être Psyché sans l'Amour ? Je vous laisse à
juger si cela est possible.

A Monsieur DE...

Si vous m'en croyez, Monsieur, partez dès que vous
aurez reçu ma lettre, et venez voir votre aimable parente apprendre à jouer du thuorbe. Je suis assuré
qu'elle vous rendra les vingt-cinq ans que vous regrettez quelquefois. Ce n'est pas qu'elle joue déjà bien
de cet instrument; elle n'a garde depuis le peu de
temps qu'elle s'y exerce : mais c'est qu'on est touché
de voir combien elle en jouera agréablement, et qu'on
en est ému par avance. N'attribuez point cela à la prévention que j'ai pour elle; j'entends déjà les sons
qu'elle tirera du thuorbe dans quelques mois, ils me
percent déjà le cœur. Mais ce qu'elle a de très agréable, sans y compter les espérances de l'avenir, c'est
l'attitude modeste et en même temps touchante qu'elle
prend en jouant. Un des plus beaux bras du monde
coule sur l'instrument d'un mouvement juste et mesuré : une main, digne de ce bras, fait voler ses
doigts sur l'extrémité des cordes; de beaux yeux parlent pendant ce temps là, et disent plus que l'instrument même; et des inflexions de tête douces et pla-

cées à propos représenteraient, pour ainsi dire, tout l'air qu'elle joue, quand on ne l'entendrait pas. Lorsqu'elle jouera mieux, le thuorbe accompagnera parfaitement son chant, mais sa personne accompagnera du moins aussi bien le thuorbe. Peut-être que le plaisir que j'ai à la voir jouer est redoublé, parce qu'il est de bon augure de lui voir embrasser quelque chose, quoique ce ne soit qu'un thuorbe ; mais enfin je vous garantis qu'elle a la meilleure grâce du monde à embrasser ce qu'elle embrasse. Ce serait dommage qu'un si beau talent ne s'exerçât un jour sur quelques sujets animés, et de bonne foi je crois que ce n'est qu'un prélude et un essai. Elle prendra l'habitude de tenir tendrement entre ses bras quelque chose qui répondra tendrement ; et comme elle deviendra toujours plus délicate sur les réponses, il lui faudra celle d'un amant, ou tout au moins d'un mari amoureux. Venez l'entendre avant que cela arrive, et même avant qu'elle soit plus habile sur le thuorbe ; car alors vous pourriez attribuer à l'art, ou à une longue étude, la perfection dont elle serait : mais présentement on a le plaisir de voir un heureux naturel avec qui l'art ne partage presque rien, et qui même fait effort pour se passer tout-à-fait de son secours ; et vous ne sauriez croire combien cet effort est aimable.

AU MÊME

Notre carnaval n'a pas trop bien commencé, je ne sais ce qui nous arrivera à la fin. Il y a trois jours que M. le comte de P..... donnait le bal à madame de la C..... Mademoiselle de V..... en fut priée, et du souper aussi. Je n'avais garde de manquer au bal : mais ce n'était pas assez, je fis si bien que je fus aussi du souper. Si vous êtes assez pénétrant pour deviner la raison qui me faisait souhaiter avec tant d'empressement d'en être, je vous l'avouerai. Madame de la C....., reine du bal et de la fête, était fort parée : elle portait sur elle toutes les pierreries de son quartier; et qui l'aurait enlevée, aurait pillé tout le Marais : cependant elle ne laissait pas d'être bien. Que ce *cependant* ne vous surprenne pas, c'est que je n'aime guère l'excès de parure ni de pierreries. Mademoiselle de V..... était moins brillante d'emprunt, mais bien plus brillante d'elle-même. Tous les yeux se tournèrent sur elle d'une certaine façon qui était un manque de respect pour la maîtresse du bal. Je crois que de ce moment là toute la fête fut gâtée pour elle, aussi, peu de temps après l'arrivée de mademoiselle de V....., elle se plaignit d'un mal de tête. Ce mal de tête apparemment voulait dire, qu'elle priait qu'on la dispensât d'avoir le teint aussi frais et les yeux aussi vifs que votre aimable parente. Pendant le souper, la dame lui dit d'un air assez sérieux qu'elle la trouvait coiffée extraordinairement : elle l'était en effet, mais la coiffure était fort jolie et fort bien entendue ; et sur cela, pas un mot de louange. L'assemblée commença, et pour la plus grande partie, elle fut composée d'assez jolies personnes. Dans les jugemens qu'on fit sur la beauté, les femmes donnèrent la préférence à madame de la C..... et les hommes à mademoiselle de V..... Elle est assurément mieux donnée par les hommes ; ils sont les juges naturels des dames, en cette matière. La plus grande foule n'était donc point auprès de madame de la C..... ; aussi me sembla-t-il qu'elle dansait d'un air dédaigneux et négligé, parce que nous ne nous rendions pas dignes qu'elle nous donnât le plaisir de la voir danser aussi bien qu'elle eût pu faire. Je ne sais si ce fut l'agitation de la danse ou le dépit de voir mademoiselle de V..... si jolie et si piquante, ou un mauvais effet de sa constitution : mais enfin voilà le dernier des malheurs qui lui arrive ; voilà son nez qui se met à rougir cruellement. J'admire l'autorité qu'a un nez sur tout un visage, dès qu'il est en mauvais état, il ne permet point que le reste soit bien. Madame de la C....., qui sentit avec chagrin cette importante partie s'enflammer, eût été bien aise de s'en venger sur tous les autres nez en les faisant rougir? et principalement sur le petit nez auquel je m'intéressais : mais comme elle n'en trouva point de moyen, elle tourna ailleurs sa colère; elle fit hausser les lustres, de sorte que tout le monde eut les yeux battus jusqu'à la moitié du visage. Voyez la méchanceté! Son nez rougit; qu'elle s'attaque aux autres nez, mais ce n'était point aux yeux à en pâtir. Les nôtres, c'est-à-dire, ceux de mademoiselle de V..... tinrent bon. Il n'y avait rien ce jour là dans toute sa beauté qui ne fût merveilleusement en état de se défendre contre tous les stratagèmes de ses ennemis. Vous ne croirez peut-être pas ce que je vais vous dire : mais aussi ne doit-on pas supprimer la vérité, parce qu'il est des incrédules. Madame de la C..... ne put donner à toutes les femmes des yeux battus, qu'elle ne s'en donnât aussi, et cela s'accordait fort bien avec le nez rouge pour la défigurer. Monsieur de R....., qui s'était jusques là fort attaché à elle, la quitta dès qu'il la vit avec ces deux traits de laideur volontaire et involontaire, et vint en notre quartier où se trouvait un bout de nez fort joli, et peut-être les seuls yeux non battus qui fussent dans tout le

bal. Alors madame de la C....., désespérée et furieuse, fit
ce que les Hollandais se réservent toujours de faire dans
les dernières extrémités ; ils lâchent les écluses, ouvrent
les digues, et inondent tout le pays. Vous seriez bien
embarrassé à deviner à quoi cela s'applique. C'est qu'il
ne devait point entrer de masques dans le bal, que l'on
voulait qu'il fût sans désordre et sans confusion. Madame de la C..... fit dire à la porte qu'on les laissât entrer :
l'écluse fut levée : la digue percée, et en moins d'un
quart d'heure on vit une inondation de masques. Alors
les nez rouges et les blancs, les yeux qui étaient battus,
et ceux qui ne l'étaient pas, tout fut confondu. Le tumulte augmenta toujours, et il ne fut plus possible de
savoir laquelle était la plus jolie de madame de la C.....
ou de mademoiselle de V..... Le désordre alla jusqu'au
point qu'il y eut des masques qui se querellèrent ; et il
parut cinq ou six épées nues, spectacle agréable pour la
fureur de madame de la C....., mais fort terrible pour
la pauvre mademoiselle de V....., qui pensa mourir de
peur. Elle ne manqua pas de s'enfuir aussitôt, et que
sait-on si ces masques querelleurs n'étaient point apos-
tés par madame de la C.....? Que ne peut une femme,
dont le nez est le seul qui rougisse dans tout un bal ?
Nous avons raisonné à fond sur toute cette aventure,
et nous avons résolu, avec beaucoup de prudence, de ne
plus mener la jeune demoiselle au bal, sans avoir auparavant tiré promesse de toutes les femmes qui s'y
devront rencontrer, qu'elles ne trouveront point mauvais de la voir plus jolie qu'elles, et sans nous être as-
surés par avance d'une amnistie générale pour toutes
les offenses que sa beauté pourra faire à la leur.

A Monsieur DE S...

Vous prétendez donc à la succession de M. des R....., c'est-à-dire, à épouser Madame des R..... lorsqu'elle sera veuve? Votre prétention est hardie, non que le bon homme n'ait soixante-quinze ans, mais parce qu'il en vivra quatre-vingt-dix; que sais-je, peut-être cent. Il y a dix ans que madame des R..... l'épousa; elle n'en avait que quinze, et elle prit la résolution de donner un an ou deux de sa vie tout au plus à amasser du bien, qui était la seule chose qui lui manquait. Ce bien là proprement, elle ne songeait pas à l'amasser pour elle, mais pour F..... qu'elle ne haïssait pas, et qu'elle devait épouser incessamment; car on comptait sur une prompte retraite du bon homme. Vaine prudence humaine! s'écrierait fort à propos un orateur en cet endroit-ci. Le vieux mari vit encore; il a usé la passion et la constance de F....., qui s'est enfin marié. Un autre lui a succédé, qui, après quelques années, a aussi renoncé à une femme dont le mari s'est si fort opiniâtré à vivre. Vous voilà sur les rangs : sur ma parole, le bon homme vous lassera comme les autres; vous ne tâterez de son bien ni des charmes de sa veuve. Je ne doute point que la petite femme ne tâche à mettre en usage tous les moyens d'homicide qu'a une jeune personne à l'égard d'un vieillard; mais à voir qu'il ne s'en porte pas plus mal, je juge qu'il n'est plus capable d'être tué de cette façon là, et qu'il ne fait que rire des caresses meurtrières qu'il reçoit. Combien croyez-vous qu'il se réjouisse de se voir plus de santé que vous n'avez tous de persévérance? Il a déjà vu changer deux ou trois fois la cour de sa femme, et il est encore vivant. Il n'est nullement jaloux des soins que l'on rend à cette belle ? Il a sur cela une tranquillité qui me désespérerait, si j'avais le même dessein que vous, et que je prendrais pour une insulte très sensible. Il semble qu'il se tienne sûr de vivre et de vous pousser à bout, et de voir votre successeur. L'automne approche, et vous allez avoir des espérances plus flatteuses que jamais ; vous ne soupirez qu'après les mauvaises saisons, et votre amour ne médite que catarres, fluxions sur la poitrine, et apoplexies. Cependant, je mets en fait qu'il se tirera de l'automne, et que la chute des feuilles ne vous apportera rien. Le vieillard est malin : il ne mourra point que la beauté de sa femme ne soit passée ; il vous la laissera flétrie et consumée par une si longue attente, et finira ses jours par ce trait de plaisanterie. Pour moi, si j'étais en votre place, je ne m'angagerais dans cette passion, et ne me remplirais la tête des desseins que vous avez, qu'après une bonne consultation de médecins, qui m'assureraient de la prochaine mort du mari, ou qui me promettraient de m'en défaire dans un certain temps. Eh quoi, il vaudrait autant être amoureux de la femme de Mathusalem. Était-elle jolie, que vous sachiez ?

A Monsieur DU P...

Le comte D'..... est enfin marié ; mais malgré les quatre cent cinquante mille francs qu'il a déjà touchés, en attendant le reste, je vous garantis qu'il n'est guère content. Il voudrait bien faire oublier aux autres, et se faire oublier à lui-même qu'il a épousé la fille d'un marchand, c'est-à-dire, qu'il aurait bien envie qu'elle prît des airs de femme de qualité : mais la nature et l'habitude sont incomparablement plus fortes en elle que la nouvelle dignité de comtesse. Elle n'est point accoutumée à tous ces différens officiers qu'elle a présentement, et elle n'a pas encore bien pu apprendre à distinguer leurs fonctions. Elle fut bien étonnée la première fois qu'elle vit apporter les plats sur la table par un homme qui avait son chapeau à la tête et l'épée au côté ; et comme on lui avait bien dit de prendre des manières hautes et fières, elle lui dit devant tout le monde qu'il servît plus respectueusement, et ôtât son chapeau ; à quoi elle ajouta quelques plaisanteries sur l'inutilité de l'épée, dont le maître d'hôtel eut bien de la peine à s'empêcher de rire, et dont le mari devint rouge depuis la tête jusqu'aux pieds. Il est tous les jours exposé à de pareilles choses, et dès qu'elle ouvre la bouche, vous le voyez qui pâlit, et qui tremble de ce qu'elle va dire. Je ne doute point que tous les jours en particulier il ne lui fasse répéter son rôle de comtesse. Apparemment c'est à cela que s'emploie la plus grande partie du temps qu'ils passent seuls ensemble : triste condition pour celle qui reçoit les leçons ! Aussi n'en profite-t-elle pas beaucoup. Je désespère qu'il la puisse jamais dresser aux grands airs ; elle est petite, trapue, grasse, un visage large, le nez assez plat. Vous voyez bien que cette figure là n'est point propre à être élevée aux manières de comtesse. On eût pu faire quelque chose d'une personne maigre, qui eût eu une taille fine, et un grand nez un peu aquilain. La race des comtes D'..... n'eût pas été gâtée comme elle va l'être infailliblement. Vous y allez voir entrer un air bourgeois, qui n'en sortira de dix générations : ils auront des figures courtes, et de ces grosses jambes que vous savez que Madame..... prend pour des dérogeances de noblesse. Ce sera bien assez, si les six ou sept cent mille francs qui entrent dans la maison D'..... y durent autant que feront ces tailles roturières. Peut-être cependant les pourra-t-on rectifier par cinq ou six demoiselles de suite, prises dans de bonnes maisons bien ruinées; autrement le mal est sans remède.

AU MÊME.

Ce matin sont partis de chez moi le comte et la comtesse D'..... qui vont en pélerinage à quatre lieues d'ici, pour tâcher d'obtenir un garçon. Ce pauvre comte est bien malheureux; sa vanité a toujours souffert depuis son mariage; sa femme n'a jamais pu remplir les titres dont elle est ornée : il paraît qu'elle a succombé sous le poids, et qu'après quelques vains efforts, suivis de rechutes continuelles, elle a enfin renoncé, pour le reste de sa vie, à faire la comtesse. Le mari espérait du moins être récompensé par sa fécondité; car la fécondité est, ce me semble, une qualité bourgeoise, et il est vrai qu'elle en a assez, mais ce n'est que pour produire filles sur filles. En voilà déjà quatre qui mettent leur père au désespoir. J'ai vu le temps qu'il n'était pas trop dévot; mais il commence à croire aux saints qui font avoir des garçons. Un certain gentilhomme, du petit nombre des Huguenots qui nous restent encore, se trouva hier chez moi, et voulut faire au comte D'..... quelques mauvaises plaisanteries sur son pélerinage, comme ces Messieurs en savent bien faire; mais il fut repoussé avec un zèle dont le comte a lieu d'espérer trois ou quatre garçons de suite. Il est fort en colère contre la comtesse de ce qu'il ne peut ennoblir ses sentimens jusqu'au point de lui faire souhaiter un fils avec autant de passion qu'il en souhaite un. Il la trouve sur cela dans une indifférence tout-à-fait roturière, et peut-être soupçonne-t-il que c'est faute d'être dans des dispositions d'esprit assez élevées, qu'elle ne fait point de comtes. La petite femme aurait-elle bien l'adresse de n'avoir que des filles, pour ne le pas laisser en liberté de se relâcher sur ses devoirs? Car assurément cet article souffrirait une diminution notable, s'il avait tiré d'elle un garçon ou deux; mais de fille en fille elle le menera loin. Quoiqu'elle n'ait pas beaucoup d'esprit, je croirais volontiers qu'elle en aurait assez pour cela. Les femmes entendent si bien leurs vrais intérêts! Ce qui tourmente le plus le comte, c'est qu'il a eu des maréchaux de France dans sa famille. Laisser éteindre une maison qui a porté de tels personnages! Laisser mourir un si grand nom! C'est pour en mourir soi-même; mais peut-être aussi que les successeurs de ces grands hommes ne veulent pas être petit-fils d'un marchand. Que sait-on si ces êtres à venir ne sont point déjà délicats sur l'honneur? Quoi qu'il en soit, le pauvre comte est bien à plaindre d'avoir pris une femme qui ne sait ni faire la comtesse, ni faire des comtes. Nous verrons si le pélerinage remédiera à ce dernier malheur; pour le premier, je ne crois pas qu'il y puisse rien.

A Monsieur DE...

Je ne puis jamais avoir plus de besoin d'un bon conseil, mon cher ami, et je vous le demande de tout mon cœur. On me veut marier. Me marier! Ne trouvez-vous pas déjà que cette affaire là est trop sérieuse pour moi, et que je n'en suis point digne? Je n'ai point

encore eu en ma vie une seule pensée solide, et ne m'en
suis pas plus mal trouvé. Faudrait-il commencer à en
avoir? Mais à qui encore veut-on me marier? A madame
d'A....., la plus sage personne qui soit au monde.
Il me semble que je la vois déjà réduire ma vie à une
forme régulière, m'aimer par méthode, et se prescrire
la loi d'avoir des enfans tous les ans. J'ai su encore depuis
peu un trait de sa vertu qui me fait frémir. Elle
avoue qu'il n'est pas possible qu'une femme de bien
n'ait quelque chose à souffrir pendant un long veuvage.
Il n'y a qu'une femme bien sûre, et d'elle-même,
et de sa réputation, qui ose tenir de pareils discours.
Mais songez-vous que ce serait moi qui viendrais finir
son veuvage douloureux? Qu'en dites-vous? ne trouvez-vous
point de témérité à cette entreprise? Ce qu'il
y a de fâcheux, c'est que le parti, à parler raisonnablement
est très bon en toutes manières, et que je suis
réduit à la nécessité d'entrer dans une vraie délibération,
et très menacé de faire une sottise, en n'écoutant
pas les propositions qu'on me fait. De plus honnêtes
gens que moi les recevraient à genoux. On m'assure
que la dame voudra bien penser à moi ; peut-être se
propose-t-elle comme un plaisir de m'apprendre à vivre
sagement. S'il faut que cela lui réussisse, je suis perdu.
Je ne sais pas ce que je deviendrai, s'il arrive qu'on
me fasse avoir de la raison. J'ai songé s'il n'y aurait
point lieu d'espérer que je la déréglerais plutôt qu'elle
ne me morigénerait ; beau dessein à prendre en épousant
une femme ! Mais je ne puis pas même me flatter
de cela ; je sens qu'elle s'attirera de moi un certain respect,
qui lui donnera une grande supériorité sur moi.
Je ne crains point d'être gouverné, je ne crains que

d'être rendu sage. On me donnera des charges, des enfans, des vues et des desseins ; je ne puis seulement soutenir cette idée là. Que madame d'A..... n'a-t-elle, à l'heure qu'il est, quelque procès qui la ruine, ou quelque petite-vérole qui la gâte ! Que je serais obligé à un événement qui me mettrait hors d'état de penser à cette affaire là, sans qu'il y eût de ma faute ! Car ni je ne la veux faire, ni je ne veux avoir à me reprocher de ne l'avoir pas faite. Vous ne sauriez croire combien je suis changé depuis quatre jours que j'ai cette agitation dans l'esprit. Je n'avais jamais tant pensé : je vois que cet exercice là m'est extrêmement contraire.

AU MÊME.

Mon mariage est rompu, Dieu merci : il est vrai qu'il y a de ma faute; mais mon honneur est sauvé devant les hommes, et je ne prétends mettre que vous seul dans ma confiance. J'allai chez madame d'A....., entraîné malgré moi par la bonté de l'affaire qu'on me proposait, tremblant, interdit, et déconcerté par la seule pensée qu'il s'agissait d'un mariage. Jamais assurément la pudeur d'aucune fille n'a tant souffert de cette idée. Je m'aperçois que l'expression n'est guère forte : en voici une qui vous fera mieux entrer dans la chose. J'étais si changé, qu'à me voir et à m'entendre parler chez madame d'A....., on m'eût pris pour un homme sage et sérieux. Peut-être ce changement passait-il auprès d'elle, pour une marque de l'envie que j'avais de lui plaire, au lieu qu'il ne marquait que l'extrême appréhension que j'avais d'elle et de son mérite. Enfin, la personne qui négociait l'affaire vint, après bien des cérémonies, me demander quel était mon bien. Sur cela, il me prit une forte tentation de le faire moindre qu'il n'est ; fourberie qui se pratique rarement en fait de mariage ; mais enfin j'y étais réduit. La chose était conclue si je n'y donnais ordre. Le parti était si bon, que je ne pouvais pas le refuser ouvertement ; et je me crus fort heureux qu'il se présentât un moyen de me faire refuser, sans qu'on s'en aperçût. Je fis donc le héros, et j'avouai que mon bien n'était pas ce qu'on croyait. J'avais, à la vérité, quelque peur que cet héroïsme ne touchât la dame. Cependant je me reposai sur la nature, qui ne se porte pas volontiers à ces excès de générosité, et je m'attendis à être refusé avec beaucoup de reconnaissance et de louanges. Cela ne manqua pas d'arriver ; mais ce qu'il y a de plaisant, et que j'appris hier, c'est que la dame calcula si mon bien et le sien mis ensemble pourraient donner une telle charge au fils aîné qui naîtrait de nous, telle autre au cadet, tel mariage à une fille : car comme elle est une personne d'un grand ordre, elle a déjà réglé dans sa tête quels seront les établissemens des enfans à venir de son second lit, et je ne sais si elle n'a pas même arrêté l'ordre de la naissance des garçons et des filles. Pour moi, je pensai mourir de joie de me voir sortir d'une si bonne affaire et je me flatte de n'être pas si malheureux qu'il s'en pût présenter encore à moi quelque autre aussi avantageuse en toutes façons. Quand j'ai revu madame d'A....., ça été avec toute ma gaieté ordinaire ; et à l'heure qu'il est, que je ne songe plus à l'épouser, je m'en accommode fort. Je deviendrais même amoureux d'elle, si elle voulait. Il est vrai qu'elle est bien sage ; mais il n'y a rien que je ne fasse pour la remercier de m'avoir refusé. Je suis fort trompé même, si elle n'a quelques agrémens nouveaux qu'elle n'avait point avant ce refus : c'était la seule proposition du mariage qui empêchait ces charmes là de naître. Admirez un peu la grande vertu qu'il a.

A Monsieur DE...

Croiriez-vous bien ce que je vais vous apprendre? Madame de....., que vous trouviez si mauvais qui prît encore part à la galanterie, y triomphe malgré ses cinquante ans. Il lui est arrivé la plus glorieuse aventure qu'elle eût jamais pu espérer : elle a reçu des coups de canne de son amant, pour quelque soupçon d'infidélité ; et même il était si transporté, qu'en descendant de sa chambre, il cassa la lanterne de l'escalier. Elle est devenue insupportable de la fierté qu'elle a de se voir encore aimée d'une manière si vive ; elle soutient sans cesse que c'est la faute des femmes qui ne savent pas se faire aimer comme il faut, et que si elles avaient l'esprit de se bien servir de leurs avantages, il n'y a point d'hommes à qui elles ne fissent tourner la tête. Elle se loue fort de Monsieur..... à ceux qu'elle admet dans sa confidence ; elle dit qu'il a des emportemens charmans, et qu'il faudrait connaître les ressources de passion et de tendresse qui sont en lui. Représentez-vous ces discours prononcés avec une voix déjà un peu cassée et tremblante, et sortant d'une bouche où les dents commencent à être rares. Elle se croit rajeunie par ces coups de canne qu'elle a heureusement attrapés, et elle insulte à toutes celles de son âge qui n'ont pas assez de mérite pour se faire battre. Aussi j'en vois qui sont horriblement jalouses, et qui n'oublient rien pour diminuer le prix de ces coups qu'elle a reçus. Une de ses contemporaines et de ses envieuses m'a dit que, quand..... l'avait battue, il venait de perdre son argent au jeu, et que la mauvaise humeur où il était, avait bien contribué à lui faire lever la canne sur cette charmante personne; que pour la lanterne, c'était un laquais maladroit qui l'avait cassée. Voyez un peu ce que c'est que l'envie, et avec quel art elle se plaît à rabaisser tout ce qui fait honneur au prochain. Il n'y a pas jusqu'aux hommes, qui n'aient reproché au pauvre..... sa vivacité, comme s'il n'était pas permis d'en avoir avec qui l'on veut, et que l'on fût obligé de rendre compte au public, de l'âge qu'ont les personnes que l'on bat. Vous aurez battu une aimable vieille dans un transport amoureux, et tout le monde sera en droit de venir censurer ces coups de bâton, et de trouver à redire qu'ils ne soient pas tombés sur un assez jeune dos! En vérité, cela est étrange, et l'on est devenu de bien mauvaise humeur en ce siècle-ci. Adieu, profitez de cet exemple, usez sagement de votre canne, et souvenez-vous qu'on n'en est plus digne passé vingt-cinq ans.

A Mademoiselle DE V...

Lorsqu'elle avait la petite-vérole, et qu'il lui avait enseigné un remède qui la devait empêcher d'être marquée.

J'apprends avec une joie incroyable que mon remède fait son effet, et je ne puis m'empêcher, Mademoiselle, de vous écrire pour m'en féliciter. Je voudrais seulement qu'il me fût permis de suivre ma lettre, et d'aller m'exposer à gagner du mauvais air auprès de votre lit. Il est vrai que je ne risquerais pas beaucoup;

Je suis si accoutumé à respirer auprès de vous un air très dangereux, que je crois que la peste ne me ferait pas de peur ; tout au plus je gagnerais la petite-vérole : assurément elle tiendrait bien, et laisserait des marques très profondes ; elle me causerait des délires et des transports au cerveau assez fréquens ; je n'en serais pas quitte pour des années entières de souffrance ; mais avec tout cela elle ferait le plus doux plaisir de ma vie. Du moins voilà les effets qu'a produit en moi ce que j'ai pris de vous jusqu'à présent, et je ne raisonne de la petite-vérole, que par comparaison à une autre maladie que j'ai gagnée. Si vous avez peine à la deviner, demandez à votre médecin quelle elle peut être ; il vous le dira bien sur les symptômes que je vous mande, et ce billet pourra servir de mémoire instructif pour une consultation.

A LA MÊME.

Enfin, Mademoiselle, tous vos miroirs vous assurent de ce que je vous avais déjà prédit, et vous avez le plaisir de voir que vous n'êtes aucunement marquée. Songez que vous me devez le plus beau teint du monde, et que les roses et les lis dont il est composé m'appartiennent. J'ai conservé ces fleurs, je les ai cultivées ; serait-ce à un autre à les cueillir ? Peut-être même vous me devez vos yeux, et tous nos cœurs savent assez quels yeux ce sont que les vôtres. Pour votre nez, il est certain que vous m'avez l'obligation de ce qu'il n'est pas grossi, et il vaudrait autant que vous me le dussiez entièrement. Ne vous offensez point de ce que je vous présente un miroir si exact de tout ce que vous me devez : vous n'êtes pas d'une générosité qui me puisse dispenser d'une pareille exactitude ; et quoique toute votre personne me soit présentement engagée, je ne sais si je pourrai faire valoir toutes mes prétentions légitimes, et si je ne trouverai pas bien des non-valeurs. N'allez pas dire qu'il n'y a tout au plus que le visage qui me soit obligé, et que tout le reste n'était point en péril d'être endommagé par la petite-vérole. Le visage, c'est tout; c'est par le visage qu'on est belle; c'est lui qui est caution pour tout ce qui ne se voit pas, et même sa beauté se répand sur tout ce qui se voit. Il me semble qu'un beau bras n'est point beau, s'il n'appartient à un beau visage. Ainsi qui a des droits sur le visage, en a sur tout; et quand même les miens se borneraient là, ou que l'on m'y réduirait, je tâcherais à prendre patience : mais aussi comme un visage est propre à bien des choses, je vous avoue que je ne le dispenserais d'aucune des fonctions dont il est capable. Mes menaces ne vous font-elles point de peur, et n'eussiez-vous point mieux aimé avoir la petite-vérole tout du long? Vous en eussiez rapporté un visage qui n'eût rien dû à personne. Cependant, ne vous effrayez point, je tâcherai à vous traiter de sorte que vous n'ayez point de regret de n'avoir pas été gâtée par la petite-vérole.

Je suis si généreux, que j'ai oublié à vous compter un des plus considérables articles que vous me deviez, et je suis réduit à ne le mettre ici que par apostille. Je me vois chargé de la haine de toutes les belles femmes, qui savent que mon remède vous a préservée d'être marquée. Elles avaient déjà fondé de grandes espérances sur votre petite-vérole. Elles prétendaient bien qu'après cela, il n'y aurait plus rien de divin à votre beauté, et que votre visage, aussi bien que le leur, ne serait plus que celui d'une belle mortelle ; car il ne vous pouvait arriver pis que d'en être réduite là. Il faudra que je me cache quand vous reparaîtrez. Toutes ces femmes me veulent autant de mal que si c'était moi qui les effaçasse, et ma condition ne serait pas plus mauvaise, quand je serais une fort jolie fille. Comment l'entendez-vous, Mademoiselle? Ne me paierez-vous pas de l'injustice de tout votre sexe?

A Monsieur D'A...

Je crois, Monsieur, que je ferai bien d'en user avec vous sur la mort de votre beau-frère, comme j'en ai usé avec madame votre sœur. Son mari était homme de grand mérite, fort estimé dans sa profession ; elle vivait fort bien avec lui : mais enfin elle est veuve et très riche, et encore fort jeune. Je n'ai jamais pu déterminer si je lui ferais un compliment de condoléance ou de conjouissance. Selon la bienséance et la coutume, il ne pouvait pas y avoir de doute ; mais selon la vérité, il pouvait fort bien y en avoir. Dans cette incertitude, je lui ai envoyé pour toute chose un blanc-signé. Elle m'a bien entendu, et m'a répondu en ces quatre mots, fort spirituellement à ce qu'il me semble : *Je remplirai votre blanc-signé dans six mois.* Ne voulez-vous pas bien, Monsieur, que je vous en envoie un pareil ?

A Monsieur DES T...

Le mariage de ma nièce, dont vous me demandez des nouvelles, nous jette tous dans un embarras très ridicule, et pourtant très sérieux. Je vous révélerai en confidence le secret de notre famille. La petite créature a pris son mari en aversion, et ne veut point absolument s'acquitter des devoirs conjugaux. Nous ne manquâmes pas, le lendemain des noces, d'aller dire au mari tout ce que la coutume ordonne qu'on dise de sottises ; il nous reçut très froidement : elle, au contraire, je ne l'ai jamais vue si gaie. Je ne comprenais rien à cela, sinon que je croyais que le chagrin du nouveau mari venait des reproches secrets d'une mauvaise conscience, et que la jeune femme lui insultait. Il est pourtant certain qu'elle eût dû en ce cas là prendre sa part du chagrin. Mais j'étais bien éloigné de la vérité ; c'est qu'elle était ravie d'avoir fait enrager son mari pendant toute la nuit. Elle a cela d'heureux dans sa bizarrerie, que s'étant mariée contre son inclination, elle se fait un plaisir extrême de s'en venger, et le succès de ses vengeances lui donne une gaieté qui la rend encore plus aimable. Ma sœur, qui est fort dévote, est au désespoir de voir sa fille se damner, et se damner d'une façon si particulière, que cela en est encore mille fois plus chagrinant ; car assurément vous trouverez peu de femmes sujettes au péché que fait ma nièce. Sa mère lui a fait venir les meilleurs théologiens de Paris, qui l'ont gravement exhortée à faire l'acquit de sa conscience, et lui ont prouvé savamment, et par de beaux passages, qu'il fallait coucher avec son mari : elle leur a toujours répondu gaiement et follement, que ce n'était pas là une affaire qui se dût décider par des passages, et s'est jetée dans des raisonnemens si burlesques, que ces Messieurs avaient quelquefois de la peine à garder le sérieux qu'ils étaient obligés d'avoir. A leurs doctes remontrances succèdent les tendres caresses du mari, et elle résiste également à ces différentes sortes d'attaques. Il est vrai qu'il y aurait plus de sujet d'espérer quelque chose des raisonnemens des docteurs, que des agrémens du mari; c'est une figure qui la raffermirait dans sa résolution, quand la théorie l'aurait ébranlée. Il se rend le plus aimable qu'il peut. Le baigneur et le parfumeur ont bien travaillé sur sa personne, comme les docteurs sur l'esprit de Madame, et rien n'a encore réussi. Au moins a-t-il cela de bon, qu'il ne se décourage point; mais je doute que l'on puisse autant espérer de la constance d'un mari que de celle d'un amant. Ce qu'il a de plus qu'un amant, c'est-à-dire un certain droit à ce qu'il demande, est justement ce qui lui fait tort; il obtiendrait plus aisément ce qui ne lui serait nullement dû. A cela près, ne serait-il pas heureux de se trouver engagé dans une entreprise d'amour, au lieu de languir dans un froid et tranquille mariage.

AU MÊME.

Il faut que je vous avoue le mauvais succès d'un artifice que j'avais pratiqué à l'égard de ma nièce pour la réduire à son devoir. Nous savions qu'elle devait aller consulter un certain astrologue italien, dont une femme de ses amies lui avait parlé. Je crus qu'il ne serait pas mauvais de prendre les devans auprès de lui, pour lui faire dire ce qui nous conviendrait. J'allai donc trouver le charlatan, qui d'abord me protesta fort qu'il ne lui disait rien qu'il ne l'eût vu dans les astres; mais une petite gratification que je lui offris le fit résoudre à altérer un peu le texte à l'endroit où le grand livre du ciel traite de la destinée de ma nièce. Comme elle a de l'esprit, je m'imaginai qu'il fallait la tromper avec adresse, et je dis à l'astrologue de lui prédire qu'assurément elle aurait beaucoup d'enfans. Je prétendais que sur cette fausse prédiction elle désespérât de pouvoir toujours résister à son mari, et se soumît aux ordres du destin; mais elle a pris la chose tout autrement que je n'avais prévu. Elle a dit, j'aurai des enfans, ce ne sera pas assurément de cet homme-ci; j'en aurai beaucoup, je serai donc bientôt veuve, et de là elle a conclu qu'elle n'avait pas encore long-temps à combattre et à se défendre, et est devenue d'une opiniâtreté plus invincible que jamais. Cela même lui fournit une réponse pour ceux qui la prennent du côté de la conscience, car elle les assure qu'elle fera quelque jour pénitence de son péché; et quand on lui représente que peut-être elle y mourra, puisqu'elle peut mourir avant son mari, elle ne fait que sourire avec un certain air de confiance fondé sur les astres. Cette pénitence qu'elle fera avec un second mari lui plaît fort, et elle a l'âme assez bonne pour avoir beaucoup d'envie d'être bientôt en état de faire son salut. Soyez sûr que, selon son compte, sa conversion sera très sincère, et qu'il n'y aura rien qu'elle ne fasse pour la rendre irréprochable. Elle m'a confié la prédiction, et je lui ai avoué, pour l'en désabuser, que j'en étais l'auteur : je le lui ai fait dire par l'astrologue même; elle croit qu'on lui veut faire prendre le change, et s'en tient avec une grande foi au premier rapport des astres. Le pauvre mari ne sait plus où il en est, et je crois qu'il ira bientôt consulter aussi quelque devin sur la rébellion de sa femme. Le ciel et les enfers entendront parler de cette affaire-là : je ne sais pas comment ils la prendront; il est certain que sur la terre on n'en ferait quasi que rire. Les maris sont ridicules, sans qu'il y ait de leur faute, dès qu'il plaît à leurs femmes qu'ils le soient. En voici une qui déshonore le sien par excès de chasteté, invention toute nouvelle. Ne croyez-vous pas que ce sont les femmes, qui, pour se venger de certaines lois incommodes qui leur ont été imposées par les hommes, en ont fait d'autres par lesquelles elles transportent sur les hommes le ridicule de leurs propres actions?

AU MÊME.

C'est une source d'événemens plaisans que le mariage de ma nièce. Elle a été prise de vapeurs cruelles qui lui font même avoir des visions très désagréables, comme des têtes de mort, et des cercueils; tous les médecins qu'elle a consultés lui ont ordonné son mari. Elle a d'abord rejeté l'ordonnance bien loin, et a dit qu'absolument on lui trouvât quelqu'autre remède. Nous lui avons fait comprendre qu'il n'y en avait point, qu'il ne fallait pas s'attendre qu'une médecine fût agréable, et que le dégoût même qu'elle causait était une marque du bon effet qu'elle devait produire. Pour moi, je lui offris les soins et les hommages d'un amant après ceux de son mari, comme on a coutume de prendre un petit morceau de sucre après une médecine pour en perdre promptement le goût. Les vapeurs qui redoublaient ont fortifié nos raisonnemens; et enfin, après deux ans de mariage, est venue la nuit des noces. Le mari ne se sent pas de joie, trop heureux d'avoir été pris en médecine, et par l'ordonnance de la faculté. Tout ce qui le fâche, c'est qu'il est un très bon remède, et que les vapeurs ont cessé trop tôt; il craint de n'être plus nécessaire, et je soupçonne que l'autre jour il s'informa sérieusement à un habile médecin, s'il n'y avait point quelque secret pour donner des vapeurs aux gens qui n'en ont point; je m'en éclaircirai. La petite femme de son côté est honteuse d'être guérie; elle a presque regret à la maladie qu'elle n'a plus, et elle ne serait pas fâchée d'avoir à reprocher à son mari qu'il ne lui aurait servi de rien; c'est peut-être une chose dont elle est incommodée que de le voir en état de triompher de ses succès, et de faire l'important. De toutes les visions déplaisantes qu'elle avait, il ne lui est resté que celle de ce mari, qui malheureusement est plus fixe que celles qu'elle avait dans ses vapeurs, et plus difficile à chasser. Cependant elle se croit déjà grosse, et faisant réflexion sur son aventure, elle a conçu une plus haute estime que jamais pour son astrologue. Lui avoir prédit qu'elle aurait beaucoup d'enfans, sans lui prédire le veuvage! Cela est merveilleux; car dans les dispositions où elle était, il n'y avait nulle apparence, et sans toutes ces têtes de mort et ces enterremens qu'elle voyait, jamais son mari ne lui eût été rien. Est-il possible que les astres en sachent tant? Elle voit bien que je la trompais en lui soutenant que j'étais l'auteur de la prédiction, et j'en conviens présentement, pour le bien de la chose. Assurément elle va se rendre aux étoiles et à son mari. Il faut bien avoir des enfans, pour contenter les astres qui le veulent. Elle disait l'autre jour à une de ses amies, en lui vantant son astrologue, qu'il n'y avait point d'incrédulité qui pût tenir contre les choses particulières et hors de toute apparence qu'il lui avait prédites. Que cela se répande, il n'en faut pas davantage pour renverser deux ou trois cents têtes de femmes, et faire la fortune d'un charlatan, qui n'y aura contribué que par une fausseté qu'on lui a suggérée.

A Monsieur DE L...

Je vous ai promis de vous apprendre des nouvelles du mariage de R..... Je ne sais si j'étais prévenu, et si je me suis figuré qu'il était effectivement comme je croyais qu'il dût être; mais je l'ai trouvé embarrassé, et presque honteux d'être marié. Il a raison; il perd toute la gloire des bravades qu'il avait faites sur le chapitre des femmes, et d'une infinité de plaisanteries qu'il avait débitées contre le mariage. Il nous en a voulu faire encore quelques unes; mais de bonne foi, il les a faites de si mauvaise grâce, et d'un ton si humilié, que nous avons eu pitié de lui. Le voilà convaincu d'être fragile, et plus fragile qu'un autre : il ruine sa fortune pour une petite figure, jolie à la vérité, mais qui n'en aura peut-être pas grande reconnaissance. Pourquoi aussi déclamer contre les femmes avant soixante ans? Encore serait-ce de bonne heure. Pourquoi faire profession de ne les estimer pas quand on sent qu'on les peut aimer? Ce n'est pas par l'estime qu'on y est pris ordinairement : il ne leur importe pas beaucoup si les réflexions qu'on fait leur sont contraires, pourvu que le tempérament de ces raisonneurs là leur soit favorable. Si j'étais en la place de R....., et que je me fusse autant engagé d'honneur que lui à ne me point marier, je haïrais bien une jolie personne de l'avoir épousée. La condition du pauvre R..... est d'autant plus fâcheuse, qu'afin qu'il puisse se sauver à l'égard du public, il faut que la dame soit une héroïne en toutes façons. Elle a de la beauté, mais il lui faut encore bien de l'esprit : il n'en sera pas quitte comme les autres, pour n'être déshonoré que quand elle aura des galanteries; il le sera même si elle n'a pas de l'esprit comme un ange, et son honneur y est également intéressé. Je serais bien fâché d'être obligé à garantir tant de perfections dans une femme. Aussi le même chagrin où serait un autre qui apprendrait de la sienne quelque histoire peu agréable, il l'a quand il n'entend pas louer madame de R..... autant qu'il voudrait. Connaissez-vous un homme plus marié que celui là? S'il faut qu'elle regarde d'un œil de pitié quelqu'un des amans qu'elle ne manquera pas d'avoir, quel ridicule pour le mari! Double, triple, centuple du ridicule commun. Quelle grêle de plaisanteries! Je frémis de la situation où il est. Mon cher ami, ne perdons jamais le respect pour les femmes en général, ni pour le mariage, ni pour toutes les choses auxquelles elles peuvent s'intéresser. Nous sommes trop exposés à leur vengeance.

A Monsieur DE B...

Voyons si vous ne prendrez point pour une fable ce que je vais vous conter. Un homme dont la femme avait quelques galanteries, devint cruellement goutteux, et un beau jour il lui parla à peu près en ces termes : *Vous savez, Madame, que je suis assez aisé à vivre; jusqu'ici je ne vous l'ai pas fait remarquer, mais c'est en quoi je l'ai été davantage. Vous jugez bien que j'ai dû voir ce qui se passait entre vous, et tels et tels,* qu'il lui nomma. *Ah! Monsieur,* s'écria la dame en rougissant, et d'un air fort embarrassé, *on vous a fait de mauvais rapports. Laissez-moi dire,* reprit-il avec le flegme que vous voyez à Auguste dans cette belle scène qu'il a avec Cinna au commencement du cinquième acte ; et en effet, celle-ci y ressemble assez. *Je sais donc toute votre histoire; j'y joue un personnage assez considérable pour la savoir. Ce n'est pas là de quoi il est question. Jusqu'à présent, vous avez suivi le grand chemin des jeunes femmes; je ne le trouve pas étrange; je m'y étais bien attendu : mais vous faisiez grâce à vos amans, lorsque vous aviez un mari qui ne leur eût peut-être cédé sur rien. Je ne doute pas que vous ne leur ayez fait valoir cette préférence que vous leur donniez, et que vous n'ayez eu l'art de mettre dans vos faveurs un certain air de dignité qui vous attirât toujours de la considération. Maintenant cela ne se peut plus : me voici accablé de goutte; vos amans croirons vous être nécessaires; vous n'avez plus de mari dont vous leur puissiez faire un sacrifice : ils vous manqueront de respect; ils vous traiteront comme la femme d'un goutteux. Je ne saurais vous en dire davantage. Songez-y : vous romprez ces sortes de commerces, si vous m'en croyez; ils ne vous conviennent plus. Le conseil que je vous donne ne peut jamais être plus désintéressé. Je suis goutteux, je ne prends plus de part aux affaires de ce monde.* Elle voulut répondre et nier encore; mais il n'en fit que rire, et l'envoya penser bien sérieusement à ce qu'il lui avait dit. Savez-vous ce qui en est arrivé? On a honnêtement donné congé à tous ces beaux messieurs qui avaient pris d'autres espérances, et effectivement je crois que c'est ici, pour la première fois, que la goutte d'un mari a vidé la maison d'amans. Selon les apparences, il en allait pleuvoir dans celle là. Voilà de ces événemens qu'il est impossible de deviner. Les intéressés ne se fussent pas avisés de faire des vœux pour la santé de ce mari; elle leur était pourtant nécessaire. Si vous me demandez comment j'ai su cette aventure;

il est certain que dans un roman j'en serais quitte pour mettre quelqu'un derrière la tapisserie; mais quand je vous verrai je vous dirai quelque chose de meilleur, que je ne veux pas vous écrire. Je ne sais quel effet cela fera sur vous; pour moi, j'admire le bon sens extraordinaire du mari. Tant que sa femme n'a eu à son égard que les fonctions de femme, il a souffert qu'elle se soit partagée; elle n'en valait pas moins : mais il devient infirme, il a besoin que sa femme devienne sa garde. Une garde ne fait pas bien son devoir, si elle est partagée : il trouve moyen de jouir seul de sa femme, lorsqu'il la réduit à prendre cette qualité; il s'en ressaisit, non par le caprice ordinaire de la jalousie, mais par de très solides raisons, qu'il serait à souhaiter que tous les maris entendissent, pour enlever leurs femmes au monde galant. On serait assez équitable pour les leur céder, quand ils auraient ces raisons à dire : mais en vérité on ne peut pas se rendre à celles qui les font agir ordinairement; aussi paraît-il assez par l'expérience, qu'on n'y a pas beaucoup d'égard. A l'heure qu'il est, la dame dont je vous parle, passe les journées au chevet du lit de son mari, et j'ai conçu une telle estime pour lui, que je crois qu'il se fait conter par la belle les particularités de ses amours, et qu'il s'en réjouit avec elle.

A Monsieur DE S...

Je m'étonne que vous soyez surpris de ma rupture avec madame d'H.....; vous ne songez donc point à l'horrible infidélité qu'elle m'a faite, vous ne songez point qu'elle s'est mise dans le jeu. Cette maudite bassette est venue pour achever de dépeupler l'empire de l'amour, qui était déjà en assez mauvais état; c'est le

plus grand fléau que la colère céleste pût lui envoyer.
Combien de gens qui avaient résisté à la maladie de
l'hombre, sont emportés par la bassette? Madame d'H.....
est malheureusement de ce nombre. Dès que ce jeu parut, mon amour s'alarma ; car les amans, comme vous
savez, sont bien délicats. J'eus des pressentimens funestes ; je priai la dame de me faire des sermens qui me rassurassent sur la bassette ; je lui fis prononcer contre elle
des malédictions qui vous feraient dresser les cheveux
à la tête, si j'osais vous les répéter ; et huit jours après,
la voilà qui prend pour la bassette une passion démesurée : on ne la trouve plus que dans un cercle infernal,
où une douzaine de démons, et autant de furies, avec
un visage enflammé et des yeux ardens, sont attentifs à
une espèce d'opération magique qui s'y passe devant
eux. N'y eût-il que la laideur dont elle va être, il aurait
bien fallu l'abandonner. Vous ne reconnaîtriez pas son
teint qu'elle avait si beau. Quinze jours de bassette
l'ont plus brouillé et y ont fait entrer plus de jaune que
n'auraient fait quinze enfans, ou quinze années, et ce
jeu là peut être appelé l'art de vieillir en peu de temps.
J'ai été la voir à des heures où je n'avais point à craindre
la bassette chez elle ; elle était seule effectivement, mais
elle avait des jeux de bassette devant elle, et méditait
profondément sur la suite des cartes. Elle me regardait
d'une vue égarée, et il ne sortait de sa bouche que des
alpiou et des *sept et le va :* quels mots en amour ! Jugez
s'il y aurait une constance qui pût être à l'épreuve de
tout cela. J'aurais mieux aimé que l'on m'eût donné un
rival que j'aurais fait enrager en cent manières ; mais
comment me venger de la bassette ? Il lui faut céder ce
que j'aime, sans espérer de m'en pouvoir ressentir.

Voilà ce qu'il y a de plus cruel au monde. Tout ce que je puis faire, est de prendre pour mon rival un certain homme d'assez mauvaise mine, jusqu'à présent inconnu, qui vient tailler chez madame d'H....., et qui en reçoit tous les matins des billets, par lesquels elle s'assure de lui pour l'après-dînée. Il est bien fâcheux d'avoir à prendre cet homme là pour son rival. Mais enfin c'est toujours quelqu'un à qui on peut faire un tour quand on sera de mauvaise humeur, et cela vaut mieux que rien.

AU MÊME.

Je suis vengé de madame d'H.....; elle a fait de grosses pertes, qui l'ont épuisée, et même elle s'est si bien échauffé la poitrine au jeu, que son médecin vient de la condamner au lait d'ânesse. Malade et sans argent, elle songe à me rappeler; sa maison est devenue fort tranquille, et si je veux, les deux personnes qui y seront les plus assidues, seront l'ânesse le matin et moi le soir. Mais je délibère quelquefois si je dois renouer. C'est une tête qui a tourné dès que la bassette s'est présentée à elle; elle m'a planté là avec une légèreté et une promptitude merveilleuse, et si je lui retrouve plus de calme dans l'esprit, elle le doit à l'ânesse. En vérité, je suis fort blessé de cette idée là. Elle fût donc devenue tout-à-fait folle, s'il n'y eût point eu d'ânesses au monde? Pour sa beauté, il est certain que sans leur secours c'en était fait. J'aurais assez d'inclination à attendre qu'elle se fût entièrement rétablie, et que le lait de cette pauvre bête se fût changé aux lis et aux roses dont se compose le visage d'une déesse; mais s'il faut qu'elle se chagrine de ce que je ne retourne pas vers elle au premier ordre, le lait d'ânesse ne lui profitera point. Ainsi, je crois après tout que ce sera bien fait de travailler à la remettre, de concert avec ce charitable animal, qui n'y a pas tant d'intérêt que moi. Si nos soins réussissent, elle redeviendra fort aimable, surtout quand les idées douces de l'amour auront repris leur place dans son esprit, et en auront chassé l'agitation ridicule que la bassette y produisait.

A Mademoiselle D'HER...

J'aprends que vous êtes bien embarrassée, ma chère cousine, et que vous n'avez guère de sujet de l'être. Où est, je vous prie, la difficulté ? M. le marquis de la F..... veut vous épouser secrètement, et votre vertu ne s'accommode pas de ce parti là ? Vous voudriez qu'il y eût trois bans prononcés haut et clair, ensuite des fiançailles dans les formes, et puis des noces où tous les parens vinssent dire des sottises. Ma foi, je crois que vous vous moquez. Il y a bien d'honnêtes personnes qui se marient sur une simple promesse; quelquefois sur des lettres assez sujettes à interprétation ; quelquefois sur rien, à la manière de l'âge d'or, où l'on ne savait ni lire, ni écrire; et où il fallait bien que l'on se passât de contrat. Pour vous, vous aurez contrat et prêtre ; que vous faut-il davantage? Si l'affaire me regardait, je trouverais que c'en serait trop. Voulez-vous que la cérémonie, pour être dans toute son étendue, mette en péril dix mille livres de rentes qu'il en coûterait à M. de la F....., à qui sa vieille folle de tante, qui vous hait à la mort, pourra jouer un tour, si elle sait qu'il vous ait épousée ? C'est un raffinement de vertu bien surprenant, que d'avoir peur d'un mariage secret; et au contraire, avec cette vertu que vous avez, vous ne devriez jamais vous résoudre à être tympanisée trois fois de suite à haute voix dans une église, où l'on apprendrait à tout le monde qu'en tel temps vous rendriez M. tel maître de votre personne. Comment pourriez-vous vous montrer après cela? Comment soutenir les regards des honnêtes gens, qui sauraient à point nommé les actions libertines que vous auriez dessein de faire, ou que vous auriez faites? Ayez plus de pudeur, ma chère cousine; vous ne savez peut-être pas de quoi il est question, et de là vient que vous auriez tant d'envie de n'en pas faire mystère : mais si vous le saviez une fois, je ne crois pas que vous voulussiez que personne vous en crût capable; surtout je ne crois pas que vous en pussiez faire la confidence à un personnage aussi vénérable qu'un prêtre; vous ne la feriez sans doute qu'à M. le marquis, parce qu'il serait l'homme du monde le mieux disposé à vous pardonner vos faiblesses. Trouvez donc bon que l'on vous redresse un peu sur cela, et qu'on ne vous permette pas l'effronterie que vous voudriez avoir d'être mariée au vu et au su de tout le monde. Vous serez madame de la F....., et on vous appellera mademoiselle d'Her..... Vous serez encore de l'aimable troupe des filles qui paraîtront vos pareilles, et le seront peut-être. Vous pourrez n'entendre point certaines choses que des indiscrets disent quelquefois, et il vous sera permis d'en rougir; au lieu que si votre mariage était déclaré, il faudrait que vous prissiez un air un peu moins innocent et plus capable. Enfin, vous conserverez toutes les minauderies de fille, cela sera délicieux pour vous;

car naturellement la pudeur aime beaucoup les petites façons ; et comment ne les aimerait-elle pas ? On dit qu'assez souvent elle leur doit tout ce qu'elle est. Vous pourrez les mettre en usage à l'égard de M. de la F..... même : vous serez une demi-fille pour lui ; et tant que vous ne porterez pas son nom, il vous restera quelque sorte de droit d'être un peu plus composée et plus réservée à son égard. Voilà des ragoûts de vertu que je vous propose, qui assurément doivent vous tenter. Ma chère parente, ce qui décide l'affaire bien plus solidement, c'est la succession de la vieille tante, qu'il faut conserver. Vous aurez dix mille livres de rente de plus, pour ne point porter pendant quelque temps le nom de marquise de la F....., quoique vous en fassiez les fonctions. Je crois, Dieu me pardonne, que d'autres accepteraient ce parti, même à condition de faire toute leur vie les fonctions de marquise de la F....., sans en porter jamais le nom.

A LA MÊME.

Sans mentir, ma chère parente, je vous tiens trop heureuse dans votre petit mariage clandestin. De l'humeur dont vous êtes, vous n'auriez jamais tâté de la galanterie, et en voilà pourtant une, du moins façon de galanterie, où, avec toute votre vertu, vous ne laissez pas de vous trouver embarquée. Vous savez de quel prix et de quel agrément est la difficulté de se voir, et la nécessité d'y apporter beaucoup de précaution. Vous avez le plaisir de recevoir quelquefois dans votre chambre un homme que vous avez attendu toute la journée, que vous avez quelquefois craint qui ne pût se débarrasser des obstacles qu'il rencontrerait, à qui vous avez laissé une porte entre ouverte de votre propre main, et ce qui me paraît charmant, un homme qui entre sans bruit, qui marche doucement, ne fait point le maître de la maison. C'est être née coiffée que de ne se point départir de cette sévère sagesse dont vous faites profession, et d'éprouver ces sortes de délices, c'est-à-dire de rassembler tous les agrémens de la vertu et du libertinage. Craignez seulement que la vieille tante ne meure ; il vous en reviendrait dix mille livres de rentes : mais dix mille livres de rentes ne valent pas ce que vous perdriez, M. le marquis et vous, en cessant d'être contraints. Le mariage clandestin est le moins mariage, et par conséquent le meilleur. Vous ne serez que trop tôt en plein mariage, où vous aurez le loisir de regretter votre premier état; alors vous connaîtrez la langueur, l'ennui, les baillemens réciproques et tous les autres fruits de l'entière liberté, et vous voudriez de tout votre cœur avoir ressuscité la vieille tante. Pourrait-elle jamais croire qu'elle fût si utile à une personne qu'elle aime aussi peu que vous ? Elle se pendrait si elle le savait. Je fais réflexion sur cela qu'il ne faut point vieillir. Quand on est vieux, on est toujours attrapé par les jeunes gens, de quelque manière que ce soit. Cette pauvre bonne femme, qui ne vous veut que du mal, vous fait entrer pendant sa vie dans un commerce de galanterie dont vous ne mériteriez pas les plaisirs ; et après sa mort, pour continuer toujours d'être votre dupe, elle vous laissera dix mille livres de rentes. La voilà bien !

A Monsieur le marquis DE LA F...

Votre aventure, Monsieur, ou plutôt celle de madame la marquise de la F..... est toute des plus plaisantes à mon sens. On a pris tous les soins et toutes les précautions du monde pour cacher une grossesse; jamais fille n'a plus souffert que ma pauvre cousine. Enfin, la nourrice est arrêtée; le voyage se fait à la campagne sous des prétextes qui avaient épuisé tout votre esprit, et voilà deux garçons qui viennent au monde, et qui déconcertent toutes vos mesures. Ils sont tous deux résolus de séjourner en ce monde-ci. Une seule nourrice ne leur peut suffire, et la nécessité d'en trouver une seconde, évente le secret dans tout le village. Voilà le plus burlesque malheur qui vous pût arriver. Ne deviez-vous pas songer aussi qu'un mariage clandestin n'est pas comme un mariage ordinaire, et que les enfans s'y font deux à deux? Si le roi voulait beaucoup peupler son royaume, il n'en permettrait pas d'autres; je crois même qu'on ne verrait quasi plus naître de filles. Vous n'en aurez apparemment qu'après la mort de madame votre tante, et alors aussi vous n'aurez qu'un enfant à la fois; mais jusques là, il faut que la vertu du mariage clandestin opère. Votre secret étant en péril par la fécondité inespérée de madame de la F....., vous avez parfaitement bien fait de prendre les devans auprès de madame votre tante, et de lui faire dire qu'il était arrivé une petite aventure à mademoiselle d'Her..... avec le Chevalier..... Elle croit ce conte d'autant plus aisément, qu'elle hait beaucoup la demoiselle; et étant une fois prévenue, elle ne lui fera de sa vie l'honneur de croire qu'elle puisse être mariée avec vous. Il n'y a que la pauvre marquise qui est à plaindre; il faut que sa pudeur se fasse bien à la fatigue. Mariage clandestin, deux enfans à la fois, bruit d'une galanterie avec le Chevalier....., bruit qui sera reçu peut-être chez de certaines gens : voilà bien des affaires à soutenir. Il y a quelque démon malicieux qui en veut aux personnes qui se piquent de sagesse; c'est lui qui lui joue de ces sortes de tours là : il est vrai aussi qu'il est fort redouté, et qu'on ne s'expose guère à sa colère. Que sert à ma cousine toute sa prudence? Ne la voilà-t-il pas déshonorée par le Chevalier....., qui n'y a pas grande part, et qui pourtant, vain comme il est, aidera de tout son pouvoir à l'histoire, quand il viendra à la savoir? Si j'étais en votre place, je craindrais que, par l'expérience, la marquise de la F..... ne vînt à se dégoûter de la vertu. Il est vrai pourtant que comme c'est principalement à elle qu'elle doit votre cœur, elle aura plus de peine à cesser de l'aimer.

A Mademoiselle D'HER...

Votre mari se plaint de vous, et très sérieusement, et il a raison. Il dit que vous ne jouez plus bien le personnage de fille, et qu'il est aisé de s'apercevoir que vous avez eu deux enfans; qu'à d'autres qui en ont bien eu autant, il n'y paraît point du tout, et qu'il veut vous mettre à leur école pour vous apprendre à vivre. Je vois bien que depuis le bruit qui a couru de votre aventure, vous êtes bien aise qu'on vous croie mariée ; mais sérieusement que vous importe? Vous n'avez plus d'honneur, c'est celui de votre mari, et de là vient qu'il y a assez de femmes qui ne se mettent en peine de rien, parce que ce qu'elles font est plus sur le compte de leurs maris que sur le leur : mais on ne sait si vous en avez un; on le saura quelque jour;

et en attendant, si j'étais en votre place, je prendrais plaisir à jouir des avantages d'une réputation douteuse, à entrer également parmi les femmes de bien, qui vous croiront mariée, et parmi les coquettes qui ne le croiront pas. Vous serez de ces deux mondes différens, si vous voulez, jusqu'à la déclaration de votre mariage ; car quand vous en serez une fois venue là, et que vous aurez repris tous les dehors de la vertu, les coquettes ne voudront plus de vous, et assurément vous y perdrez ; leur monde est le plus joli. Si vous étiez charitable, vous songeriez qu'à l'heure qu'il est, il y a quelques personnes tendres et fragiles qui se flattent que vous n'êtes point mariée, et qui, sur votre exemple, se consolent d'une fécondité qui n'a peut-être pas été si grande que la vôtre. Ne leur enviez point cette consolation, en donnant trop à entendre que vous êtes la marquise de la F..... On le croit déjà assez, et on est assez disposé à vous rendre justice. Le Chevalier..... lui-même, à qui M. le marquis s'était avisé de donner les deux enfans, quoiqu'il ait été d'abord assez flatté de ce bruit, et qu'il l'ait reçu avec toute la modestie capable de le confirmer, n'a pourtant osé s'y jouer long-temps ; il a fait réflexion que la chose ne serait pas toujours douteuse, que vous ne vous gouverniez pas de sorte que sa vanité pût tirer quelque profit de ce bruit, à la faveur de l'ambiguité de votre conduite, et qu'il viendrait quelque éclaircissement fâcheux pour ceux qui ne se seraient pas assez défendus d'adopter les enfans d'autrui. Il a donc pris le parti de nier de la bonne sorte, et du vrai ton dont on nie ce qu'on ne veut pas qui soit cru. Reposez-vous sur l'opinion qu'on a de vous, et ne vous mettez point en peine d'y aider. Vous êtes bien heureuse que malgré vos imprudences d'honneur, la vieille tante une fois frappée, et frappée agréablement de vos prétendus amours avec le Chevalier....., ne se soit pas avisée de craindre que vous fussiez sa nièce : mais n'en faites pas trop; soyez encore quelque temps sans vous piquer trop de vertu, après quoi vous vous en donnerez tant qu'il vous plaira. Ce sera une belle chose à voir quand vous aurez lâché la bride à toute votre sagesse.

A Mademoiselle DE V...

Depuis trois jours, Mademoiselle, je ne fais que penser à la question sur quoi vous m'avez fait l'honneur de me consulter, et je ne trouve que des habillemens, ou qui vous orneront, ou que vous ornerez, mais beaucoup plus de cette dernière espèce. Je vous avouerai cependant qu'il y en a qui vous siéront mieux les uns que les autres. Je ne suis point d'avis qu'on vous peigne en amazone, vous avez l'air trop doux; je ne suis point d'avis non plus qu'on vous peigne en bergère, vous avez l'air trop fier; j'ai imaginé un habillement qui n'a aucun des inconvéniens qu'on pourrait trouver aux autres, il faut qu'on vous peigne en Iroquoise. Si vous ne savez pas quelle sorte d'habillement c'est, informez-vous-en, on vous le dira. Il est vrai que cet habillement là est difficile à soutenir, et qu'il y aurait bien peu de femmes qui y parussent avec avantage; mais ne vous mettez pas en peine, je vous réponds qu'il vous siéra bien. Il est fort galant, et en même temps fort simple, deux choses qu'on a de la peine à faire rencontrer dans le même habit. Ces Iroquoises entendent bien comment il faut se mettre. Il m'est venu une petite imagination qui pourra servir à orner le tableau ; c'est que comme les Iroquoises, aussi bien que leurs maris, mangent volontiers de la chair humaine, il ne sera pas mal de mettre devant vous une douzaine ou deux de cœurs dont vous mangerez quelqu'un par manière d'amusement ; cela s'accordera avec la figure d'Iroquoise que vous aurez, et avec votre caractère. Voilà, Mademoiselle, tout ce que j'ai pu imaginer de plus galant et de plus convenable ; je vous avouerai que je suis fort content de l'invention qui est particulière, et je crois que vous le serez aussi, quand vous y aurez bien pensé.

A LA MÊME.

Je ne disconviendrai point, Mademoiselle, qu'après la figure d'Iroquoise que j'avais imaginée pour vous, la plus convenable ne soit celle de Flore, que votre peintre vous donne. Vous êtes bien digne de l'empire des fleurs ; et nous autres, nous serions bien heureux, si vous vouliez vous en contenter, et ne régner que sur les roses et les violettes. Ne fera-t-on point paraître dans le tableau le Zéphir votre amant? Vous devez vous en accommoder assez, il n'est propre qu'à des fonctions légères, et qui ne vous alarmeront pas ; le plus grand désordre qu'il vous causera, sera de mêler un peu vos cheveux, tout au plus de faire voltiger votre robe, et de se glisser adroitement entre elle et vous ; mais comme cela se fera sans scandale, et qu'il n'y paraîtra presque pas, je ne crois pas que vous le trouviez mauvais. Enfin, puisque vous dites souvent que vous n'aimez pas les amans si solides, le Zéphir sera justement votre fait : cependant quand vous aurez tâté quelque temps d'un dieu si frivole, j'espère que vous en reviendrez aux simples mortels, quoiqu'ils soient un peu plus grossiers. J'ai bien envie de savoir comment votre peintre réussira à votre portrait, son entreprise est hardie : il y a tant de grâces sur votre visage, qu'il faudrait faire un portrait de chacune en particulier; en faire un pour la douceur, un autre pour la fierté, un pour la simplicité qui est dans votre air, un autre pour la finesse qui y brille; mais de prétendre les peindre toutes ensemble, douceur, fierté, simplicité, finesse, et tout le reste, je ne crois pas que cela se puisse; je ne sais seulement pas par quel hasard la nature a pu faire un mélange si heureux, ni comment dans votre personne elle a si bien proportionné la dose de chaque agrément. Elle serait bien empêchée à en faire autant une seconde fois. Un peintre y aura encore bien plus de peine : quand il songera à attraper un de ces agrémens délicats que vous avez, un autre lui échappera; son pinceau en laissera passer assurément quelques uns sans les représenter, au lieu que mon cœur n'en laissse passer aucun qui ne soit vivement senti. Il n'y a que lui au monde qui tienne un compte exact de tous vos charmes, mais cet emploi là est un peu dangereux.

A LA MÊME.

Ne l'avais-je pas bien dit, qu'il y aurait une partie des beautés de votre visage qui ne se laisseraient point peindre? Je les connais, elles ne sont pas si aisées à gouverner; et il s'en faut bien que l'on fasse d'elles ce que l'on veut. Cependant on dit que votre peintre vous fait extrêmement valoir l'effet qu'a produit votre portrait qui a été vu chez lui, et qu'il prétend qu'il est le plus beau du monde, parce qu'en le voyant, l'Envoyé de...... est devenu amoureux de vous. Ce n'est pas une grande merveille. Un Allemand aurait grand tort, s'il ne se rendait à la dixième partie de vos charmes, et s'il fallait que vous les employassiez tous contre lui. Le voilà fort assidu auprès de vous et fort épris ; vous n'auriez qu'à faire porter votre portrait dans toutes les cours de l'Europe, et vous verriez venir de toutes parts des Envoyés qui ne seraient que pour vous; au lieu que celui-ci était venu d'abord pour des négociations, qu'à la vérité il pourra bien oublier depuis qu'il vous voit. J'entends parler de quelque dessein qu'il a de vous faire madame l'Envoyée ; je vous déclare qu'en ce cas là je ferai voir votre portrait aux ambassadeurs de Maroc, afin qu'ils vous demandent pour le roi leur maître, et que cela fasse une diversion. Votre beauté est si fort de tous les pays, que je ne doute point qu'elle ne fît le même effet sur les Africains que sur les Allemands. Ne prendriez-vous point plaisir à faire enrager tout le sérail du roi de Maroc, et à lui rendre trois ou quatre cents femmes inutiles? Vous aimez à faire des malices, celle-là serait assez jolie; il vaudrait toujours mieux prendre ce parti là, que d'aller se faire Allemande de gaieté de cœur.

A LA MÊME.

A quoi sert de feindre? Je ne suis point fâché du petit accident qui vous est arrivé à la chasse. Il vous servira à vous faire voir que la chaste Diane ne veut point de vous. Il est assez honteux qu'une si sage déesse vous rebute : mais enfin depuis Calisto, qui fut malheureusement découverte à un bain pour n'être pas d'une taille irréprochable, Diane a pris la résolution de ne plus recevoir à sa suite de jolies nymphes, parce qu'elle les croit toutes sujettes à caution ; elle ne vous a point acceptée, et elle vous a fait sentir que vous ne lui conveniez pas. Vénus, d'un autre côté, qui n'est pas si vertueuse et si farouche, vous tend les bras d'une manière riante et agréable. Vous n'aurez point à craindre avec elle des chutes de cheval, ni des meurtrissures universelles ; il pourra cependant arriver qu'elle vous fera quelquefois aussi garder le lit : il y a de la peine partout ; mais du moins quand vous garderez le lit de par Vénus, elle vous aura fourni d'avance de quoi vous consoler ; au lieu que quand Diane vous aurait donné tous les lièvres de son empire, assurément vous ne seriez pas payée de l'incommodité que vous souffrez présentement. Abandonnez donc ce métier là, si vous m'en croyez ; vous y êtes trop peu propre. Je voudrais que vous eussiez pu voir comment vous vous prépariez à la chasse, ce malheureux jour que vous y allâtes. Vous aviez rassemblé toutes vos grâces naturelles et acquises ; vous aviez pris un air vif, animé, et tout-à-fait aimable ; vous aviez redoublé l'éclat de vos yeux, comme s'il eût été question de tout cela pour prendre un lièvre. C'est que vous ne connaissez qu'une sorte de chasse, et que vous vous imaginez que ce qui vous a réussi avec les hommes, vous doit réussir aussi avec les bêtes. Contentez-vous de la première sorte de capture, vous n'entendez que celle là. D'une conversation, où vous aurez pris tout ce qu'il y aura eu de gens de mérite, on ne vous rapportera point dans un carrosse toute meurtrie et toute brisée, comme on fit l'autre jour de cette maudite chasse, où vous ne prîtes rien.

A LA MÊME.

Je ne doute pas, Mademoiselle, que ce ne vous soit une grande consolation dans votre mal d'avoir un médecin aussi appliqué que..... Il ne s'est pas contenté de voir tout le côté sur lequel vous étiez tombée, il a voulu absolument qu'on lui montrât l'autre aussi, pour voir s'il n'y avait point de meurtrissures par contre-coup, et Dieu merci il n'y a rien trouvé : mais enfin cela est toujours d'une grande exactitude. Pour moi, je conseillerai à toutes les jeunes et jolies personnes de prendre ce médecin là. Je ne sais quelle récompense il aura pour avoir guéri vos blessures ; mais je tiens que de les avoir vues, c'est déjà une récompense suffisante. Je m'informerai à lui de quelques particularités touchant votre personne, dont je crois qu'il n'y a point d'autre mortel qui puisse parler. Apparemment vous ne l'avez pas obligé fort étroitement au secret, et l'y eussiez-vous obligé le plus étroitement du monde, vous êtes trop belle pour que le secret vous dût être gardé. Ce n'est pas pourtant que j'aie besoin de la relation d'un témoin oculaire, je n'ai qu'à voir la Vénus de Médicis, et m'imaginer vos habits sur cette admirable figure ; vous voilà. J'ai appris une chose que je vous avoue que je n'eusse jamais crue ; je ne m'attendais point que dans les endroits écorchés, il y dût jamais revenir une aussi belle peau que celle qui y était, car la nature pouvait-elle rencontrer si bien deux fois de suite à faire une peau ? Cependant on m'assure que la seconde est toute aussi belle qu'était la première ; vous avez une beauté bien opiniâtre, et bien à l'épreuve de toutes sortes d'accidens. Je crois, Dieu me pardonne, que si vous aviez perdu un œil, il vous en reviendrait à la place un autre aussi beau. Faites désormais tout ce qu'il vous plaira, Mademoiselle; retournez à la chasse, montez à cheval, tombez-en, il n'y a à craindre que pour votre vie, votre beauté est en sûreté tant que vous vivrez. S'il vous était resté de cet accident-ci des balafres et des cicatrices, qui doute qu'elle n'eussent eu leur agrément?

A Monsieur DE F...

J'ai passé dans mon petit voyage par le gouvernement de notre ami Saint....., et il m'a prié de vous donner de ses nouvelles. Vous allez être surpris d'apprendre que fait comme vous le connaissez, il est l'Adonis de toute la ville; et ce qui m'en plaît, c'est qu'il est assez naturel pour en être surpris lui-même. Toutes les femmes éblouies de l'éclat de sa dignité, lui font les yeux doux; et comme il n'avait point du tout été gâté par celles de Paris, il rit de tout son cœur de se voir devenu tout à coup les délices de toutes les belles. Il y a dans la ville un certain homme qui fait le beau, et qui, sans cela, le serait assez. Il mettait à mal tout ce qu'il trouvait avant l'arrivée de M. le gouverneur : mais depuis ce temps là, on ne fait plus que médire et que plaisanter du bel homme, afin d'encourager l'affreux gouverneur à ne le pas craindre. Il joue dans tout cela un fort bon personnage; l'amour ne lui a jamais été rien; sa passion dominante est la raillerie, et il ressemble autant à un singe par dedans que par dehors. Ces femmes font des pas vers lui, et il recule, fondé sur sa laideur, qui ne lui permet pas, dit-il, de porter ses regards ni ses pensées sur de si belles personnes : il leur avoue avec une ingénuité affectée, qu'il n'y a jamais eu que madame la gouvernante, qui est encore plus laide que lui, dont il ait pu obtenir quelque chose. Sur cela, on lui tient des discours généraux contre la beauté des hommes, et il prétend même qu'une fort jolie créature ayant été assez naïve pour lui dire, en rougissant et en baissant les yeux, qu'il n'était point si laid, il le lui soutint, et le prouva par le dénombrement de toutes ses laideurs. Il m'a fait remarquer une dame qui croit avoir des droits particuliers sur lui, parce qu'elle a été maîtresse du précédent gouverneur : il dit qu'elle a conservé de son ancienne élévation des manières hautes, et qu'elle lui fait entendre que les autres, qui ne sont pas stylées comme elle aux affaires du gouvernement, ne sont pas dignes de lui. Mais les autres aussi se servent de cette raison là même pour l'exclure du rang où elle aspire, et on insinue souvent à M. le gouverneur qu'elle n'a à lui donner que les restes de son prédécesseur. Beau combat entre toutes ces belles pour un si laid personnage, et qui même ne fait que s'en moquer! Je voudrais que vous eussiez été des conversations que nous avons eues sur ce sujet en buvant ensemble. Je n'ai jamais vu son style burlesque plus vif et plus animé. Il ne pouvait avoir une meilleure récompense de ses services, que d'être envoyé parmi toutes ces têtes folles qui lui fournissent une ample matière de se réjouir. Il n'y a en ce pays là que les hommes qui soient sages; car je n'en ai pas vu un seul touché de l'honneur d'être amoureux de madame la gouvernante; ils n'ont point cette noble ambition.

A Monsieur DE LA S...

N'empêcherez-vous pas votre ami de faire la folie à laquelle il se prépare? J'en tremble, par l'intérêt que vous me faites prendre en lui. Quoi! parce qu'il a surmonté tous les obstacles qui s'opposaient à son mariage, et qu'il est enfin possesseur de la belle, il va rompre avec le monde, et s'enfuir à la campagne, résolu d'y passer sa vie avec elle seule, et jaloux de partager sa vue avec d'autres? Quel transport est-ce là? Le plus adorable objet qui soit dans l'univers, ne se peut-il pas bien posséder au milieu de Paris? Que..... attende encore quatre ou cinq ans; s'il trouve au bout de ce temps là que la retraite et la solitude lui soient nécessaires pour jouir pleinement de son bonheur, on souffrira qu'il se retire dans les déserts avec sa nymphe; s'il veut même on lui donnera un terme beaucoup plus court : mais enfin, il ne faut pas compter sur un commencement de mariage; la suite y ressemble trop peu. Dites-moi, s'il vous plaît, ils seront deux à cette campagne; s'ils ne sont tous deux également charmés, la campagne ne vaudra rien. Est-il sûr du goût de cette belle qu'il vient d'épouser? Se contentera-t-elle de ne voir toujours que des arbres et lui? Il faudrait, pour ce qu'il fait, pouvoir répondre et de soi et d'un autre; et la moitié de cela, qui est la plus aisée, est encore au-dessus de la force humaine. Il ne songe pas qu'une solitude où il sera continuellement avec ce qu'il aime, sans aucune distraction, usera sa passion en moins de rien; elle sera plus épuisée d'un mois de campagne, qu'elle n'eût été d'une année de séjour à la ville. Ce n'est pas ainsi que les passions doivent être conduites;

il faut étendre leur durée avec adresse, et les faire filer, pour ainsi dire, autant qu'on peut, en se ménageant de petits repos, des intervalles, d'autres occupations même. Votre ami n'entend guère cet art là. Pour moi, je m'en sers et m'en trouve bien.

AU MÊME.

Vous souvient-il de ce que je vous mandai il y a deux mois? Je trouvai hier votre ami à la comédie. Le voilà déjà revenu à Paris, et il a fait encore bien pis; il a laissé sa femme à la campagne. Il est vrai qu'il m'a dit qu'il a une petite affaire qui ne l'arrêtera ici que quelques jours : mais voulez-vous gager que cette petite affaire ira lentement? J'ai déjà connu son refroidissement à ses manières de parler; elles sont pourtant les mêmes qu'elles étaient il y a deux mois, mais elles ne sont pas soutenues du même air. Il était aisé de remarquer qu'il ne pouvait trouver de termes pour exprimer son contentement : maintenant il ne se sert que par habitude de ses anciennes expressions; il dit froidement des choses vives, et en vérité il ne les dit que pour se sauver du déshonneur d'un changement si prompt. Il sent lui-même cette différence, et évite une matière qui était, il y a quelque temps, la seule dont il pût parler. Il me paraît tout honteux de n'être plus si amoureux qu'il l'était : il emploie même en parlant de l'amour quelques termes peu respectueux; il lui donne les noms de folie, d'entêtement, corrigés à la vérité par quelques épithètes honorables : mais il n'importe; il ne parlait pas toujours ainsi. Je le plains; il s'est engagé, non-seulement envers Madame....., mais, ce qu'il y a de pis, envers le public, à être toujours amoureux. Il faudrait bien que la belle s'accoutumât à la diminution de sa tendresse, et lui fît quartier : mais le public, qui n'y a nul intérêt, ne lui en fera point ; il exigera de ce pauvre garçon qu'il demeure à sa campagne ; s'il y manque, comme assurément il y manquera, Dieu sait les plaisanteries! Il aurait bien de l'obligation à qui lui ferait dans peu quelque procès, qui l'obligerait à venir séjourner à Paris ; je lui conseillerais de s'y établir insensiblement, en prenant d'abord un appartement dans une auberge, et puis, comme l'affaire traînerait, une maison. Il faudra qu'il revienne d'un air humble, et presque demandant grâce. Quelle folie aussi de s'aller confiner à la campagne, en publiant partout : *Je suis amoureux pour le reste de ma vie ; je n'ai plus besoin du commerce des hommes!*

A Mademoiselle DE V...

Ne doutez point, Mademoiselle, que je n'aie été charmé de la manière dont vous vous tirâtes hier de la périlleuse conversation que vous eûtes avec cette demoiselle, qui venait vous livrer un assaut de bel esprit. Je crois bien qu'elle sortit persuadée d'avoir eu l'avantage, parce que vous aviez beaucoup moins parlé qu'elle; mais je vous en estime davantage d'avoir su remporter sur elle une victoire qui ne l'ait pas blessée. Il y eut de votre part la plus ingénieuse malice du monde à lui laisser avoir de l'esprit tant qu'elle voulut, et à ne placer de temps en temps que des choses simples et pourtant fines, qui auraient dû la rappeler de ses hautes idées, si elle vous eût bien entendue. Sans mentir, je ne vous ai jamais trouvée plus spirituelle, ni plus belle, parce qu'une crainte secrète de vous laisser surpasser anima vos yeux et votre visage, et que l'application que vous aviez à jeter du ridicule sur de si beaux discours, rendit votre air plus fin. Jusqu'à présent, quand j'ai été touché de quelqu'un, je lui ai toujours donné dans mon imagination ce qui lui manquait ; j'avais regret à laisser imparfaite une belle idée qui devait régner dans mon esprit, et que j'achevais de ma pure libéralité : mais, de bonne foi, je ne vous donne rien ; vous êtes la première personne que j'aie aimée telle qu'elle était, et qui ne m'ait rien dû de ses charmes. Aussi je ne pourrai me venger de vous comme j'ai fait de beaucoup d'autres, que je remettais dans leur état naturel, et à qui je retranchais toutes les faveurs de mon imagination, lorsque je n'étais pas content. Votre mérite tiendra toujours bon contre mes ressentimens, et je ne m'attends point à avoir jamais la consolation de vous trouver moins aimable, quand même j'aurais le plus d'envie de ne vous point aimer. Il me semble qu'il y a de l'imprudence dans l'aveu que je vous fais ; mais enfin, je vous ai promis de ne vous dire jamais rien que de vrai. Rien que de vrai en amour ! Cela n'est presque pas concevable. Il fallait que je fusse déjà bien fou, quand je vous fis une semblable promesse. Si jamais vous permettiez à ma raison de revenir un peu, je vous déclare que je prétendrais bien recommencer à mentir selon la coutume de la vraie galanterie. Jusques là, je ne sais combien d'artifices d'amour que je puis avoir appris, me demeureront inutiles. Je savais assez bien jouer une de ces langueurs qui touchent, ou prendre de ces manières vives qui séduisent, et j'ai vu plus d'une aimable personne se passionner à mes représentations ; mais je renonce avec vous à tout mon acquit, et je vous aime comme un homme qui n'a jamais aimé que vous. Le peu qu'il s'en faut que cela ne soit vrai, ne vaut pas la peine d'en parler. Il ferait beau voir mes autres passions se comparer à celle-ci !

A LA MÊME.

Je n'ai point encore éprouvé d'empire si rude que le vôtre. Quoi ! vous dites qu'il n'est pas possible que je ne vous trompe, parce que j'ai marqué jusqu'à présent trop de plaisir à être avec vous, et qu'il n'a pas paru que je me sois ennuyé un seul moment? Vous prétendez que cela n'est pas naturel, et qu'il y a de l'art dans mes manières. En vérité, je suis bien malheureux ; il ne me sera point permis de ne me point ennuyer, lorsqu'effectivement je suis le plus content du monde ! Comment voudriez-vous que je fisse ? il n'y a que trois ans que j'ai l'honneur de vous voir ; tous vos agrémens me sont encore nouveaux, et de la manière dont vous les savez renouveler et les faire succéder les uns aux autres, vous en avez encore pour plus de vingt ans, sans tomber dans aucune répétition de charmes Attendez que ce temps là soit passé, je tâcherai de faire alors ce que vous souhaitez de moi ; je m'ennuierai. Il me semble que c'est là se mettre à la raison. Je sais bien ce qui rend l'amour de si peu de durée ; c'est qu'on le pousse toujours au-delà du naturel. On veut être, par exemple, dans une extase perpétuelle auprès de ce qu'on aime, toujours également ravi et enchanté. La nature ne comporte point cela ; apparemment vous voulez ménager ma tendresse, en lui accordant la permission de se relâcher quelquefois.

Le motif est obligeant, et vous pouvez croire que j'en sens bien le prix; mais enfin, Mademoiselle, il n'est pas possible d'avoir la complaisance de s'ennuyer avec vous. Cherchez qui vous fasse la cour à ce prix là. Je doute que Des..... même, personnage si ennuyé et si ennuyeux, pût vous contenter.

A M. LE CHEVALIER DE L...

Vous êtes donc sur le point d'épouser l'aimable dévote à qui vous faites la cour depuis si long-temps, et vous renoncez pour elle à l'ordre de Malte? Vous alliez vous faire un bon religieux, et vous avez changé ces pensées pieuses en des desseins de mariage. Voilà comme les belles dévotes sont dangereuses pour les meilleurs religieux. Je m'étonne qu'elle ne fasse pas conscience de vous ôter à la chrétienneté, dont vous eussiez soutenu les intérêts toute votre vie contre les Ottomans; car vous ne vous souvenez plus qu'il y ait des Turcs au monde, et il ne tiendra pas à vous désormais qu'ils ne fassent bien des conquêtes. Peut-être n'a-t-elle pas songé à cela; mais si je vous voulais du mal, je lui représenterais combien vous êtes brave et vaillant, et combien l'alcoran gagne par votre mariage. Peut-être aussi croit-elle en vous épousant et en vous convertissant, faire une caravane aussi glorieuse à la chrétienneté, que toutes celles que vous eussiez faites contre les Turcs. Mais, dites-moi, ne seriez-vous pas bien embarrassé si, au lieu qu'on vous demandait à Malte vos preuves de noblesse pour vous recevoir chevalier, mademoiselle de G..... vous demandait vos preuves de dévotion avant que de vous recevoir pour son mari? Je ne crois pas que vous en ayez d'autres jusqu'à présent que votre tendresse pour elle ; mais apparemment elle se contente de cette preuve là, et en attendant qu'elle vous inspire un amour divin, elle s'accommode toujours de l'amour profane qu'elle vous a inspiré. Les dévotes savent bien aller à leurs fins ; je gage que celle-ci, sous prétexte de vouloir vous convertir, vous aime, et que dans tous les sermons qu'elle vous fera, la vertu de fidélité conjugale ne sera pas oubliée. Au fond, comme elle aura été l'instrument de votre conversion, il sera juste qu'elle en ait le profit. Je vous assure qu'aucune conversion n'eut jamais un instrument plus agréable, et qu'il y aurait dans le monde bien plus de dévots qu'il n'y en a, s'il y avait beaucoup de dévotes comme elle. Adieu, mon cher Chevalier, hâtez-vous d'empêcher qu'on ne puisse vous donner ce nom.

A Monsieur D. L...

La nouvelle que vous m'apprenez est fort plaisante. Quoi ! mademoiselle de S. P. est mariée ? Je ne la croyais point faite pour le sacrement. L'amour, à ce que je vois, en use en grand seigneur ; il marie les filles qui l'ont servi. Cela va donner courage aux autres ; peut-être y en aura-t-il qui, sur l'exemple de mademoiselle de S. P., négligeront un peu leur conduite, et croiront prendre le chemin de faire fortune. Un homme qui, par sa seule valeur, sera devenu maréchal de France, en va faire tuer dix mille autres qui aspireront à la même élévation ; et la belle dont nous parlons va faire autant de demoiselles de bonne volonté, qui se flatteront d'attraper à la fin un mari. Il faut qu'elle ait eu de l'esprit pour choisir juste entre tous ses amans celui qui était capable de l'épouser. Elle ne s'est point amusée à avoir de la vertu inutilement, elle n'en a eu qu'une fois, mais à propos. Il y a bien des personnes dont elle n'est pas trop estimée, qui n'auraient pas l'adresse d'en faire autant. Ce pauvre Monsieur..... est à plaindre d'avoir été le seul qu'elle ait jugé digne de sa vertu; il est vrai pourtant qu'il se l'est attiré par sa sottise naturelle, et qu'il méritait bien qu'elle le distinguât. Je ris, quand je songe à ce que vous me dites, qu'avec un billet de quatre lignes elle le mettait dans des ravissemens de deux mois, et qu'un jour qu'il se hasarda à lui baiser le bras, cette fière personne le menaça de le bannir pour jamais de sa présence. Je suis bien persuadé présentement qu'il ne faut que savoir placer les choses. Ces rigueurs là étaient assez ridicules, mais bien placées, elles ont fait leur effet. Je ne doute pas qu'après le sacrement même, elle n'ait eu bien de la peine à se soumettre aux rigoureux devoirs d'une femme, et qu'elle n'ait rendu son mari le plus heureux de tous les conquérans, par la difficulté de la conquête. Elle aura bien fait; le bonheur qu'elle pouvait lui donner avait besoin d'assaisonnement.

A Mademoiselle DE V..

Je vous vis hier si sensible à l'*opéra*, Mademoiselle, et hors de là, vous me le paraissiez si peu, que je ne puis m'empêcher de vous le reprocher. Apparemment vous laissez agir votre cœur à l'*opéra,* parce qu'il n'y a rien de vrai; et vous vous contraignez avec moi, parce qu'il y a trop de vérité dans tout ce que je vous dis. Je ne sais comment vous l'entendez; mais ce devrait être tout le contraire. J'ai beau vous dire des choses touchantes, elles ne vous font point tirer votre mouchoir de votre poche. Si du Meny les disait, il y aurait bien des larmes versées. Est-ce qu'on ne pourra vous toucher sans vous tromper? Ce serait une destinée assez fâcheuse pour vous et pour moi, et peut-être encore plus pour moi, qui perdrais toute espérance à votre égard. La plus jolie chose du monde est une jolie personne comme vous, qui est vivante, c'est-à-dire qui a des sentimens, car les sentimens et la vie c'est une même chose; et qu'est-ce à votre avis de n'être vivante qu'à l'*opéra?* Songez que vous ne vivrez tout au plus que trois fois la semaine, trois heures à chaque fois, et en payant tribut à M. de Lully. Cela s'appellerait ne vivre que par machines, et comme ces personnes infirmes qui ne subsistent qu'à force de remèdes. Il faudrait assembler un grand nombre de gens, préparer de la musique avec beaucoup d'art et de peine, faire retentir à vos oreilles je ne sais combien d'instrumens, et tout cela pour vous faire avoir quelque petit sentiment. Pour moi, si j'étais en votre place, j'en voudrais avoir plus naturellement et à moins de frais. Un homme seul suffirait pour cela; et pourvu que vous apportassiez de votre part de certaines dispositions, vous seriez plus vivante en voyant et en écoutant cet homme là, que vous ne l'êtes à l'*opéra* même. Enfin, la vie ne consiste pas à prendre de l'air dans ses poumons, et à le rendre; elle consiste à prendre dans son cœur et à rendre des sentimens. C'est par là que la vie de l'*opéra* est très imparfaite; vous prenez quelque chose, il est vrai, mais vous ne le redonnez point. Du Mény vous a touchée; mais je vous déclare qu'il ne se souciait point de vous. Il faut vivre d'une meilleure manière, puisqu'enfin cela se peut¹.

A Mademoiselle DE J...,

En lui envoyant des pâtés d'un sanglier qui l'avait pensé blesser à la chasse.

J'ai couru un grand péril, Mademoiselle; mais enfin mon ennemi est défait, et je vous l'envoie en pâte. Je l'ai fait bien saler et épicer, pour conserver la mémoire de mon triomphe, en montrant ce cadavre. Si j'avais eu le secret des anciens Egyptiens, je l'eusse embaumé, et j'eusse fait de mon sanglier une momie; cela eût duré une infinité de siècles. Mais, par malheur, nous autres modernes, nous n'avons point d'autre secret que la pâtisserie. Figurez-vous, Mademoiselle, que, comme j'étais à la chasse avec M. le baron de....., l'animal que vous voyez ne trouva pas bon que je le tuasse. Il fuyait, et tout d'un coup il retourna vers moi avec fureur. Là-dessus je m'arrêtai pour délibérer. Je ne savais s'il n'était point envoyé de votre part contre moi ; car tout ce qui me paraît bien redoutable, je crois aussitôt qu'il me vient de vous. Je savais bien qu'en ce cas là, mon devoir de parfait amant était de me laisser manger. Mais quand j'eus bien examiné le sanglier, je ne trouvai pas qu'il eût l'air si aimable que l'ont vos rigueurs et vos cruautés. Il restait encore une grande difficulté; savoir, si je ne devais pas mourir, pour finir les tristes destinées que vous me faites : mais

¹ Les huit lettres suivantes, qui ne se trouvent pas dans les anciennes éditions, ont été publiées aussi sous le nom du chevalier d'Her***.

ce sentiment me parut trop intéressé pour le suivre; et je crus qu'il y allait de votre honneur, qu'un amant qui vous est aussi fidèle que moi, vécût, quoiqu'il n'y trouvât pas son compte. Le zèle que j'ai pour votre gloire, coûta donc la vie au pauvre sanglier, qui ne croyait pas avoir affaire à un homme animé par un motif si puissant. Je le perçai d'un coup de mousqueton, et je ne crois pas qu'une autre fois des sangliers osent se jouer à ceux qui conservent leur vie pour vous. Je serai trop heureux, Mademoiselle, si vous mangez de celui-ci avec quelque sentiment de vengeance, sur ce qu'il m'a osé mettre en péril, et si cela vous en relève le goût.

A M. C...,

Sur le tremblement de terre qui arriva à Paris, *en* 1682.

Il faut avoir recours aux philosophes dans les occasions. On se moque d'eux, quand on est en sûreté; mais quand la terre tremble, on les respecte. Nous croirons, madame de B..... et moi, qu'il n'y a point de teints, et que les bêtes sont des machines; et tout ce qu'il vous plaira, pourvu que vous nous disiez quel remède on peut trouver à un tremblement de terre. Nous pensions que le plancher de *Paris* fût fort bon, mais il n'est pas si ferme que nous l'avions cru. On nous dit qu'il y a des pétards et des façons de mines qui le soulèvent; franchement cela n'est point agréable. Nous ne voudrions pour rien loger sur des mines. Ces tremblemens de terre font des renversemens terribles; ils mettent des rivières où il n'y en a jamais eu; mais ils en engloutissent quelquefois; ils font paraître de nouvelles montagnes, et disparaître les anciennes. Pour nous, nous trouvons les choses fort bien comme elles sont, et nous serions fâchés qu'il y eût rien de changé. Nous regretterions la plus petite rivière et la plus petite montagne des environs de *Paris*. Ce qui me rassure un peu, c'est que je ne crois pas que la terre osât entreprendre d'avaler une si grande ville : mais si j'étais dans la petite bicoque où vous êtes, j'aurais grand peur ; la terre ne saurait si peu bâiller, qu'elle ne l'engloutisse. Elle ne vient d'avoir qu'un petit frisson qui lui a couru entre cuir et chair; mais Dieu la préserve d'une fièvre violente. Apprenez-nous un peu ce que dit la philosophie de tout cela, et si elle demeure les bras croisés sans y mettre ordre. Pour moi, depuis que j'ai senti mon lit aller et venir, se hausser et se baisser, je ne crois plus qu'il y ait rien de sûr dans le monde.

A Mademoiselle DE V...,

Sur un cheveu blanc qu'elle avait.

Je vis hier, Mademoiselle, un homme qui avait assisté à un des plus agréables spectacles du monde. Vous étiez à votre toilette, et il dit que dès que vous eûtes ôté un petit bonnet, et lâché quelques cordons, il vit tout d'un coup le plancher couvert d'une forêt de cheveux noirs. Il ne savait d'abord d'où tant de cheveux pouvaient venir; il voulut remonter jusqu'à leur origine ; et après qu'il eut fait des yeux un assez long chemin, il remarqua qu'ils venaient tous de votre tête. Il n'eût pas cru que de votre tête il eût pu rien partir qui fût arrivé jusqu'au plancher. Mais ce qui le surprit encore davantage, c'est que parmi tous ces cheveux, il en aperçut un d'une blancheur très éclatante. Peut-être dans cette effroyable quantité que vous en avez, il faut qu'il s'en trouve de toutes les façons : que sait-on si, en cherchant bien, on n'en découvrirait pas de rouges et de verts? Dans un si grand nombre, rien n'est impossible. Cependant je croirais plus volontiers que ce cheveu blanc aurait quelque cause particulière, et qu'il faudrait l'attribuer à quelques soucis qu'on vous aurait donnés. Et quels soucis? Je vous demande pardon, mais franchement je n'en connais que d'une espèce qui puisse faire blanchir les cheveux d'une si belle brune. Il y a quelqu'un caché dans la foule de vos adorateurs, à qui vous voulez plus de bien que vous ne dites. Ah! trois et quatre fois heureux l'auteur de ce cheveu blanc! Je mourrais satisfait, si j'en avais fait autant en toute ma vie. Cependant je doute fort que j'y puisse réussir, quand même vous prendriez en moi tout l'intérêt possible. Je serais si soumis, si assidu, si fidèle, que mon procédé ne vous pourrait jamais donner assez d'inquiétude pour blanchir un seul de vos cheveux; et s'il ne tenait qu'à cela, vous les auriez encore avec moi à l'âge de quatre-vingts ans aussi bruns que vous les avez. Aimez-moi, Mademoiselle, si vous m'en croyez, pour la conservation de leur belle couleur; ou, si ce parti ne vous plaît pas, du moins aimez avec un peu plus de modération celui que vous aimez. Ne sauriez-vous avoir un peu de passion, sans blanchir aussitôt? Tâchez de vous y prendre un peu moins violemment. L'amour est fait pour mettre un nouveau brillant dans vos yeux, pour peindre vos joues d'un nouvel incarnat, mais non pas pour répandre des neiges sur votre tête. Son devoir est de vous embellir; ce serait grand'pitié qu'il vous vieillît, lui qui rajeunit tout le monde. Arrachez de votre tête ce cheveu blanc, et en même temps arrachez-en la racine qui est dans votre cœur, et prenez des affections plus gaies.

A LA MÊME,

Sur le même sujet.

Ne vous plaignez point, Mademoiselle, que ce cheveu blanc, qui devait naturellement, dites-vous, passer pour une marque de sagesse, n'ait passé chez moi que pour une marque d'amour, c'est-à-dire, de folie, selon votre interprétation. Telle est la condition des jeunes et jolies personnes; elles peuvent par quelque grand hasard être sages, mais on n'est pas obligé de le croire. Qu'elles en donnent tant de preuves qu'il leur plaira, il y a toujours des incrédules. Vous vous êtes peut-être blanchi ce cheveu à méditer profondément sur la vanité des choses de ce monde, sur la briéveté de la vie, sur l'inutilité de tout ce qui nous occupe; mais ne pensez pas, s'il vous plaît, vous faire honneur d'avoir élevé vos pensées si haut. Vos cheveux en fussent-ils devenus plus blancs que ceux de Madame..... qui n'a pourtant jamais eu de ces sortes de pensées, cela ne servirait de rien à votre réputation. Renoncez à la morale, Mademoiselle, ou renoncez à l'aimable figure que vous avez : ce sont deux choses incompatibles; on ne vous les permettra point toutes deux ensemble; et quand il s'agira de deviner la cause de votre cheveu blanc, on l'attribuera plutôt à une infidélité qu'on vous aura faite, qu'à la sagesse de vos réflexions. Ce serait pourtant une chose incroyable qu'on vous fît une infidélité;

mais il le serait encore davantage que vous fissiez des réflexions.

A LA MÊME,

Sur ce qu'elle allait apprendre à chanter.

Je rentre au logis, Mademoiselle, après avoir couru toute la matinée pour trouver..... Il a eu de la peine à me promettre trois visites par semaine pour vous ; et je ne sais, quoique je les aie obtenues, si je l'ai pressé avec toute la chaleur possible de me les accorder. Je ne contribue pas trop volontiers à vous faire avoir de nouveaux charmes ; vous n'en avez déjà que trop ; et s'il ne tenait qu'à moi, je retrancherais plutôt que d'ajouter. Je tremble, quand je songe que vous saurez chanter ; et qu'assurément vous chanterez bien, car vous le voudrez. Votre bouche, qui n'est encore que je ne sais quoi d'incarnat et de façonné, sait déjà me troubler quand je la regarde ; et que sera-ce, quand il sortira de là des sons tendres et doux ? Je vous avouerai pourtant que ce serait toute autre chose, si ces sons tendres et doux n'étaient point notés, si vous les preniez dans votre cœur, et non sur un papier, et si c'était un maître à aimer, plutôt qu'un maître à chanter, qui vous les eût appris.

A M. DE B...

Récit d'une querelle qu'il avait, pour avoir préféré les personnes maigres à celles qui étaient grasses.

Croiriez-vous bien que j'ai une querelle sur les bras, moi qui n'en ai point encore eue depuis que je suis dans le service? J'avais dîné l'autre jour bien tranquillement dans mon auberge, et au sortir de table, je me promenais dans la cour avec quatre ou cinq cavaliers. Les nouvelles avaient été épuisées pendant le dîner ; de quoi s'entretenir après les nouvelles ? Il ne restait plus que les dames. Une conversation d'auberge ne pouvait pas rouler sur des matières de galanterie aussi fines et aussi délicates que les conversations de *Clélie*. On ne parla point des différences de l'amour et de l'amitié, ni de l'art de démêler le procédé de l'esprit d'avec celui du cœur; il fut seulement question de savoir lesquelles sont les plus belles des grosses personnes ou des maigres. Puisqu'il fallait choisir une extrémité, je me déclarai pour les maigres. Il y avait là un capitaine réformé, qui commença à soutenir le contraire avec chaleur. Il fallut que j'élevasse mon ton naturel pour répondre au sien. Je tournai en ridicule la majesté qu'il attribuait aux grosses personnes, et je le fis si heureusement, que les rieurs se mirent de mon côté. Quand il voulut se moquer des maigres, on ne rit point : voilà mon homme au désespoir. J'avoue que le triomphe des maigres m'enfla le cœur, et que je pris un air victorieux. Il voulut s'en venger par quelques paroles qui s'adressèrent personnellement à moi; mais ces autres messieurs crurent qu'il était de leur devoir de faire finir la conversation. Ils m'ont dit que ce qui l'avait mis dans les intérêts de l'embonpoint, est une très grosse personne qu'il adore : mais ils eussent dû me faire quelque signe, pour m'en avertir; et comme je ne suis amoureux d'aucune personne qui soit maigre, j'eusse cédé aussitôt. Il y a peut-être quinze jours que cela s'est passé. J'ai fait des avances à M. le capitaine, pour lui faire oublier notre dispute; mais il ne me paraît pas disposé à entendre parler d'accommodement. Je crois qu'il veut avoir ce mérite là auprès de sa maîtresse, et que dans les tendres protestations qu'il lui fait, il y mêle des sermens de ne jamais pardonner aux ennemis de l'embonpoint. Hier, je voulais aller à une certaine heure précise chez une assez jolie femme : le temps me pressait; on n'avait pas trouvé mes porteurs; j'y allais à pied et fort vite. Je poussai un peu quelqu'un en passant dans la rue; justement c'était le capitaine, qui me dit fièrement : *Morbleu, Monsieur, prenez garde à ce que vous faites*. Comme je n'avais pas un moment à perdre, je lui répondis d'un air chagrin, et sans regarder : *Je n'ai pas le loisir de me battre contre vous, j'ai autre chose à faire ;* et je passai outre. Il eût été ravi d'avoir une occasion de férailler; mais franchement, je n'eus pas assez d'honneur dans ce temps là pour lui tenir tête. Je ne sais ce qui arrivera de tout ceci; il serait plaisant que la question de la grosseur ou de la maigreur des dames, nous envoyât devant messieurs les maréchaux de France. Je remarque que mon ennemi va par les maisons, animant et soulevant toutes les grosses personnes contre moi ; et depuis quelques jours je trouve qu'elles me regardent de mauvais œil. Que ferai-je, mon pauve ami, dans un péril si pressant? Je crois n'avoir pas d'autres ressources, que d'armer toutes les maigres pour ma défense.

A Mademoiselle DE J...,

Sur le chagrin qu'il a de la quitter, pour aller servir en Flandres.

Je demande pardon au roi et à ma patrie, du regret

que j'ai de partir pour les Pays-Bas, et d'aller trouver mon régiment; mais en verité, Mademoiselle, vous êtes bien aimable, et je vous laisse avec un rival. Dès que vous ne me verrez plus, vous oublierez combien je vous ai aimée, et vous croirez que mon rival vous aime assez; mais prenez, je vous prie, un état de mon amour, pour le pouvoir toujours comparer au sien. Hélas! il va représenter sur votre cœur tout ce que nous allons faire dans les Pays-Bas, assauts, embuscades, surprises, etc. Que sera-ce, s'il réussit, comme nous réussirons, sans doute? Quand nous aurons bien pris des villes, j'y serai peut-être pour la vingt millième partie de la gloire; mais quand à mon retour, je trouverai votre cœur pris, j'y suis pour tout. Je tâcherai à mériter que la gazette parle de moi, pour vous faire souvenir de mon nom : mais le malheur est que je ne pourrai pas faire mettre mes soupirs dans la gazette; et mon nom sans mes soupirs, c'est bien peu de chose. Il me semble qu'il y a un fort mauvais ordre pour les amans qui vont à la guerre. Le roi donne à ceux qui ont des affaires et des dettes, de certaines lettres d'état, par lesquelles les poursuites que leurs créanciers feraient contre eux, sont arrêtées, tandis qu'ils sont en campagne pour le service de Sa Majesté; autrement il serait bien cruel qu'ils trouvassent à leur retour, qu'on se serait servi de leur absence pour renverser tout chez eux. Ne devrait-il pas y avoir aussi pour les amans des lettres d'état, qui empêcheraient, pendant qu'ils sont à l'armée, qu'on ne profitât de leur éloignement pour leur enlever le cœur de leurs maîtresses? On revient chez soi, après avoir exposé sa vie pour son prince; on trouve une infidèle de la façon d'un homme de robe ou d'un citadin. C'est là un grand désagrément dans le service; et quand messieurs les ministres y auront pensé, je crois qu'ils y remédieront. Il n'y aura que les belles qui voudront peut-être s'y opposer, à cause de la trop grande fidélité qu'on exigerait d'elles, ou de l'inutilité de vie où elles seraient réduites pendant toutes les campagnes; mais il n'importe : le bien public le doit emporter sur tout; le roi serait assurément mieux servi. Je vais tâcher d'inspirer cette pensée à ceux qui approchent les puissances; et si je puis, je vous obligerai bien à m'être fidèle, en vertu d'une déclaration du roi, puisque vous ne voulez pas l'être naturellement.

A Madame...,

En lui envoyant du vermillon pour une de ses amies.

Vous m'honorez beaucoup, Madame, de m'avoir choisi pour me confier les besoins du teint d'une de vos amies. Je vous envoie le meilleur vermillon de Paris. Je souhaite que la dame pour qui vous me l'avez demandé, et que je crois deviner, en soit contente, et que M. le comte de..... y soit trompé : mais je crains que son vermillon ne lui soit assez inutile, si l'on vous voit toujours toutes deux ensemble, comme à l'ordinaire. Votre teint enlaidit plus le sien, que mon rouge ne pourra l'embellir. Si vous vouliez être amie généreuse, vous prendriez un peu de ce que je vous envoie, pour avoir le teint moins beau, et n'effacer pas celui de madame de..... avec tout le secours qu'il pourra avoir. Peut-être même le devriez-vous faire par votre propre intérêt; car, parce que vous aurez un incarnat plus vif que madame de....., on croira qu'il sera emprunté, et que le sien sera naturel. Au reste, Madame, soyez sûre du secret que vous me demandez. J'ai une égale discrétion pour les cœurs et pour les teints qui ont de la confiance en moi ; et vous verrez que, quand je rencontrerai votre amie, je serai le premier à admirer ce que j'ai acheté.

FIN DU QUATRIÈME VOLUME.

TABLE DES MATIÈRES

CONTENUES DANS LE QUATRIÈME VOLUME.

Dialogues des morts anciens. 5
   —— Ier. Hérostrate, Démétrius de Phalère. . . . . *ib.*
   —— II. Callirhée, Pauline. 9
   —— III. Candaule, Gigès. 14
   —— IV. Hélène, Fulvie. 17
   —— V. Parmenisque, Théocrite de Chio. 20
   —— VI. Brutus, Faustine. 26
Dialogues des morts anciens avec des modernes. . . . 30
   —— Ier. Sénèque, Scarron. . . . . *ib.*
   —— II. Artémise, Raimond Lulle. 35
   —— III. Apicius, Galilée. 39
   —— IV. Platon, Marguerite d'Ecosse. 43
   —— V. Straton, Raphael d'Urbin. 48
   —— VI. Lucrèce, Barbe Plomberge. 54
Dialogues des morts modernes. 59
   —— Ier. Soliman, Juliette de Gonzague . . . . . *ib.*
   —— II. Paracelse, Molière. 62
   —— III. Marie Stuart, David Riccio. 68
   —— IV. Le troisième faux Démétrius, Descartes. 71
   —— V. La duchesse de Valentinois, Anne de Boulen. 76
   —— VI. Fernand Cortez, Montézume. 80
Épître à monsieur L. M. D. S. A. 89
Jugement de Pluton sur les dialogues des morts. . . 91
   Première partie. . . . . *ib.*

Lettres des vivans aux morts. 109
Seconde partie du Jugement de Pluton. 118
A Pluton, requête des morts désintéressés. 138
Vie de Corneille, avec l'Histoire du Théâtre français
 jusqu'à lui. 145
Vie de Corneille. 201
Parallèle de Corneille et de Racine. 231
Digression sur les anciens et les modernes. 235
Discours sur la Patience. 255
 Premier point 258
 Second point 262
De l'Existence de Dieu. 269
Du Bonheur. 277
De l'Origine des Fables. 294
Réflexions sur la Poétique. 313
Remarques sur quelques comédies d'Aristophane, sur
 le théâtre grec, etc. 361
Lettres galantes du chevalier d'Her***. 377

FIN DE LA TABLE DU QUATRIÈME VOLUME.